소비자트렌드의 이해

소비자트렌드의 이해

김영신 지음

충남대학교출판문화원

머리말

소비자트렌드를 이해하고 예측하는 것은 소비자 뿐 아니라 기업, 정부 모두에게 중요한 일이다. 특히 미래사회의 변화가 급속하고 다양하게 이루어지고 있는 상황에서는 소비자트렌드를 조금이라도 더 빨리 정확하게 예측할 수 있다면 불확실한 미래에 보다 경쟁력 있게 대처할 수 있을 것이다. 따라서 소비자학 전공자들은 소비자트렌드를 분석하고 예측하는 능력이 요구되고 있으며 이러한 능력을 개발할 필요가 있다.

이 책은 소비자와 관련된 교양과목 및 소비자트렌드 전공과목의 강의교재로 뿐 만 아니라, 소비자트렌드를 이해하고 미래의 소비자트렌드를 예측해야 하는 기업, 연구소의 독자들에게 중요한 정보를 제공하고자 하였다.

이 책은 총 4부로 15장으로 구성되어 있다.
제 1부에서는 소비자트렌드에 대한 기초적 이해를 위해서 소비자트렌드의 개념 정의, 소비자트렌드의 영향요인과 변화, 그리고 비즈니스트렌드에 대해 설명하고 있다.

제 2부에서는 소비자트렌드의 현상을 이해하기 위해우리나라와 주요국인 미국, 일본, 중국 등의 소비자트렌드, 라이프스타일과 소비자트렌드에 대해 살펴보았다.

제 3부에서는 소비자트렌드에 대한 심도 있는 이해를 위해 소비자의 성별과 연령에 따른 소비자트렌드 비교와, 우리사회에서 나타나고 있는 소비와 관련된 대표적인 사회현상, 그리고 다양한 마케팅 활동과 소비자트렌드를 살펴보았다.

제 4부에서는 소비자트렌드 조사 분석방법으로 관찰법, 면접과 잘트만 은유기법, 문헌과 전문가 의견 조사방법 등을 구체적인 사례와 함께 설명하였다. 그리고 새로운 직업으로 부

상하는 소비자트렌드 분석가로서의 자세에 대해 설명하였다.

급속하고 다양하게 변하는 소비자트렌드를 이해하고, 미래의 소비자트렌드를 예측할 수 있도록 필요한 내용을 가능한 쉽게 집필하고자 하였다. 이를 위해 각 장의 내용과 관련된 구체적 사례는「소비자트렌드 읽기」로 중요한 용어는 따로 정리하였다.

소비자학을 전공하고 짧지 않은 기간 동안 연구와 교육을 하면서 소비자트렌드에 대한 관심은 증가하고 있지만 소비자트렌드 분석을 위한 기초 지식과 예측방법을 체계적으로 접근하고 있는 서적은 매우 부족하다고 생각되어 『소비자트렌드의 이해』를 5년 전 출간하였다.

이번 『소비자트렌드의 이해(제2판)』은 최근 급속하게 변하고 있는 최근의 소비자와 소비환경, 소비문화 등의 변화를 반영하고, 비즈니스트렌드, 미래의 소비자트렌드를 예측하는 분석기법, 그리고 글로벌 경제에서의 주변국의 소비자트렌드 내용을 보완하였다.

소비자트렌드를 보다 새롭고 다각적으로 접근하려고 노력을 하였으나 부족한 점이 있을 것으로 생각된다. 이 책이 보다 나은 책이 될 수 있도록 소비자학 분야의 선 · 후배, 동료, 그리고 독자들의 좋은 의견이 있기를 기대하다.

끝으로 이 책이 나올 수 있도록 지원을 해 준 충남대학교출판문화원에도 깊은 감사를 드린다.

2013년 5월
김 영 신

Content

Part 1 소비자트렌드 이해의 기초

Part 2 한국 및 주요국의 소비자트렌드

Content

Part 3 소비자트렌드의 실제

Part 4 소비자트렌드의 분석

Content

표 차례

그림 차례

Content

Content

Part 1

소비자트렌드 이해의 기초

Chapter 1

소비자트렌드의 이해

1. 트렌드 : 메가트렌드와 마이크로트렌드

1) 트렌드의 개념

2) 트렌드의 형성 과정

3) 메가트렌드와 마이크로트렌드

4) 트렌드와 역트렌드

2. 소비자트렌드와 소비자 가치

1) 소비자트렌드의 개념

2) 소비욕구와 소비가치

3) 소비자 가치에 따른 소비자 분류

3. 소비자트렌드 예측의 중요성

Chapter 1

소비자트렌드의 이해

최근 여러 분야에서 트렌드라는 용어가 폭 넓게 사용되고 있다. 비즈니스 트렌드, 상품 트렌드, 마케팅 트렌드, 경제 트렌드, 라이프스타일 트렌드, 유행 트렌드처럼 트렌드라는 용어가 일반화되어 있다. 과연 트렌드란 무엇일까?.

본 장에서는 소비자 트렌드를 이해하기 위해서 트렌드란 무엇이며, 소비자 트렌드의 밑바탕이 되고 있는 소비가치와 욕구, 그리고 소비자트렌드가 어떻게 활용될 수 있는가를 살펴보고자 한다.

1. 트렌드 : 메가트렌드와 마이크로트렌드

1) 트렌드의 개념

미래에 어떤 일이 벌어질 것인가에 대한 관심은 누구에게나 흥미있는 일이며, 미래를 알고 싶어하는 것은 인간의 역사가 시작된 이래로 계속되어 오고 있다.

트렌드Trend란 '~의 방향으로 가다', '향하다' 혹은 '기존과 다른 새로운 방향으로 변화해가는 경향이나 추세'라는 사전적 의미를 가지고 있다. 트렌드는 적어도 5년 혹은 10년 정도 지속되면서 사회전반에 영향을 미치는 변화의 흐름이다. 트렌드는 과거, 현재, 미래로 이어지는 하나의 흐름으로서, 단기간에 나타났다가 사라지는 유행fad과 구분되는 개념이다.

트렌드는 특정한 시점에서 하나의 징후로 출발하여 사회, 경제, 문화의 다양한 영역에서 포괄적이며 동시적으로 나타나는 현상이다. 즉 인구 통계적 변화, 대중의 가치관이나 태도 변화, 생활양식 또는 기술 등의 변화를 통해 사회 전반에 점진적이면서 광범위한 변화를 가져오는 물결이며 바람이다.

『클릭! 미래 속으로(원제: Ckicking)』, 『클릭! 이브속으로(원제: EVElolution !)』 등의 저서를 쓴 미국의 유명한 트렌드연구가 페이스 팝콘은 트렌드를 혼돈의 세계에 존재하는 일종의 질서라고 보았으며, 한 눈에 보이지 않는 다양한 세상을 누구나 이해할 수 있는 간단한 키워드로 표현한 것이 트렌드라고 설명하고 있다.

2) 트렌드의 형성 과정

(1) 트렌드 형성

트렌드는 상황이 적절하게 조성되고 소비자가 받아들일 준비가 되었을 때 빠르게 펴져나간다. 트렌드가 성장하려면 행동과 태도를 움직이는 강력한 동인과 긍정적 사회 및 환경적 요인이 뒷받침되어야 한다. 환경이 변하거나 사람이 변해야만 트렌드가 형성된다. 그렇다면 무엇이 소비자의 행동과 생각에 영향을 미치는가? 트렌드는 기존 소비자의 행동과 태도에 혼란을 야기하는 환경 변화가 일어날 때 시작되고 소비자가 그것에 반응을 하게 된다. 반응은 긍정적인 반응뿐만 아니라 부정적인 반응도 뒤따른다.

트렌드 시발점을 PEST(Politics, Economics, Society, Technology)분류에 따라 네 가지로 살펴보기로 하자(윌리엄 하이엄, 2012).

그림 1-1 | 트렌드의 시발점

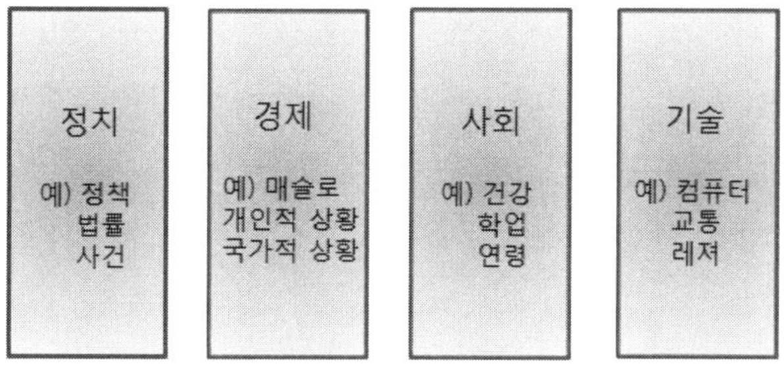

(출처: William Higham(2012). The Next Big Thing)

① 정치

정치적 시발점에는 법률 제정 같은 정부행동과 국내외 정치 기류 변화 등이 포함된다. 새로운 법이 도입되거나 기존 법이 폐지되면서 새로운 트렌드가 형성될 수 있다. 영국에서는 고용법이 제정됨에 따라 소비자들은 일과 생활의 균형을 맞추려고 노력하면서 부부가 공동으로 자녀 양육을 책임지고 있다. 공공장소에서 흡연을 금지하는 법이 제정되면서 소비자는 술집을 찾기 보다는 자신의 집이나 친구 집에서 술을 마신다.

② 경제

경제 환경은 트렌드 형성에 막대한 영향을 미친다. 다시 말해 소비자의 부와 가처분 소득 수준이 소비자의 행동과 생각에 크게 영향을 미친다는 것이다. 에이브라함 매슬로 Abraham Maslow의 저서 「동기와 성격 Motivation and Personality」에는 욕구 단계설이 소개되어 있다. 소비자는 경제적 안정 단계에 따라 각기 다른 욕구를 지닌다. 그리고 그런 욕구를 충족시킬 수 있는 기회가 찾아오면 놓치지 않으려 하는데 이 과정에서 트렌드가 형성된다. 소비자의 경제적 상황이 향상되면 새로운 욕구가 등장하고 그에 따라 새로운 트렌드가 형성된다.

경제상황이 낮은 사람들은 생존에 초점을 맞추기 때문에 공기, 음식, 물, 주거, 수면 등과 같은 물리적 욕구에 따라 움직인다. 개인이나 사회가 이 단계에 있을 때는 이들의 욕구를 충족시킬 수 있는 저가 식품 같은 트렌드가 욕구를 충족시키기 위해 움직인다. 이들은 법치, 안전한 이웃, 안정적인 직장, 재정적 안정 등 구조와 안정성에 초점을 맞춘 트렌드를 주도한다.

사회적 욕구 단계는 우정, 공동체, 사회적 인정, 친구 관계, 가족 관계와 관련된 트렌드가 등장한다. 하위 욕구를 모두 충족한 사람은 인정받길 원하며 자신감이 행동 동인으로 작용한다. 이때 사회적 지위, 인정, 성취감 등을 향상시킬 수 있는 제품과 서비스를 추구하는 트렌드가 등장한다.

심미적, 인지적 욕구의 지배를 받으며 지식을 추구하는 트렌드, 세계를 더 잘 이해하기 위해 새로운 무언가를 발견하거나 창조하는 트렌드가 다음으로 성행한다. 아름다움과 스타일과 관련된 트렌드가 나타날 것이다. 이 모든 욕구가 충족된 소비자는 자아실현을 추구하는데 이는 도덕, 정의, 자유, 자아 표현, 고독 등 다양한 형태로 나타난다.

③ 사회

사회-문화적 시발점은 인간 사회 및 조직과 연관이 있다. 여기에는 인구, 연령, 건강, 고용, 교육 수준 등과 라이프스타일, 미디어, 대중 의견 등 수치로 표현하기 어려운 요인을 포함한다. 일반적으로 개인이 받는 교육의 양은 태도에 영향을 미치고 이는 행동에 영향을 미친다.

1960년대 태어난 베이비 붐 세대는 이전 세대보다 더 교육을 많이 받았다. 그 결과 이들은 부모 세대보다 더 많은 지식과 자신감을 겸비하고 젊었을 때 뿐만 아니라 나이가 들어서도 트렌드를 만들어 나간다. 2000년대 초, 사람들은 유전자 조작 농산물, 트렌드지방 등 식품 원료에 관심을 갖기 시작했고 그 결과 가격보다는 건강을 생각한 구매가 증가했다.

지위 역시 트렌드에 영향을 미친다. 사람들이 새로운 지역으로 이사를 가면 행동이 변하는데 이는 단순히 한 사람의 일일 수도 있지만 한 집단의 일일수도 있다. 소비자가 시골에서 도시로 이사를 하면 이전과는 다른 욕구를 느끼게 된다. 그런 사람이 많아지면 하나의 트렌드가 형성되는 것이다.

④ 기술

기술 혁신이 도입되지 소비자가 혜택을 누리게 되었다. 예를 들어 휴대 전화가 도입되면서 휴대 전화 사용 관련 트렌드가 형성되었다. 아이팟 출시로 MP3 사용이 활발해졌다. 제품의 이용 가능성과 소비자의 채택 트렌드를 구분하는 것은 반드시 거쳐야 하는 과정이다. 모든 기술이 도입된다고 사용되는 것은 아니기 때문이다.

새로운 기술은 사용 후post-usage트렌드를 형성한다. 1940년대 제트 엔진이 발명되면서 사회가 크게 변했다. 곧바로 고액 자산 보유자의 해외 여행이 잦아졌다. 고액 자산 보유자의 여행 증가로 영화, 책, 신문 기사 등에 여행에 관한 소식이 자주 등장했다. 그 결과 일반 소비자들도 외국에 관심을 갖고 보다 이국적인 제품이나 여행 관련 상품을 구매하고 싶다는 마음을 품게 되었다.

대표적인 예로 외국 식품 판매 증가를 들 수 있다. 이국적 카펫이나 퐁듀 세트 같은 제트족jetsetter 라이프스타일 상품 판매로 증가했다. 1970년대 항공권 가격이 낮아지면서 더 많은 소비자가 비행기를 이용하게 되었다. 여행 횟수가 늘어나면서 카메라나 여행 책자와 같은 상품 수요가 늘어났다. 오늘날 소비자는 '짐이 가벼운 여행' 에 높은 관심을 보인다. 사람들은 이전보다 더 짧은 계약 기간을 원하고 보관함 등에 소지품을 자주 맡기고, DVD, 자동차, 심지어 핸드백 같은 제품을 대여해서 사용한다.

(2) 트렌드 생산자와 소비자

트렌드는 누가 만들고 누가 소비하는가? 에버렛 로저스Everett Rogers 교수가 저서「혁신의 확산Diffusion of Innovstion」에서 혁신 수용 형태를 다섯 단계로 나눈 바 있다. 트렌드가 확산되는 과정도 이와 마찬가지이며 대개 트렌드를 만들어내는 사람은 혁신가, 즉 이노베이터에 속한다(김용섭, 2010).

표 1-1 | 트렌드 생산자와 소비자

혁신가(Innovator)	최초 수용자로 전체의 2.5%
조기 수용자(Early Adopter)	혁신가의 다음 수용자로 전체의 13.5%
초기 다수 수용자(Early Majority)	조기 수용자의 다음 수용자로 전체의 34%
후기 다수 수용자(Late Majority)	초기 다수 수용자 다음 수용자로 전체의 34%
지각 수용자(Laggard)	마지막 수용자로 전체의 16%

출처 : 김용섭, 2010

혁신가들은 혁신적 기술이나 제품을 만들어내는 사람들이거나, 사회적 영향력을 가진 유명인이거나, 정치나 경제의 실력자일 경우가 많다. 이들이 촉발시킨 현상이자 유행을 얼리 어답터Early Adopter라는 흔히 말하는 신상녀이자 선도 소비자들이 받아들이면 그것이 비로소 트렌드의 시작이 된다. 그리고 얼리 어답터를 이어 초기 대중화로 전환되면 본격적인 트렌드로 자리를 잡는다. 이후에 후기 다수 수용자나 지각 수용자들은 구축된 트렌드의 소비를 이어가는 수용자가 된다.

비즈니스 혁신가들은 트렌드 세터이자 이노베이터이다. 새로운 것을 창조하는 일이야말로 새로운 트렌드를 주도하는 가장 중심적 역할이 된다. 또한 이들 이노베이터 옆에서 왕성한 메신저이자 네트워커 역할을 하는 사람들도 트렌드 세터이자 트렌드 리더가 된다. 따라서 트렌드 생산자들은 대중적 인지와 미디어 영향력을 가진 개인이나 조직이다.

혁신 확산 이론과 비슷하면서도 유행의 전파 과정을 설명하는 수용자의 삼각형Adopter's Triangle 모델이 있다. 수용자의 삼각형은 피라미드를 의미한다. 가장 상층에 아방가르드 층이 있다. 가장 선도적인 수용자들이다. 그 다음 층에 트렌드 세터가 있다. 우리가 보편적으로 아는 유행의 선도자가 이에 해당된다. 이들이 유행을 소화해서 남들이 따라하고 싶게끔 만들어내는 이들이다.

그 다음 층에 유행 추종자가 있다. 트렌드 세터들의 영향으로 유행을 받아들이는 사람들이다. 대개 유행이 완성되려면 이들의 소비자 이어져야 한다. 그리고 가장 아래층엔 유행을 타지 않는 층이 있다. 유행을 타지 않는 이들에겐 트렌드보다 자신의 개성이 더 중요하다. 이중에서 자발적인 경우도 있지만 도태되었기에 비자발적인 경우도 있다.

트렌드는 살아 있는 생명체와도 같다. 유기적이고 능동적이다. 다양한 통합적 연결 관계 속에서 이외의 변수에 의해서도 나타나고 또 소멸된다. 누군가에 의해 창조되고 누군가에 의해 확산되고 누군가에 의해 소멸되기도 한다. 트렌드는 결국 사람과 밀접한 관계를 맺고 있다.

(3) 트렌드와 유행의 차이

일시적 유행과 트렌드의 큰 차이는 원인, 영향, 지속성에 있다. 트렌드는 특정한 사회, 환경, 심리적 동인으로 인해 유기적으로 성장한다. 그리고 일반적으로 한 업계나 특정 인구 집단에 영향을 미친다. 그리고 예기치 못한 사회 경제적 사건이 일어나는 경우를 제외하고 최소 2년은 지속된다. 그리고 소비자의 필요에 의해 나타나며, 소비자의 행동이 계속해서 새로운 트렌드를 형성하기 때문에 기존 트렌드가 앞으로의 변화에 영향을 미친다.

반면, 일시적 유행은 매체나 특정 브랜드가 주도하는 경우가 많다. 또 한 계절, 길어야 일년이 지나면 사라진다. 강력한 소비자의 수요에 기반하지 않는 것이 특징이며, 미래의 행동에 영향을 미치지 못한다. 하나의 트렌드가 되기 위한 단계라기 보다는 쉽게 잊히는 '일시적 급변동Blip' 이라고 봐야 한다.

일시적 유행은 대부분 마케팅의 결과물이거나 일종의 '놀이터play ground' 유행이다. 이는 특정 행동이나 상품의 형태로 나타나는데, 어느 정도 시간이 지나면 다른 행동이나 제품으로 흡수된다. 일시적인 유행의 강력한 동력원은 또래 압박과 지위이다. 가장 대표적인 예로 훌라후프를 들 수 있다. 전통적으로는 무용 도구로 사용되었으나 1958년 순식간에 미국 시장을 점령했다. 이는 매체에 자주 등장한 덕분이었다. 1958년 여름, 겨우 넉 달 만에 2,500만개가 판매되었다. 그러나 이것은 마케팅으로 인한 것이었기 때문에 판매는 곧 곤두박질쳤고 1959년 말에는 결국 거의 자취를 감추었다(윌리엄 하이엄, 2012).

트렌드를 이해하고 파악하는 것은 왜 중요한가?

기업은 새로운 시장에서 트렌드를 파악하지 못하게 되면 고객을 잃게 되고, 결국 경쟁에서 뒤지게 된다. 따라서 경쟁사보다 먼저 새로운 트렌드를 찾기 위해 노력을 해야 한다. 하지만 대부분의 기업들은 트렌드와 일시적 유행을 제대로 구분하지 못하고 시간, 노력을 낭비하는 경우가 있다.

표 1-2 | 트렌드와 유행의 비교

트렌드(trend)	유행(fad)
장기적 포괄적 동시적	일시적 폭발적 특정적 불확실성(예측 불가능)

소비자트렌드 읽기 1-1

불안의 시대, 새 세상 여는 코드 TREND

수세기 동안 인간은 불안할 때마다 미래를 점치기 위해 점쟁이, 마법사 등에 기대왔다. 불안할수록 점술에 의존하는 이들이 많아지는 것처럼, 국내외의 각종 악재에 노출되곤 하는 경영환경 속에서 기업들은 '트렌드'를 미래를 읽는 길잡이로 삼기 시작했다. 점쟁이나 마법사보다 더 과학적일 뿐 아니라, 아슬아슬한 미래에 적지 않은 안도감까지 선사하는 수단으로 트렌드가 쓰이게 된 것이다.

기업들의 이 같은 변화된 마인드를 반영하듯, 올 들어 국내에서도 트렌드가 비즈니스계의 화두로 자리를 잡기 시작했다. '트렌드' 타이틀을 단 경영서적들이 봇물을 이루고 트렌드 관련 강좌도 인기를 모으고 있다.

불안의 시대, 새로운 경영 키워드는 바로 '트렌드'가 아닐까.
각 회사 내 트렌드 연구팀의 기능도 확대되고 있다. 제일기획 박재항 소장은 "기존 트렌드 연구팀의 기능이 소비자 태도와 신제품의 흐름을 정리하는 데 그쳤다면, 이제는 가까운 미래의 트렌드를 예측하고 심지어 창조하는 데까지 기능이 확대되고 있다"고 말했다.

트렌드 학자들은 "트렌드 연구에도 트렌드가 있다"고 말한다. 얼마 전까지 '메가트렌드'를 주창한 미래학자 존 나이스비트 등이 펼친 거시적 담론이 득세했다면, 최근에는 소수집단 사이에 나타나는 다양한 '마이크로트렌드', 이보다 더 미시적인 '나노트렌드'를 찾아내는 게 대세라는 것이다. 각 기업들도 소비자 밀착형의 라이프스타일 관련 트렌드에 관심을 기울이고 있다.

트렌드 학자들은 "트렌드 연구에도 트렌드가 있다"고 말한다. 얼마 전까지 1960~70년대 앨빈 토플러를 필두로 한 미래학자들과 1982년 '메가트렌드'를 주창한 미래학자 존 나이스비트 등이 펼친 거시적 담론이 득세했다면, 최근에는 소수 집단 사이에 나타나는 다양한 '마이크로트렌드', 이보다 더 미시적인 '나노트렌드'를 찾아내는 게 대세라는 것이다. 각 기업들도 소비자 밀착형의 라이프스타일 관련 트렌드에 관심을 기울이고 있다.

출처 : 주간동아, 2008. 10 01

3) 메가트렌드와 마이크로트렌드

(1) 메가트렌드

메가트렌드Megatrend란 사회, 문화적 환경의 변화와 함께 형성된 트렌드가 모여 사회의 거대한 조류를 형성하게 되는 현상을 말한다.

미국의 미래학자 존 네이스비트John Naisbitt는 나라별로 양상이 조금씩 다르기는 하지만 언제부턴가 전 세계가 공통적인 맥락을 갖는 변화 양상을 띠게 되었으며, 그것이 우리 삶의 모습을 바꾸고 새로운 사회를 구현하는 내재적 힘을 가진 메가트렌드라고 정의하였다.

그는 『메가트렌드 2000(1990)』라는 책에서 사회가 어떻게 변화될 것인가를 서술하고 있다. 이러한 예측이 현재 우리사회에 얼마나 잘 맞고 있는지, 차이가 있다면 그 원인은 무엇인지, 또 어떠한 트렌드를 추가할 수 있는지를 생각해 보기를 바란다.

① 세계경제의 호황

1990년대 세계경제의 호황의 원인으로 다음의 내용을 들고 있으나, 현재는 전 세계적인 경제위기를 겪고 있다.

- 고도의 정보화, 유럽 경제의 단일화 =〉세계경제(국가간의 분업, 무역과 고용, 투자의 증대) =〉 경제적 이해가 우선시
- 물질과 에너지 소비 감소 =〉 에너지 위기가 없고 성장 한계도 없음
- 세제 개혁: 세율내리기(영국, 오스트레일리아, 스웨덴 등)
- 아시아의 소비붐 , 민주주의 진전, 자유기업주의 확산
- 서유럽의 전쟁 부재, 종식, 미소등 강대국의 지역분쟁 불개입
- 환경에 대한 관심, 집착
- 정보화 진전으로 고임금 확산(중산층-〉부유층, 노인,흑인 -〉 중산층)

② 예술의 부흥

정보산업의 발달과 경제부흥으로 예술이 여가를 즐기는 스포츠를 대신한다.

연극, 오페라, 교향악단, 서적, 미술, 박물관 부흥으로 이들 산업이 촉망받는 산업이 된다.

③ 자유시장 사회주의의 출현

고전적 사회주의가 범세계적 경제, 기술의 발달, 중앙집권화의 실패, 복지비용의 과다지출, 블루칼라 노동계층의 구성비와 중요성 하락, 컴퓨터의 발달이 개인의 권한강화 등으로 소멸하게 된다.

④ 복지국가의 민영화

기존의 복지국가의 문제점인 탈세, 과도한 세금부과, 근로의욕의 상실 등으로 기존의 복지개념을 대체할 세계적인 움직임이 있을 것이다.

⑤ 환태평양 지역의 부상

500여년전 세계무역의 중심지가 지중해에서 대서양으로 옮겨가기 시작했고, 이제는 대서양에서 태평양으로 이동하고 있다. 대서양에서 태평양으로의 중심 이동은 강한 추진력은 아시아의 경제 기적이다.

미 국무장관이었던 John Hay는 '지중해는 과거의 바다, 대서양은 현재의 바다, 태평양은 미래의 바다' 라 한 그의 예언은 사실로 나타나고 있다.

⑥ 여성지도자의 시대

노동시장에서 여성의 역할변화의 원인은 여성운동이나 여성 자체의 인식변화보다는 산업구조의 변화에 있다.

위에서 내려진 명령에 충실히 복종하는 상하시스템의 '통제control' 중심의 경영 개념에서 이제는 자유롭게 구성원의 창의성과 능력을 최대한 발휘할 수 있도록 이끄는 리더쉽leadership기업경영의 핵심으로 바뀌고 있다. 새로운 지도자는 다양한 모습을 보여주어야 하는데 이러한 역할은 남성보다 좀 더 유연한 이미지를 가진 여성에게 더 잘 어울린다는 점에 주목해야 한다.

⑦ 생물학의 시대

사회 각 분야에서 생물학의 영향력은 점점 더 커지고 있다. 생물학적 개념은 정보집약적, 미시적, 내부지향적, 적응적 의미를 함축하고 있다.

⑧ 종교적 부흥

새로운 천년의 시작(2000)은 세상의 종말이 임박했다고 믿거나 어떠한 박해와 권위로부터의 구원을 믿는 현상이 나타나고 있다. 즉 상당한 변화의 시기에 살고 있다는 감정을 갖게 하므로 영적인 믿음에 대한 필요가 증가하고 있다.

⑨ 개인의 승리

전체주의에서 벗어나 개인은 그 어느때보다도 힘이 강해진 상태를 맞고 있으며, 개인이 가장 효과적인 변화의 중심에 서게 되었다. 개인의 힘의 증대는 또한 정보, 통신 기술의 발달로 더욱 가속화 되고 있으며, 상층부의 소수에서 대중 개인에게로 권력을 끌어내리고 있다.

⑩ 세계적 생활양식과 문화적 민족주의

세계가 비슷한 생활양식으로 살아가고 있다. 세계기업 지출의 영향, 원격통신망의 발달, 해외여행의 선풍. 페리어, 현대 자동차, 맥도날드, 이케아, 미국 내의 수많은 동양음식점이 존재한다.

반면에 자기 민족만의 전통 및 언어를 지키고 찾자는 움직임도 동시에 나타나고 있다.

미국 국가정보위원회National Intelligence Council(이하 NIC)가 발행한 글로벌 트렌드 2030 : 선택 가능한 미래Global Trends 2030: Alternative Worlds에서는 메가트렌드를 다음 4가지를 들고 있다.

NIC는 비밀정보기관이 아니라 공개정보를 중심으로 '국가정보판단National Intelligence Estimates' 을 생산하는 것이 주임무인 국가전략연구소다. 이 기관은 5년에 한번 꼴로 글로벌트렌드보고서를 간행하는데 지난해 말 제5차 보고서가 나왔다. 이 보고서를 보면 미국 정부가 2030년의 세계가 어떻게 변할 것이라 생각하는지 파악할 수 있다.

세계적으로 국가권력에 대항할 수 있는 개인의 힘이 중산층 확대, 교육-의료의 확산, 정보통신의 발달과 함께 증대되면서 고령화와 도시화가 가속되고 식량과 물, 에너지 수요가 폭발적으로 늘어나 자원쟁탈전이 심화된다. 1750년 이래 지속된 서양(구미)의 우세가 역전되어 중국과 인도를 비롯한 아시아가 전면으로 부상한다.

보고서는 2030년의 미래를 예측하면서 다음의 4개 '메가트렌드Megatrends' 을 제시한다.

메가트렌드 1. 개인의 역량 강화Individual empowerment:

빈곤 축소, 중산층의 확산, 교육과 성별 격차, 통신기술의 역할, 보건 향상, 이념적 지평의 충돌 증가 등이 예상된다. 전 세계의 중산층(1인당 GDP 6000 달러~3만 달러)은 2010년 12억 명에서 2030년 30억 명으로 늘어난다. 그러나 중국에서는 연해지역 부유한 도시 주민과 내륙지역 가난한 농촌 주민으로 양극화가 심해져 '두개의 중국' 으로 분화될 수 있다. 법치와 민주화, 투명성과 책임성에 대한 요구가 높아져 체제안정성에 위협을 가한다.

메가트렌드 2. 권력의 분산Diffusion of Power:

국가의 흥망으로 이전과는 다른 상황이 전개되고 2030년 세계적 하드파워의 한계가 나타날 것으로 예상된다. 미국의 힘은 중국으로 상당 부분 넘어가서, 2025년까지 중국이 지구 성장의 3분의 1을 차지하나 성장률은 둔화된다.

소비자트렌드 읽기 1-2

한경비즈니스가 제시하는 2013 대한민국 '키워드 12'

한경비즈니스가 제시하는 2013 대한민국 '키워드 12'

no	트렌드(trend)	유행(fad)
1	50대 파워	올해로 50대에 진입한 베이비붐 세대의 1963년생이 사회 곳곳에 영향을 미칠 것으로 예상. 아날로그적 감성과 디지털 기술로 무장한 50대의 집단 파워가 더욱 힘을 발휘할 것.
2	빅 데이터의 성장	정제되지 않은 막대한 양의 정보를 분석하는 기법으로, 환경 변화를 신속하게 감지하고 대응하는 역량이 중요해지면서 디지털 공간에 축적된 빅 데이터의 중요성이 부각. 기업은 데이터의 관찰 및 분석을 통해 새로운 시작을 발굴하고 차별화된 전략을 수립하기 위해 노력.
3	스마트폰과 모바일 전성시대	높은 스마트폰 보급률과 LTE 인프라를 바탕으로 라이프스타일에 다양한 변화 예상. 전자 결제, 게임, 쇼핑 등 모바일 시작이 더욱 확산.
4	공유경제	물건의 '소유' 대신 '향유'에 대한 욕구 증가. 합리적 소비문화 확산 및 SNS를 통한 새로운 신뢰 형성.
5	100세 시대 헬스 케어	단순히 오래 사는 것이 아니라 건강하게 오래 사는 것을 추구. 질병 예방과 심신 관리 등 전 생애에 걸친 라이프 케어에 높은 관심을 보임.
6	불황형 가계	경기 침체로 최소비용, 최대 효과를 누리는 소비패턴 지향. 저가 항공, SPA패션 등 알뜰 소비 강세. 편의점 및 소매점 강세 예상.
7	전기 스트레스	기록적인 혹한·혹서 등 이상기후로 '에너지 부족' 사태의 일상화. 의무 절전을 비롯해 방한 용품 소비 급증 등 전기로 인한 라이프스타일의 변화 감지.
8	프리 크라임	성범죄, 살인 사건 등 강력 범죄로 인한 사회적 불안감이 증폭되면서 '범죄 예방'에 대한 관심이 높아짐. CCTV, 블랙박스, 방범 용품 등의 안전장치 구비 증가.
9	맞춤형 주거 공간	1인 가족이 세분화되고 2인, 3인 가족의 수요가 증가하는 등 핵가족 빅뱅 예상. 협동조합, 동호인마을 등 각양각색의 주거 트렌드가 확산.
10	경매시장 활성화	불황으로 매물이 많이 쏟아지는 상황. 저가 매수를 노린 실수요자나 투자자들이 경매시장으로 관심을 돌리고 있음.
11	복지예산 100조 원 시대	100조 원 넘게 책정된 '박근혜식 복지 예산'은 보육 및 육아 부담 완화, 등록금 부담 완화 등 '보편적 복지'가 최우선.
12	절세 제테크	올해 각종 금융 상품의 비과세 혜택이 폐지되는 데다 금융소득종합과세 기준도 4000만 원에서 2000만 원으로 낮아지기 때문에 절세 상품에 대한 관심 급증.

출처 : 한경비즈니스, 2013. 01. 11

메가트렌드 3. 인구 구조Demographic patterns:

고령화 현상 확대, 청년국가의 수 감소, 새로운 대규모 이주의 시대, 도시화된 세계가 예상된다. 중국은 노동자와 은퇴자 비율은 현재 8대1에서 2040년 2대1로 줄어든다.

메가트렌드 4. 식량, 물, 에너지 연계 강화Food, water, energy nexus:

식량, 물, 기후문제가 중요해지고 에너지문제는 낙관적으로 전망된다. 현재 중국과 인도는 세계 인구의 37%를 차지하고 있는데 세계 수자원의 10.8%를 소비하고 있을 뿐이다. 중국은 지구의 고기공급량의 4분의 1(연 7100만t)을 소비하고 있으나 개인 소비량은 미국인의 4분의 1에 불과하다. 2030년까지 중국 중산층이 늘어나면 수요는 극적으로 늘어날 것이다.

(2) 마이크로 트렌드

마이크로 트렌드Microtrend란 기존의 메가트렌드Megatrend를 뛰어 넘는 개념으로 현 시대의 다양화되고 개별화된 수요에 적절히 대응하는데 한계에 봉착했다고 판단한데서 출발한다. 비록 소수에 의해서 주도되는 트렌드이나, 구성원들은 열정적인 주체성을 특징으로 하기 때문에 지속적으로 시장을 형성하고 있다는 특징이 있다.

마이크로트렌드는 작고 사소한 힘이 큰 변화를 이끌어 내는 '마이크로 소사이어티micro society'와 연관되어 '개성'과 '자아'가 중요시되는 현대사회의 단면을 반영하고 있다.

『마이크로트랜드』의 저자인 마크 팬과 키니 잴리슨Mark Penn and Kinney Zalesne은 "세상은 몇 개의 큰 방향이 아니라 수백 개의 작은 방향으로 나가고 있다. 우리 모두를 휩쓰는 메가트렌드는 더 이상 없다. 얽히고 설킨 미로와 같은 선택들, 다시 말해서 마이크로트렌드들이 이 세계를 이끌어 간다...... 주류와 대립되는 선택에 헌신하는 1%만 있어도 세상에 변화를 일으키는 운동을 창출할 수 있다"고 주장한다.

마이크로트렌드는 국가와 문화에 따라 다양하게 나타날 수도 있으나 환경, 전문직 여성, 하이테크, 다문화체험, 남성들의 미관련 트렌드 확산 등은 공통적으로 나타나고 있는 키워드이다. 이는 전세계적으로 관심이 고조되는 사회적 이슈와 연관되는 것으로 보이며, 인터넷을 통한 각종 미디어 매체를 통해 전 세계가 유사한 수준으로 문화를 향유하는 현상을 반영하는 것이기도 하다. 또한 과거 생존을 위해 필요했던 소비행위가 현재는 삶의 질을 높이기 위한 문화행위로 자리 잡고 있다는 것을 엿볼 수 있다.

표 1-3 | 마이크로 트렌드

구분	명칭	마이크로 트렌드
사랑과 성	싱글족	싱글여성이 늘고 있음. 동성애자 중 남성비율이 훨씬 높은 데서 연유.
	쿠거(cougar)족	연하남 데이트 상대를 찾는 경제적, 성적으로 독립한 여성을 일컫음
	사내 연애족	미국 직장인 중 사내 연애 경험자는 60%. 25~34세 싱글의 주당 근무시간이 늘고, 비슷한 기술과 흥미를 가진 사람들이 같은 직장에서 만나기 때문.
	주말 부부족	미국의 주말 부부는 350만명에 달함. 자신의 직업을 포기하지 않으려는 부부들.
	인터넷 결혼족	데이트 상대를 찾는 미국인 싱글 네명 중 한명이 데이트 웹사이트를 이용 중. 전형적인 유형은 도시 출신의 고소득층 자유주의자.
직장생활	은퇴 후 노동족	정년 65세를 넘어서도 계속 일하는 층이 늘고 있음
	익스트림 통근족	미국에서 출근하는데 90분이상 걸리는 통근자가 340만명에 이르고 있음. 직장이 있는 주요 대도시에 집을 마련할 형편이 안 되기 때문. 휘발유 값에 매우 민감.
	재택 근무족	미국에서 420만명. 대부분 전문 직종이며. IT산업성장의 영향으로 늘고 있음. 아이를 키우는 여성 기업인들도 해당.
건강과 웰빙	태양 혐오족	햇볕을 많이 쬐면 건강에 좋지 않음을 의식하는 소비층.
	단시간 수면족	미국인의 평균 수면시간은 업무 때문에 1990년대 초반 이후 25% 줄어 들었음.
	DIY 닥터족	자기가 스스로 의사 역할을 하는 계층
	난청족	도시생활 과정에서 소음이 늘어 난청이 늘고 있다는 진단.
가정생활	애완동물 양육족	애완동물을 키우는 사람들.
	오냐오냐 부모족	아이들에 대해 미국의 부모들이 점점 관대해지고 있음.
	늦깍이 게이족	동성애를 용인하는 사회 분위기가 확산되면서 40대 넘어 커밍아웃하는 사례가 늘고 있음.
10대들	경미 장애족	교육에 관심이 많은 부유층이 자녀가 왜 평범한지 원인을 알기 위해 조사를 의뢰해 읽기·쓰기능력 등 사소한 장애 결과를 보고받는 사례가 늘고 있음.
	젊은 뜨개질족	10대를 중심으로 뜨개질 열풍, 9·11테러 이후 가정 중시 트렌드가 확산되는 것과 관련 있음.

구분	명칭	마이크로 트렌드
식품	채식하는 아이들	채식주의의 확산으로 아이들이 갈수록 고기를 먹지 않음.
	카페인광	수면이 부족해 커피 등 카페인으로 원기를 회복하는 경향이 나타남
생활방식	주의력 과다족	마라톤, 골프, 십자말풀이 등 시간을 요하는 여가활동이 늘어났음.
외모와 패션	상류층 문신족	문신이 반항의 표시에서 이제는 섹시코드로 변화. 보수층에게는 기강과 충성심을 의미
	하드코어 지저분족	더러운 접시를 싱크대에 하루이상 놔두는 사람이 1/3이 넘고 있음. 바쁘고, 부유하고, 교육 받을수록 지저분족일 가능성이 높음.
	성형수술 애호족	남녀를 막론하고 눈, 코 등 성형수술 경험이 한번이라도 있으면 여러번 하는 경향이 있음.
	막강한 쁘띠(petit)족	미국인 체구가 전반적으로 커지고 있지만, 체구가 작은 여성들의 목소리도 함께 커지고 있음.
기술	자동차 시장의 사커맘족	여성이 자동차 구매시장에서 새로운 실력자로 뜨고 있음. 남성들이 호화로운 차에 이끌린다면 여성들은 안전한 차를 선호.
여가와 오락	양궁맘	야구, 수영, 테니스 등은 쇠퇴하는 반면 양궁, 마운틴, 바니킹 등 틈새 스포츠가 인기를 끌고 있음.
	포르노맨	포르노 시장은 35억 달러로 인터넷 기술 발전을 이끌고 있음.
	성인 비디오 게임족	성인 최고의 오락거리로 등장.
	네오 클래식족	2000년 미국에서 열린 클래식 음악 공연 수는 3만 6천회. 10년 전에 비해 45% 증가.

(3) 메타트렌드

메가트렌드가 우리가 사는 세계의 시대적 흐름이라면, 그 밑바탕에는 우리가 직접적으로 느끼지는 못하지만 조용하게 흐르는 변화들이 있다. 즉, 변화의 속도가 매우 느리고 그 과정이 장기적이고 복잡한 트렌드가 메타트렌드Metatrend이다.

메타트렌드의 영역은 자연의 변화와 문명이다. 고대 아프리카 북부지역에는 과거 거대한 초원이 있었으나 장기간의 기후변동을 경험하면서 사막화가 되었고, 이 사막지역은 점차 확대되어 오늘날의 거대한 사하라 사막이 되었다.

사례 | 북아프리카 초원의 사막화

4) 트렌드와 역트렌드

이 세상에서 일어나고 있는 모든 움직임은 작용과 반작용이 존재한다. 이 법칙은 트렌드의 세계에서도 예외는 아니다. 즉 새로운 트렌드가 형성되어서 세력을 얻기 시작하면 이 트렌드와 정반대의 상충되는 역트렌드가 만들어진다. 그 후 서로 상충하는 트렌드가 빠른 속도로 동시에 여러 방향으로 변화시키고 있다.

가속화fast트렌드와 슬로우slow트렌드가 하나의 예가 될 수 있다. 정보화는 새롭고 획기적인 것을 향하여, 옛 것을 단절하고 극복하기 위하여 속도를 내는 가속화 트렌드를 만들어 냈다. 이 시기에는 일부 계층에서는 핸드폰과 노트북으로 무장한 사람들이 있었다.
그러나 일상생활의 가속화는 저항력을 강화했다. 즉 패스트푸드 대신에 슬로우푸드를 찾는 사람들이 생겨나기 시작하였다. 이러한 생활의 속도 늦추기를 의미하는 슬로우 트렌드는 생활의 모든 영역에서 새로운 트렌드로 자리를 잡아가고 있다.

트렌드와 역트렌드가 일정기간 동안 서로 공존한 후에 제3의 새로운 종합트렌드가 형성된다. 이 종합트렌드를 젠Zen트렌드라고 부른다. 예를 들면 테크노는 히피를 사랑하는 감정과 컴퓨터 중심의 라이프스타일의 퓨전fusion이다.

2. 소비자 트렌드와 소비자 가치

1) 소비자 트렌드의 개념

자본주의가 발달하고, 경제가 발전하여 대량생산, 대량소비가 확산되어 현대사회에서의 소비는 경제생활 영위를 위한 행위 그 이상의 의미를 갖게 되었다. 즉 사람들은 자신이 구매하고 소비하는 제품이나 서비스의 이미지 속에 자신을 투영하게 되었고, 소비가 사용가치나 교환가치 뿐 아니라 어떤 기호, 상징을 갖게 되었다. 제품이나 서비스의 소비가 자아를 표현하는 하나의 수단이 되기도 하고, 사회적 관계 형성이나 사회적 의사소통의 수단이 되는 등 사회적 의미를 내포하게 된 것이다. 이렇게 소비세계에서 나타나는 사회, 문화적 현상을 우리는 소비트렌드consumption trend혹은 소비자트렌드consumer trend라고 부를 수 있다.

소비자트렌드는 개별적인 제품 영역에 국한되는 것이 아니고, 기술 · 경기 · 소비문화를 포괄하여 광범위하게 나타나는 현상이다. 또한 소비자들이 욕구를 충족시키기 위해 어떤 태도나 행동을 취하는 패턴이 모여 소비자트렌드를 형성하며, 이는 긴 시간(5년 혹은 10년) 동안 지속되어 소비세계의 새로운 변화를 이끌어 낸다. 즉 소비자트렌드는 소비태도와 소비욕구의 변화가 일반화된 것이라고 할 수 있다.

따라서 소비자 트렌드를 잘 읽으면 한 사회를 구성하고 있는 수많은 작은 그림들을 찾을 수 있고, 나아가 소비문화라는 큰 그림을 이해할 수 있다.

2) 소비욕구와 소비가치

소비자트렌드를 형성하는 밑바탕에는 소비자의 신념이나 가치, 그리고 욕구가 자리 잡고 있으므로, 소비자트렌드를 이해하기 위해서는 소비욕구와 소비가치에 대한 이해가 필요하다.

(1) 소비욕구

소비욕구needs는 쉽게 말해 소비자가 부족하다고 느끼는 것, 원하는 것, 혹은 문제점으로 인식하는 부분 등을 의미한다. 즉 실제 상태와 바람직한 상태간의 불일치에서 생겨난다.

반면에 바람wants은 구체적으로 원하는 무엇인가 필요하다고 느끼는 것을 의미한다. 바람은 소비욕구를 통해 추구하는 구체적인 것과 연결이 된다.

예를 들어 배고픈 소비자는 음식에 대한 욕구가 생기고 이러한 욕구를 충족시키기 위해 햄버거, 피자, 닭튀김, 김밥 등에 대한 바람을 가질 수 있다. 결론적으로 욕구는 그 수가 매우 적고 일반적인 반면, 바람은 무한히 많고 상황에 좌우되고, 구체적이라 할 수 있다.

소비욕구와 바람은 어떤 제품에 대한 수요demand를 만들어 낸다. 예를 들어 높은 성취욕구를 가진 사람들은 개인적 성취에 가치를 부여할 것이다. 따라서 그들은 성공을 나타내는 제품과 서비스에 프리미엄을 부여하고 이러한 제품들을 구매할 것이다.

소비자행동과 관련이 있는 몇 개의 중요한 욕구들이 있다.

① 친화 욕구(타인과 친해지려는 것) :

이 욕구는 팀 경기, 술집, 쇼핑몰과 같은 곳, 그리고 외로움을 덜어줄 수 있는 제품과 서비스들과 관련이 있다.

② 권력 욕구(사람들의 환경을 통제하려는 것) :

마력이 높은 '스포츠카, 소리가 큰 휴대용 라디오' 등은 소비자로 하여금 환경에 대한 지배를 느끼도록 해 준다.

③ 독특성 욕구(자신의 개인 정체성을 주장하는 것) :

이 욕구는 소비자의 독특한 특성들을 두드러지게 하는 제품에 의해 만족된다. 예를 들어 '당신만큼 개성적' 임을 주장하는 광고의 상품은 이러한 욕구를 만족시키려 하는 것이다.

한편 매슬로우A. Maslow는 사람들의 욕구가 위계가 있다고 보고 다음 5단계를 주장했다. 이는 소비욕구에 대한 수직적 접근으로 근원적인 욕구가 만족되고 나서야 상위 단계의 욕구를 충족시키려는 경향을 보인다는 것이다.

그림 1-2 | 매슬로우의 인간욕구 5단계

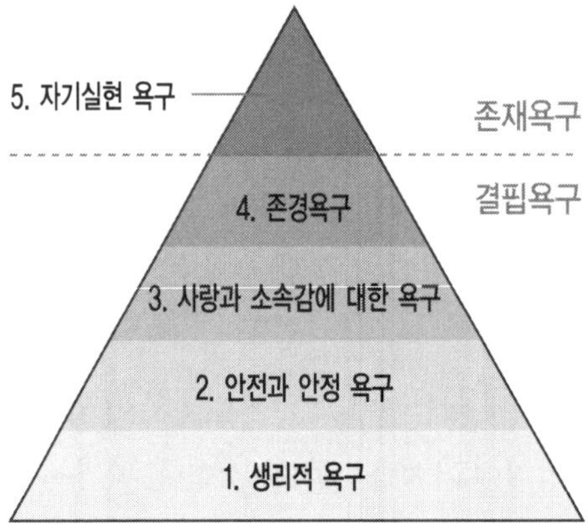

표 1-4 | 매슬로우의 욕구 위계와 소비행동 특성

매슬로우의 욕구	소비행동 특성
자아실현의 욕구 (self-actualization needs)	개인적 성장 - 자신을 향상시키고 개인의 독자성, 유일성을 위해 상품을 소비하려는 욕구(자기-증진 집단) 타인에 대한 영향 - 타인의 소비결정에 대한 자신의 영향력을 느끼려는 욕구(여론선도자와 혁신자의 행동의 바탕이 될수 있음)
자존감에 대한 욕구 (ego, status, self -esteem needs)	타인들의 인정 - 타인에 의해 사회에서 높은 지위를 가지고 있다는 인식을 얻으려고 상품을 소비하려는 욕구 예) 유명 디자이너의 의류
사회적 욕구 (social or love and belonging needs)	타인들에 의한 수용 - 의미 있는 타인과 관계를 맺거나 특별한 물질적 편안함을 위해 상품을 소비하려는 욕구 예) 대형, 호사스러운 상품을 소비하려는 욕구(사치품, 신상품)
안전욕구 (safety needs)	물질적 안전 - 적당한 물질적 소유에 대한 욕구 (위험감소 구매행동)
생리적 욕구 (physiological needs)	신체적 안전 - 상품의 위해나 위험을 피하고, 환경에서 깨끗한 공기와 물을 얻기 위해 상품을 소비하는 욕구 예) 안전벨트, 생태학적으로 안전한 식품

(2) 소비가치

가치는 개인 혹은 집단이 바람직하고 의미 있다고 생각하는 이념으로, 그들의 행동방향에 영향을 주는 일반적이고 추상적인 동기이다.

소비가치consumption value는 소비자들이 제품이나 서비스를 선택할 때 인지과정과 구매행동에 강력하고 포괄적으로 영향을 미치는 판단의 기준이다.

쉐스(Sheth et al., 1991)는 소비가치를 다음 5가지로 유형화 하고 있다.

첫째, 기능적 가치functional value : 제품의 품질, 기능, 가격, 서비스와 관련된 실용적 · 물리적 · 소비가치를 말한다.

소비자트렌드 읽기 1-3

쾌락은 항상 나쁜 것인가?

인간은 누구나 즐거움을 추구한다. 하지만 일상생활에서 결정을 내릴 때는 취미생활보다 일, 사치품보다는 생필품, 충동구매보다 저축을 각각 택해야 장기적으로 도움이 될 것이라고 생각하는 경우가 많다. 그러나 이렇게 한다고 해서 인간의 삶이 더 행복해질 수 있을까?

연구결과 현재의 쾌락을 포기할 경우 미래에 크게 후회할 수 있으나, 반면에 쾌락을 선택한 것에 대해서는 당장 후회할 수는 있지만 이러한 감정은 시간이 갈수록 빠르게 사라지는 것으로 나타났다. 이러한 현상은 매우 강력해서 "나중에 후회할 것을 생각해보라"고 말하는 것만으로도 사람들의 구매행태에 영향을 미칠 수 있음이 밝혀졌다.
소비자연구저널Journal of Consumer Research에 실린 한 연구에서 대학생들이 최근 겨울방학에 한 일에 대해 느끼는 후회와 졸업생들이 40년 전 겨울방학에 대해 느끼는 감정을 조사했다. 조사결과 방학 동안 더 많이 즐기거나 여행하지 않았던 것에 대해 느끼는 후회는 시간이 갈수록 증가하는데, 반면에 일이나 공부 · 저축을 더 많이 하지 않았던 데 따른 가책은 시간이 흐르면서 감소했다.

근로자들이 과거에 내린 일과 여가 사이의 선택에 대해 느끼는 감정 역시 비슷한 양상을 보였다. 즐거움을 택한 사람들이 느끼는 후회는 시간이 갈수록 줄어드는데 비해, 반면에 해야 할 일에 충실하던 사람들이 인생의 기쁨을 놓친 데서 겪는 안타까운 감정은 점차 늘어났다.

마케팅연구저널Journal of Marketing Research 최신 호에 실릴 또 다른 연구에서는 소비자 57명에게 쇼핑에 앞서 두 가지 가능성을 염두에 둘 것을 당부했다. 스스로 흡족할 만한 고가의 의류를 사는 것과 다른 하나는 저렴한 의류를 구매한 뒤 나머지 돈으로 더 실용적인 제품을 사는 것이다. 그 후 절반에게는 다음날 느낄 후회, 나머지 절반에게는 몇 년 후 느낄 후회에 대해 각각 생각해 볼 것을 요청했다.
쇼핑이 끝나고 실제 구매제품을 살펴본 결과 예상대로 다음날 느낄 후회에 집중한 사람들은 실용적인 제품을 산 집단이고, 반면에 더 장기적인 미래의 후회를 고려한 사람들은 본인이 좋아하는 제품을 구입한 것으로 나타났다. 다시 말해서 단기적인 후회는 소비자들에게 이성적인 판단을 내리도록, 장기적인 후회는 소비자들이 더 즐기는 데 집중하도록 한다는 의미이다.

출처 : 아낫 케이난, 랜 키베츠, 동아비지니스 리뷰(2008), 15권, P.123

둘째, 사회적 가치social value : 제품을 소비함으로써 충족하는 사회적 욕구, 제품이나 브랜드의 사회적 이미지, 사회적 규범이나 집단과의 관련성 때문에 지각되는 가치이다.

셋째, 정서적 가치emotional value : 어떤 제품이나 브랜드가 유발하는 느낌이나 감정적 상태로부터 소비자가 지각하는 가치이다.

넷째, 인지적 가치epostemic value : 어떤 제품이나 브랜드가 신기함이나 호기심을 유발하여 새로운 것을 인지하고 탐색하고자 하는 욕구를 충족시키는 가치를 말한다.

다섯째, 상황적 가치conditional value : 소비자가 직면하는 특정 상황이나 주변환경에 따라 지각되는 가치이다.

선행연구결과들을 보면 자동차를 구매할 때는 사회적 가치를 중시하는 반면, 생필품을 구매할 때는 실용적 가치를 중시하고 있다.

이 외에도 바빈과 다든(Babin & Darden, 1994)은 소비가치를 실용적 가치와 쾌락적 가치 2가지로 나누어 설명하고 있다.

① 실용적 가치utilitarian value : 구매나 쇼핑활동을 이성적으로 처리해야 하는 업무errand 또는 일work로 간주한다. 따라서 소비자의 욕구가 얼마나 충족되었는지에 따라 그 가치의 정도가 평가된다.

② 쾌락적 가치hedonic value : 쇼핑행위 자체에서 즐거움과 재미를 얻음으로써 충족된다. 즉 쇼핑경험에 내재되어 있는 오락적 즐거움이 구매의 동기가 된다. 이 가치를 중시하는 소비자들은 제품 자체의 기능이나 특성보다는 구매환경, 분위기 등에 의해 영향을 많이 받고, 스트레스 해소나 일상생활에서의 탈출 등의 이유로 쇼핑을 하는 경우가 많다.

소비시장은 〈그림1-3〉와 같이 양면가치가 공존Ambivalence한다.

그림 1-3 | 양면가치가 공존하는 소비시장

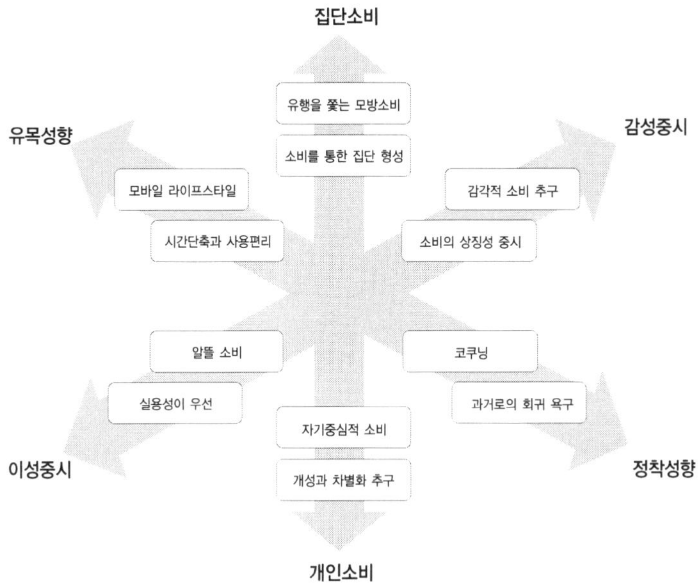

출처 : 삼성경제연구소, 제370호 〈소비시장의 양면성과 기업의 대응〉

① 집단소비와 개인소비 : 유행을 쫓는 모방소비, 집단적 소비가 유지되는 가운데 자기중심적인 사고가 확산되고 개성을 표현하는 라이프 스타일을 추구한다.

② 유목성향과 정착성향 : 모바일 도구를 사용하고 편리한 삶을 추구하면서 또한 가정, 안전, 환경 등 본질적, 전통적 생활을 지향한다.

③ 이성중시와 감성중시 : 구매 효용성을 극대화하려 하고 소유에 연연하지 않으면서 실용성을 중시하는 한편 감각적인 즐거움과 상품의 사회적 상징성을 중시하기도 한다.

한편 다비트 보스하르트(2001)는 그의 저서 『소비의 미래』에서 현대 소비자는 다음의 3가지 가치를 중요하게 여기고 있다고 했다.

① Coolness

오늘날 이 말은 다양한 청소년 문화에 있어서 친구와 적, 동아리와 이방인을 직감적으로 구분하는 최고의 유행어가 되었다. 이 개념은 특정 고객층과 특정상표에 해당되며 특정 유행상표를 구분 짓는 데 사용된다. 가령, 청소년들은 나이키는 "쿨"하고 리복은 "지루하다"는 식으로 쉽게 말한다. 하지만 왜 그렇게 느끼는지에 대해서는 쉽게 말하지 못한다. 단지 이러한 구별을 가능하게 만들고 동질성과 연대감을 느끼게 만드는 것은 직관적인 필링이라고 밖에 말할 수 없다. 결국 'Coolness' 라는 말은 정확히 옮기기도 정의하기도 어려운 개념이다. 그러나 분명한 것은 오늘날 소비를 좌우하는 중요한 가치임에 틀림없다.

② Convenience

'convenient' 라는 말은 일반적으로 "편리한" 혹은 "유용한" 이라는 뜻으로 해석된다. 하지만 이런 번역만으로는 불충분한 세상이 되었다. 음식문화의 영역에서 가장 쉽게 확인되는 개념으로, 인스턴트식품은 시간을 절약하고자 하는 고객들의 요구에 부합한다. 첨가물과 조리방식을 첨부한 피자가 이미 하나의 포장상품으로 등장했다는 것이 이에 대한 좋은 보기이다. 편리함은 고객의 주관적인 체험과 해석에 달려있는 것이다.

③ Smartness

'smart buyer' 란 당연히 가격에 민감한 고객을 뜻한다. 그러나 이런 뜻 외에도 영리하면서도 물정에 밝은 고객이라는 의미도 있다. 즉 이러한 고객은 물건을 비교해서 최고의 상품을 구매할 줄 아는 고객이다. 스마트한 고객은 구매에 있어서 시기의 적절성과 가격의 효율성을 극대화시킬 줄 아는 고객이라는 뜻이다. 그렇지만 이러한 일을 과연 어떻게 합리적으로 계획할 수 있을까?

3) 소비자 가치에 따른 소비자 분류

우리는 '새로운 소비자' 라는 말을 심심치 않게 사용하고 있다. 그러나 '새로운 인간' 이 없듯이 새로운 소비자도 없다. 단지 변화된 소비성향만이 있을 뿐이다.

다비트 보스하르트David Bosshart는 그의 저서 '소비의 미래(2001)' 에서 소비자 유형을 소비성향에 따라 다음 9가지로 나누고 있다.

(1) 가격중독자 – 저가 상품의 완벽한 사냥꾼

가격 중독자는 가장 저렴한 가격으로 물건을 사려는 사람으로 이 상점 저 상점을 사냥하듯 씩씩하게 돌아다니는 소비성향을 가지고 있다. 이때 많은 시간을 투자해야 한다는 사실은 이 소비자에게는 문제가 되지 않는다. 그도 당연히 유명 상표를 선호하지만, 가격이 매력적이면 중소기업 제품도 마다하지 않는다. 이 소비자 유형이 중요한 것은 가격이다. 그에게는 가격과 상품이 동일시되고 있다.

소비자트렌드 읽기 1-4

소비 트렌드 읽을 줄 아는 당신…“언제든 환영”

유통 · 식품업계 3월 중순 본격화

유통업체는 식품 생활용품 등 일상생활에서 사용하는 각종 소비재를 판매하는 곳이다. 업체마다 채용기준과 전형방식은 다르지만, 소비자들과 직접 접촉하는 서비스업이라는 특성상 소비자 중심의 사고와 서비스 마인드를 갖춘 인재를 원한다. 현장에서 언제 발생할지 모르는 돌발상황에 잘 대처할 수 있는 창의성과 성실성을 겸비하면 더욱 좋다.

유통 및 식품업 종사자들에게 요구되는 가장 큰 소양은 트렌드를 읽는 안목이다. 끊임없이 변화하는 소비자의 욕구를 충족시키기 위해서는 최신 소비 트렌드를 정확히 파악할 줄 알아야 한다. 유통업체들이 신입사원을 현장에 우선 배치해 경험을 쌓도록 하는 것도 이 같은 맥락에서다. 입사 후 1년 동안은 신입사원을 점포에 배치해 영업현장에서 근무하도록 지시하는 경우가 대부분이다. 이 기간에 신입사원은 점포에서 매장의 상품들을 관리하는 담당자로 훈련을 받는다. 이후에는 전공과 적성 등을 감안해 이동 배치된다. 대졸 초임은 롯데 현대 신세계백화점 등 유통 ‘빅3’를 기준으로 성과급을 제외하고 연 3400만원 안팎이다.

출처: 한국경제, 2013.03.04.

(2) 모라토리엄 소비자 – 립 프라거

이 유형은 상품의 주기가 엄청나게 빨라지는 가운데서도 새로운 상품을 성급하게 장만하지 않고 느긋하게 기다릴 줄 안다. 또한 소비자는 자신이 소유하고 있는 상품의 질에 만족하기 때문에 급변하는 상품 사이클product cycle에 동조하지 않고 한 주기를 뛰어 넘는다.

립 프라거leap frogger는 말 그대로 등을 짚고, 길을 건너뛰는 것을 말한다.

립 플라거는 신상품의 기능이 자신이 현재 가지고 있는 것보다 본질적으로 우수한 것은 아니라는 사실을 너무나 잘 알고 있다. 또한 신제품이 나오는 즉시 바로 구입하지 않는다 해서 조금도 손해 보는 것이 아니며 뭔가 뒤처지는 것도 아니라는 사실을 분명히 안다.

이 유형의 소비자는 컴퓨터와 소프트웨어가 발전하면서 최신 상품의 명성과 가치는 시간이 조금만 지나도 금방 떨어져 버리고 전자제품에 있어서 새로운 상품이 바로 직전의 상품보다 더 낫다는 것은 전문가나 판단 할 수 있는 극히 미세한 차이일 뿐이라는 사실을 깨닫고 있다. 또한 오늘날에는 가격이 금방 하락한다는 사실을 잘 알고 있기 때문에 오늘도 기분 좋게 신상품을 기다리고 있는 소비자이다.

(3) 소비 거부자 – 이방인

자신이 소유하고 있는 기존상품에 만족하면서 더 이상 쓸데 없는 소비를 하지 않으려는 유형이다. 이런 소비자에게는 질도 좋고 수명도 긴 자동차, 전화도 있고, 냉장고도 있다. 이 소비자는 소비하기보다는 오히려 절약하여 저축하거나 생명보험에 가입한다. 이들은 '소박한 삶의 열기simple-life-fever' 를 추구하고 금욕주의적인 삶의 스타일을 고수한다.

(4) 하락 소비자 – 첫 번째 장애 소비자유형

오늘날의 전형적인 중산층 소비자 계층이 이 소비자유형에 속한다.

이들의 가계예산을 들여다보면 고정비용이 점차 증가하면서(특히 복지비용과 건강에 관련된 지출이 고정적으로 늘고 있다) 소비는 그만큼 줄고 있다. 이 소비자유형에게는 상품의 가격뿐 아니라 품질도 무시하지 못할 중요한 요소이다. 왜냐하면 이들에게는 교육과 건강한 삶의 방식에도 신경을 써야 할 아이들이 있기 때문이다. 이들은 늘 많은 것을 가지길 원하지만, 또한 그만큼 포기에 익숙하다. 이 소비자들은 경제적으로 특히 곤란한 상황에 처해 있지만 이들에게 경제적 의미는 상당히 중요하다.

모라토리엄 소비자와 하락 소비자가 뒤섞인 소비자유형이 '스마트Smart 소비자' 이다. 스마트 소비자는 돈을 아끼려는, 아니 아껴야 되는 사람들인데, 그럼에도 불구하고 유행하는 상표의 정품을 가지고 싶어 하는 사람들이다. 이들에게 서비스의 질은 중요하지 않다.

그래서 이들은 최신의 상품을 살 수도 없고 사려고도 하지 않는 고객들이 즐겨 찾는 아웃렛에 간다. 이들은 상품의 가격에 주목할 뿐, 나이키 신발과 캘빈 클라인(Calvin klein)등의 상표가 달린 옷이 1년 이상 지난 재고품이라는 사실에 대해선 별관심이 없다.

(5) 억눌린 소비자 – 두 번째 장애 소비자유형

이 유형의 소비자들은 현재의 욕구를 미래를 위해 잠시 미루어둔 채 검소한 생활수준에 만족해 온 사람들로 대체로 고령층세대이다. 이들은 젊었을 때도 검소했다. 기업들은 특별한 마케팅 경로로 이들에게 접근할 수도 있지만 경로여행 외에, 이들의 주머니에서 돈을 지출하도록 하는 것은 매우 힘들다.

이들에게 가장 중요한 문제는 건강을 돌보는 것과 재정을 유지하는 일이며, 이 일에 자신의 모든 관심을 기울인다. 하지만 국민경제학적으로 이들은 아주 중요한 잠재력을 지니고 있다. 현재 정년퇴직을 하고 연금 생활자로 넘어가고 있는 세대는 그 이전 세대들과는 달리 자신들의 미래에 대해 준비를 철저하게 해왔다. 그래서 이 세대들 중의 많은 사람들이 지금보다 훨씬 더 많은 소비지를 할 수 있는 잠재력을 갖고 있다. 산업국가에서 전체 수입의 절반 이상을(스위스에서는 거의 75%에 육박한다) 60세 이상의 노인들이 소유하고 있다는 사실에 주목해야 한다.

(6) 소비 중독자 – 살 수만 있다면 모은 것을 산다

소비 중독자는 할 수 만 있다면 언제나 돈을 지출한다. 내일은 생각하지 않는다. 언제나 과거와 같이 소비할 뿐 아니라 닥쳐올 위기를 예감하더라고 "우선 지금 당장"의 정서로 대응한다.

이러한 심리는 1980년대의 과잉 소비시대에 성장했던 많은 청소년층에 주로 나타난다. 이들은 가격에 구애받지 않고 소비하던 행태에 젖어 있고, 다른 사람이 자기 대신 물건값을 지불할 것이라는 생각에 익숙하다. 벼락부자도 이 부류에 속한다.

(7) 노스텔지어 소비자 – 익숙한 것을 신뢰한다.

노스텔지어 소비자는 상품의 과잉 공급과 선택의 홍수를 더 이상 견디지 못하는 소비자이다. 이들은 자신이 언젠가 한 번 샀던 상품이나 오래전부터 자신이 특별히 갈망해 왔던 상품만을 산다. 이런 상품을 구입함으로써 이들은 정서적인 만족도 함께 얻는다. 이들은 청소년기에 가지고 싶었지만 돈이 없어 사지 못했던 선망의 대상이나, 새로운 상품이 더 나은 제품이라는 선전문구를 믿지 않는다.

이들은 무엇보다도 테마에 관심을 보인다. 할리 데이비슨Harley Davidson사가 생산하는 대형 오토바이를 타는 사람들이 노스텔지어 소비자의 전형으로 성숙의 상징이기도 하다. 이들은 지속적인 성장과 과잉공급에 참여하기보다 과거에 강렬하게 체험했던 상품을 즐기는 것에 그친다. 자신이 가지고 있는 것과 근본적으로 다른 신상품은 결코 있을 수 없다고 믿기 때문이다. 이 유형의 소비자들은 구매를 통해 어떤 강한 정서를 사려는 것이고 이를 위해서는 상당한 액수를 지불할 준비가 되어 있으며, 게다가 상표에 대해서는 강한 신뢰를 보인다.

(8) 반어적 소비자 – 소비는 놀이다.

반어적 소비자란 무한한 공급과잉 속에서 소비자들은 선택의 고통을 느끼게 되나, 소비사회에서 탈출구는 없으므로 반어적인 태도를 취하는 것을 말한다. 따라서 디자인면에서 유치한 상품이 증가하고 상품들이 점차 장난감 비슷해져 가는 현상이 나타나게 된다.

이들은 새로운 아이디어 및 새로운 상표와 유희를 벌이길 좋아하고 말도 안 되는 연상과 역설을 추구한다. 또한 반어적 소비자는 나이와 상관없다. 물론 이러한 철학은 젊은 계층에서 쉽게 찾아볼 수 있는 것이 사실이다. 그래서 환경운동단체 그린피스가 젊은층에서 인기를 끌고 있으며 동시에 반어적 소비의 원형이 되었다.

반어적 소비의 결과로 나타나는 것은 우리에게는 좀 더 똑똑한 소비행태가 필요하다는 것이다. 소비자를 '멍청하고 의존적인 존재'로 간주하지만, 소비를 다시 한번 진지하게 생각하게 만드는 행태가 필요하다는 말이다.

(9) 공룡 소비자 – 늘 현재인 소비자

이들은 마치 변화란 없는 것처럼 살아가는 사람들이며, 상류층을 지향하던 1980년대 중산층의 생활양식 그대로 살고 있다(소득이 늘면 소비도 늘어난다는 소비논리에 익숙해져 생활한다). 환경, 높은 품질, 체면, 그리고 보다 더 뚜렷한 가격의식 등이 여기에 속한다. 공룡 소비자는 거의 모든 것을 살 수 있고 상품의 유혹에 쉽게 빠진다.

3. 소비자트렌드 예측의 중요성

소비자트렌드를 이해하고 예측하는 것은 왜 중요한가? 소비자트렌드는 다음과 같은 분야에 활용될 수 있기 때문이다(서정희, 2005).

(1) 소비자의 마음을 읽을 수 있다.

과거의 시장조사는 소비자에게 설문지를 배부하여 소비자의 욕구를 파악하는 것이었다. 그러나 현대사회에서 소비자는 자신이 무엇을 원하는지, 또 자신의 욕구를 기업에서 어떻게 충족시켜줄 수 있는 지를 잘 모르는 경우가 많다.

따라서 설문조사와 같은 방식으로는 빠르게 변화하고 움직이는 현실을 쫓아갈 수 없을 뿐 아니라 소비자의 마음을 정확하게 읽기가 어려운 경우가 많다. 이러한 상황에서 소비자트렌드를 파악하여 예측하는 과정이 시장조사의 가장 중요한 수단으로 되었다.

(2) 트렌드를 알면 성공이 보인다.

소비자의 세계를 이끌어 가는 트렌드를 이해하면 어떤 것이 적중할 것인지, 아니면 실패할 것인지를 가늠해 볼 수 있다. 트렌드를 하나의 선별장치로 활용한다면 잘못된 출발이나 엉뚱한 방향으로의 시도, 혹은 여지없는 실패 등을 막을 수 있다(성영신 · 조은정(역), 페이스 팝콘 · 리스 마리골드(저), 1999).

예를 들면 커피문화가 돈을 벌어들이라고는 꿈에도 생각하지 못했던 시기에 스타벅스는 다음과 같이 트렌드를 활용하여 라이프스타일 브랜드인 동시에 세계적 프랜차이즈 네트워크 기업으로 성장하였다(Horx 저, 이온화 역 2004).

- 차별성 : 스타벅스는 대량음료인 커피에 원산지의 문화적 깊이를 덧입혔다.
- 새로운 전문성 : 스타벅스는 커피관련 전문가 그룹을 계속 늘려나갔다.
- 소시오테인먼트sociotainment : 스타벅스는 사회적으로 '커뮤니티 만들기' 트렌드에 안착했다. 글로벌 도시문화 속에 사는 소비자들은 동류의식을 지닌 사람들과 함께 있을 수 있는 더 많은 장소를 찾기 때문이다.
- 코쿠닝coconing : 코쿠닝은 자기 집을 아지트로 삼아 보금자리를 틀고, 자기가 좋아하는 것을 하는 트렌드이다. 스타벅스의 실내장식은 매우 포근하고 분위기가 있다.

• 사내기업 : 스타벅스는 직장에 대한 자긍심, 자기 책임 그리고 즐거움이 있는 새로운 직원문화를 만들어냈다. 이러한 전략은 감정적으로 고객과 가깝다는 의미에서 하이터치 트렌드에 부합된다.

(3) 트렌드를 알면 소중한 시간을 절약할 수 있다.

미래는 뒷전에 얌전히 앉아서 인내심 있게 우리들이 깨어나서 행동하기를 기다려주지 않는다. 오늘날 어떠한 아이디어를 평가하는 기준은 좋은지 나쁜지를 혹은 새로운지 오래되었는지를 분석하는 것이 아니라 트렌드에 맞는지 혹은 구식이 될 것인지를 분석하는 것이다. 그러므로 트렌드에 맞춤으로써 쓸데없는 것을 버리고 정말 중요한 것을 향하도록 방향을 돌림으로써 소중한 시간을 절약할 수 있다.

(4) 소비트렌드는 바로 생활방식이나 가치관의 트렌드와 연결된다.

소비트렌드를 이용하면 기업에서 좋은 제품과 브랜드로 좋은 고객을 많이 오래도록 확보할 수 있다. 뿐만 아니라 좋은 직원을 뽑고 오래도록 한 직장에서 열심히 일하도록 하는 인사 분야와 같은 곳에서도 큰 도움이 된다.

심지어 부부간, 부모 자녀간의 관계에서 서로를 배려하고 오래도록 신뢰와 사랑을 유지하기 위해서도 소비트렌드는 도움이 된다. 소비트렌드는 생활방식이나 가치관 트렌드와 연결이 되기 때문이다(조은정, 2002).

(5) 새로운 전문직 : 트렌드 분석가의 부상

현대사회는 변화 속도가 매우 빠르고 모든 것이 불투명한 혼돈의 시대라고 할 수 있다. 이러한 상황에서 소비문화의 미래 동향을 미리 예측하는 트렌드 분석가가 '트렌드 워쳐trend watcher', '트렌드 세터trend setter', '트렌드 스포터trend spotter'로 불리면서 새로운 전문직업으로 각광을 받고 있다.

트렌드 분석이 기업의 이윤 창출과 떼려야 뗄 수 없는 관계가 되면서 트렌드 분석을 담당하는 트렌드 워처가 자연스레 주목받고 있다. 또한 시장 트렌드에 대한 정확한 분석 없이는 어떠한 시도도 실패로 끝나는 만큼 기업들 역시 트렌드에 민감해졌다.

이처럼 트렌드를 찾는 사람들을 트렌드 워처 혹은 트렌드 서퍼trend surfer라고 부른다. 광의(廣義)로는 '최신 유행과 소비자의 경향을 신속히 분석해 기업들에 그 정보를 제공하는 일을 전문적으로 하는 사람' 으로 정의된다.

미국에서는 트렌드 워처가 새로운 직업으로 주목받고 있으며 우리나라에서도 기업과 각종 경제연구기관을 중심으로 트렌드 분석을 하는 트렌드 워처들이 늘고 있다. 우리나라에서도 기업들은 하루가 다르게 바뀌는 소비트렌드를 한발 앞서서 잡아내기 위하여 트렌드 헌터trend hunter제도를 이용하고 있다. 트렌드 헌터제도는 엄격하게 선발된 소비자들을 활용하여 소비트렌드를 한발 앞서서 파악하여 이를 제품과 서비스를 개발하는데 반영하는 쌍방향 마케팅전략이다.

트렌드 분석가는 마케팅 리서치와는 달리 소비자행동과 라이프스타일을 사후적으로 조사하고 분석하는 것이 아니라, 미래에 나타날 소비문화의 동향을 정확하게 예측하고, 미래의 향방을 미리 파악하여 이를 기획과 크리에이티브에 응용한다. 이들은 새로운 시장을 창조하고, 또한 사회에 새로운 소비문화의 흐름을 개발하고 정착시키는 역할을 담당한다(이상인, 1994).

소비자트렌드 읽기 1-5

트렌드 전쟁 (윌리엄 하이엄 지음, 한수영 옮김)

비즈니스에서 트렌드를 포착하고 잘 이해하면 회사에 큰 이득을 가져오지만, 트렌드를 놓치면 이익을 날려버리는 것은 물론 막대한 손실을 보기도 한다.

1962년 데카 레코딩컴퍼니는 음반 제작을 제안해 온 비틀즈에게 "기타 음악은 이제 한물갔다. 우리는 당신들의 사운드가 마음에 들지 않는다"는 이유로 퇴짜를 놓았다. 비틀즈의 세계적 활약을 보며 이 음반회사가 땅을 치고 후회했을 모습은 불 보듯 뻔하다. 이처럼 당시에는 사람들이 쉽게 포착하지 못한 트렌드도 나중에 돌아보면 아주 명확하게 눈에 들어온다.

책은 소비자의 취향을 얼마나 잘 이해하고 예측하느냐에 따라 기업의 흥망이 갈리는 시대임을 전제로, 앞으로 뜰 트렌드를 한 발 앞서 잡아내고 이를 전략적으로 활용하는 수단과 방법을 제시한다.

어느 시대에나 트렌드는 중요하지만 특히 오늘날은 소비자의 변화 양상이 비즈니스 세계에 더 큰 영향을 미치고 있다. 게다가 소비자의 변화 범위도 방대해져서, 트렌드는 점점 더 많은 분야, 시장, 인구 집단에 영향을 미치고 소비자 세분화도 진화했다. 소비자 분류방식도 나이 · 성별 · 사회계층 등 모든 측면에서 변하고 있다.

가령 1960~70년대 유럽 인구는 대체로 젊었지만 오늘날 유럽 연합 내 50세 이상 인구는 급격히 증가하는 추세라 준노년층 시장의 중요성이 증대되고 있다. 전체 여가지출 총액에서 50세 이상 노인의 지출이 차지하는 비중이 지금은 40% 수준이지만 2050년에는 50%에 달할 것이라는 주장도 힘을 얻고 있다. 또한 1960년대에 성장한 이들 '새로운 노년'은 성별과 계층에 따른 소비행태의 차이가 점차 희미해지고 있다. 마케터들은 어떻게 이들을 공략해야 할까?

트렌드는 정치 · 경제 · 사회 · 문화 · 기술 등 다양한 원인에서 시작된다. 가끔 한 사회에서 상반된 트렌드가 동시에 존재할 때도 있다. 예를 들어 맛에 대한 관심이 증가해 소비자가 요리를 좋아하고 요리책을 자주 구입하지만, 동시에 바쁜 현대인들은 요리할 시간이 없어 간편 식품을 더 많이 구매하는 경향을 보인다. 이런 경우 트렌드 마케터는 영역을 더 세분화 해 자신의 목표고객이 어떤 트렌드에 선택을 맞기는지 잘 파악해야 한다는 게 저자의 조언이다.

출처 : 서울경제, 2012. 12. 14

Part 1

소비자트렌드 이해의 기초

Chapter 2
소비자트렌드의 영향 요인

1. 소비자의 사회인구적 변화
1) 노인인구의 증가
2) 가족구조의 변화
3) 자녀수의 감소

2. 경제 및 유통시장의 변화
1) 소득수준의 향상
2) 유통시장의 변화

3. 소비환경의 변화
1) 과학기술의 발달
2) 국제화 또는 지구화

Chapter 2

소비자트렌드의 영향 요인

소비자트렌드는 개별 상품에 한정되어 나타나는 현상이 아니고 소비자를 둘러싸고 있는 광범위한 환경, 소비문화, 경기, 기술 등과 상호작용하여 나타나는 현상이다. 따라서 소비자트렌드를 이해하고 활용하기 위해서는 소비자와 소비자를 둘러 싼 환경에 대한 이해를 해야 할 필요가 있다.

이 장에서는 소비자트렌드 형성에 영향을 미치고 있는 요인들을 사회인구적 변화, 경제 및 유통시장의 변화, 소비환경의 변화로 나누어 살펴보고자 한다.

1. 소비자의 사회인구적 변화

1) 노인인구의 증가

UN은 65세 이상을 고령인구로 정의하고 있는데, 전체인구의 7% 이상이 고령인구이면 고령화 사회aging society, 14% 이상이면 고령사회aged society로 분류하고 있다. 우리나라는 2000년 7월 이미 '고령화 사회'로 진입하였으며, 2012년에는 노령인구의 비율이 14.3%로 '고령사회', 2032년에는 20%를 넘어 '초고령사회'가 될 것으로 전망하고 있다.

노인소비자가 급격히 증가한다는 것은 중요한 점을 시사하고 있다. 이른바 실버시장silver market이라고 불리는 고령 소비계층은 현재 구매력 측면에서는 생활보호 대상이지만 멀지 않은 장래에 구매 잠재력이 충분한 소비시장으로 변할 것으로 전망되고 있다.

미래의 노년층은 왕성한 소비의욕을 갖고 활발한 활동을 전개하면서 사회참여나 자아실현과 같은 문제들에 적극적으로 대처할 것으로 보고 있다. 따라서 최근 노인소비자의 라이프스타일과 소비패턴을 비롯하여 실버마켓에 대한 관심이 매우 높아지고 있으며, 특히 여성노인의 고령화로 인해 파생되는 상품과 서비스에 대한 수요도 증가하고 있는 추세이다.

이는 노인계층을 대상으로 한 새로운 제품과 서비스의 개발이 필요하다는 것을 의미한다. 즉 그들은 건강 및 의료서비스, 여행, 레져 활동, 주택관리, 노인을 위한 가정서비스 등에 대해 특별한 요구를 가지고 있다. 특히 경제력이 있는 노년층을 중심으로 문화생활을 향유하고자 하는 경향이 확산되고 있어 50대 이후 예비 노인층은 길어진 노후를 보다 안락하게 보내기 위하여 경제적 준비에 보다 많은 관심을 가지게 될 것이다.

미국에서는 우피족Woopies : Well-off older people이라 하여 부유한 노인층을 대상으로 하는 마케팅 전략을 개발하고 있다. 우리나라도 2001년 고령화 사회로 접어들면서 중산층 이상의 고령자를 중심으로 한 실버세대가 이미 새로운 소비집단으로 부상하였다. 저축과 보험, 국민연금 등으로 노후소득을 확보한 고령자들이 급증했기 때문이다. 또한 개인주의적 가치관이 사회 전반에 퍼지면서 '이제 자식보다는 내 인생이 먼저' 라는 생각을 가진 노인들의 적극적인 소비행태가 증가하는 추세이다.

또한 최근에는 'Active Senior', 'Strong Senior' 라고 하여 단순한 소비에서 벗어나 젊은 육체와 외모에서 비롯된 남다른 패션감각과 세련된 자신만의 라이프스타일을 추구하는 새로운 노인소비자집단이 나타나고 있다. 실용적이고 합리적 소비를 추구하고, 자신을 위해 투자하는 등의 가치지향적 소비패턴을 보이는 경향이 있다.

일본 게이오 백화점에서는 특산물전을 항시 열고, 시니어 취미관련 상품들 전시판매하며, 노인 소비자들에게 익숙한 장터분위기를 재현하여 향수를 불러 일으키면서 매출이 크게 증대되었다.

시니어 마켓의 향후 방향을 다음과 같이 정리해 볼 수 있다.

① 건강하고 젊게 즐기자 -> 항노화 산업

② 시간 소비의 주체 -> 경험산업, 디지털 콘텐츠산업

③ 사회활동에 대한 욕구 충족 -> 커뮤니티형 주거문화

④ 안전적 노후생활 -> 종합자산관리서비스 활성화

소비자드렌드 읽기 2-1

실버 비즈니스의 미래 – 의료 · 보험 · 주거에 지갑 연다

일본의 실버 세대 분석 결과, 50대와 달리 교육비 · 피복비 · 식비 · 교양비 · 오락비 등은 줄어들고 대신 건강 유지의 보건 의료 · 운동비 및 재택 거주의 광열비는 증가한다.
중 · 고령 여성의 운동 욕구를 읽어 생활 반경인 주택가에 전용 클럽을 선봬 성공한 '커브스'. 이곳은 '노No 3M'을 내세워 베이비부머 여성의 놀이방으로 인기다. 'No 3M'은 남자Men가 없고 화장Make-Up이 불필요하며 거울Mirror조차 없다는 의미다.

가격이 좀 비싸도 안전하고 만족스러우며 편리한 가치 제공이면 지갑을 열 수밖에 없다. 필요한 모든 걸 한자리에 모아 종합 · 제공하면 플러스알파의 잠재 니즈로 연결되는 기대 효과가 있는데 쇼핑이 서툰 퇴직자에게 캐주얼을 판다면 옷부터 구두 · 가방까지 동일 공간에 전시하는 것이다.
보행 거리의 최소화와 휴게 공간의 최대화를 위해 곳곳에 쉼터를 마련하면 의자 하나가 점포 체제 시간을 현격히 늘려줘 일석이조를 누릴 수 있다. 동선 파악 후 판촉 효과에도 제격이다. 쉴 때 무료 체험 서비스를 실시해 인기를 끈 백화점도 많다.

50대 중년부터 시작하는 젊은 시니어 집단은 크게 3 유형으로 나눌 수 있다.
일 중시 그룹 – 현재 소득은 상대적으로 많지만 자산 형성이 불충분해 노후 생활에 여유가 없는 집단.
인간관계 중시 그룹 – 여성과 65세 이상 고령자 등 은퇴가구. 지인 · 이웃과의 관계를 소중히 여기는 저소득 · 고자산 가계로, 현상 유지를 전제로 사교 모임과 국내여행에 적극적이다.
생활환경 중시 그룹 – 성별 · 연령과 무관하게 10~20% 존재. 인간관계부터 의식주, 자산운용, 자기 계발 등 폭넓은 활동을 펼친다. 관심 이슈가 커 잠재성이 높은 그룹이다.
'ADAccessible Design': 장애 · 연령에 무관한 공용 디자인.
가령 휠체어가 통과하는 넓고 큰 출입구라든지 휠체어에 앉은 채 요리하는 낮은 조리대 등이 있다. 생활 주변에선 영상 기기, 현금인출기, 엘리베이터 등에 AD 개념이 적용된다.

'배리어프리Barrier Free': 신체 · 지능적인 가령(加齡) 한계를 커버하는 콘셉트.
악력 저하(스위치 · 손잡이 등), 근력 저하(휠체어 · 로봇 등), 시력 저하(조명기구 등), 지각 능력(가전제품 등) 등의 반영 제품. 이미 상장기업(도쿄시장 1부) 대부분이 관련 부서를 설치했을 정도로 중요해진 개념이다. 선두 주자는 의료 · 간병 파트지만 개념을 확장하면 전체 산업에 적용할 수 있다.

출처 : 한국경제 매거진 한경 비즈니스, 2012.10.29.

2) 가족구조의 변화

남편과 부인 그리고 미혼의 자녀로 구성된 핵가족은 개인소비자의 의사결정에 영향을 미치는 중요한 사회집단 중의 하나이다. 일반적으로 가족이라는 집단은 개인이 가장 먼저 그리고 가장 오래 소속되는 집단이다.

그러나 이러한 전형적인 가족이 변하고 있다. 그 한 예로 이혼율 증가를 들 수 있는데 이혼은 가족구성의 붕괴, 새로운 가정의 형성 뿐 아니라 소득원의 상실, 소득수준의 감소 등으로 소비자트렌드에도 영향을 미친다.

이 외에도 초혼의 연령이 높아지고 있으며, 독신자가족, 딩크족DINK: Double Income No Kids들의 비율이 점차 증가하고 있다. 이들은 기존의 전형적인 가족과 비교해서 가족수가 적기 때문에 소량구매를 할 것이며, 인스턴트 식품이나 패스트 푸드fast food의 수요 증가, 편의점이나 통신판매, 전자상거래의 이용 증가, 홈 오토메이션과 관련된 가구를 많이 이용할 것이다.

싱글들이 주목받는 이유는 그들이 소비시장에서 엄청난 파워와 잠재력을 지녔기 때문이다. 한마디로 경제적으로 독립한 젊은 싱글들의 경우 가족에 대한 부담이 없어서 가처분 소득이 많아 소비파워가 크다는 것이다.

싱글들은 다음과 같은 소비특성을 가지고 있다(이코노믹 리뷰, 2007. 2. 18).

첫째, 코쿠닝Cooning 성향을 들 수 있다. 코쿠닝 성향이란 싱글들이 꿈꾸는 보금자리와 관련된 소비트렌드를 일컫는다.

둘째, 싱글들은 가정용 전자제품이 아닌 개인전용 전자제품을 선호하고 여러 기능을 복합적으로 제공하는 퓨전fusion제품을 선호한다는 것이다.

셋째, 싱글족은 테이크아웃take-out 스타일을 선호하여 자유와 편리함을 추구한다.

넷째, 온라인과 오프라인을 종횡무진하며 커뮤니티를 통해 외로움과 스트레스를 날려버리는 성향을 갖고 있다.

다섯째, 디지털 문화에 익숙한 세대라는 점이다.

여섯째, 싱글족은 자신을 스스로 가꾸며, 소중히 여기는 나르시시즘이 강하다.

일곱째, 어느 계층보다 웰빙에 민감하여 잘 먹고 잘 사는 것에 대한 관심이 많다.

여덟째, 심심한 것을 절대로 참아내지 못하고 재미를 즐긴다.
아홉째, 재테크에 대한 관심과 합리적인 소비경향을 보인다.
열째, 싱글족은 일을 통한 성공에 대한 열정이 높기 때문에 자신의 몸값을 높이기 위해 최선의 노력을 다한다는 것이다.

또한 전일제, 파트타임으로 직업을 가지는 여성이 증가하고 있으며, 맞벌이 부부의 비율도 계속 증가하고 있다. 대체로 맞벌이 가계는 그렇지 않은 가계에 비해 교통비, 가사용품비, 피복비 등에 많은 지출을 하고 있다. 또한 직업을 가진 여성은 전업주부와 달리 시간의 기회비용이 크기 때문에 편리함과 효율성을 위한 재화나 서비스를 구매하여 이용하는 경향이 높다. 시간절약형 가전제품, 가사대행 서비스, 육아대행 서비스, 즉석요리 및 인스턴트 식품에 대한 수요가 전업주부가계에 비해서 높게 나타나고 있다.

이외에도 결혼과 혼인에 기반을 둔 가족의 범위를 벗어난 새로운 가족형태, 즉 동거가족, 동성애 가족, 공동체 가족도 나타나고 있다. 이러한 새로운 가족형태는 전통적이 가족형태와 비교하여 다른 소비패턴을 보일 것으로 예상된다.

소비자트렌드 읽기 2-2

미국 4집에 1집 꼴로 '남편이 전업주부', 남성 돈벌고, 여성 집안일 '옛말'

미국에서 여성이 돈을 더 많이 버는 가구가 절반을 넘어선 것으로 나타났다. 남성이 돈을 벌고 여성은 집안일을 하는 전통적인 성 역할이 근본적으로 변화하고 있는 것이다.

U.S Today는 25일(현지시각) 인구센서스 조사 결과를 분석한 결과 여성이 돈을 벌고 남성은 집안일을 하는 외벌이 가구 비중이 1975년 6.0%에서 2010년 23.3%에 이른 것으로 조사됐다고 보도했다. 또 맞벌이 가구 중에서 여성이 남성보다 돈을 더 많이 버는 가구가 1988년 16%에서 2011년 28%로 증가했다. 결과적으로 여성이 남성보다 돈을 더 많이 버는 가구가 50%를 넘어선 51.3%에 이르는 것으로 조사됐다.

이 신문은 '군인 아내와 집안일하는 남편', '기업 경영자 아내와 아내의 승진을 위해 일을 그만둔 남편', '소프트웨어 회사를 직장으로 둔 아내와 그래픽 디자인 일을 하는 남편' 등 새로운 성 역할 분담을 하는 가정들을 쉽게 찾아볼 수 있게 됐다며 이는 미국 사회가 불과 한 세대 만에 겪고 있는 새로운 현상이라고 전했다.

특히 이 신문이 성 역할이 전환된 12가구를 케이스 스터디 한 결과 거의 모든 가구에서 아내가 남편보다 학력이 높은 것으로 나타났다. 아내는 학교와 사무직 일터에서 더 역량을 잘 발휘한 반면에 남편은 손으로 하는 일이나 야외활동을 선호했다. 또 남편들이 아이 키우기를 맡아야 하기 때문에, 성 역할 전환에는 많은 인내심이 필요하다고 이들은 답변했다.

출처: 한겨레, 2013.03.26

3) 자녀수의 감소

현대사회의 여성의 출산율은 지속적인 감소를 보이고 있다. 1984년에는 2.1명에 달하던 우리나라 여성 1명당 출산율은 1990년대 들어 급격한 감소를 보여 1995년 1.74명, 2000년 1.47명으로, 그리고 2006년에는 1.13명으로 줄어들었다. 자녀수가 줄어듬에 따라 소비자의 라이프스타일과 소비패턴이 달라지고 있다. 또한 결혼을 하거나 동거를 하더라도 '무자녀' 생활방식을 의도적으로 선택하는 사람들이 증가하고 있다.

이러한 소자녀화 현상에 따라 출산연기 및 기피로 한 자녀를 둔 가정이 증가하고 있다. 한 자녀가 보편화되면서 아동 소비시장의 규모는 급속히 줄어들 것으로 예상되지만 한편으로는 소자녀화는 가정에서 자녀의 위상을 높이고 아동 소비시장의 다양화와 고급화를 촉진하게 될 것으로 전망된다. 왜냐하면 자녀는 하나만 낳되 최상의 환경을 제공하겠다는 풍조가 확산되면서 가정마다 '자녀 귀족화 현상'이 일어나고 있다. 이러한 경향으로 아동 1인당 지출비용은 늘어날 것이기 때문이다.

그런가 하면 우리사회의 못 말리는 '귀족병'도 아동 소비시장의 고급화를 부추기고 있다. 적어도 중산층 가정에서는 2세만큼은 언제든 귀족 반열에 편입할 능력을 갖춘 '귀족 예비군'으로 길러내려고 노력한다. 이들은 아이들을 통해 대리만족을 느끼고자 하는 것인데, 지금 아이들에게 투자하지 않으면 자신의 처지가 자녀에게 대물림되는 결과를 초래할 것이라는 위기의식이 작용한 것이다. 그렇게 자식에게 투자하는 것을 일종의 '보험'으로 생각하는 경향도 있다. 사람들이 보험에 가입하는 심리는 결국 미래를 보장받고 싶어하는 것인데, 부모 부양의 책임의식이 강한 우리나라에서는 자식이 곧 보험 같은 존재인 탓이다. 그래서 미래가 불확실하면 할수록 자신의 현재 지출을 줄이는 한이 있어도 자식에 대한 투자는 줄이지 않고 오히려 늘리것이다.

적은 수의 자녀에게 아낌없는 지출을 하게 되면서 고소득층을 중심으로 유아용 고가상품과 초고가상품에 대한 수요는 활발히 증가하고 있다. 자녀들에게 고급 옷을 입히고 미술, 건축, 음악 등의 진품을 접하게 해 줌으로써 애정을 표현하는 젊은 층의 주부가 늘어나는 추세이다.

또한 자녀수의 감소로 자기계발에 투자를 아끼지 않는 젊은 주부층이 늘어나고 있다. 남편이나 자녀를 통해 사회적 성공이나 정체성을 얻기보다는 주체적으로 독립된 지위를 확보하고자 하는 경향이 확산되고 있다.

소비자트렌드 읽기 2-3

프리미엄 미니 소비族 아십니까?

1인 가구 비중이 높아지면서 이들을 대상으로 한 '싱글족 마케팅'도 활발해지고 있다. 연간 50조 원으로 추산되는 1인 가구 소비를 잡으려고 업계는 치열히 경쟁 중이다.

이런 변화가 나타난 배경에는 최근 싱글이 1인 가구를 결혼 전 거치는 일시적 단계라고 여기지 않는다는 점이 자리한다. 결혼을 포기하거나 아주 늦은 나이에 고려하는 장기적 1인 가구가 늘어났고, 그들이 비싸고 좋은 프리미엄 미니 전자제품을 선호하는 것이다.

요즘 가전시장 히트상품 가운데 하나인 대우일렉트로닉스 벽걸이 드럼세탁기는 용량 3kg으로 전형적인 '프리미엄 미니' 제품이다. 별도 설치 공간 없이 주방이나 다용도실, 욕실 등 벽에 설치할 수 있다는 점이 상대적으로 작은 공간에 사는 1인 가구 마음을 사로잡았다. 바닥이 아닌 벽에 붙여놓아 층간 소음에 영향을 덜 주는 점도 매력 요인으로 꼽힌다. 밤늦게 퇴근하고 와서도 빨래를 돌릴 수 있다는 이유에서다.

이런 현상은 가전뿐 아니라 가구를 비롯한 다른 소비재 시장에서도 마찬가지다. 대형 건설사가 싱글족을 위한 고급 주거시설에 관심을 두는 것도 같은 맥락이다. 작고 싼 것보다 작지만 알차고 비싼 것 전성시대다.

두 번째로 살펴볼 것은 편의점에서 장보는 사람 증가와 소포장 제품 확대다. 1인 가구는 대형마트에서 카트 가득 장을 보지 않는다. 대용량을 집에 쌓아두는 것보다 그때그때 필요한 물건을 수시로 사는 게 1인 가구의 구매경향이다. 1인 가구로서는 편의점에서 간단히 장보는 것이 훨씬 편하다. 편의점 업계는 고객 절반 이상이 2030세대고, 그중 상당수가 1인 가구라고 분석한다.

편의점은 이 밖에도 온라인 쇼핑 물건을 대신 수령해주는 '픽업서비스'와 택배서비스를 제공하고, 가정상비약을 판매하는 등 일상에서 필요한 것 가운데 안 되는 게 뭐가 있을까 싶을 정도로 1인 가구 서비스 분야를 왕성하게 키워나가고 있다. 이제 편의점은 '24시간 문을 연 슈퍼마켓'에서 진화해 24시간 쇼핑 허브이자 라이프스타일 지원센터로 자리매김해가고 있다.

이 밖에 1인 가구의 외로움과 불안감을 해소해주는 보안 서비스, 시간을 절약하게 해주는 잔심부름서비스, 이들이 더 즐겁게 놀 수 있도록 해주는 관련 비즈니스에도 주목해야 한다. 우리나라에서 뮤지컬 등 공연 및 전시 시장이 급성장하고, 해외여행과 명품 소비가 늘어난 배경에는 소비 여력이 높아진 1인 가구 힘이 자리한다.

출처 : 주간동아 , 2013.3.11

2. 경제 및 유통시장의 변화

1) 소득수준의 향상

가계소득의 크기는 개인의 소비생활에 중요한 역할을 하게 된다. 소득의 증가는 가족규모의 감소와 함께 가계가 자유롭게 사용할 수 있는 가처분소득의 증가를 가져오게 되었다. 소득수준이 향상되면서 자동차, TV, 냉장고 등 대형 내구재 및 가전제품에 대한 소비가 지속적으로 증가하고 있다. 또한 수입소비재에 대한 수요가 큰 폭으로 증가하는 등 소비의 대형화, 고급화가 나타나고 있다.

소득의 증가는 가정의 기본적 욕구충족을 위한 소비지출에만 국한되지 않고 문화적 욕구를 추구하는 동기가 되었으며, 그 결과 가계의 소비지출구조에도 큰 변화가 나타나게 되었다. 즉 식료품, 주거, 광열 · 수도, 보건 · 의료 등의 필수재를 위한 지출비율이 점차 줄어든 반면, 외식비, 교육, 교양 · 오락, 교통 · 통신, 비소비지출 등 선택적 지출의 비율이 크게 증가하고 있다. 특히 정보통신 기술의 발달과 인터넷, 휴대폰의 사용이 일상화되면서 통신비의 지출이 급증하고 있다. 앞으로 여가시간이 증가하고 소득수준이 더 높아진다면 교육 · 교양 · 오락, 교통 통신비의 비율은 계속 증가될 것이다.

소비패턴에 뚜렷한 또 하나의 경향은 우리의 소비생활에서 서비스 부문의 비중이 커지고 있다는 것이다. 이는 스포츠, 레져, 여행, 교육, 문화활동 등 심리적 · 정서적 만족과 관련된 소비자 욕구가 소득의 증가와 함께 증가하고 있음을 의미하며, 이러한 추세는 계속 증가될 전망이다.

소비자트렌드 읽기 2-4

건강 · 실속 챙기는 스마트 소비 "500원 경제학"

경기불황의 시대, 껌 한통도 사기 힘들다는 500원으로 '건강'과 '실속'을 챙기는 스마트한 소비가 주목받고 있다. 지속되는 불황은 소비자들을 건강 지향, 절약형 알뜰소비 트렌드로 이끌고 있고, 유통업계는 이에 발맞춰 스마트 소비의 진수 '500원 마케팅'에 나섰다.

기능성 과일음료 브랜드 스무디킹(대표 김성완)은 단돈 500원으로 건강을 챙길 수 있는 '인핸서 Enhancer'로 주목받고 있다. 인핸서란 스무디 음료에 필요한 영양소를 추가로 넣어 섭취할 수 있도록 한 기능성 영양파우더로 비타민, 피로회복, 숙취해소, 다이어트, 근육형성 등 총 8가지로 구성돼 있다.

특히 '데일리 비타민'은 비타민 A · C · E를 포함해 칼슘, 마그네슘 등 다양한 무기질을 섭취할 수 있어 가장 인기 있는 인핸서. 갑작스런 한파로 면역력을 쉽게 잃을 수 있는 요즘, 500원짜리 '데일리 비타민'과 같은 인핸서 한 스푼으로 실속과 건강까지 챙길 수 있어 20 · 30대 직장인들 사이에서 높은 인기를 누리고 있다.

탐앤탐스는 고객들이 모든 음료에 500원을 더 내면, 다이어트 식품으로 인기 있는 버블을 추가해준다. 버블은 카사바라는 식물에서 채취한 녹말로 만든 것으로 타피오카펄이라고 불리는데, 풍부한 섬유질과 칼슘, 비타민 C 등이 들어있으면서 칼로리는 낮은 것이 특징. 버블을 함께 먹는 재미와 함께 쫄깃한 식감으로 인기를 얻고 있다.

투썸플레이스는 플레인 요거 아이스크림에 500원을 추가하면, 항산화물질이 풍부한 블루베리 토핑을 추가할 수 있다. 플레인 요거 아이스크림은 상큼한 요거트에 고소한 아몬드를 더한 투썸 플레이스의 대표 인기 메뉴. 500원을 더해 블루베리를 얹으면, 아몬드의 풍부한 불포화지방산과 함께 비타민, 안토시아닌 등 각종 영양소를 섭취할 수 있는 건강 디저트가 완성된다.

500원이면 커피전문점의 '리필 서비스'도 알뜰하게 이용할 수 있다. 파스쿠찌는 커피 음료에 한해 리필 서비스를 운영 중이다. 커피를 다 마신 후, 500원만 더 내면 '오늘의 커피'를 리필해 주는 것. 커핀그루나루도 아메리카노에 한해 구입 2시간 이내 영수증을 지참하면, 500원으로 리필 서비스를 이용할 수 있다.

편의점 PB 상품도 인기를 끌고 있다. 품질의 차이는 크지 않으면서 상대적으로 저렴한 가격이 인기요인. 세븐일레븐은 PB 상품을 500원에 판매하는 전략으로 소비자들을 끌어안고 있다. 생수 'PB깊은산속옹달샘물'은 500원이라는 저렴한 가격을 앞세워 2012년 11월 기준으로 세븐일레븐 생수 카테고리 판매 2위를 달리고 있고, 굿데이 기획상품으로 내놓은 왕소라, 고구마, 통감자 등의 500원짜리 실속형 과자류 7종 역시 반응이 좋다.

출처 : 한국경제, 2012. 12. 26

2) 유통시장의 변화

1990년대 중반 이후 가격파괴형 할인점을 비롯한 신업태의 등장은 유통업계의 판도를 완전히 뒤바꾸어 놓았다. 국내외 대형할인점들이 경쟁적으로 최저가격보상제를 비롯한 적극적인 가격할인정책을 도입하고, 또한 유통업체 자체상표Private Brand : PB를 개발하는 등 경쟁구도가 격화되고 있다. 더욱이 홈쇼핑, 인터넷 쇼핑몰 등이 등장하면서 이와 같은 경쟁구도는 더욱 치열해지고 있다. 이와 같은 유통업체 간 경쟁구도는 결국 소비자들에게 선택의 다양성을 넓혀주고 가격저하 현상을 더욱 확산시키는 등 긍정적으로 기여하고 있는 부분도 있다.

특히 최근에는 같은 유형의 소매업태끼리 경쟁하는 업태 내 경쟁뿐만 아니라, 서로 다른 소매업태끼리 경쟁하는 업태 간 경쟁도 치열해지고 있다. 업태 간 경쟁이란 서로 다른 업태끼리의 경쟁으로, 예를 들면 주유소와 편의점이 경쟁을 하고, 빵집과 편의점이 경쟁하는 것을 말한다.

유통시장의 변화는 할인점 형태의 하이테크high tech형 업태와 전문점 형태의 하이터치high touch형 업태의 양극화 현상으로 나타나고 있다.

하이터치형 업태들은 제한된 상품범주에 대해 깊은 상품구색과 전문적인 서비스를 원하는 소비자욕구에 소구한다. 반면에 하이테크 소매업태들은 첨단 정보시스템에 기초한 효율적인 물류와 점포운영 등 저비용 운영체제와 낮은 마진, 대규모 점포, 높은 회전율, 대량판매 위주의 셀프서비스 방식을 특징으로 한다. 저비용 운영을 토대로 가격할인을 강조하여 가격에 민감한 고객층에 소구한다.

소득수준 향상과 라이프스타일 변화로 소비패턴이 고급화, 개성화되는 동시에 가치지향적 소비가 확대되면서 '고급화'와 '가격지향'이 하나의 축으로 대두되고 있다.

소비자트렌드 읽기 2-5

미국의 신개념 슈퍼마켓 : FRESH & EASY

미국에 신개념 슈퍼마켓이 들어섰다. 점포의 이름은 '프레시 앤드 이지(Fresh & Easy)'다.

쇼핑문화의 기준을 '규모와 물량'에서 '신선함과 간편함'으로 바꾸겠다는 이들의 야심에 세계 유통업계가 주목하고 있다. FRESH & EASY는 미국 시장에 첫 진출하는 영국 테스코의 야심찬 카드다.

지난해 11월 로스앤젤레스에 첫 점포를 낸 후 유행이 빠르기로 유명한 할리우드와 라스베이거스 등에 59개의 점포를 열고 입소문을 모으고 있다. 첫 방문 고객들의 표정은 처음엔 실망의 빛이 역력하다가 이내 웃는 얼굴로 바뀐다.
FRESH & EASY 점포 면적은 월마트식 대형 할인점의 10분의 1인 930㎡ 안팎에 불과하다. 하지만 선반이 낮아 제품이 한눈에 들어오고 원하는 상품을 찾아 드넓은 매장을 왔다갔다 하느라 지칠 일은 없다.

규모보다 쇼핑 편의성에 중점을 둔 덕분이다. 취급 제품 수도 3,500여 가지로 보통 6만여 개인 다른 슈퍼마켓보다 적다. 하지만 엄선한 제품으로 채웠다. 코카콜라나 크래프트 치즈 같은 일부 인기제품을 제외하면 대부분 자체상표[PB] 제품들로 인공첨가제나 방부제, 트랜스지방이 없다. 달걀은 방목한 닭이 낳은 것,우유는 성장호르몬이 검출되지 않은 것으로만 진열된다. 모든 과일과 채소에는 유통기한이 찍혀 있다.

제일 중요한 것은 가격. 조사업체인 TNS리테일이 점포별 가격대를 비교한 결과 FRESH & EASY가 평균보다 30% 저렴했다. 비결은 인건비와 마케팅 비용을 절감하고, 모든 점포에 계산대 점원이 없어 소비자가 자동화기계를 통해 직접결제한다. 텔레비전과 신문광고도 최소화했다.

테스코는 미국 시장 진출에 앞서 사전조사 작업에 심혈을 기울였다. 조사원들은 미국 내 60여 가정에 상주하며 이들이 장을 보거나 요리하는 모습, 냉장고와 창고 속을 영상으로 기록했다. 새로운 도전인 만큼 위험도 따른다. 월마트식 할인점에 익숙한 미국인들은 간소함을 내세운 FRESH & EASY의 쇼핑문화를 아직은 낯설어 한다는 평가다.

출처 : http://blog.naver.com/un_ha/50266656

3. 소비환경의 변화

1) 과학기술의 발달

최근 과학기술의 발달은 우리 생활에 많은 영향을 주었으며, 앞으로 그 변화는 가속화되리라고 생각된다. 특히 컴퓨터, 통신, 건강, 식품, 환경보호, 에너지 분야에 있어서 이러한 발전이 두드러질 것이다. 컴퓨터가 일반화되고 인터넷이 상용화됨으로써 소비자는 필요로 하는 정보를 쉽고 또한 매우 저렴하게 얻을 수 있게 되었다.

과학기술의 발전은 소비생활의 여러 면에서 나타나고 있다. 예를 들어 사이버 금융서비스의 확대는 소비자들의 시간 및 거래비용을 감소시켰으며, 투자정보를 손쉽게 얻을 수 있게 되어 다양한 금융상품을 개발하는데 영향을 미치게 되었다. 또한 자동은행기기automatic banking machines, 직불카드debit card, IC카드(혹은 smart card) 등이 사용되고, 다양한 서비스가 먼 곳까지도 편리하게 제공되고 있다. 소비자들도 시간을 효율적으로 사용하려는 요구가 커지면서 고기술제품 시장이 확대되고 있다.

기업들은 새로운 제품의 판매 증대를 위해서 생산, 포장, 마케팅, 유통에서 새로운 기술을 개발하고 있다. 컴퓨터를 이용한 구매시점 정보관리시스템Point of Sale: POS, 전자정보교환EDI은 재고파악, 소비자선호에 맞는 상품진열, 서비스제공 등에 활용되고 있다. 최근 RFIDRadio Frequency Identification시스템을 업무에 도입하여 유통센터 및 점포에서의 입출하 작업이 신속하게 이루어지는데 크게 기여하고 있다.

또한 통신기술과 멀티미디어의 발달로 종래의 거래 형태와는 다른 우편판매, 전화주문판매, T.V. 홈쇼핑, 컴퓨터를 통한 전자상거래 등의 판매방법이 나타나게 되었다. 이러한 판매방법은 소비자가 시장과 장소에 구애받지 않고 구매를 할 수 있는 것으로 앞으로도 계속 증가할 전망이다.

이러한 기술의 진보는 소비자에게 이익 뿐 아니라 문제점도 가져다 줄 것이다. 한 예로 텔레마케팅은 기업 측면에서는 과거보다 소비자와 더 가깝고 빠르게 접속할 수 있어서 마케팅 부담이 적어진다는 장점이 있으나, 소비자 입장에서는 사생활 침해 등의 문제가 있을 수 있다.

POSPoint of Sales**시스템**

유통업체 매장에서 판매와 동시에 품목, 가격, 수량 등 유통정보를 입력시켜 컴퓨터를 이용, 각종 자료를 분석 활용할 수 있는 유통시스템이다.
판매정보 입력을 쉽게 하기 위해 상품포장지에 고유마크(바코드)를 인쇄하거나 부착시켜 판독기(스캐너)를 통과하면 해당 상품의 각종 정보가 자동으로 메인컴퓨터에 들어가게 된다. 유통업체는 이 정보를 활용해 수시로 매출동향을 파악하는 것은 물론 재고를 적정수준으로 유지하고, 잘 팔리는 상품의 진열을 확대하는 등 상품관리, 업무자동화를 추진한다.

최근에는 RFIDRadio Frequency Identification라고 하는 IC칩과 무선을 통해 식품, 동물, 사물 등 다양한 개체의 정보를 관리할 수 있는 차세대 인식기술이 유통업체의 구매물품 확인에 활용될 전망이다. RFID 기술은 주파수를 이용해 정보를 주고 받는 방식으로 리더기가 IC칩에 담긴 정보를 읽어 들이게 된다. 출입통제시스템이나 전자요금 지불시스템에 많이 이용되며 직접 접촉하지 않아도 되는 편리함으로 인해 전 세계적으로 그 사용이 확산되고 있다.

2) 국제화 또는 지구화 international trends / globalization

국제화는 국가간 경제의 상호의존도가 증가한다는 것을 의미한다. 수입과 외국투자에 대한 제한이 철폐되고, 기업들이 활동을 확대함에 따라 국내시장과 국제시장의 경계가 점차 없어지고 있다. 국제무역 및 외국투자의 증가, 과학 · 통신의 발달로 인해 우리의 시장은 빠르게 변화하고 있으며 더 복잡해지고 있다. 특히 시장개방과 자유무역을 표방하는 세계무역기구World Trade Organization: WTO시대가 열리고 우리가 1996년 경제개발협력기구에 가입하면서부터 소비자를 둘러싸고 있는 시장환경은 더욱 급속하게 변화하고 있다.

국제화란 경제적 측면에서 단순한 수입자유화나 개방화를 의미하는 것이 아니라, 국내의 각종 제도나 정책, 관행 등을 국제적 수준에 부합되게 하는 것을 의미한다. UR 협상의 타결에서도 알 수 있는 것처럼 국제교역의 대상도 기존의 상품뿐만 아니라 자본 및 각종 서비스와 지적 재산권, 심지어 노동의 자유로운 이동까지 거론되고 있다.

그러나 이보다 더 중요한 것은 각국의 경제운용 방향의 근본적인 변화로, 각국은 세계적으로 인정된 규범과 관행, 게임룰game rule에 따라 경제를 운영하여야 하며, 인위적인 지원이나 규제가 없는 동일한 제도와 여건 하에서 국경 없는 무한경쟁에 돌입하는 것을 의미한다. 국제화로 인해 소비자는 더 낮은 가격에 더 많은 선택을 할 수 있게 되었다.

국제적으로 교류가 활발해지면서 시장에 변화가 나타나고 있다. 즉 우리가 새롭고 다른 제품과 서비스에 더 많이 노출되면서 기존의 기호, 선호, 가치와는 다른 것을 경험하게 되고, 이에 따라 우리의 선호와 가치도 영향을 받게 되었다. 개방화에 따라 미국을 중심으로 한 서구의 상품들이 주로 수입되고 있는데, 이러한 서구화는 의류, 가전, 가구 뿐 아니라 음반, 영화 등의 문화산업, 외식산업 등에도 폭 넓게 나타나고 있다.

이에 따라 서구의 취향에 점점 익숙해지고 서구의 라이프스타일이 증가하며, 서구제품을 소비하는 것이 상위의 소비문화인 것으로 인식되기도 한다. 특히 청소년들은 서구문화를 진보적인 것으로 생각하여 전통적인 가치관이나 소비습관을 가지고 있는 기성세대와 갈등을 빚기도 한다.

게임이론game theory

경제행위에서 상대방의 행위가 자신의 이익에 영향을 미치는 경우 이익을 극대화하려는 방법에 관한 이론으로 노이먼J. V. Neumann과 모르겐스테론O. Morgenstern에 의해 대표된다.

1980년대부터 사회학과 국제정치학, 국제경제학의 주요한 방법론으로 쓰이고 있지만 비판적 시각도 만만치 않다. 각 행위자를 이기적 존재로만 규정하는 가치론적 전제와 복잡한 경제관계를 이론에 꿰맞추려 한다는 비판을 받기도 한다.

수인의 딜레마를 통해 위 개념을 이해 해 보자.

수인(囚人)의 딜레마Prisoner's dilemma는 두 사람의 피의자가 있는데, 쌍방이 묵비권을 행사해 자백하지 않으면 똑같이 1년, 한쪽이 자백하고 다른쪽이 자백하지 않으면 전자는 석방되고 후자는 10년, 쌍방이 자백하면 다같이 5년을 복역하게 된다고 가정한다.
만약 쌍방이 협력해 자백하지 않으면 쌍방에게 명백한 이익이 존재함에도 불구하고, 최악의 사태를 피하기 위해 결국은 쌍방이 모두 자백하는 것과 같은 상황을 수인의 딜레마라고 한다.

소비자트렌드 읽기 2-6

내 손 안의 백화점… 모바일 쇼핑 年1조 시장으로

스마트폰이나 태블릿PC 등 모바일 기기로 물건을 구매하는 '모바일 쇼핑' 시장이 급격히 팽창하고 있다. 대한상공회의소에 따르면 작년 10월 기준으로 모바일 쇼핑객이 월 1,100만 명을 넘었다. 스마트폰 사용자가 3000만 명인 점을 감안하면 3명 가운데 1명이 모바일 쇼핑을 한다는 뜻이다.

한국온라인쇼핑협회는 올해 모바일 쇼핑 시장이 1조 3,000억 원대로 성장할 것으로 전망했다. 모바일 쇼핑 시장을 활성화한 일등공신은 스마트폰이다. 아이폰4와 갤럭시S가 인기를 끈 2010년은 모바일 쇼핑 거래액이 140억 원이었다. 아이폰4S · 갤럭시S2가 출시된 2011년엔 연 2,000억 원으로 시장 규모가 14배 늘었다.

쇼핑 패러다임이 전환된 것도 모바일 쇼핑 팽창의 주요인으로 거론된다. 1인 가구가 늘면서 대량으로 물건을 사기보단 필요할 때마다 즉시 소량으로 사는 소비트렌드가 확산된 것이다.

온 · 오프라인 채널을 넘나들며 싼 가격에 물건을 구매하는 '하이브리드hybrid형 소비자'도 늘었다. 직장인 이모씨는 얼마 전 설을 앞두고 아들과 함께 백화점에 들렀다. 아들은 40만 원대 패딩코트를 사고 싶어 했다. 이씨는 인터넷을 뒤진 끝에 한 모바일 쇼핑몰에서 같은 제품을 반값에 구매했다. 11번가는 오프라인에서 본 상품을 스마트폰에서 구매하려는 소비자를 위해 모바일 쇼핑몰 안에 제일모직 · 현대백화점 등 전문관을 늘렸다.

올해 유통업체들은 불황과 규제로 고전 중인 대형마트 · 백화점을 대신해 온라인과 모바일 쇼핑몰을 차세대 성장 동력으로 삼았다. 홈쇼핑 업체들은 모바일 쇼핑 쪽을 대폭 강화하고 있다. 현대홈쇼핑은 작년 스마트폰 응용프로그램(앱) 'H코디'를 개발했다. 스마트폰 화면상에서 다양한 의상을 입은 것처럼 보여주는 가상현실 서비스다. 롯데홈쇼핑은 작년 12월 TV뿐 아니라 스마트폰 · 태블릿PC에서도 홈쇼핑 방송을 보고, 구매할 수 있도록 전용 채널을 개설했다.

모바일 쇼핑 열기는 유통업계를 넘어 금융계에까지 번지는 추세다. 신용카드 회사들은 결제에 필요한 모바일 신용카드 서비스를 속속 도입했다. 하나SK카드는 이마트 · 홈플러스 · GS25 등 오프라인 매장에서도 모바일 카드로 결제가 가능하도록 했다. 2000년대 초반 인터넷쇼핑이 유통업계에 혁명을 가져온 것처럼 요즘은 스마트폰에 익숙한 터치족이 쇼핑 패러다임을 바꾸고 있다.

출처 : 조선일보, 2013. 1. 24

Part 1

소비자트렌드 이해의 기초

Chapter 1 소비자트렌드의 이해

Chapter 2 소비자트렌드의 영향 요인

Chapter 3 소비자트렌드의 변화

Chapter 4 소비자트렌드와 비즈니스트렌드

Chapter 3
소비자트렌드의 변화

Chapter 3

소비자트렌드의 변화

앞서 우리는 소비트렌드에 영향 요인으로 인구사회적 변화, 경제 및 유통시장의 변화, 그리고 과학기술 및 국제화에 대해 살펴보았다.

이 장에서는 앞으로 우리의 소비트렌드가 어떻게 변화될 것 인지를 살펴보기 위해 소비자트렌드 변화의 기본 요소와 후기 정보화 사회인 현대사회의 소비자트렌드 변화, 그리고 미래의 소비자를 움직이는 키워드에 대해 살펴보고자 한다.

1. 소비자트렌드의 변화

소비와 관련된 담론 중에는 전통사회로부터 산업사회로의 전환과정, 산업사회에서 후기산업사회로의 전환과정에서 생긴 공백으로 소비가 발생하고, 소비자는 그 속에서의 주인이며, 따라서 소비는 현대문화의 커다란 생활양식이었다고 한다. 즉 소비자가 끊임없이 변화하는 것은 소비자를 둘러싼 시장과 사회 환경도 끊임없이 변화하기 때문이다. 이는 기본적으로 삶의 주체인 소비자와 삶의 환경이 서로 영향을 주고받는 쌍방향적인 관계이기 때문이다.

1) 소비자트렌드의 구성요소

그렇다면 소비자트렌드를 구성하는 중요한 요소는 무엇일까?(허경옥 외, 2006)

이는 크게 거시적인 측면과 미시적인 측면에서 살펴보자.

우선, 거시적 측면에서의 소비자트렌드의 첫 번째 요소는 문화의 변화를 들 수 있다. 소비자가 만드는 문화는 소비자의 욕구에서 출발하며, 이러한 욕구가 하부문화를 형성하는 근원이 된다. 소비자가 무엇을 얻거나 무슨 일을 하고자 바라는 마음으로부터 모든 소비가 시작되고 변화하며 이러한 욕구는 소비자와 환경인 문화와의 상호작용의 결과이다.

소비자트렌드의 두 번째 요소는 사회의 변화이다. 사회는 시대적 배경과 시대적 변화에 따라 다양한 양식을 보인다. 시간이 흐르고, 시대가 변화하면서 변화하는 사회적 배경이 그 시대 소비자의 행동에 많은 영향을 미치게 된다.

소비자트렌드의 세 번째 요소는 소비자의 가치관 변화이다. 소비자 개인의 가치관은 소비자 개인을 포함한 세계에 대한 평가의 근본적인 태도로, 이러한 태도는 바로 시대적 사회문화 배경과 깊은 관계를 지니고 있다.

소비자트렌드의 네 번째 요소는 네트워크의 근원인 시장의 변화를 가져오게 한 정보의 확산이라고 할 수 있다. 이는 시대적 배경에 따라 시장의 주요 생산이 어떤 것이냐는 것이고, 결국 그 사회가 어떠한 생계방식을 택하는가에 따라 시장이 변화한다는 사실을 가리킨다.

한편 미시적 측면에서의 소비자트렌드 변화의 요소는 〈그림 3-1〉 같다.
첫째, 소비주체의 변화로 소비를 행동으로 옮기는 소비자의 변화를 들 수 있다.
둘째, 소비대상의 변화로 소비의 대상이 되는 상품과 서비스의 변화를 들 수 있다.
셋째, 소비방식의 변화로 소비자를 둘러싼 시장의 변화, 정보화의 영향 등을 들 수 있다.
넷째, 소비의식의 변화로 소비자가 추구하는 가치의 변화를 들 수 있다.

소비자트렌드는 소비자가 만들어 가는 것으로, 궁극적으로 시대적 · 문화적 변화와 관련이 있다. 시대적 특성은 사회구조적 요소에 의한 영향으로 문화적 변화에도 자연스럽게 영향을 주게 된다. 따라서 소비자트렌드는 소비자를 둘러싸고 있는 각종 환경인 경제적 환경, 사회적 환경, 생태적 환경의 변화에 의해 다양한 변화를 동반했다.

그림 3-1 | 소비자트렌드 변화요소

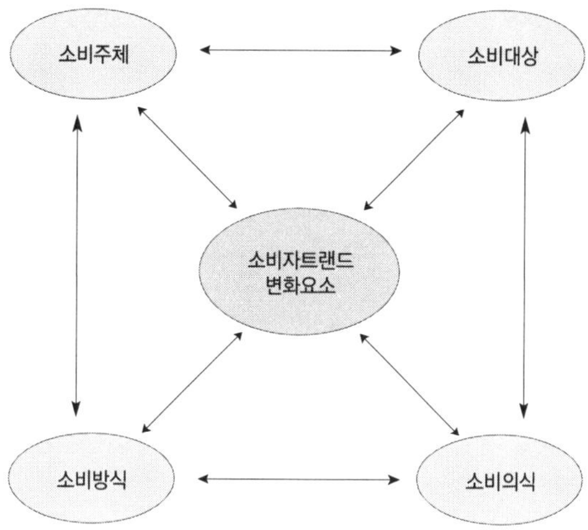

출처: 허경옥 외(2006), 소비자트렌드와 시장, P.134

2) 소비시장의 변화

미래 소비자트렌드 예측을 위해 먼저 경제환경 변화에 따른 소비시장의 변화를 선진국 중심으로 살펴보자(삼성경제연구소, 2013).

글로벌 경제위기 이후 선진국의 저성장 기조 장기화로 소비기반이 약화되고 고령화 및 기술혁신 등의 흐름까지 가세하면서 소비환경이 변화되고 있다. 금융위기 이후 심각한 경기침체와 실업률 상승 등으로 대부분 가구소득은 감소세를 나타내고 있으며, 정도의 차이는 있지만 핵심 소비계층인 중산층이 위축되었다. 이에 따라 불황기에 나타난 변화가 일시적인 현상이 아니라 소비시장에서 장기화될 전망이다.

그림 3-2 | 경제환경 변화에 따른 소비시장의 특징

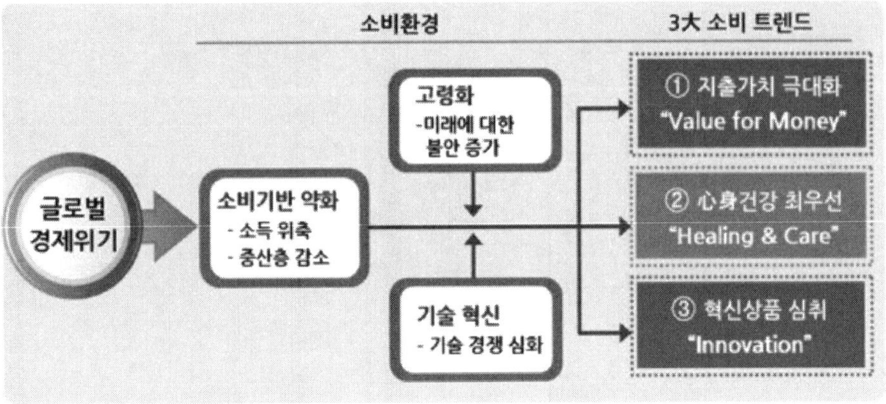

(1) 지출가치 극대화Value for Money

소득 위축과 미래에 대한 불안으로 절약 성향이 높아진 가운데 지출가치를 극대화하려는 소비행태가 확산되고 있다. 기본기능에 충실하면서가격도 합리적인 제품을 선호하고, 구매비용 절감을 위해 온라인 등 저가채널을 이용하는 비중이 증가하고 있다.

동일 제품의 구매에 대해서도 비용을 절감하기 위해 오프라인 매장에서 제품을 체험한 후 가격이 낮은 온라인에서 구매하는 '쇼루밍showrooming' 현상이 급증하고 있다. 월마트 등 기존 할인점보다 싼 가격에 제품을 판매하는 달러스토가 급성장하고 있다. 미국 최대의 달러스토아인 '달러제너럴' 은 지점수가 1만 개를 돌파하였다.

(2) 心身건강 최우선Healing & Care

선진국 소비자는 고령화 등으로 건강을 중시하는 성향이 커지면서 의료서비스의 가격보다 질을 더 우선시한다. 인구 고령화가 심화되고 공공보건의 질이 낮아져서 맞춤형personalized 의료서비스에 대한 수요가 증가하고 이에 따라 소득 위축에도 불구하고 의료 및 보건에 대한 지출비중이 크게 늘었다.

또한 심리적, 경제적 이유로 가족 중심의 생활이 확산되고, 스트레스와 불안에 지친 마음을 치유할 수 있는 '힐링'에 대한 관심이 높아졌다. 마음을 치유할 수 있는 힐링제품과 바쁜 일상을 벗어나게 해 주는 브레인케이션brain+detoxification에 대한 수요가 증가하고 있다.

소비자트렌드 읽기 3-1

착한소비는 세상과 기업을 바꾼다

소비 자체로 빈곤층을 도울 수 있는 '착한 소비(윤리적 소비)'가 세상을 바꾸고 있다. 단순히 가격이나 품질을 비교하는 것을 넘어 생산 과정의 윤리까지 챙기는 소비자들이 늘어나면서 기업 행태도 바뀌고 있다.

'착한 소비'는 생산자에게 정당한 댓가를 지불하고 상품을 구입함으로써 그들에게 안정적인 삶의 기반을 마련해주는 소비이다. 이를 위해 첫걸음으로 '공정무역fair trade'을 들 수 있다. '공정무역'은 생산자가 만들어낸 상품이 소비자에게 전달되기 까지 중간과정을 최소화하고 정당화해 가격을 낮추고, 생산자에게는 생산원가를 보장해 주어 공정한 댓가를 지불하고 상품을 구입하는 것을 말한다.

스타벅스 · 나이키도 착한 소비자들에게 굴복

2003년부터 동남아 수공예품으로 공정무역을 시작한 아름다운 가게는 2006년부터는 '히말라야의 선물'이란 커피를 팔고 있다. 커피 매출은 2004년 3,600만 원에서 지난해 1억 6,600만 원으로 늘었다. 네팔에서 공정무역의 일환으로 들여온 커피를 판매하고 있는 YMCA도 매출액이 2006년 1억여 원에서 지난해 2억여 원으로 뛰었다.

세계적으로는 이미 '착한 소비'가 기업 행태를 바꾼 사례가 많다. 스타벅스는 윤리적 소비자들의 압박에 못이겨 2000년부터 에티오피아 등에서 커피 원두를 시장가격보다 2배가량 높은 가격에 구입하고 있다. 나이키는 2005년 제3세계 국가의 아동들을 착취해 운동화를 만들어왔다는 사실을 고백하기에 이르렀다.

마이크로소프트MS의 빌 게이츠 회장은 지난달 24일 다보스 포럼*에서 "자본주의는 부유한 사람뿐 아니라 가난한 사람들도 도울 수 있는 방법을 찾아야 한다. 이 생각을 '창조적 자본주의'라 부르겠다."고 선언했다.

* 다보스포럼은 매년 스위스의 다보스에서 개최되는 '세계경제포럼' 연차총회로, 세계 각국의 정계(政界) · 관계(官界) · 재계(財界)의 수뇌들이 모여 각종 정보를 교환하고, 세계경제 발전방안 등에 대하여 논의한다.

출처 : 서울신문, 2008. 3. 28

(3) 혁신상품 심취Innovation

내구재에 대한 지출은 줄었지만 휴대폰, TV 등 기술혁신이 빠르게 진행되고 있는 제품에 대한 지출은 지속적으로 증가하고 있다.

가정에 머무는 시간이 길어지는 '코쿠닝' cocooning현상이 확산되고, 스마트폰 등이 선택적 소비재에서 필수재로 인식되면서 수요가 지속적으로 증가할 전망이다.

2. 미래의 소비자트렌드

최근 소비자트렌드에 대한 관심이 급증하면서 미래의 소비자트렌드를 예측하는 저서 및 관련 자료들이 많이 발표되고 있다. 여기서는 트렌드 연구가인 페이스 팝콘의 저서와 트렌드 예측의 세계적 기관인 트렌드워칭 닷컴의 자료를 살펴보자.

이러한 자료를 통해 미래사회의 소비자는 어떠한 트렌드를 보일 것인가를 예측하고, 우리 사회의 독특성을 이해할 수 있을 것이다.

1) 페이스 팝콘의 17가지 트렌드

소비드렌드의 변화 예측을 위해 먼저 트렌드 연구가 페이스 팝콘(Faith Popcorn, 1999)이 예측하고 있는 미래 트렌드를 살펴보자.

트렌드 연구가 페이스 팝콘(Faith Popcorn, 1999)은 그의 저서 "Clicking : 17 Trends that drive your business and your life" (클릭! 미래 속으로)에서 미래사회를 움직일 17가지 트렌드에 대해 제시한 바 있다.

그는 클릭click이라는 단어 안에는 다음 5가지 의미가 담겨 있다고 하였다.

Ccourage : 변화하는 세계를 받아들이는 용기
Lletting go : 두려움과 불안을 떨쳐버리려는 행동
Iinsight : 독창적인 것을 보는 통찰력
Ccommitment : 내면의 의지와 능력
Kknow-how : 경쟁력을 갖도록 해주는 방법
그가 제시한 17가지 트렌드를 살펴보자.

① 마음의 안식처 Anchoring

자신의 지친 영혼을 위로해 줄 곳을 찾는다.

과거에 안락했고 소중했으며 정신적으로 위안을 주었던 것을 통해 미래에 마음의 안정을 누리려 한다.

예) 요가산업, 종교관련 산업, 명상산업이 발전하고 있다.

② 공포의 기류(AtomsFear : atmosphere(분위기)+fear(공포)의 합성어)

대기, 수질오염, 유해식품 때문에 의심과 불안감의 폭풍 속에 휩싸이고 무엇 하나 안전한 것이 없다고 느낀다.

예) 유산소(산소 Spa Bar), 항균(소독 스프레이), 청결제품(가정용 실내 공기정화기)

③ 건강 장수 Being Alive

단지 장수하는 것만이 아니라 죽을 때까지 청춘으로 활기찬 생활을 하기 원한다.

건강의 중요성을 깨닫고 전반적 삶의 질 향상을 추구한다.

예) 천연약초, 동양의 의술 번창, 건강보조제, 대체의약품 및 요법의 확산, 치매예방 프로그램

④ 행복 찾기 변신 Cashing Out

명예나 사회적 지위를 버리고 나만을 위해 산다.

스트레스에 지쳐 사회적 성취보다는 소박한 생활 속에서 진정한 행복을 모색한다.

예) 전원생활, 농장운영, 매니아 클럽(예: 의사가 제빵기술자로), SOHO Small Office Home Office족 및 재택 근무의 증가

⑤ 유유상종 Clanning

가슴이 통하는 사람과 만난다.

가치관, 신념, 정서, 관심사가 같은 사람들끼리 어울려 안락함과 든든함을 느낀다.

예) 카페, 동호인 모임 활성화(사이버 로맨스, 퀼트클럽 등)

⑥ 코쿠닝Cocooning

그냥 집이 마니라 '가정 같은' 나만의 안식처에 안주하고자 한다.

예측불허의 현실로부터 자신을 보호하고자 누에고치cocoon같은 보호막 안에 칩거하려 한다.

예) 보안, 경보시스템, 스마트하우스smart house

안전한 주택 안에서의 활동, 즉 정원가꾸기, 애완동물 기르기, 바느질하기 등

⑦ 젊어지기Down-Aging

천진난만하던 어린 시절로 돌아가자.

어른의 굴레를 벗고 젊음의 상징을 통해 안락함을 갈구한다.

예) 중년을 위한 엔터테인먼트의 증가 및 공간(7080 카페) 확대, 평생교육기관 활성화, 젊은 패션 즐기기

⑧ 개성 찾기EGOnomics

60억 중에 단 하나뿐인 '나', '나 자신'을 표현하자.

몰개성시대에 소외감을 상쇄시키기 위해 자신만의 독특한 개성을 추구하고 있다.

예) 다양한 맞춤서비스

⑨ 여성적 사고(EVEolution ; eve(여성)+ revolution(혁명)의 합성어)

여성의 사고와 행동방식이 세상을 바꾼다.

마케팅도 남성중심의 계급서열 모델에서 인간관계 모델로 변하고 있다.

리더십 또한 여성의 '부드러운' 리더십이 영향력을 발휘하고 있다.

예) 여성마케팅

⑩ 환상 모험Fantasy Adventure

짜릿하면서 안전한 모험을 즐긴다.

스트레스와 무료함을 털기 위해 덜 위험한 모험으로 흥분과 자극을 맛본다.

예) 탐험 흉내내기, 실내 비치, 테마 레스토랑, 모델을 체험해 볼 수 있는 패션 카페, 로큰롤 가수를 경험해 볼 수 있는 하드록 카페 등

⑪ 남성 해방(Mancipation ; man(남성)+ emancipation(해방)의 합성어)

남성들이 전통적인 의무/역할을 거부하고 새로 얻은 자유를 만끽하면서 스스로 원하는 삶을 살고자 한다.

예) 남성들의 몸매 가꾸기, 꽃미남, 개스트로 섹슈얼(gastrosexual : 요리 잘하는 남자)

⑫ 우상 파괴Icon Tappling

더 이상 신성물은 없다고 느끼고 권위를 순순히 추종하지 않는다.

기념비적 존재들(정부, 유명인사 등)에 회의를 가지고 새로운 것을 찾는다.

예) 우상파괴는 최고의 오락사업(클링턴 성추문 특수), 대안학교

⑬ 99가지 생활99 Lives

돈으로 시간을 산다.

갈수록 바빠지는 생활 속에서 시간 압박에 대처하기 위해 일인다역을 수행해야 한다.

예) 도우미산업, 시간절약 상품(즉석 음식점), 드라이브 스루drive through

⑭ 반항적 쾌락Pleasure Revenge

금지된 기쁨을 맛본다.

규칙과 규제를 무시하고 공공연히 금단의 욕망을 실행하고 싶어한다.

예) 쿠바산 시가클럽 열풍, 부수기 게임, 국제 다이어트 없는 날International No Diet Day

⑮ S.O.SSave Our Society

위험에 빠진 지구를 구하자. 지구운명을 걱정하며 윤리성, 열정, 동정심과 같은 사회적 양심을 재발견한다.

사회적 양심을 보여주는 기업에 호응을 보낸다.

예) 재활용, 무공해 산업 및 제품 선호, 에너지 절약형 주택, 전기자동차

⑯ 작은 사치Small Indulgences

때로는 부자처럼 소비한다.

짓눌린 일상에서 일탈, 자신의 능력 범위 안에서 작은 사치를 누림으로써 자기 보상을 모색한다.

예) 고급차를 즐길 수 있는 영국식 찻집, 이동식 미니온천 차량, 병 속에 눈조각이 든 고급술, 몽블랑 만년필

⑰ 소비자 감시Vigilante Consumer

소비자들을 만만하게 보면 큰 코 다친다. 소비자들의 힘을 무시해서는 안 된다.

시장에서 좌절감을 느끼고 분노에 찬 소비자들은 압력 행사, 정치적 방법 등을 통해 시장에 영향력을 행사한다.

예) 인터넷을 통한 감시 및 폭로활동

소비자트렌드 읽기3-2

새로운 미래가 온다

미래에는 이런 생각이 한층 더 중요해질 것이다. 다니엘 핑크Daniel Pink가 저서 〈새로운 미래가 온다(원제 : A While New Mind)〉에서 서술한 것처럼, "풍요로운 세상이 수백만의 물질적 욕구를 충족시켰다. 어쩌면 과도하게 충족시킨 건지도 모른다. 그 덕에 아름다움과 감정의 중요성이 커져버렸고 사람들은 의미를 찾기 위해 노력한다." 점점 더 많은 기본적인 욕구가 채워질수록 사람들은 감정적인 만족감과 의미를 찾을 수 있는 새로운 경험을 기대하게 된다.

저자는 이런 상황에서 살아남기 위해서는 추가적인 능력이 필요하다고 한다. 즉 과거 좌뇌가 중심이 되었던 능력 이외 우뇌가 주도하는 기능인 '하이 컨셉'과 '하이 터치'라는 재능이다. 저자는 '하이 컨셉'과 '하이 터치'를 이렇게 설명한다.

하이 컨셉High Concept에는 예술적, 감성적 아름다움을 창조하는 능력, 트렌드와 기회를 감지하는 능력, 훌륭한 스토리를 만들어내는 능력, 언뜻 관계가 없어보이는 아이디어를 결합해 뛰어난 발명품으로 만들어 내는 능력등과 관계가 있다.

하이 터치High Touch는 마음의 공감을 이끌어내는 능력, 인간관계의 미묘한 감정을 이해하는 능력, 어떤 사람의 개성에서 다른 사람을 즐겁게 해 주는 요소를 도출해내는 능력, 평범한 일상에서 목표와 의미를 이끌어내는 능력과 관계가 있다.

그리고 이러한 능력을 위해 6가지 재능을 키우라고 강조한다.
1. 디자인으로 승부하라. (이제 상품과 서비스의 단순한) 기능만으로는 안 된다.
2. 단순한 주장만으로는 안 된다. (재미와 설득이 가능한) 스토리를 겸비해야 한다.
3. 집중만으로는 안 된다. (작은 부분들을 연결시킬 수 있는) 조화를 이루어야 한다.
4. 논리만으로는 안 된다. (다른 사람과 유대감과 배려가 가능한) 공감이 필요하다.
5. 진지한 것만으로는 안 된다. (마음의 여유를 줄 수 있는) 놀이도 필요하다.
6. 물질의 축적만으로는 부족하다. (물질적인 풍요를 느끼는 사회에서 이제는 삶과 일의) 의미를 찾아야 한다.

출처 : 다니엘 핑크 저 김명철 역(2006), 새로운 미래가 온다, 한국경제신문

2) 2013년을 이끌 10가지 주요 소비자트렌드

영국의 시장조사 업체인 트렌드워칭닷컴trendwatching.com이 2013년을 이끌 주요 소비자트렌드 10가지를 발표했다. 트렌드워칭닷컴은 120여 개국에서 활동하는 2000명의 '트렌드 스포터spotter'를 통해 각종 트렌드 정보를 수집, 기업 등에 제공하고 있다. 국내에서도 많은 대기업들이 이 회사의 자료를 참고하고 있는 것으로 알려져 있다.

(1) 프리슈머와 커스트오너Presumers & Custowners

프리슈머는 제품이나 서비스가 나오기 이전부터 참여해 자금을 지원하고 직접 홍보하는 것은 물론 제품 생산에 관여하는 소비자를 말한다. 최근에는 크라우드 펀딩이 활성화됨에 따라 프리슈머가 늘어나고 있다.

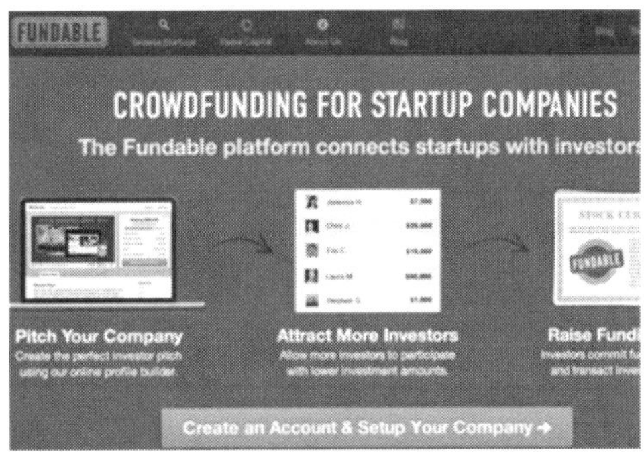

프리슈머의 다음 단계는 커스트오너다. 커스트오너는 제품을 소비하는 것을 넘어 자신이 구매하는 브랜드에 자금을 지원하고 투자하는 소비자를 뜻한다.

프리슈머는 2013년부터 시행되는 미국의 '잡스JOBS법'에 의해 더 활성화 될 것으로 예상된다. 잡스법은 미국의 신생 기업 지원을 위해 제정된 법으로, 법의 명칭인 '점프 스타트 아우어 비즈니스 스타트업 액트Jump start Our Business Startup Act'의 영문 이니셜을 딴 것이다. 중소기업과 신생 벤처기업들의 투자 자금 유치에 대한 규제를 완화하고 이들이 주식시장에 쉽게 상장할 수 있도록 해 고용 확대를 꾀한다는 취지로 제정된 법이다.

홍콩의 자오자오ZAOZAO는 프리슈머 상품의 대표 격이다. 패션 디자이너가 제품을 출시하기 전에 이 사이트에 올려 놓으면 소비자들이 마음에 드는 상품에 크라우드 펀딩, 제작을 지원하는 시스템을 가지고 있다.

미국의 주식 크라우드 펀딩 플랫폼 '펀더블Fundable' 도 눈여겨 볼만하다. 신생 기업은 펀더블을 통해 자금을 모금하고 이의 대가로 자사의 제품이나 서비스를 투자자에게 제공한다.

(2) 이머징Emerging square

지난 20년간은 신흥시장이 선진시장의 제품을 구매하고 선진시장에서 자신들의 제품을 판매하고자 노력해 왔다면 이제는 신흥시장을 위한 신흥시장의 제품과 서비스가 폭발적으로 증가할 것이다. 신흥시장의 규모는 이제 선진시장의 규모를 넘어섰다.

중국의 메시지 애플리케니션(앱)인 '위채트WECH AT' 는 포르투갈과 인도 등을 포함해 2억 명의 사용자를 가지고 있다. 콜롬비아의 컴퓨맥스는 214달러의 안드로이드 태블릿을 만들어 에콰도르에서 팔기 시작했다.

(3) 일분 일초가 모바일Mobile Mome nts

이제 대부분의 소비자들은 한순간도 모바일 기기를 자기 자신에게서 떼어놓지 않는다. 일례로 미국의 스마트폰 사용자를 대상으로 한 조사결과 여성의 63%, 남성의 73%가 자신의 전화기를 확인하지 않고서는 한 시간도 버티지 못한다고 답했다.

이제 모바일을 대상으로 한 서비스의 지평은 더 넓어질 것이다. 일례로 오스트리아의 클라겐푸르트시에서는 모바일 도서관을 오픈했다. 도시 전역의 버스 정류장에 붙어있는 QR 코드를 스마트폰에 입력하면 시립도서관에서 책을 내려 받을 수 있다.

(4) 다음 생명을 품다New Life Inside

제품을 재활용하는 차원을 넘어 제품 자체가 새 생명의 씨앗이 될 수 있도록 하자는 움직임이 있다.

한국의 디자이너 구경완은 나무젓가락 끝에 씨앗을 집어넣었다. 다 쓴 후 땅에 꽂으면 새싹이 돋으며 젓가락은 그대로 식물의 지지대가 된다.

맥주 브랜드 몰슨 캐나디안은 맥주 컵받침 안에 씨앗을 집어넣었고, 칠레의 티에라 파타고이아 호텔은 고객에게 씨앗을 주며 집으로 돌아간 후 구글 지도를 통해 씨앗이 심어진 위치를 확인할 수 있도록 했다.

(5) 앱 처방전Appscription

스마트폰용 건강 앱은 꾸준히 성장하고 있다. 이는 DIYDO-IT- YOURSELF헬스, 즉 소비자들이 정보기술IT 기기를 활용해 자신의 건강을 체크하고 개선하는 활동의 일환이다.

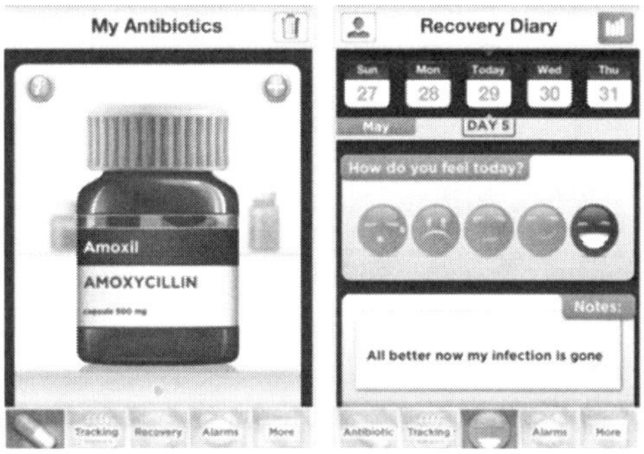

뉴욕시병원협회는 건강관리 앱인 MRX를 내놓았다. 환자들은 이 앱에서 자신의 처방전을 내려 받을 수 있다. 또 호주의 한 회사는 약 먹는 시간을 상기시켜 주는 앱을 개발했다.

(6) 스타가 된 신흥국가Celebration Nation

신흥국가들은 이제 자신의 문화를 세계에 내다팔 것이다.

중국 최초의 고급 패션 브랜드 '네-타이거Ne-tiger' 는 중국의 특징을 잘 살린 컬렉션으로 유명하다. 또 인도 뭄바이의 패션 디자이너 마사바 굽타는 전통 의복 '사리' 를 현대적으로 해석해 유명세를 얻었다. 아모레퍼시픽의 '설화수' 는 한국의 도자기를 연상시키는 제품용

기와 인삼 등 약초를 사용해 미국에서 인기를 끌고 있다.

(7) 데이터 마이닝Data Mining

'빅 데이터' big data에 대한 논의는 기업에 필요한 의미 있는 소비자들의 정보에 초점이 맞춰져 있다. 하지만 소비자들 역시 기업과 마찬가지로 스스로 자신의 삶의 방식에 대한 데이터를 확인하고 이를 효과적으로 활용하는 방법을 찾고 있다.

시그니파이Cignifi는 생활방식과 그에 따른 신용 위험도를 알아내기 위해 통화, 문자, 요금 충전 등 이동기기 사용습관을 이용한 분석기술을 개발한 미국의 회사다. 최근 브라질에서 시범 운영됐으며 신용 정보가 부족해 금융상품을 활용하는 데 제약을 받던 브라질의 중산층 1억 명을 서비스 대상으로 삼고 있다.

무벤뱅크Movenbank는 2012년 10월 출시한 금융 서비스 플랫폼으로, 이용자들이 자신의 금융 습관을 개선하기 위해 노력하고 그에 따라 보상을 받는다. 이 노력은 점수화되고 점수가 높은 고객들은 서비스와 연계된 다른 서비스의 요금을 할인 받을 수 있다.

(8) 다시 자국으로Again Made Here

한때 신흥국으로 생산 기지를 옮겼던 선진국 기업들이 다시 자국으로 공장을 유턴하고 있다. 이는 소비자들이 보다 질 높은 제품을 원하고 있기 때문이며 신흥국의 인건비 상승, 긴 제품 조달시간, 불안정한 국제운송 등의 요인이 부각되고 있기 때문이다.

미국의 구글은 지난해 6월 가정용 스트리밍 엔터테인먼트 플레이어인 '넥서스Q'를 공개했다. 이 기기에는 '미국에서 디자인하고 미국에서 생산하다' 라는 문구가 레이저로 새겨져 있다. 넥서스Q의 기본 틀은 미국 중서부에서, 플라스틱 부품은 캘리포니아에서 만들어진다. 조립은 구글 본사 인근에서 이뤄진다.

프랑스의 전기 자전거 회사인 '벨로스쿠트' 는 2012년 생산 공장을 중국에서 프랑스의 라로셸로 옮겼다. 이 회사는 이제부터 '프랑스산' 자전거를 생산할 예정이며 주요 유럽시장과 가깝게 자리 잡음으로써 경쟁력을 갖추게 됐다고 밝혔다.

(9) 완전한 투명성Full Frontal

이제 기업은 '숨길 게 없는 것' 을 넘어 이를 적극적으로 보여주고 증명해야 한다. 소비자들은 윤리적이고 친환경적인 브랜드만 선택한다. 그럼에도 불구하고 아직 많은 소비자들은 기업을 '믿지 않는다'. 세계적으로 기업이 옳은 일을 하고 있다고 생각하는 소비자는 2011년 56%에서 2012년 53%로 3% 포인트 하락했다. 또 미국인의 44%만이 기업의 친환경 의지를 신뢰한다고 밝혔다.

반면 69%의 미국 소비자는 기업의 사회적 책임 활동CSR을 공개하는 브랜드에서 구매하기를 선호한다고 밝혔다.

미국의 맥도날드는 2012년 9월부터 모든 매장에서 열량 정보를 표시하기 시작했다. 동시에 열량이 적은 음식들을 홍보하는 마케팅 활동도 벌이고 있다. 브라질의 화장품 브랜드 나투라Natura는 자사 실적 보고서에 환경적 목표 달성 리스트를 공개했다. 예를 들어 작년 말 보고서에는 물 소비, 직원 교육 시간, 쓰레기 감소 등의 리스트를 적었다.

(10) 요구하는 브랜드Demending Brands

좀 더 지속 가능하고 사회적으로 책임감 있는 기업들은 고객 또한 그 과정에 동참하길 원한다. 그에 따라 소비자에게 자사의 브랜드가 존중받을 수 있기 때문이다.

브라질의 축구팀 빅토리아는 2012년 7월 새 유니폼을 선보였다. 이 팀의 기본 유니폼은 붉은색과 흰색 줄무늬인데, 새 유니폼은 검은색과 흰색 줄무늬다. 이유는 헌혈을 홍보하기 위해서다. 이번 시즌 동안 브라질 헌혈은행이 목표를 달성할 때마다 줄무늬가 한 줄씩 붉은색으로 바뀔 예정이다.

소비자트렌드 읽기 3-3

불황에 '작은 사치'가 뜬다. 나를 위한 작은 사치… 프리미엄 식품관이 뜬다

경기침체가 지속되면서 심리적 만족을 얻을 수 있는 '작은 소비'가 증가하고 있다.
불황기에 자신이 원하는 물건을 마음껏 소비하지 못하는 심리적 공허함을 작지만 가치있다고 생각하는 소비를 통해 만족감을 높이는 것이다.

전통적인 자기 위안형 소비재가 커피였다면 최근에는 식료품을 포함한 음식으로 범위가 확대되고 있다. 특히 일상에 지친 현대인들의 몸과 마음을 풀어주는 식문화에 대한 관심이 증가하면서 다양한 식자재에 대한 수요가 증가하고 있다. 프리미엄 소금에서부터 식초, 오일, 직접 수확하는 채소까지 작지만 질 좋은 제품을 위해 기꺼이 지갑을 여는 '작은 사치'를 누리는 소비자가 늘어나고 있다.

'작은 사치' 경향은 소비트렌드가 명품의류 등 '자기과시형 소비'를 지나 '자기 위안형 소비'로 바뀌고 있음을 보여준다.

예산이 한정돼 있는 상황에서 소비 주체인 '나'는 주관적인 만족도가 높은 소비에 집중하게 마련이다. 큰 소비보다는 소소한 만족에 가치를 두는 심리다. 한 소비심리전문가는 "특히 자아가 강한 현대 젊은 여성에게 두드러지게 나타나는 현상"이라고 진단한다.

소비자들의 반응은 뜨겁다. 강남을 중심으로 프리미엄 식품관이 개장한 이후 식품관은 핫플레이스로 자리잡았다. 자동차나 샤넬백을 사지 못해도 상대적으로 저렴한 가격으로 그럴듯한 소비를 할 수 있는 기회로 인식되기 때문이다.

출처 : 이투데이, 2012.12.06

3. 미래 소비자트렌드 찾아보기

미국사회에서 '트렌드 예측이 트렌드'라는 말이 유행처럼 떠돌았던 것은 벌써 10여 년 가까이 된다. 그 후 다양한 트렌드 전문업체들이 탄생해서 정보를 제공하거나 컨설팅업무를 수행하고 있다. 다국적 기업들 역시 자체적으로 트렌드 예측 부서를 설립하거나 기존의 마케팅 부서를 개편해 트렌드 분석 업무를 하고 있다.

트렌드 예측은 현재의 선택과 결정에 영향을 미치는 미래 환경 분석의 중요한 분야로 성장했다. 트렌드 예측을 위한 원천을 살펴보자.

1) 트렌드워칭닷컴Trendwatching.com

트렌드워칭닷컴은 120여 개국에서 활동 중인 트렌드 스포터Trend Spotter들과 함께 이와 같이 세상을 움직일 수 있는 트렌드를 수집하여 정기적으로 사이트에 리포트를 제공한다. 현재 180개 국 16만여 명이 트렌드워칭닷컴의 무료 리포트인 트렌드 브리핑Trend Briefing을 구독하고 있다고 한다. 매년 최신 소비자 동향에 대한 트렌드 리포트를 발간하고 있으며 세미나와 강연을 열기도 한다.

2) 페이스팝콘닷컴Faithpopcorn.com

- 사이트 : http://faithpopcorn.com/

페이스 팝콘은 포춘 지로부터 '마케팅계의 노스트라다무스' 로 불렸을 정도로 유명한 미국의 사회 트렌드 분석가다. 그가 1974년 설립한 브레인 리저브Brain Reserve사에서는 6,000여 명의 전문가로 구성된 탤런트 뱅크Talent Bank를 활용해 새로운 트렌드를 읽어내고, 이를 바탕으로 각종 컨설팅 및 출판활동을 펼치고 있다. 공식 사이트 페이스팝콘닷컴에는 간단한 회사소개 등만 담겨 있어 상세 트렌드에 대한 내용은 우리나라에도 번역된 그녀의 저서 〈미래생활사전〉, 〈클릭 미래 속으로〉 등을 통해 엿볼 수 있다. 다만 사이트에서는 '99 Lives', 'Being Alive', 'Cashing Out' 등 각 분야의 트렌드 키워드에 대한 페이스 팝콘의 생각을 간단한 동영상으로 볼 수 있다.

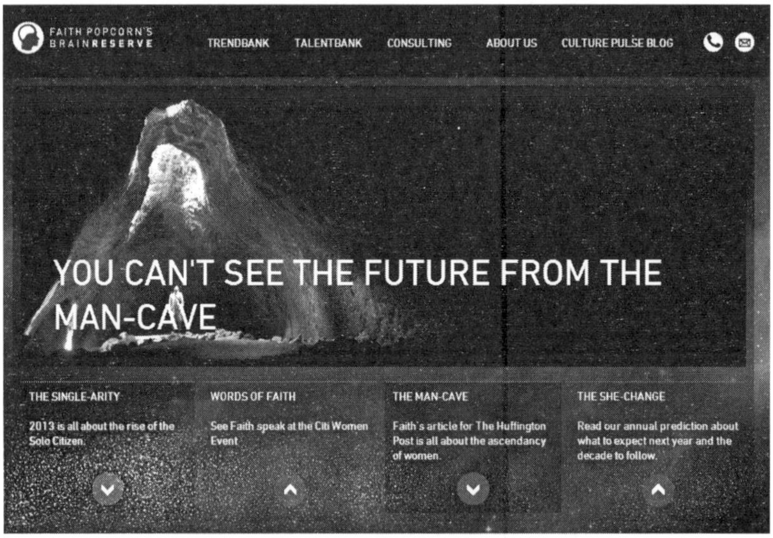

3) 카산드라 데일리Cassandra Daily

- 사이트 : http://www.cassandradaily.com

카산드라는 그리스 신화에 나오는 여자 예언가로, 미국의 트렌드 전문회사 인텔리전스 그룹The Intelligence Group이 운영하는 트렌드 사이트다.

인텔리전스 그룹은 90일마다 소비자 태도 조사 결과를 기반으로 하는 카산드라 보고서 Cassandra Report를 출간하고 있으며, 회사 경영진 등을 대상으로 하는 트렌드 스쿨Trend Schools을 운영하고 있다.

카산드라 데일리에서는 마케팅, 미디어, IT 분야 등의 다양한 사례를 발굴한 뒤 이를 하나의 트렌드로 묶어 소개하고 있다. 농업에 발전을 가져온 새로운 기술들을 'Farm 2.0(농장 2.0)' 으로 일컫거나, 트럭 등의 교통수단을 이용하여 교육사업을 펼치는 사례들을 '움직이는 교육Mobile Learning' 트렌드로 제시하고 있다.

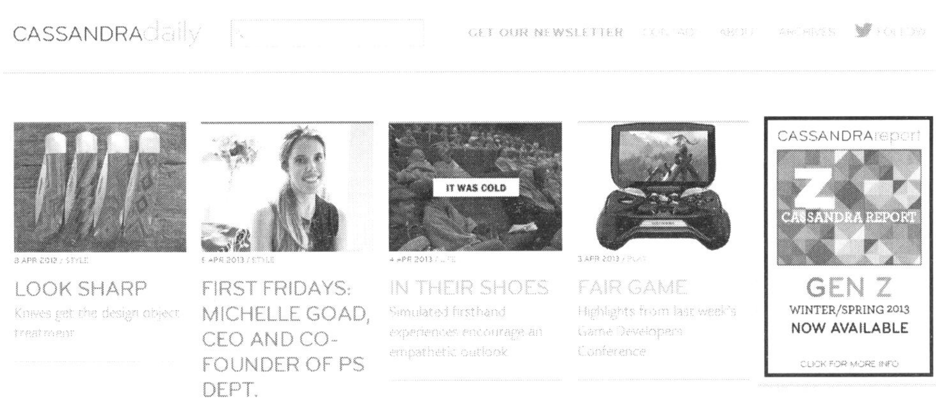

4) 잰들 그룹Zandl Group

잰들 그룹은 1986년 이르마 잰들Irma Zandl이 뉴욕에 설립한 리서치 업체로, 미국의 최신 소비자 경향을 조사하고 그에 따른 트렌드 예측을 내놓는, 비즈니스 아이디어 도출에 뛰어난 기관이다. 이곳에서 일하는 이들은 주로 브랜드 전략가들로, 기업이나 고객들에게 소비자들의 변화에 대해 어떻게 접근해야 할지를 컨설팅하고 있다.

이들은 시장에서 소비자들의 변화를 예측하기 위해 두 달 간격으로 트렌드 리포트를 발표하고 있는데, '유스 마켓 핫 시트The Youth Market Hot Sheet' 와 '영 어덜트 핫 시트The Young Adult Hot Sheet' 의 두 종류가 그것이다. 그리고 연간물로는 25~35세 성인들을 대상으로 한

'영 어덜트 에뉴얼 에스노그래피Young Adult Annual Ethnography' 가 있다.

에스노그래피Ethnography란 현지 조사에 바탕을 둔 여러 민족의 사회 조직이나 생활양식 전반에 관한 내용을 체계적으로 기술한 자료이다. 잰들 그룹은 25~35세의 젊은 성인층을 대상으로 조사하기 위해 100여 건의 에스노그래피를 작성하는데, 보통 그들의 가정이나 가까운 친구들을 만나 인터뷰를 하고 인구통계 데이터를 참고한다. 조사자들은 그들의 라이프스타일에 영향을 주는 대인관계나 가족관계, 기술의 발전, 그들이 무엇을 사고 무엇을 하며 즐기는지 하나에서 열까지 자세하게 조사 · 분석함으로서 클라이언트들에게 다음을 준비할 수 있는 비즈니스 아이디어를 제공하게 되는 것이다.

5) 트렌드 헌터Trend Hunter

- 사이트 : http://www.trendhunter.com/

제레미 구체Jeremy Gutsche가 만든 '트렌드헌터닷컴' 은 월간 3,500만 뷰를 자랑하는 세계 최대의 마이크로 트렌드 네트워크 사이트다. 기술 · 문화 · 패션 · 디자인 · 경제 분야의 다양한 사례들이 사이트에 매일 업데이트된다. 10만 명이 넘는 글로벌 트렌드 헌터들이 수집한 소비자 동향은 프리미엄 보고서 형식으로도 판매되고 있다. 2010년 우리나라에 번역된 제레미 구체의 책 〈트렌드 헌터〉에서는 구체적인 혁신전략과 트렌드 포착방법에 대해서 자세히 다루고 있다.

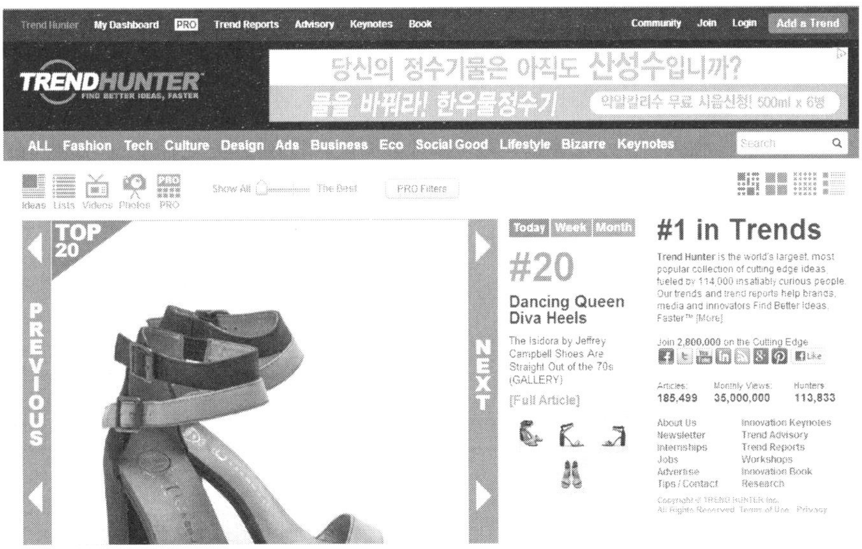

6) 트렌드 인사이트Trend Insight

- 사이트 : http://www.trendinsight.biz/

트렌드 인사이트는 마이크로 마케팅 트렌드를 연구하는 국내 미디어 그룹이다. 일반인 및 대학생, 컨설팅 및 마케팅 실무자들로 이루어진 에디터들이 국내외 트렌드를 분석하고 그 결과를 웹사이트에서 트렌드 리포트 방식으로 제공하고 있다.

사이트에서는 마이크로 트렌드를 '마케팅, 상품과 서비스, 디자인, 라이프스타일, 마이크로 족(族), 사회적 모델' 등의 다양한 분류로 나누고 있다. 외국 트렌드 사이트 못지않게 내용이 충실하고 국내 상황에 맞는 콘텐츠를 볼 수 있다는 장점이 있다. 트렌드 인사이트에서 만드는 월간 마이크로 비즈니스 매거진 '마이크로 앤 마켓micro&market'이 인쇄 출판을 앞두고 있다고 한다.

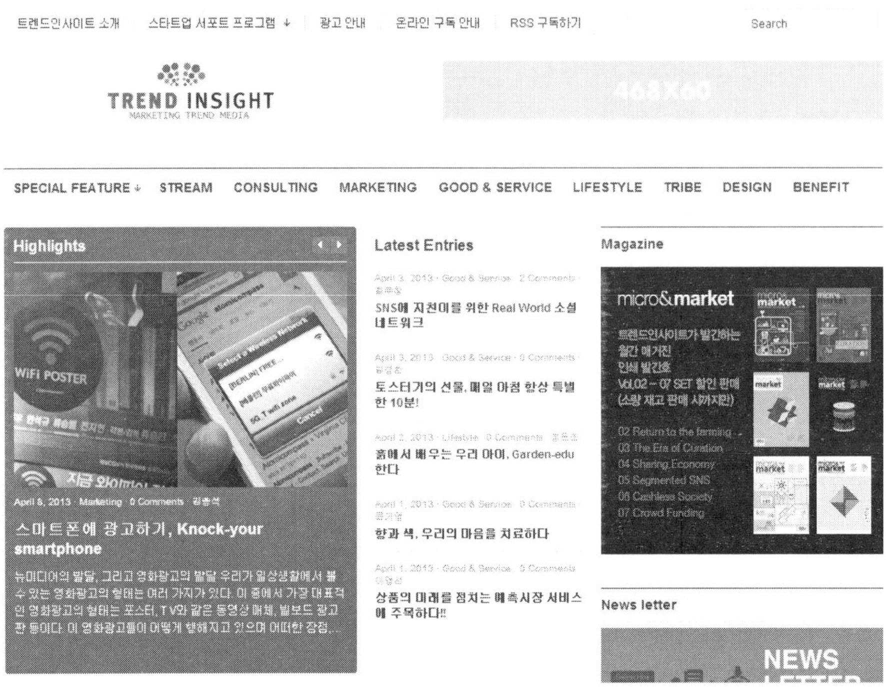
트렌드인사이트 소개
스타트업 서포트 프로그램
광고 안내
온라인 구독 안내
RSS 구독하기
Search
TREND INSIGHT
MARKETING TREND MEDIA
468X60
SPECIAL FEATURE
STREAM
CONSULTING
MARKETING
GOOD & SERVICE
LIFESTYLE
TRIBE
DESIGN
BENEFIT
Highlights
WiFi POSTER
스마트폰에 광고하기, Knock-your smartphone
뉴미디어의 발달, 그리고 영화광고의 발달 우리가 일상생활에서 볼 수 있는 영화광고의 형태는 여러 가지가 있다. 이 중에서 가장 대표적인 영화광고의 형태는 포스터, TV와 같은 동영상 매체, 빌보드 광고판 등이다. 이 영화광고들이 어떻게 행해지고 있으며 어떠한 장점...
Latest Entries
SNS에 지친이를 위한 Real World 소셜 네트워크
토스터기의 선물, 매일 아침 항상 특별한 10분!
흙에서 배우는 우리 아이, Garden-edu 한다
향과 색, 우리의 마음을 치료하다
상품의 미래를 점치는 예측시장 서비스에 주목하다!!
Magazine
micro&market
트렌드인사이트가 발간하는 월간 매거진 인쇄 발간호
Vol.02 – 07 SET 할인 판매 (소량 재고 판매 시까지만)
02 Return to the farming
03 The Era of Curation
04 Sharing Economy
05 Segmented SNS
06 Cashless Society
07 Crowd Funding
News letter
NEWS

소비자트렌드 읽기 3-4

미래사회 10대 트렌드

미국 미니애폴리스에서는 세계 40여 개국의 전문가 1,000여 명이 참석한 "세계미래회의"에서 제시된 미래사회의 10대 트렌드는 다음과 같다.

1. '1인 가구' 의 가족형태:
출산율은 더욱 떨어지고, 가족구조는 이동의 빈번함으로 해체되고 다양해진다. 독신은 늘고 미혼모(싱글맘)들이 인공수정을 통해 출산하는 것이 보편화되며, 줄기세포 치료와 유전자 치료를 통해 수명연장이 가속화된다.

2. 남자가 필요 없는 세상:
사회에서는 양성평등이 이루어지고, 냉동정자 수정을 통해 싱글맘들이 빠른 속도로 증가한다. 남성의 필요성이 줄어들고 여성의 파워가 급속히 증가한다. 남성의 근육질에서 나오는 힘이 더는 필요 없는 사회가 된다.

3. 허물어진 남성과 여성의 벽:
이미 여성과 남성의 전통적 역할의 경계가 모호해졌듯이, 앞으로 남녀 간 일의 경계가 더욱 허물어진다. 남자가 육아에 더욱 관심을 갖는다. 미래사회에서는 남녀가 성차별, 성구분 없이 살아간다.

4. 현실화된 인간의 종말:
미래사회는 불치의 질병, 핵전쟁, 대규모 인구이동, 불임, 파시즘, 무정부로 위기에 처한다. 산업화시대의 사회 질서가 완전히 무너지기 때문이며, 이로써 말로만 듣던 인간의 종말이 올 수 있다.

5. 교육산업이 최대산업:
기술의 끊임없는 발달로 인간은 죽을 때까지 평생 교육을 하지 않으면 안 된다. 특히 대학생이나 중 · 고등학생을 위한 '집단지성포털' 을 만드는 데 집중적인 투자가 이루어지고, 포털 사이트가 학교를 대체한다.

6. 보편화된 무학년제:
학습이 개인의 수준별로 진행되기 때문에 '무학년제'가 보편화된다. 무학년제에 맞게 학생들을 가르치는 교육포털로 '지식정원', '가상박물관' 등이 만들어진다. 이러한 포털로 학습 진행은 상상할 수 없을 정도로 빨라진다.

7. 수돗물처럼 공급되는 정보:
2005년에 100기가바이트 저장 USB가 나왔다. 2010년에는 1테라바이트 저장 USB가 등장하고, 2050년에는 1요타바이트까지 저장 가능한 USB가 나온다. 데이터 용량이 커지고 보편화 · 상용화되면, 전기나 물처럼 가정에 정보를 공급하는 시대가 된다.

8. '컴퓨터 칩' 의 인간통제:
'무선인식 기반기술' 은 모든 교통관리시스템 및 안보망에 들어가고 서비스산업까지 깊숙이 침투한다. 컴퓨터 칩이 인간의 모든 행동을 감시하는 시대가 온다.

9. 사라진 '노인' :
고대 이집트 시대의 평균수명 25세가 2030년에는 100세에 이른다. 미래사회는 초고령화 사회가 된다. 줄기세포 보편화로 장기이식이 가능하여 장기를 바꾸어가며 오랫동안 살 수 있으므로, '노인' 이라는 말이 사라진다.

10. 노인을 돕는 노인:
초고령화 사회가 되면 '노노(老老) 돕기 운' 이 전개된다. 고령사회에는 간호사 · 복지사 · 의사 등이 모두 노인이 되어, 노인이 노인을 돕는 시대가 된다.

출처 : 월간조선, 2007. 10월호, pp.458-473

Part 1

소비자트렌드 이해의 기초

Chapter 4
소비자트렌드와 비즈니스트렌드

1. 기업 환경의 변화

2. 비즈니스트렌드

3. 히트상품과 소비트렌드

Chapter 4

소비자트렌드와 비즈니스트렌드

소비자트렌드를 예측하는 것은 소비자 뿐 아니라 기업, 정부, 사회 모든 분야에서 필요하고 중요하다. 정부 및 사회기관도 소비자트렌드에 맞게 그들이 제공하는 상품이나 서비스를 개발하고 개선할 필요가 있다. 특히 기업은 소비자트렌드를 읽고, 예측하고 거기에 맞추지 못하면 오늘날과 같은 경쟁이 심한 시장에서 살아남을 수가 없을 것이다.

기업은 상품 기획단계에서부터 상품의 홍보, 판매단계에 이르기까지 소비자트렌드를 정확하고 신속하게 읽고 예측해야 한다. 상품기획단계에서는 기존제품의 확장과 축소, 새로운 제품의 개발, 다양한 제품들의 통합과 분리 등 소비자 욕구 충족을 위한 제품을 기획할 수 있다. 상품을 생산한 후에는 소비자의 주의를 끌고, 소비자의 선호를 얻기 위해 모든 과정에서 소비자트렌드에 대한 이해가 필요하다.

이 장에서는 소비자트렌드를 이해하기 위해서 기업의 비즈니스트렌드와 히트상품 등에 대해 살펴보고자 한다.

1. 기업 환경의 변화

경제경영환경의 전체를 관통하는 공통 주제어는 '위기' 와 '극복' 그리고 '생존' 이었다. 유럽의 재정위기, 미국의 재정절벽으로 인해 글로벌 경제는 한 치 앞을 내다보기 힘들다. 한국 경제는 'L자형' 저성장이 현실화될 것으로 우려됐다. 급증할 것으로 점쳐지는 가계부채도 큰 걱정거리다. 베이비붐 세대의 은퇴 본격화도 우리 경제의 부담 요인이다.

이에 따라 기업들은 위기에 선제적으로 대응하기 위해 다양한 대응방안을 구사할 것으로 예상됐다. 불확실성에 대처하기 위해 시나리오를 수립하고, 비용을 줄이고, 알짜 계열사를 매각하는 등 '생존'을 위해 내실 다지기와 부실 제거에 온 힘을 쏟는다.

그러나 긍정의 접점이 없지는 않다. 새로운 기회가 생기고 트렌드가 형성될 거란 기대다. 불황 극복을 위한 창조의 필요성이 부각되면서 '통섭'을 통한 혁신이 대두되고, 소비자들이 '착한 기업'에 눈길을 돌리면서 윤리경영이 기업의 새로운 성장동력으로 자리 잡을 것으로 보인다. 빅데이터 시대의 본격적인 개막으로 기업들은 제품개발뿐 아니라 마케팅 등 경영 전반에서 새로운 기회를 얻게 된다.

최근 경제 · 경영환경을 살펴보자(이코노미조선, 2013. 01. 07).

① 글로벌 저성장 기조의 장기화 : 대내외 불안요인으로 'L자형' 저성장 우려

2013년에는 저성장 기조가 지속될 것으로 전망된다. 한국 경제를 둘러싼 대내외 불확실성이 가시지 않은 데다 내수와 투자 역시 부진을 면치 못할 것이라는 예상에서다.

무엇보다 녹록지 않은 대외 여건이 문제다. 대외적 요인의 경우 2012년보다는 전반적으로 여건이 나아지겠지만 경기 측면에서 빠른 회복을 기대하기는 미약하기 때문이다. 지속될 것으로 예상되는 유럽 재정위기, 중국 경제성장의 둔화, 미국 경제 역시 예상보다 빠르게 회복될 것으로 기대되지만 '재정절벽' 문제 해결이라는 숙제가 남아 있다.

외부요인만이 문제가 아니다. 민간 소비는 유럽 재정위기가 부각된 이후 연속 1%대의 낮은 증가율에 머물고 있으며 기업들의 투자심리도 급격히 냉각되고 있다. 투자 감소는 수출뿐 아니라 생산, 고용 등 내수 시장에도 큰 영향을 미쳐 향후 경제성장률 유지에 부담을 준다. 전문가들은 경기가 빠르게 회복되기는 어려운 만큼 이른바 'L자형' 성장이 장기화될 것으로 보고 있다.

② 빅데이터 시대 본격 개막 : 데이터 분석해 신상품 개발하고 범죄도 예방

빅데이터big data란 기존 기술로는 분석, 처리하기 어려울 정도의 방대하고 복잡한 데이터를 수집 · 가공 · 분석해 의미 있는 새로운 데이터를 추출하는 기술을 말한다. 기업에선 소비자의 소비패턴 분석에 빅데이터를 이용해 새로운 상품 개발을 할 수 있다.

스마트폰과 태블릿PC가 대중화되고, 데이터를 생산하는 다양한 IT기기들이 등장하면서 정보화 시대를 넘어서는 빅데이터 시대가 도래했다. 데이터의 크기와 형태는 하루가 다르게 다양해지고 있고, 데이터의 증가는 대응할 수 없을 정도로 빨라지기 시작한 것이다.

이러한 빅데이터의 활용분야는 무궁무진하다. 특히 기업들도 그동안 축적된 엄청난 데이터를 바탕으로 가치 있는 정보를 실시간으로 추출하는 데 적극 나서면서 빅데이터 시장의 성장세는 더욱 커질 것으로 예상된다.

하지만 빅데이터의 부작용에 대한 대비책도 마련돼야 한다는 지적이 나오고 있다. 특히 개인정보 유출과 악용 문제는 빅데이터 시대로 접어들수록 더 심각해질 가능성이 크다. 이 때문에 전문가들은 빅데이터 산업 육성이 중요하지만 그만큼 신중해야 한다고 말한다.

③ 재정확대 : 경기부양 위해 적극적 재정정책 불가피

민간부문의 설비투자가 회복조짐을 보이지 않는 만큼 올해에도 경기 부양을 위한 재정확대의 필요성이 대두되고 있다. 대외 불확실성으로 인해 수출의 높은 증가세는 기대하기 어렵고, 기업들도 적극적인 투자에는 몸을 사리고 있는 등 예상 외로 침체의 골이 깊기 때문이다.

전문가들은 장기 저성장의 위기를 극복하기 위해서는 정부지출 확대와 조세 감면을 통해 경기 부양을 이끄는 방향으로 정책기조를 전환해야 한다는 것이다. 또 국내 설비 투자 활성화를 위해 교육, 의료, 관광, 레저서비스업 등에 대한 규제를 완화하고 세제를 개혁하는 등의 정책적 지원 확대도 필요하다고 전문가들은 주장한다.

하지만 경기부양 정책을 남발하면 1990년대 일본처럼 빚만 잔뜩 지는 '저성장 악순환'에 빠질 수 있다는 경고도 나오고 있다. 경제회복을 위한 관건은 민간 부문의 투자 회복에 달려 있기 때문에 투자 활성화와 경제성장, 성장잠재력 확충의 선순환 고리를 구축해야 한다는 지적이다.

④ 친환경 대체에너지 시대 : 에너지 지속적인 확보 위해 개발 시급

친환경 재생에너지에 대한 관심이 더욱 높아질 전망이다. 지난해부터 에너지 수급에 따른 전력 부족으로 인한 대규모 정전사태가 우려되면서 구체적인 대안으로 등장하고 있는 것이다.

우리나라는 전체 소비의 90%를 넘는 에너지를 수입에 의존하고 있다. 특히 경제협력개발기구OECD 국가의 에너지 소비는 매년 줄어드는 데 반해 우리나라의 소비량은 매년 2.7%씩 늘고 있다. 주요 선진국들은 오래전부터 풍력, 지열, 바이오매스 등 친환경 에너지를 통해 전기를 얻고 있으나, 우리나라는 에너지의 대부분을 화력(65.3%), 원자력(31.1%) 발전을 통해 얻으며 신재생에너지 비율은 3%대에도 못 미친다.

하지만 대체에너지 개발이 순탄한 것만은 아니다. 태양광은 날씨가 궂으면 전기 발생률이 낮고, 풍력도 바람이 줄어들면 전기 생산에 문제가 발생할 수 있다. 이에 따라 지속적인 에너지 확보를 위해서는 태양광이나 풍력 외의 새로운 대체에너지 개발이 시급하다. 우선 삼면이 바다로 둘러싸여 있다는 점에서 우리나라는 해양에너지의 개발에 유리한 조건을 갖추고 있다.

⑤ 베이비붐 세대 은퇴 본격화 : 사회 복지 비용 증가 등 경제적 부담 가시화

2013년에는 베이비붐 세대들의 은퇴가 본격화돼 청년실업 문제와 함께 사회문제로 대두될 가능성이 클 것으로 보인다. 베이비부머의 은퇴로 인한 노동인력 감소, 사회복지비용 증가 등과 함께 은퇴 이후 제2의 인생준비와 전직지원을 위한 정부차원의 대책도 마련돼야 할 전망이다.

1955년부터 1963년 사이에 태어난 이들을 일컫는 베이비부머는 720만 명에 달한다. 베이비부머들은 이전 세대보다 교육도 많아 받고 고령자 의식도 낮다. 이들은 퇴직 후에도 어떤 식으로든 사회와의 관련성을 유지하려고 하는 경향이 강하다.

일을 해 돈을 버는 이른바 '생애근로기간'이 짧은 데다 베이비붐 세대의 본격 은퇴가 겹치면서 노동력 감소도 나타날 것으로 예상된다. 이러한 문제를 해결하기 위해 베이비부머가 보유한 숙련기술과 노하우를 살려 사회적 시너지를 창출할 수 있도록 청년 · 베이비붐 세대 상생형 일자리의 확대 및 발굴, 베이비부머의 경험과 열정을 사회공헌으로 연결시킬 수 있는 기회도 지속적으로 확대할 필요가 있다.

⑥ 가계부채 심화 : 성장률 하락 · 실질소득 감소로 부채 급증

2012년 1,000조 원을 돌파한 가계부채는 올해 더욱 심화될 전망이다. 가계부채는 국내총생산GDP의 80%를 넘고 있으며 부동산 가격 하락으로 하우스 푸어도 10만 가구를 넘어섰다.

가계부채 증가의 가장 큰 원인은 2006년 이후 주택가격이 급등하면서 주택가격 상승에 대한 기대심리와 이를 노린 금융회사의 경쟁적인 대출 확대 등이 복합적으로 작용한 데 있다. 또 교통비, 통신비 등 생활비 지출은 지속적으로 증가한 반면 가계의 실질소득 증가율은 상대적으로 더디게 올라간 점도 가계부채 증가의 주요인이라 할 수 있다.

2008년 글로벌 경제위기 이후 경제성장률은 하향곡선을 그리고 물가는 계속 상승하면서 가계의 실질소득 증가율은 마이너스로 돌아선 상태다. 특히 2013년 상반기에 가계 실질소득은 더 심하게 감소하게 될 것으로 우려되고 있다. 가계대출 증가세와 더불어 만약 가계의 상환능력이 계속 악화될 경우 연쇄적인 개인파산신청이 늘어나는 집단 부실의 가능성도 우려된다.

⑦ 시나리오 플래닝 : 위험요소 미리 대비해야

잠재된 유럽의 재정위기를 비롯해 글로벌 경제의 저성장 기조가 지속될 것으로 예상되는 가운데 기업들은 살얼음판 경제상황에서 시나리오 플래닝Scenario Planning에 나설 것으로 보인다. 삼성 등 우리 기업들은 갑작스런 위기에 효과적으로 대처하기 위해 시나리오 플래닝에 나서고 있다.

갑작스러운 위기에 효과적으로 대처할 수 있도록 준비하는 것이 시나리오 플래닝이다. 시나리오 플래닝은 위기에 따른 최적의 답을 찾는 것이 아니다. 앞으로 있을 다양한 상황을 상정, 여러 시나리오를 만든 다음 상황에 따라 취해야 할 경영전략을 미리 마련하는 것이다. 즉 급격한 불안요인의 변동에 대응하는 의사결정 대안을 준비해 위기를 재도약의 기회로 만들자는 것이다.

시나리오 플래닝은 직관과 함께 최상의 지식을 하나로 아우르는 위기관리 전략의 산물이다. 이에 따라 의사결정자의 개인적인 직관은 물론 조직 내에서 습득한 경험과 외부 전문조직과의 협력, 다양한 정보 등을 망라한 시나리오가 구성되도록 해야 한다.

⑧ 생존경영 : 줄이고, 쪼개고, 합치고, 팔기까지

경기침체가 장기화될 조짐을 보이면서 기업들의 생존경영이 본격화되고 있다. 글로벌 경제위기 속에서 살아남기 위해서다. 기업들은 위기를 극복하기 위해 조직을 통폐합하거나 비용절감에 나서는 수준을 넘어 주력인 알짜 계열사까지 매각하는 등 모든 수단을 동원하고 있다.

기존 사업을 재조정하거나 인력을 줄이기도 한다. 사업구조조정과 인력구조조정을 통해 생존력을 극대화하겠다는 것이다. 삼성전자도 저성장 기조에 발맞춰 무리한 사업 확장과 대규모 투자는 보류하기로 했으며, 현대 · 기아차 역시 무리한 사업 확장을 자제하고 내실경영에 초점을 맞춘다는 계획이다.

지난해 암울한 한해를 보낸 건설사들의 올해 경영 화두도 '생존' 이다. 주택경기가 침체일로인 데다 해외 악재까지 겹쳐 올해 사정은 더 안 좋아질 것으로 예상되기 때문이다. 경기에 직접적인 영향을 받는 유통업계도 사정은 마찬가지여서 롯데 · 신세계 등 유통그룹도 긴축경영에 나선다는 계획이다. 유례없는 불황에다 2012년보다 영업환경 규제가 더욱 엄격해질 수 있기 때문이다.

소비자트렌드 읽기 4-1

2013 한국의 블루슈머

블루슈머란 경쟁이 없는 시장blue ocean과 소비자consumer의 합성어로, 비지니스 환경을 둘러싼 변화의 시대에 경쟁이 없는 시장을 말한다.
통계청(2013)이 발표한 2013 한국의 블루슈머는 다음 7가지이다.

◆ 기후양극화를 대비하는 사람들=기록적인 한파로 인해 방한용품 시장이 커지고 있다. 두터운 패딩점퍼, USB 보온장갑 등 방한용품 아이디어 제품이 인기를 끈다.

◆ 관객에서 선수로=여가시간이 증가하면서 스포츠를 '보는 것'에만 만족하지 않는 사람이 늘고 있다. 음악도 '듣는 것'에 그치지 않고 직접 무대에 오르고 싶어하는 사람이 늘었다. 자신만의 앨범을 제작하려는 사람이 늘면서 악기 · 녹음스튜디오 산업, 악기강습소, 보컬트레이닝 업종 등도 주목받고 있다. 개인적으로 책을 출간하려는 사람이 늘면서 출판업도 호황을 맞을 것으로 예상된다.

◆ 디지털 디톡스digital detox가 필요한 사람들=스마트폰 이용자가 3,000만 명을 넘어섰다. 이 중 장시간 스마트폰을 이용하는 사람들이 대부분이다. 이 때문에 거북목 증후군, 손목터널증후군, 안구건조증을 호소하는 사람들도 많이 늘었다.

◆ 은퇴한 부유층=은퇴한 부유층을 대상으로 하는 고급 마케팅 서비스가 유망산업으로 떠오르고 있다. 실버타운 이외에도 부유층 노년들의 건강관리와 정서적 상담업무 등을 종합적으로 관리해주는 '실버시터Silver Sitter'도 유망직종이다. 이동식 백화점 등도 유망산업으로 꼽힌다.

◆ 글로벌 미식가=제3세계의 에스닉 푸드가 인기를 끌면서 이와 관련된 음식점 등이 새롭게 주목받고 있다. 에스닉 푸드에는 주로 베트남 쌀국수, 인도 커리, 태국 똠얌꿍 등이 대표적이다. 이외에 아프리카, 중동, 유럽의 전통음식에 대한 관심도 높아졌다.

◆ 유통단계를 뛰어넘는 소비자=생산자와 소비자 사이 복잡하게 얽혀있는 유통단계를 가볍게 뛰어넘는 소비자도 늘고 있다. 공동구매 · 직거래 구매 등 똑똑한 소비자가 생겨나고 있다.

◆ 페달족=자전거 이용인구가 크게 늘어 1,000만 명 시대를 목전에 두고 있다. 이러한 추세에 힘입어 관련상품과 파생서비스가 성장하고 있다. 자전거 정비학원과 자전거 대여부터 유지보수, 휴식공간까지 원스톱으로 제공하는 자전거 카페도 생겨나고 있다. 자전거 전용보험, 보호용품 또한 호황을 맞이할 것으로 보인다.

출처 : 아시아경제, 2013. 01.27

⑨ 창조적 기업경영 : 통섭형 기업 · 인재가 살아남는다

2013년 경제도 불확실하긴 마찬가지다. 이런 가운데 한국의 기업들 사이에선 '창조적 기업경영 활동' 에 대한 관심이 뜨거워지고 있다. 장기 저성장의 위기를 극복하고 불황을 뛰어넘을 수 있는 돌파구라는 이유에서다. 창조적 기업경영 활동 중에서도 '통섭' 의 중요성이 커지고 있다.

통섭은 미국의 사회생물학자인 에드워드 오스본 윌슨의 책을 최재천 이화여대 석좌교수가 '통섭(統攝)' 으로 번역하면서 사용되기 시작한 말이다. 통섭은 물리 · 화학적 결합을 넘어 새로운 것이 창조되는 생물학적 합침을 뜻한다. 학문적 벽을 허물어 자연과학과 인문학의 통합을 의미하기도 한다. 동양과 서양의 문화가 접목되고, 인문학과 과학이 서로 만나며, 정보기술IT과 철학이 융합되면서 창조적 힘을 발휘하는 것이다.

통섭의 가치를 추구하는 모양새는 나눔경영으로도 나타난다. 과거에는 성과만 잘 내면 좋은 기업이라는 소리를 들었지만 최근엔 이익만 추구하는 기업은 살아남지 못한다.

최근에는 창조적 품질경영에 대한 관심도 높아지고 있다. 기존의 하드웨어 기술력에 소프트 파워와 차별화를 동시에 추구하는 것이 창조적 품질경영의 핵심이다. 하드웨어 디자인 · 브랜드 등 소비자가 원하는 감성적 가치를 입혀 다른 제품과 차별화하는 것이다. 이러한 혁신에 적응하지 못한 기업은 모토로라나 코닥처럼 순식간에 도태되고 만다. 창조경영이라는 말은 오래전부터 있어 왔다. 하지만 '기술과 고객 간의 통섭을 통한 나만의 차별화' 가 있어야 한다는 점에서 새로운 창조경영은 과거와 다르다.

통섭형 인재를 찾는 기업도 늘고 있다. 통섭형 인재의 대표적 사례로는 애플의 스티브 잡스가 꼽힌다. 그는 이공계 출신이면서 인문학적 · 예술적 소양을 갖춘 사람이었다. 애플이 혁신적인 제품을 통해 세계 최고의 기업으로 성장한 이면에는 잡스 같은 통섭형 인재가 있었기 때문이다.

⑩ 윤리경영 강화 : 착한 기업이 사랑받는 경향 강해진다

기업들의 윤리경영이 더욱 강화될 전망이다. 윤리경영이란 경제적 · 법적 책임뿐 아니라 사회적으로 기대되는 윤리적 책임까지 실천하는 경영방식이다. 사회적 책임이나 지속가능경영보다 더 포괄적인 개념이다. 단지 도덕성 추구에 만족하는 것이 아니라 기업 내부 시스템이나 문화를 윤리적 기준에 맞춤으로써 궁극적으로 기업 경쟁력을 향상시키는 것이다.

기업 이미지 제고를 위한 윤리경영의 패러다임도 바뀌는 추세다. 과거에는 주로 제품이나 서비스에 대한 리스크 관리에 역점을 뒀다면 이제는 사회공헌 · 인권향상 · 환경보존 등과 같이 기업의 사회적 역할로 그 범위가 확대되고 있다. 고객뿐 아니라 국민들로부터 존경받는 기업이 돼야만 존속할 수 있게 된 것이다.

착한 기업이 소비자에게 사랑받는 경향도 더욱 강해질 것으로 보인다. 소비자들은 좋은 제품보다는 좋은 활동을 하는 기업에 눈길을 돌리고 있기 때문이다. 기업 입장에서는 착한 경영을 통해 까다로운 소비자의 마음을 얻어 브랜드 가치를 높이거나 신시장을 개척하는 등의 효과를 얻을 수 있다. 결국 기업이 날로 치열해지는 글로벌 시장에서 생존하기 위해서는 '착한 기업' 으로서 소비자들의 사랑을 받는 게 중요하다는 얘기다.

2. 비즈니스트렌드

최근의 히트사업 분석을 통해 비즈니스트렌드를 살펴보는 것은 의미 있는 한 방안이 될 수 있을 것이다. 특히 최근 새롭게 부상하고 있는 히트사업들을 파악하여, 공통적인 특징을 그룹핑함으로써 비즈니스트렌드의 변화를 파악해 보자.

우리나라도 고령화와 저성장 기조 지속 등 선진국과 유사한 시장 환경변화가 나타나고 있다. 따라서 소비자 니즈가 고도화된 선진지역의 히트사업을 분석하는 것이 미래의 비즈니스트렌드 변화를 예견하는 데도 보다 효과적일 것이다(LG경제연구원, 2007, 미래 비지니스 5대 트렌드).

선진국가의 히트사업을 분석한 결과 미래 비즈니스트렌드는
① 시간/비용의 맞춤화
② 고객을 찾아 가는 제품, 서비스
③ 실시간 고객 참여
④ 틈새 찾기를 통한 차별화
⑤ 적극적인 경험가치의 창출 대 일상생활의 아웃소싱 등으로 도출되고 있다.

이에 따른 라이프스타일에 미치는 주요 내용을 정리해 보면 〈표 4-1〉과 같다.

〈표 4-1〉 선진국 혁신 사업을 통해 본 비즈니스트렌드

혁신 비즈니스 트렌드	주요 내용
시간/비용의 맞춤화	- 전통적 소비자 제약조건의 변화 - 절대적인 시간/비용의 절감에서 개인 특성에 최적화된 맞춤화로 진화
고객을 찾아가는 제품/서비스	- 지리적 공간의 제약 극복 - 고객의 매장 방문에서 편의성 극대화를 위해 매장이 고객을 찾아가는 서비스로 전환
실시간 고객 참여	- 고객 가치 실현 방법의 변화 - 적극적인 고객 참여 유도를 통한 가치 실현, 참여와 그 성과의 실시간 획득 경향 대두
틈새 찾기를 통한 차별화	- 고객 가치 실현 대상의 변화 - 매스마켓 대상에서 특화된 니즈매스마켓으로 전환
적극적인 경험 창출 vs 일상 생활의 아웃소싱	- 고객 가치의 유형의 변화 - 제품/서비스 본래의 편익이나 효용 추구에서 적극적인 경험창출과 귀찮은 일상생활의 아웃소싱 증대가 동시 진행

한편 글로벌 경기침체기에 본격 진입하는 지금 소비자트렌드 변화의 흐름을 읽기 위해서 참고할 만한 비즈니스 포인트는 다음과 같다.

① 뉴 인터페이스

인터페이스interface란 하나의 시스템이 다른 시스템과 상호작용할 수 있도록 연결시켜주

는 일련의 장치들을 일컫는 용어다.

최근 직관적, 혁신적 인터페이스를 채택한 제품이 시장에서 성공하고 있다. 특히 아날로그적 감성을 지닌 실감형 인터페이스가 각광을 받고 있다.

▲ 애플의 아이폰

멀티터치 인터페이스를 채택한 애플의 아이폰iPhone과 닌텐도 위피트Wii Fit역시 동작인식에 기반한 실감형 인터페이스로 게임기 시장을 석권했다. 다기능, 고성능 보다는 편의성, 질감 등 사용자의 체험 만족도를 중시하는 경향이 두드러지고 있다.

② 콜래보레이션collaboration

콜래보레이션collaboration은 한 브랜드가 다른 브랜드와의 협력을 통해 고유의 산업경계를 넘어 새로운 시장을 개척하는 전략적 도구를 말한다. 과거 제휴나 네트워크와 같이 느슨한 관계가 아니라 고객이 추구하는 특정가치를 만족시켜주기 위해 브랜드 간 연합전선을 펼치는 것이다. 심지어 소비자와 생산자, 제공자와 피제공자 간의 경계가 없어지기도 한다. 햐얏트 호텔은 50대(미국 베이비붐 세대) 전용 웹 커뮤니티인 '에온스eons.com' 와 강력한 스폰서십을 맺고 웹사이트를 통한 여행서비스를 독점적으로 제공하고 있다. 50대 연령층의 고객들에게 호텔, 리조트, 크루즈 여행 등을 묶은 고가(高價) 여행상품을 판매하고 있다.

③ 색깔을 바꾸라

소비자들은 경제상황이 나빠지면 무채색보다 화려한 색상을 선호하는 경향이 있다. 따라서 제품 가치를 높이려면 컬러 트렌드를 파악하는 것이 중요하다.

냉장고, 세탁기, 에어컨 등 백색가전 컬러로는 실버에 이어 브라운이 새롭게 각광받고 있다. 브라운은 고급호텔 인테리어에 사용되는 진한 무늬목 같은 마감재를 연상시키는데 불황 때 '값싼 칼라변화로 고급이미지를 연출하기' 에 적당하다. 캐논의 경우 디지털 카메라 IXY 20IS 모델에 붉은빛이 도는 브라운 제품을 추구하였다.

④ 콘텐츠 차별화

제품의 성능이나 디자인을 강조하던 차별화에서 벗어나, 제품을 사용함으로써 고객이 누리는 가치를 강조하는 콘텐츠contents 차별화 전략이 주목받고 있다. 상품을 사용함으로써 어떠한 즐거움을 얻을 수 있고, 어떠한 체험을 할 수 있는지 어필해야 한다. 상품의 매력을 설명하는 능력이 어느 때보다 중요해진 것이다. 콘텐츠 차별화는 상품을 사용자의 기억에 남을 만한 체험가치, 사용가치로 전환시킴을 의미한다.

소비자트렌드 읽기 4-2

유통업계에 '아이러닉ironic 콜라보레이션' 바람

'아이러닉 콜라보레이션ironic Collaboration'은 기존 콜라보레이션의 틀을 깨고 예상치 못한 형태의 제품 콜라보레이션을 뜻하는 신조어로, 최근 많은 기업들이 다양한 형태의 브랜드 협업을 통해 이슈를 확산시키며 소비자 앞에 다가서고 있다.

▶라면 속으로 들어온 김치, 팔도와 대상FNF의 '종가집 김치라면'
'남자라면'의 팔도는 라면을 먹을 때에 필수 음식이 '김치'라는 점에서 착안, 국내 최고의 포장 김치 브랜드 '종가집'의 대상FNF와 손을 잡고 올 봄 미식가들의 입맛을 공략한다. 그 동안 김치와 라면은 뗄래야 뗄 수 없는 존재로만 인식돼 라면을 구매할 때에 김치도 함께 구입하는 연관제품으로 인지되었지만, 팔도는 이번 '콜라보레이션'을 통해 김치를 아예 라면 스프로 제작해 투인원(2 in 1) 제품으로 탄생시켰다.

▶뮤지션 싸이와 소망화장품이 만난 콜라보레이션 '싸이 에너지 팩토리 맨즈 밤'
최근 소망화장품은 가수 싸이PSY가 성분 개발부터 패키지 디자인, 마케팅까지 맡아 화제가 된 '싸이 에너지 팩토리 맨즈 밤'을 출시했다. 이 제품은 월드스타 싸이처럼 에너지 넘치는 남성 피부를 완성시켜주는 올인원 스킨케어 제품으로 싸이의 이웃집 형과 같은 친근한 이미지를 통해 고객들과 공감대를 형성하며 소비자에게 친근하게 다가갈 예정이다. '에너지 팩토리 맨즈 밤' 제품과 케이스에는 싸이의 일러스트와 사인이 삽입돼 시각적인 효과를 더했으며 '싸이 화장품'이라는 애칭으로 소비자의 눈길을 끌고 있다.

▶초콜릿 브랜드와 화장품 브랜드의 콜라보레이션: 길리안초콜릿과 VDL의 콜라보레이션
좀처럼 보기 힘든 초콜릿 브랜드와 화장품 브랜드의 콜라보레이션도 봄을 겨냥한 아이러닉 콜라보레이션으로 떠올랐다. 초콜릿 브랜드 길리안은 LG생활건강의 색조 전문 브랜드 VDL과의 공동마케팅을 통해 콜라보레이션 제품을 내놓으며 소비자에게 한걸음 더 다가간다는 전략이다. 초콜릿 브랜드와 화장품 브랜드가 콜라보레이션 제품을 출시하는 것은 이번이 처음으로 이번 협업을 통해 길리앗 초콜릿의 상징인 해마와 조개 모양, 고유의 마블링 등을 VDL제품의 아이섀도우, 블러셔, 립스틱 등에 적용했다. 유럽적 감성을 더한 '길리안 VDL 초콜릿 콜라보레이션' 제품은 화이트데이를 겨냥한 한정판으로 출시된다.

출처 : 스포츠 조선. 2013,02,28

⑤ 가격 다변화

불황이라 해도 단지 값이 싸다는 이유만으로는 소비자들은 반응하지 않는다. 가치는 유지하되 소비자들이 선택할 수 있는 옵션을 더 많이 제공해주기 위해 가격범위를 세분화할 필요가 있다. 소비자들은 약간 낮아진 가격이라면 고급 상품을 쉽게 구매할 수 있다.

프라다의 마케팅 광고 부사장인 랜디Randy Kabat는 "침체기에도 '잇 백(It Bag · 누구나 갖고 싶은 그 가방이라는 의미)'을 사기 위해 돈을 쓰는 열정적인 중산층 소비자들에 대한 판매 비중이 약 50%를 차지할 것"이라고 예상하고 있다.

⑥ 저탄소 녹색성장

물을 사서 먹어야 하더니 이젠 이산화탄소를 배출할 수 있는 권리도 돈을 주고 사야 하는 시대가 왔다. 환경의 중요성은 이제 누구나 안다. 그렇기 때문에 비즈니스가 된다. 트렌드 예측기관인 트렌드워칭닷컴trendwatching.com에서는 에콘시어지Econcierge를 2009년 주목해야 할 트렌드로 꼽고 있다.

에콘시어지는 환경Ecology과 전문 관리인Concierge을 합성한 신조어로 어떤 방식으로든 가족들이 'go green(그린에 동참하다)' 할 수 있도록 돕는 서비스나 기업을 말한다. 가정에서 낭비되고 있는 에너지를 줄일 수 있는 각종 충고를 해주고 절약과 저축을 권장한다.

영국 런던에 있는 '그린 홈 콘시어지Green Homes Concierge'는 가정을 방문해 열방지 카메라 같은 장치들을 통해 에너지 누출, 단열, 가전제품의 에너지 효율을 점검해준다. 검사자들은 집주인에게 이산화탄소 배출량을 줄일 수 있는 방법을 추천해주고, 집주인은 에너지 관련 세금을 절약할 수 있다.

⑦ 마니아 시장

마니아들은 충성도가 높고 소비액도 엄청나게 많은 고객들이다. 이들은 이상향을 추구하며 정열적으로 소비를 하기 때문에 가처분소득의 대부분을 쏟아 붓는 극단적인 행동을 취하는 경향이 있다. 그리고 이것이 소비활동에 더욱 불을 붙여 다음 소비를 유발한다.

불황기에도 마니아 시장은 존속하기 마련이다. 평소 생활에선 저가상품을 구입하는 반면 패션, 기호, 취미 등 개인적으로 좋아하는 물건은 과감하게 구매하기 때문이다.

⑧ 리세셔니스타Recessionista

글로벌 경제위기로 소비심리가 꽁꽁 얼어붙은 요즘 패셔니스타(fashionista · 최신 스타일 선호자) 대신 리세셔니스타가 뜨고 있다.

recession(경기침체)과 fashionista가 합성된 신조어로, 불황 속에서도 저렴한 비용으로 멋을 추구하는 사람들을 일컫는 말이다. 패셔니스타와는 대조적으로 '불황 맵시recession chic' 를 추구하는 이들은 할인제품이나 카피제품을 이용, 빡빡한 예산으로도 유행에 민감하게 치장할 줄 안다.

프랑스 중가(中價) 메이크업 라인인 부르주아Bourjois는 가격이 저렴한 '리세셔니스타 콜렉션Recessionista Collection' 마스카라와 립글로스를 선보였다. 이처럼 저가나 세컨드 브랜드(고가의 유명 브랜드가 좀 더 저렴하게 만드는 자매 브랜드)로 소비자의 마음을 가볍게 해주고 진정한 즐거움을 주는 제품으로 기업들은 불황기에 점점 더 경쟁우위를 차지하게 될 것이다.

⑨ 퍼코노믹스Perkonomics

'자랑하다' 의 perk와 '경제학' 의 economics를 합성한 퍼코노믹스는 '자랑거리 뽐낼 수 있는 혜택을 제공함으로써 브랜드 차별을 가져 온다' 는 의미로 쓰인다. 브랜드에서 일반적으로 제공되는 것에 추가되는 혜택과 특전을 일컫는 것으로 고객 충성도를 이끌어 낼 수 있다.

브라질의 메이저 축구팀 중 하나인 팔메이라스Palmeiras의 경기에선 비자카드 고객들을 위해 5000좌석에 한해 독점 예매가 가능하다. 비자카드 고객들을 위한 공간인 'Visa Sector' 라고 불리는 관람석에선 라운지, 식당, 바, 플라즈마 TV 등이 설치되어 있다.

⑩ 군중Swarm의 힘

과거엔 기업이 제공하는 메시지가 프로모션의 전부였고 소비자들은 이를 받아들이는 수동적인 입장이었다. 그러나 지금은 인터넷 등을 통해 소비자들이 똑똑해지고 더 나아가 그들끼리 정보를 주고받는다. 따라서 기업은 소비자들의 상호작용 과정에서 '유리한 메시지'가 자연스럽게 일어나게 하는 '스웜Swarm', 즉 군중의 힘을 이용해야 한다.

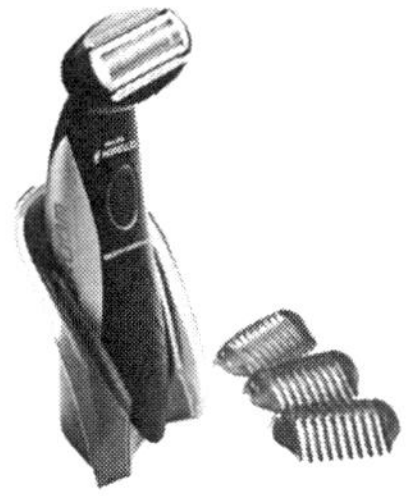

▲ 필립스 면도기 '노레코 보디그룸'

필립스의 면도기 브랜드인 '노레코 보디그룸'은 대표적인 입소문 동영상 광고로 기존의 광고보다 적비용으로 시장의 70%를 장악했다. 이 광고를 본 50% 정도가 다른 사람에게 이 내용을 전달했다고 한다.

3. 히트상품과 소비트렌드

히트상품은 단순히 소비의 현주소를 반영하는 것 아니라 사회상은 물론, 국민의 정서, 소비심리 등도 포함하고 있기 때문에 히트상품을 보면 시대를 알 수 있다. 즉 소비를 통해 사회를 읽을 수 있을 뿐만 아니라 소비문화도 예측할 수 있다.

히트상품이란 '고객에게 기대이상의 가치를 제공하여 폭발적 수요를 창출함으로써 기업에게 높은 이윤을 가져다주는 상품'을 말한다. 히트상품은 소비자에게 사용의 즐거움을 제공하고, 사회에는 새로운 유행이나 소비문화를 형성하는데 기여를 하고 있다. 글로벌 히트상품을 통해 소비자트렌드의 변화를 살펴보자.

한국무역협회는 지난해 해외 주요시장에서 주목을 받거나 큰 인기를 끈 상품사례를 조사해 공통된 특징을 바탕으로 상품 트렌드를 소비생활 영역별로 나누어 그 키워드를 제시하고 있다.

표 4-2 | 히트상품을 통해서 본 소비트렌드

분야	키워드	트랜드
식생활	기능성	넘쳐나는 음식 속에 소비자들이 "스마트"하게 먹는 방법을 강구하면서 기능성 식음료품[functional food]의 인기가 점점 커짐 -다농의 액티비아 요구르트, 크래프트의 사우스비치다이어트푸드 등
	유기농	유기농 상품에 대한 관심은 전 세계적으로 증가하고 있는 추세 -2006년에 유기농 식음료 시장의 매출이 400억 달러에 달함
	재미[fun]	소비자들의 음식에 대한 취향이 보다 여유롭고 대담해지면서 맛에 재미를 더한 식품이 인기를 얻고 있음 -포도맛이 나는 그래이플 브랜드 사과, 네모 수박, 미니 수박 등
	윤리[ethics]	소비를 통한 '사회적 주장'을 하고자 하는 소비자들의 욕구가 식음료품 구매에서도 결정적인 영향을 발휘하기 시작함 -공정무역[fairtrade]상품, UN에 순이익을 기부하는 생수회사 등
	포장기술	포장의 편의성이 판매 여부에 영향력을 미치는 것 역시 또 하나의 트렌드로 떠오르고 있음 -사례:바나나의 신선도를 유지하는 포장용기, 일회용컵와인 등
의생활	첨단기술	첨단기술과 접목한 기능성 의류시장이 기회의 시장으로 떠오르고 있음 -얼룩이 지지 않는 옷감, 아이팟[iPod]자켓, 벌레퇴치옷 등
	친환경적	섬유, 의류 시장에서도 친환경 소비자들을 타깃으로 하는 상품들이 다수 출시되고 활발한 마케팅 캠페인들이 추진되고 있음 -유기농 면 의류, 옥수수로 만든 인지오[ingeo]섬유 등
	플러스 사이즈	미국을 비롯해 세계적으로 비만인구가 증가함에 따라 플러스 사이즈 의류 시장이 성장세를 보임 -미국의 사례, 인도의 사례 등
	키즈[kids]	맞춤 교복이 보편화되는 등 아동들이 패션에 대해 민감해지면서 아동 의류가 큰 마케팅 화제로 떠오름 -차일드 패션쇼, 고급브랜드의 아동의류 시장 진출 등
	트라이슈머[trysumer]	사용 후 구매를 결정하는 소비행태인 트라이슈머리즘[trysumerism]이 앞으로 더욱 발달할 것으로 보임 -아바타 마케팅, 나이키의 무료 운동화 체험 등
주생활	탈스트레스	스트레스를 받고 사는 현대 소비자들을 달래기 위해 스트레스 해소용 상품이 하루가 멀다 하고 출시되고 있음 -스트레스 지수 측정기, 체력단련 및 스트레칭용 벽 등
	실버	미국은 베이비붐 세대가 은퇴하고 있고 초고령화 사회인 일본은 국민 5명 중 1명이 65세 이상의 고령자인 등 소비자의 나이층이 높아짐 -노화방지 화장품, 실버주택 뉴아메리칸홈2007 등
	인스페리언스[insperience]	바깥세상의 복잡함에서 벗어나 가정을 나만의 아름다운 공간으로 만들고자 하는 소비자의 욕구가 주요한 시장 트렌드가 될 것으로 예상됨 -가정용 와인제조기, 마사 스튜어트 홈 등
	초간편	복잡해져가는 현대사회에서 일상생활 또는 사무실 업무를 보다 간편하게 해결할 수 있도록 도와주는 상품들이 인기를 얻고 있음 -생각을 대신 해주는 시계, 자동으로 열리는 텐트 등
통신생활	디지털 컨버전스 digital convergence	최근 전자제품 시장의 최대 화두는 타종류의 전자제품의 접목 등 IT와 가전의 '컨버전스[convergence]'임 -아이폰[iPhone], 윈도우비스타[Window Vista] 등
	엔터테인먼트[enntertainment]	디지털 전자제품은 이제 실용성의 차원을 넘어서 소비자들의 오락과 유희를 위한 엔터테인먼트의 개념과 밀접한 연관을 갖기 시작함 -닌텐도 위[Wii]게임콘솔, 디즈니.com 등
	여성	여성소비자가 남성소비자보다 가전제품 소비를 더 많이 하는 등 전자제품 시장의 여성파워가 점점 더 부각되고 있음 -여성용 게임 시장, 여성이 선호한 10대 전자제품 등

출처 : EBN산업뉴스(http://www.ebn.co.kr), 2007. 4. 23

식생활 분야의 트렌드를 키워드로 살펴보면 '기능성', '유기농', '재미', '윤리', 그리고 '포장기술' 등이 부각됐다.

특히, 넘쳐나는 음식 속에 소비자들이 '스마트'하게 먹는 방법을 강구하면서 기능성 식음료품functional food의 인기가 점점 커지고 있는 것으로 나타났다.

건강과 친환경주의에 대한 소비자들의 관심이 접목되면서 유기농상품에 대한 관심은 전 세계적으로 증가했다. 오가닉 모니터Organic Monitor에 따르면 작년에 유기농 식음료 시장의 매출이 400억 달러에 달했다.

또한, 소비를 통한 '사회적 주장'을 하고자 하는 소비자들의 욕구가 식음료품 구매에서도 결정적인 영향을 발휘하기 시작하면서 미국과 유럽 등에서는 공정무역fair trade상품 구매운동이 활성화됐다.

의생활 분야에서는 '첨단기술', '친환경주의', '플러스사이즈', '키즈' 등의 키워드로 트렌드를 확인할 수 있다.

구김이 가지 않는 옷, 얼룩이 지지 않는 섬유 등 소비자들이 일상생활에서 겪었을 법한 불편함을 덜어주는 실용적인 의류상품과 항균 양말, 야외활동용 벌레퇴치 옷 등의 기발한 상품들이 인기를 얻으면서 첨단기술과 접목한 기능성 의류시장이 기회의 시장으로 떠오르고 있다.

뿐만 아니라 섬의류 시장에서도 친환경 소비자들을 타겟으로 하는 상품들이 다수 출시되고 활발한 마케팅 캠페인들이 추진되고 있는 것도 또 하나의 트렌드. 이는 지난 한 해 유기농 면 의류, 옥수수로 만든 인지오ingeo섬유 등이 큰 인기를 얻었던 것으로도 확인할 수 있다.

주생활 분야는 '탈스트레스', '실버', '인스페리언스insperience', '초간편'의 키워드로 정리해 볼 수 있다. 스트레스 지수 측정기, 체력단련 및 스트레칭용 벽 등 '스트레스'라는 단어를 달고 사는 현대 소비자들을 달래기 위해 스트레스 해소용 상품이 하루가 멀다 하고 출시되고 있다.

또한 미국은 베이비붐 세대가 은퇴하고 있고 초고령화 사회인 일본은 국민 5명 중 1명이 65세 이상의 고령자인 등 소비자의 나이층이 높아짐에 따라 노화방지 화장품, 고령화 사회를 위한 실버주택 등의 주거상품이 다수 등장한 것도 중요한 트렌드가 됐다.

통신생활 분야에서는 '디지털 컨버전스', '엔터테인먼트', 그리고 '여성'이 핵심 트렌드를 나타내는 키워드로 부상했다. 아이폰과 윈도우 비스타의 출시에서도 볼 수 있듯이 최근 전자제품 시장의 최대 화두는 기존의 상품기능들을 하나의 제품으로 통합하는 등 IT와 가전의 '컨버전스' convergence다.

디지털 전자제품은 이제 실용성의 차원을 넘어서 소비자들의 오락과 유희를 위한 엔터테인먼트의 개념과 밀접한 연관을 갖기 시작한 것 역시 중요한 시장의 흐름이라고 할 수 있다. 지난 한 해 미국시장에서는 여성소비자가 남성소비자보다 가전제품 소비를 더 많이 한 것으로 나타나는 등 전자제품 시장의 여성파워가 점점 더 부각되고 있는 것도 주목할 만한 사항이다.

2012년 히트상품을 통해서 본 소비트렌드가 〈그림 4-1〉에 제시되어 있다.

표 4-3 | 2012년 10大 히트상품

순위	히트상품	
1	강남스타일(싸이)	전 세계인을 즐겁게 한 '말춤'의 힘
2	애니팡	누구나 손쉽게 즐기는 네트워크형 모바일 게임
3	갤럭시2012시리즈	첨단기술을 大화면으로 구현하여 연속 히트
4	차량용 블랙박스	내비게이션에 이은 운전자의 필수 안심상품
5	런던용올림픽스타	승패 이면의 휴먼스토리가 국민적 감동을 선사
6	에너지 음료	수험생, 직장인의 누적된 피로감을 일시적으로 해소
7	LTE서비스	속도에 까다로운 소비자 눈 높이에 부합
8	고급형 인스턴트 커피	간편, 저렴한 장점에 고급커피의 맛과 풍미까지 구현
9	관객1억시대의 한국영화	오락, 풍자, 추억 등 한국인의 감성을 다각도로 자극
10	캠핑상품	자연 속 가족체험으로 국내여행의 새로운 방식을 제안

그림 4-1 | 2012년 10대 히트상품으로 본 소비트렌드

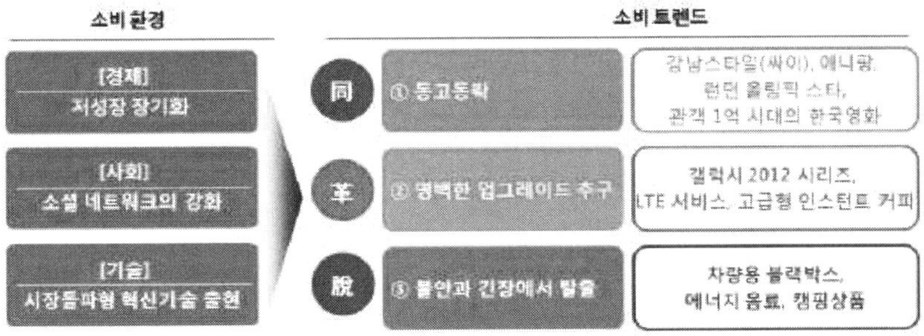

최근의 소비환경은 저성장 장기화, 소셜 네트워크의 강화, 시장돌파형 혁신기술 출현 등으로 요약할 수 있다. 이러한 소비환경에서 출시된 히트상품은 3가지 소비트렌드를 반영하고 있다.

첫째, 소비자들은 함께(同) 즐김으로써 즐거움이 배가되는 동고동락 상품에 열광했다. '말춤' 으로 전 세계인을 즐겁게 한 '강남스타일(싸이)' , 누구나 손쉽게 즐기는 모바일 게임 '애니팡' , 승패 이면의 휴먼스토리로 국민에게 감동을 선사한 '런던 올림픽 스타' 한국인의 감성을 자극한 '관객 1억 시대의 한국영화' 가 대 히트했다.

둘째, 명백한 업그레이드(革)를 추구한 상품에 적극 호응했다. 첨단기술을 큰 화면으로 구현한 '갤럭시' , 지연되는 것을 싫어하는 소비자 눈높이에 맞춘 'LTE 서비스' , 전문점의 커피 맛을 구현하면서도 저렴한 '고급 인스턴트 커피' 가 대표적이다.

셋째, 불안과 긴장에서 탈출(脫出)시켜주는 상품에도 관심이 높았다. 운전자의 안심상품인 '차량용 블랙박스' , 누적된 피로감을 일시 경감시켜 주는 '에너지 음료' , 자연 속 가족체험으로 국내영행의 새로운 방식을 제안한 '캠핑상품' 이 인기를 얻었다.

소비자트렌드 읽기 4-3

최근 4년 한국의 10대 히트상품

삼성경제연구소가 조사한 4년간의 히트상품은 다음과 같다.

순위	2008년	2009년	2010년	2011년
1	촉각형 휴대폰	막걸리	스마트폰	꼬꼬면
2	베이징 올림픽 스타	신종플루 대응상품	슈퍼스타 K2	스티브잡스
3	교통요금 경제 서비스	김연아	여자국가대표축구팀	카카오톡
4	인터넷 토론방	LED TV	소셜미디어	나는 가수다
5	베토벤 바이러스	스마트폰	태플릿 PC	갤럭시 S2
6	리얼 버라이어티 쇼	선덕여왕	기아자동차 K시리즈	K-Pop
7	닌텐도 Wii	Girl 그룹	아바타	연금복권
8	넷북	도보체험관광	블루베리	도가니
9	기부	보금자리주택	발열의류	평창동계올림픽 유치
10	소비자고발프로그램	KT 쿡(QOOK)	제빵왕 김탁구	통큰 · 반값 PB상품

소비자트렌드 읽기 4-4

똑똑하고 까다롭게..금융소비자 트렌드는 '스마트'

KB금융지주 경영연구소는 29일 '2012년 금융소비자 트렌드' 보고서에서 지난해 금융시장 환경과 이슈, 인기상품, 투자성향을 토대로 금융소비자들을 '스마트[S.M.A.R.T]' 트렌드로 요약했다.

보고서에 따르면 금융소비자들은 까다롭고 꼼꼼하게[S: Strong need for more] 따져서 상품을 선택한 것으로 나타났다. 습관적 거래나 친절과 같은 수동적, 간접적 요인에 비해 가격(금리/수익률), 부가혜택과 같이 상품성 자체에 대한 고려도가 과거보다 크게 증가했다. 마일리지 자동차 보험과 같이 사전 약정 등을 통해 선할인 또는 후환급 가능한 상품 선택이 증가한 것도 이런 트랜드를 잘 보여준다.

적정하게 관리된 위험 하의 수익구조[M: Managing risk & return]도 새로운 트렌드다. 저금리에 따른 수익성 하락으로 과거와 같이 모든 위험을 철저히 회피하는 '무조건적 안전자산 선호'에서 탈피하는 모습을 보였다. 이에 따라 안정적 기초자산 운영이나 조기상환 방식 등을 통해 위험을 제한하는 ELS/DLS 등 적정 수준의 위험 하에 수익을 추구하는 '중위험/중수익' 금융상품이 소비자들에게 높은 인기를 누렸다.

세금 및 정책변화에 대한 적극적 대응[A: Active response to policy]도 트렌드가 됐다. 금융 관련 정책 변화에 대해 소비자들은 과거 어느 때보다 발 빠르게 즉각적인 반응을 보인 것으로 나타났다. 즉시연금보험 비과세 혜택 중단을 포함한 세제 개편안 발표 후 즉시연금보험 일평균 계약건수가 3배 가까이 증가한 사례가 이를 단적으로 보여주고 있다.

노후 준비의 필요성이 크게 높아지면서 자립형 노후준비[R: Ready for retirement]가 크게 증가한 점도 눈길을 끌었다. 노후를 스스로 해결해야 한다는 인식이 확산되면서 자녀에게 의존하지 않고 소유 주택을 활용해 스스로 노후를 해결하려는 주택연금 가입건수도 이전에 비해 크게 증가한 것으로 나타났다.

금융회사의 공공성 및 신뢰성 요구 확대[T: Trustworthy finance]도 금융소비자의 능동적 요구를 엿볼 수 있는 부분이다. 변액보험에 대한 'K-컨슈머리포트' 발간 후 판매가 급감한 것과 같이 고객의 신뢰가 금융회사의 성장에 중요한 요소임이 재확인된 한 해였다고 보고서는 전했다.

출처 : 뉴스핌 2013. 1.29

Part 2

한국 및 주요국의 소비자트렌드

Chapter 5
한국의 소비자트렌드

Chapter 5

한국의 소비자트렌드

스콧 버거슨이라는 버클리대학 출신의 사학도는 지구촌을 떠돌면서 문화 기행을 하는 떠돌이 학자로, 그의 표현에 따르면 한국은 '세계에서 가장 역동적이며 독특한 나라' 이다.

'한국은 세계에서 가장 오래된 문명국 중 하나지만 열렬히 새것을 숭배한다. 출고된지 5년이 지난 차는 거의 볼 수 없고 전통 한옥에 사는 사람들도 흔치 않다.…세계에서 가장 유교적인 사회로, 노인에 대한 공경이 사회의 공식적인 규범이라지만 실상은 전혀 딴판이다. 패션, 엔터테인먼트, 출판, 레스토랑, 여가 산업 등은 거의 전부 젊은 층을 겨냥하고 있다. 하지만 한국의 젊은이들은 30줄을 넘기면 즐거운 생활에는 안녕을 고해야 하고, 사회는 이제 그들에게 관심을 뚝 끊어버린다.'

이방인들이 보는 한국의 모습은 우리가 느끼는 것과는 상당히 다른 모양이다. 30만 붉은 악마의 열정이 세계를 놀라게 하는 나라, 세계 유일의 분단국가로 휴전선을 코앞에 두고도 너무나 평온한 삶을 영위하는 담력의 국민들, 동방예의지국에서 어느 사이에 세계 2위의 이혼율을 갖게 된 나라.

정확히 언제부터인지 모르지만 분명한 것은 지금 우리에게 이전과는 다른 모습의 진보를 수반한 변화가 진행 중이라는 사실이다. 마찬가지로 우리의 소비시장도 매우 빠르게 변화하고 있다.

본 장에서는 현재 우리 사회에서 나타나고 있는 소비자트렌드에 대한 이해를 위해 먼저 우리 소비시장의 히트상품을 통해 소비자의 가치를 살펴본 후 현재의 주요 소비트렌드, 그리고 미래 우리사회의 소비트렌드에 대한 예측을 살펴보자.

1. 한국의 소비시장

현재 우리나라의 변화의 모습은 과거와 너무 다르고, 변화를 예측하는 것도 쉽지 않기 때문에 변화의 배경을 이루고 있는 소비시장을 이해할 필요가 있다.

우리의 소비트렌드를 읽고 또 예측하기 위해 중요한 소비시장의 특성은 4가지로 정리해 볼 수 있다.

1) 혁신적인 정보기술

인터넷을 중심으로 하는 정보 인프라는 최근 소비시장 구조에 큰 변화를 가져왔다.

이러한 정보화는 소비인프라에도 영향을 미쳐 시장 균형이 소비자 중심으로 이동하고 있으며, 정보화의 수혜 대상이 광범위해지면서 소비특성이 보편화되고 있다.

소비 동질화는 전체 소비자들이 선호하는 제품이나 서비스의 특성이 각각의 소비자 특성별로 크게 다르지 않고 유사한 것을 의미한다. 관객 1억 시대의 한국영화가 나타나고, 웰빙 열풍, 휴대폰 보유, 캠핑상품 열풍 등을 예로 들 수 있다.

2) 유통구조의 변동

한국 소비자들은 값이 싸거나 쇼핑이 편리한 것 중에서 하나를 선택하는 '양자택일or' 이 아니라 싸고, 편리하고, 가깝고, 고급스러운 것을 모두and 원하고 있다. 시장에는 소비자의 이러한 요구를 맞추는 대형 할인점과 백화점이 근거리에 위치하게 하였다.

또한 새로운 유통체계인 온라인 쇼핑은 안방에서 쇼핑을 하거나, 다른 곳과의 비교를 훨씬 수월하게 함으로써 온라인 쇼핑을 증가시키고 있다. 이에 따라 기존의 오프라인off-line 업체도 언라인 매장을 강화하고 있다.

한편 세계적으로 우량한 글로벌 기업이라고 하더라도 월마트의 예처럼 한국 시장의 토착화에 실패하면 고전을 하고 있으며, 세계시장에서 대한민국 토종 브랜드들이 세계에서 1위를 차지한 사례도 많이 나타나고 있다.

3) 노인 및 아동 소비시장의 확대

고령화가 빠르게 진행됨으로써 노인인구의 비중은 증가하고 있으며 과거와 달리 노인의 소비가 증가하고 있다. 또한, 여성의 사회 참여가 증가하면서 맞벌이 부부의 소비파워도 증가하고 있다. 맞벌이 부부 증가와 소 자녀화로 아동 소비시장이 커지고 고급화되고 있는 추세다.

아동 소비자의 중요성을 다음 3가지로 정리 될 수 있다.

- 부모, 조부모, 삼촌 등 다수의 소득원을 레인보우 포켓rainbow-pocket으로 경제적으로 풍요해졌다.
- 구매 영향자에서 구매 결정자로의 변화하고 있다. 이는 핵가족화, 정보화로 구매 결정의 정보취득과 활용에서 10대가 부모세대보다 탁월해 제품선택에 결정적인 영향력을 미치고 있기 때문이다.
- 새로움, 혁신적인 것에 대한 수용성이 다른 집단에 비해 상대적으로 매우 높다.

4) 소비자 가치의 복잡화

한국의 소비자들은 소비행위를 통하여 주관적 자기만족감의 극대화와 자유로운 소비표현의 기반 제공이라는 두 가지를 동시에 추구하려고 하기 때문에 모순적 소비현상이 나타난다.

다음은 모순적 소비현상의 예이다.

- 최고의 제품에는 돈을 아끼지 않는다. 하지만 1원이라도 더 주고 살 수는 없다.
- 최신 기능을 쫓는다. 하지만 최종 선택은 감성이다.

  콜롬비아 대학의 번트 슈미트 교수는 "소비자들은 이성으로 상품을 비교 분석한 뒤, 감성과 체험으로 상품을 선택한다" 고 했다.
- 쓸 때는 쓴다. 하지만 불필요한 지출에는 자린고비이다(가치소비의 정착).
- 남들이 하는 건 나도 한다. 하지만 나만의 색깔이 있다. 즉 '나' 를 표현하고자 하는 차별화된 아이덴티티identity 추구동기가 내재되어 있다.

수입자유화가 확대됨에 따라 초기 명품시장이 퇴조하고, 소비자들의 명품선호는 중저가 명품이 득세하는 트레이딩 업trading-up인 메스티지masstage로 옮겨 갔다. 메스티지는 중산층 소비자가 품질이나 감성적 만족을 얻기 위하여 상대적으로 저렴한 새로운 고급 브랜드를 선호하는 현상이다. 메스티지는 가방, 의류와 같은 패션 잡화뿐 아니라 식품, 가구, 생활용품, 가전제품에 이르기까지 전 산업으로 확산되고 있다. 또한 기성명품과 뿌리가 연결되지 않으면서도 차별화된 감성가치를 제공해 주는 소비(예를 들어 중저가 화장품)에 소비자들은 관심을 보이고 있다.

웰빙의 열풍은 계속될 것이며, 미국의 경우는 웰빙이 로하스LOHAS: Lifestyle of health and Sustainability로 진화하고 있다. 로하스는 나 혼자만의 건강보다는 범지구적인 환경보호 등 지속sustainability을 강조하고 있다. 앞으로 한국에서도 '자신을 위한 웰빙' 에서 사회를 함께 생각하는 웰빙으로 변화될 것으로 본다.

소비자트렌드 읽기 5-1

명품의 대중화 뜬다. 프루브족 "똑같은건 싫어!"

루이비통 핸드백 중 가격이 저렴한 편인 루이비통 스피디백은 너도나도 드는 통에, 우리나라서 가장 흔한 여성 이름인 '지영'에서 유래한 '지영이백'이란 애칭을 가지고 있을 정도. 길거리에 서있으면 3초에 한번씩 이 가방 든 여성을 볼 수 있다고 해서 '3초백'으로도 불린다.

넌 매스티지? 난 프루브다!

남들과 똑같은 건 싫다. 잘 알려지지 않은 해외 브랜드를 찾아 차별화된 패션을 쫓는 소비자도 있다. 매스티지가 보편화되면서 이에 반하는 '프루브족'Proud Realisers Of Unusual Value이 또 등장한 것.

'희소가치를 실현하는 것을 자랑스러워하는 사람들'이란 뜻의 프루브족은 우리나라에서 대중화된 명품 브랜드와 비슷한 가격대지만 잘 알려지지 않은 브랜드를 찾아다니는 이들을 말한다. 이들은 해외 원정 쇼핑을 떠나거나 요즘 부쩍 늘어난 해외구매대행 사이트를 통해 국내 미유통 브랜드를 구매한다.

'제품의 희소성'을 중시한다는 측면에서 신흥 명품족인 '노노스족'No Logo No Design이 상류층의 쇼퍼홀릭이라면 프루브족은 새롭게 부상한 패션 중산층이라고 할 수 있다.이들 프루부족의 증가는 온라인 해외 구매 대행 서비스의 증가로 이어져 유통 채널의 새로운 길을 제시하기도 한다. 그간 몇몇 대기업 위주의 해외 구매 대행 서비스에서 벗어나 다음, 옥션 등 포털 사이트 마다 해외 구매대행 서비스를 실시하는 등 새로운 소비계층을 잡기 위해 발 빠르게 움직이고 있다.

남과 다른 멋을 즐기고자 함은 여성들의 가장 기본적인 욕망이다. 더욱이 단순히 트렌드를 따라가는 것보다 각자의 개성을 중시하는 요즘 남다른 소비는 자연스러운 흐름이며 개성을 살리고자 하는 여성들의 기본 욕구라고 할 수 있다.현명한 소비는 트렌드 세터trend setter들이 해야 할 막중한 임무이다. 이런 의미에서 현명하고 합리적인 소비를 추구하는 푸루브족이야말로 요즘 시대가 요구하는 트렌드 세터라고 할 만하다.

출처 : 스포츠 조선, 2008. 09. 2

2. 현재 한국사회의 소비트렌드 : COBRA TWIST

2013년, 살얼음판을 걷는 듯한 불확실성으로 가득하다. 자생적이고 다양한 소비 트렌드가 생길 것이고, 불확실성으로 가득해 사회 경제가 불안할 것이다.

뱀띠 해라는 점을 감안해 키워드의 머리글자를 따 '코브라 트위스트' COBRA TWIST라는 주제어를 제시했다. '코브라 트위스트'는 프로레슬링에서 상대의 숨통을 끊는 '필살기'를 뜻한다. 불확실성 속에서 그 어느 때보다도 치열한 경쟁을 벌여야 하는 2013년 소비자들도 자신만의 필살기를 갖춰야 할 것이다.

① 날선 사람들의 도시 City of hysterie

신경질적이고 예민한 기운이 팽배한 사회가 될 것이다. 체감 공포는 커지고, 경제불황 지속으로 시민들의 사회경제적인 불안감이 높아져 가는 가운데, 공권력은 문제해결에 무력함을 드러내고 있다. 언제 발생할지 모르는 문제 상황에 대비해 끊임없이 주변을 경계하면서 스스로를 방어하는 태도가 확산된다. 날선 사람들은 서로를 자극하지 않기 위해 거리두기를 시도하고 문제해결을 개별화시키며, 믿고 싶은 것만 믿는 극도의 편향성을 보일 것이다.

날 선 사람들이 증가한다는 것은 기업의 생각보다 훨씬 더 위험한 상황이 될 수 있음을 명심해야 한다. 기업의 외부 커뮤니케이션 방법에도 변화가 필요하다. 소비자들의 행동에 대해 경청해야 한다. 기업은 이런 소비자들과 교감하는 노력이 더 중요해 진다. 그리고 커뮤니케이션 차원을 넘어 자발적이고 적극적으로 소비자를 위하는 태도를 견지해야 할 것으로 전망한다.

② '난센스의 시대 OTL…Nonsense!'

불황과 불안의 시대, 이제 사람들은 논리와 상식을 뛰어넘어 기발한 감성과 상상이 만든 난센스에 열광한다. 모든 것을 뒤집어, 역발상하고 새로운 의미를 재구축하는 난센스가 각광받을 것이다. 무의미한 허무개그가 유행하며 아이러니적 '멘붕' 의 감성시대가 옴에 따라 개그와 펀 마케팅이 인기를 끌 것이다.

이러한 난센스의 시대에 기업에게는 상식이나 고정관념에서 탈피하여 역발상의 중요성이 강조된다. 판매와 영업에서는 이러한 것을 가리켜 '상식파괴 마케팅' 또는 '역발상 마케팅' 이라고 부른다.

또한 '무의미의 시대' 에는 각자 의미를 찾기 위해 노력하게 된다. 무의미의 시대에는 구성원마다 각자 의미를 찾기 위해 노력하게 됨에 따라 개개인은 스스로 기록하는 데 집착을 함으로써 라이프로깅life-logging 시대가 도래 할 것이며, 이와 함께 수집적 소비자collector consumer처럼 소비를 통해 정체성을 구축하려는 소비자들 등장할 것이다.

이제는 스스로의 독창성과 창의성을 활용해 각자의 성을 쌓아야 하는 시대이므로 이전과는 전혀 다른 방식으로 삶과 세상을 바라볼 필요가 있으므로 틀을 깨고 전혀 다른 각도의 생각을 하는 사람이 선각자로 대접받게 될 세상이 온다. 불황의 굴레와 틀에서 벗어나는 거의 유일한 대안으로 기존의 틀을 깨는 혁명적 솔루션을 가진 해결사가 새 시대의 주인공이 될 것이다.

③ '스칸디맘Bravo, Scandimom' 이 몰려온다

햇볕 정책 같은 따스함으로 아이들의 감성을 자극하는 북 유럽식 자녀양육법 '스칸디맘' 이 몰려오고 있다. 과도하게 경쟁적인 교육보다는 정서적인 교감을 추구하고, 자녀와의 평등한 관계를 지향한다.

스칸디나비아 스타일은 교육철학뿐 아니라 스타일링에서도 대세가 될 것이고, 우리나라 사교육시장을 비롯해 교육정책에 커다란 변화에 영향을 미칠 것으로 예상된다. 사교육 시장이 다양한 예능교육, 감성교육, 체험교육, 인성교육 등의 교육 분야가 블루오션으로 떠오르면서 새롭게 재편될 것이다. 이에 가족과 함께 하는 여행, 체험학습, 캠핑, 가족이 함께 하는 문화 행사, 가족 단위의 공감의 정서적 교감교육이 활발히 전개될 것이다.

스칸디맘의 등장에 따라 심플함, 모던함, 친환경성, 실용성, 평등함 등 북유럽적 가치가 각광받을 것이다. 소비자들은 사용자를 배려하는 제품설계를 중요하게 생각하며, 친환경성을 생각해 유해물질이 적은 제품을 고른다. 따라서 기업들은 제품 철학에 스칸디맘이 추구하는 스타일의 가치를 담기 위해 노력해야 할 것이다.

④ 소유냐 향유냐Redefined ownership'

누릴 수 있다면 더 이상 소유에 집착하지 않는 새로운 의미의 '무소유' 의 시대가 시작되고 있다. '물질주의자의 무소유'가 시작되고 있다. 네트워크 기술의 발달은 소유에 대한 사회구성원의 개념을 바꾸어 굳이 소비하지 않고도 해당 상품의 혜택을 향유하는 방법을 모색하고 있다. 특히 '내 것'과 '네 것'을 구분하는 전통적인 관념보다 상호의존적이고 공존지향적인 소비가치를 실천하려는 소비자가 늘고 있다.

향유경제 시대의 소비는 빌려서 문제를 해결하는 '렌탈리즘' rentalism, 공유를 추구하는 '쉐어리즘' shareism(※ 소셜다이닝 social dining ; 사람들이 함께 음식을 먹으면서 공통관심사를 얘기할 수 있는 장을 열어주는 서비스), 그리고 타인에 기여를 생각하는 '도네이즘' donateism의 세 가지 형태로 나타난다.

소유를 꺼리는 소비자들의 움직임은 기업에게는 위기이자 기회이다. 발상의 전환과 새로운 대응책의 마련이 시급하다. 이러한 소유에 대한 패러다임에 대응하기 위해서는 끊임없이 새로운 비즈니스 플랫폼을 모색해야 한다. 소비자들에게 현실적인 도움을 제공하고 그들을 끊임없이 참여시켜야 한다. 공익적 가치를 연계한 참신한 마케팅 모델을 만들어야 한다. 공유가치를 창출을 위한 마케팅 방법인 '대의(大義) 마케팅' 또는 '코즈cause 마케팅'이 하나의 대안이 될 수 있다.

코즈마케팅cause marketing

기업이 사회적인 이슈를 이익 추구에 활용하는 마케팅 기법을 이르는 말이다. 기업과 소비자의 관계를 통해 기업이 추구하는 사익(私益)과 사회가 추구하는 공익(公益)을 동시에 얻는 것을 목표로 한다. 보통 소비자의 구매가 기업의 기부활동으로 연결되는 구조를 취하고 있다. 이는 세계적으로 기업의 사회적 책임CSR : cooperate social responsibility이 중요해지면서 나타난 움직임으로, 일방적인 기부나 봉사가 아닌 기업의 사익과 사회가 추구하는 공익과의 접점을 취하는 방식이다. 즉, 사회적인 문제들을 해결하려는 기업의 노력이 기업의 선한 이미지로 이어지고, 이것이 소비자들의 제품 구매에 영향을 미치게 되는 것이다.

한편 미국 하버드 대학의 마이크 포터Michael Porter 교수와 마크 크레이머Mark Kramer 교수는 2011년 1월 〈하버드 비즈니스리뷰Harvard Business Review〉를 통해 공유가치창출CSV : creating shared value이라는 개념을 제시한 바 있다. 이는 기업의 존재 목적이 단순한 이윤 창출이 아닌 경제적 가치와 사회적 가치를 동시에 창출하는 쪽으로 바뀌어야 한다는 것인데, 코즈마케팅은 이러한 공유가치 창출을 위한 하나의 마케팅적 방법론으로서 주목받게 되었다.

코즈마케팅의 최초 사례는 미국 아메리칸익스프레스American Express사가 1984년 자사의 마케팅 활동을 자유의 여신상 복원 프로젝트와 연계한 것이다. 아메리칸 익스프레스는 고객이 카드를 사용할 때마다 1센트, 신규로 가입할 때마다 1달러의 성금을 자유의 여신상 복원을 위해 기부했다.국내에서는 주로 패션과 화장품업계에서 이 마케팅을 활용하고 있는데, 아모레퍼시픽의 경우 지난 2005년부터 매년 핑크리본 스페셜 에디션 제품을 한정 출시해 판매액의 3%를 유방암 재단에 기부하고 있다.

또 2006년 런칭한 미국의 신발 브랜드 탐스 슈즈의 경우 신발이 한 켤레 팔릴 때마다 빈민국 아이들에게 한 켤레의 신발을 기부하는 방식을 실시하고 있어, 가장 성공적인 코즈마케팅을 실행하는 기업으로 알려져 있다.

⑤ '나홀로 라운징Alone with lounging'

개인화된 경쟁사회에서 인간관계는 인터넷과 모바일로 대체되고, 휴식과 자아 찾기에 몰두하는 다양한 형태의 '라운징 소비' 가 늘어날 것이다.

'라운지' 에 '나 혼자' . 공공장소에서 사람을 만나고 가볍게 휴식을 취할 수 있는 공간이 라운지에 ing를 붙인 용어로 장소의 개념에서 조금 더 확대된 개념이다.

휴식과 재미를 통한 자아 찾기의 갈망과 점점 개체화 되는 사회인구학적 변화가 만나 생성된 것이다.

개인생활에 익숙한 포스트 베이비부머 세대는 자기 위안에 가치를 두고 아낌없이 투자함에 따라 산업의 각 분야에 질적인 변화를 가져오고 있다. 아무도 없는 곳에서 자기만의 분위기를 만들어 혼자서 놀기, 새로운 문화권으로 혼자 여행 떠나기, 색다른 음식과 스파 등의 휴양을 통해 재충전하기 등 라운징을 위한 레저와 서비스가 새롭게 각광받고 있다.

이제 1인 가구의 수가 늘어나고, 개인주의 풍토의 확산과 함께 혈연이나 지연 등의 전통적인 의미의 가족 집단의 분화현상이 일어나고 목적과 이익에 따라 헤쳐모인 대안가족이 등장하고 있다. 또한 사회 구성원의 개체화가 촉발한 라운징 트렌드는 솔로 이코노미가 성장하는 배경이 되고 있어 다가구 중심의 주거 트렌드에 새로운 변화의 바람을 일으키고 있다.

이에 불특정 다수의 개인이 아니라 개개인의 존재가치를 극대화시킬 수 있도록 생활패턴을 이해하고 그 사람에게만 최적화된 라운징을 제안해야한다. 사회 인구구성과 소비자들의 생활 단위가 바뀌면서, 사람들의 즐거움과 이상도 함께 변하고 있다. '함께하고 있는 욕구' 와 '홀로 있으려는 욕구' 가 동시에 존재하는 것이다. 앞으로 라운징을 즐기는 인구가 급속히 늘 것으로 전망된다.

- 대안 가족 : 혈통중심이 아닌 다양한 형태와 연대의 개념으로 뭉쳐진 가족과 유사한 관계들의 통칭.
- 고스트ghost족 : 스마트폰의 대중화로 온라인을 통한 인간관계형성이 더욱 편한 나머

지 현실에서는 사람의 눈을 잘 마주치지 못하고 심지어 사람을 눈 보이지 않는 유령을 대하 듯 한다.

- 솔로 이코노미: 소형가구와 가전제품에 초점을 두었더라면 이젠 안전과 힐링 주목할 때 이다.

⑥ '미각의 제국Taste your life out'

맛에 대한 사회의 관심이 급격히 높아짐에 따라 특이한 음식을 소개는 TV 프로그램이 급증하고, 디저트와 푸드 스타일링이 발달하며 '착한 미각운동' 도 활발해 진다. 취미로 요리를 하고 , 맛 집을 찾아 먼 길을 떠나는 '미각 노마드nomad족' 도 늘고 있다.

미각, 맛, 요리 등이 떠오르는 것은 소비자들이 더 공감적이고, 체험적이고, 세련되고, 즐거운 여가활동을 찾고 있는 의미다. 맛에 대한 소비자들의 관심과 민감도가 증가하면서 앞으로 음식의 기능적 측면을 넘어 맛과 미각 자체에 초점이 맞춰질 것으로 예상된다. 앞으로 음식은 단순히 먹는다는 기능을 넘어 맛과 미각에 대한 취향이 보다 정교화 되고 다양화될 것으로 전망된다. 이제 미각이 대한민국의 새로운 '작은 사치' 로 자리 잡을 것으로 보인다.

⑦ '시즌의 상실Whenever U want'

'시즌' 개념이 무너지고 있다. 어느 시기에는 어떤 활동을 해야 한다는 기준이 사라지는 것이다. 패션에서 날씨나 계절 개념이 없어지고, 여름이면 너도나도 떠나던 휴가가 자신의 스케줄을 고려해 아무 때나 떠나는 쪽으로 바뀌고 있다.

소비자들은 관습이나 정해진 틀에 얽매이지 않고 자신만의 소비스타일을 창조해 가는 적극적이고 개성적인 모습을 보이기 때문이다.

시즌 개념이 없어지면서 소비자들의 일상생활을 더 많이 지배하기 위해서는 '타임마케팅' 이 더 중요해진다. 이제는 시장점유율market share이 아니라 시간점유율time share이 중요해진다. 한정된 시간을 무기로 시즌에 맞춰 제작한 제품을 판매하는 마케팅보다 고객의 삶 속에 파고들어 일상과 함께하는 제품과 서비스로 어필하는 진정성이 필요한 때이다.

시즌의 상실은 기업들의 민첩성과 고객이 라이프스타일을 면밀히 쪼개어 분석함으로써 그동안 발견하지 못했던 잠재수요를 발견하는 메시지이므로 기업들은 새롭게 등장하는 니즈를 발견하고 창조할 필요성이 커지고 있다.

⑧ '디톡스가 필요한 시간It' s detox time'

유해물질과 중독의 대상으로 가득한 세상이 됨에 따라 디톡스가 간절해진다. 따라서 우리 주변의 각종 물질들과 환경에서 오는 독성과 중독에 대항해 스스로 정화하고 보호하려는 해독의 움직임이 커질 것이다.

디톡스는 환경에서는 독성을 정화하고 몸 안에 축적되는 독성물질을 걸러내고 배출하려는 '물리적 디톡스' 와 정신적 중독을 해결하려는 '정신적 디톡스' 로 나뉜다.

- 물리적 디톡스 – 환경에서 오는 화학적, 물리적 독성 정화, 배출의 노력
  : 디톡스 쥬스, 디톡스 푸드
- 정신적 디톡스 – 정신적 중독 해소 (디지털, 카페인)
  : 에너지 음료

가전, 푸드, 화장품, 건축 등 다양한 분야에서 디톡스 관련 상품이 등장할 예정이다. 또한 스마트폰의 과다사용으로 인한 디지털 중독, 카페인 중독 등 다양한 분야의 디톡스 문제가 화두로 떠오를 것이다. 앞으로 디톡스 관련 산업은 지속적으로 상장할 것이며, 힐링 산업 또한 발전할 것이다. 물리적, 정신적 중독을 넘어 사회적 문화적 정화운동으로 확산 가능하다.

⑨ '소진사회Surviving burn-out society'

대한민국은 청년들도, 학생들도, 기업도 모두 모든 것을 하얗게 불사르는 '소진사회' 에 살고 있다. 소진사회란 일이든 공부든 노는 것이든, '끝을 볼 때까지' 자신을 탈진시킬 만큼 에너지를 소모시키고 '완전한 방전' 이 일상이 되어가는 사회를 가리킨다.

현대인들은 바닥을 보아야만 안심하고, 끝없이 자신을 소모시킨다. 열심히 하는 것만이 성과를 보장한다고 스스로에게 최면을 걸고 있다. 오늘날의 현실은 온 몸이 부서지도록 열심히 살아도 나아지는 것 없는 자신의 상황을 마치 타인의 것처럼 바라보는 타자적 시점이 낳은 비극으로 일종의 자학인 셈이며, 이는 '끝장 보기' 와 '방전 중독' 현상으로 나타난다.

21세기는 조직이나 개인이 화두는 바로 지속 가능성이다. '지속할 수 있는' 행복을 누릴 수 있는 것이 중요하다는 것이다. 이제 방전과 탈진 중독을 수수방관할 때가 아니므로 개인뿐만 아이라 기업, 정부도 현명한 스트레스 관리능력을 키우는 과정을 통해 자기를 극복해야 하며, 이제는 긍정 과잉과 생산성에 대한 강박에서 벗어나야 한다.

⑩ '적절한 불편Trouble is welcomed'

현대는 과잉의 시대다. 상품도, 정보도, 서비스도 차고 넘친다. 한 가지 부족한 것이 있다면 바로 결핍이다. 지나친 친절에 염증을 느낀 현대인들은 이제 적절한 '불편'을 원한다. 다시 말해 불편을 채워나가고 싶은 욕망이 꿈틀대기 시작한 것이다.

고객이 황제인 시대에서 오히려 소비자들은 주체적인 참여를 통해 존재의 의미를 찾으면서 소비라는 경험 속에서 추억을 쌓고 싶어한다. 소비자들은 이제 직접 참여해서 빈곳을 채우고 재미를 느끼며 추억을 만들 수 있는 즉, '적절한 불편' 을 주는 '차도남' 을 원한다.

적절한 불편의 3가지 기술

1. 기다림 : 기다림은 제 사랑을 더욱 간절하게 만들어줘요
2. 모자람 : 상대의 부족함을 제가 채워주고 싶어요
3. 무심함 : 아무래도 저에게는 관심이 없는 것 같아요

기업은 소비자가 '먼저' 사랑하게 만들어야 한다. 소비자의 성취감을 고취시킬 수 있는 '경험과 기억' 을 창조해야 한다. 가장 중요한 것은 '적절한' 수준의 불편이어야 한다. 적정수준에서 밀고 당겨야 하는 것이다. 무엇보다 불편함도 매력이 될 수 있는 것은 조건이 충족된 이후 가능하다. 이제 사업도 연애처럼 적절한 기술이 필요한 때이다.

소비자트렌드 읽기 5-2

2012년의 소비자트렌드 : DRAGON BALL

소비트렌드는 늘 산업계의 관심사다. 2012년 트렌드로 'DRAGON BALL(흑룡의 여의주를 갖는 자, 세상을 얻을 것이다)를 제시한 바 있다.

1. Deliver true heart: **진정성을 전하라**
화려한 메시지보다 진심이 담긴 마음, 공감에 기반한 진정성만이 통한다.
'진실성'이 우선- 작은 공감을 이끌어내는 리얼리티, 즉 경험적 진실에 주목

2. Rawganic fever: **이제는 로가닉 시대**
Rawganic(로가닉)= '오가닉(organic : 유기농)' + 로우(Raw : 날 것)
오가닉(유기농)에서 로가닉(천연 성분)으로 진화된 형태로, 처음부터 깨끗하고 좋으며, 희귀한 것들이 인정받는다. 건강에 호소하는 신선하고 차별화된 웰빙라이프를 희망

3. Attention! Rlease: **주목경제가 뜬다**
타인의 시선을 즐기며 쾌감을 느낌 - 자극의 강도는 계속 높아지고 있음.
과잉의 시대, 경쟁이 일상이 되어 물의를 일으켜서라도 주목받고자 하는 시도가 늘어날 것이다.

4. Give'em personalities: **인격을 만들어 주세요**
제품의 인격화. 따뜻한 감성의 일상화. 별명과 성격으로 인격을 갖춘 상품이 소비자의 친구가 된다.

5. Over the generation: **세대 공감 대한민국**
세대적 공동체보다는 가치와 문화의 공동체. 세대를 아우르는 상품이 각광.
'스마트 부머' - 베이비부머들이 스마트폰으로 SNS를 즐기는 것(뉴 시니어)

6. Neo-minorism: **마이너, 세상 밖으로**
신생과 비주류가 뜬다. 이름값이 아닌 실력만으로 인정받는다. 마이너한 감성이 떠오른다.
충성심이 약한 현대소비자 - 풍부한 소비자 정보를 통한 합리적 선택가능

7. Blank of my life: **스위치를 꺼라**
행복의 패러다임이 변했다. 삶의 공백을 갖고자 하는 소비자들의 공백을 점령하라.
과잉의 시대 소비자들은 '나만 빼고 모든 것이 일시 정지되는 상태'를 꿈꾼다: 오직 '나'만을 위한 시간을 원한다. 진정한 의미의 차별화로 여백을 통한 차별화, '더 보다는 덜'

8. All by myself society: **자생, 자발, 자족**
현대 소비자는 필요하면 스스로 해결하고, 옳다고 여기면 행동하며, 자신이 만족하는 게 최고다. 소비자들은 기업의 힘을 빌리지 않고 스스로 솔루션을 찾는 적극적인 소비자가 등장.
스마트해지고 적극적인 소비자의 변화에 대응하기 위해서는 소비자에게 귀 기울여 벤치마킹하고, 다양한 경험을 제공하며, 자생 활동을 활발하게 지원하는 등의 변화된 전략이 필요

9. Let's 'Plan B': **차선, 최선이 되다**
차선 경제의 시대. 최선이 어렵다면 차선을 취하라. 침체된 경제 속에서 선택의 관점이 바뀐다. 불안한 경제 상황 아래에서 이제 소비자들은 '불확실하지만 완벽한' 플랜A가 아니라 '불완전하지만 실천 가능한' 플랜B를 추구한다.

10. Lessen your risk: **위기를 관리하다**
위기가 상시화 되었다. 언젠간 발생할지 모를 위기를 관리하라.
소비자와 기업의 작지만 실현가능한 새로운 유형의 협력과 공생 방안 마련이 시급
소비자는 위기의 시대에 기업에게 원하는 것은 소비자 스스로의 통제감을 높여주고, 신속하고 책임 있는 문제해결 능력을 보여주며, 고객과의 소통을 강화하고, 사회적 고통을 함께 분담하는 모습을 보여주는 것이다.

출처 : 서울대 생활과학연구소 소비자트렌드분석센터, 2011

3. 미래 한국사회의 소비트렌드

미래 한국사회의 소비트렌드는 어떠할 것이가? LG경제 연구원은 '2010 대한민국 트렌드' 에서 미래 한국의 소비트렌드를 다음 11가지로 예측하고 있다.

① 최고를 찾아 떠나는 서비스투어리즘 : 소비자들의 욕망은 무한하다

과거의 단순히 '보고 오는' 관광의 차원에서 벗어나 해외에서 특별한 체험을 '겪는' 관광의 시대가 열리고 있다. 교육, 의료 등 해외에서 서비스 쇼핑이 점차 사회전반으로 확산되고 있다. 이처럼 일반적인 해외 서비스 쇼핑을 '서비스 투어리즘' service tourism이라 부른다.

서비스 투어리즘으로 가장 활성화될 분야는 교육서비스이고, 이 외에도 스킨스쿠버, 스키, 번지점프, 패어글라이딩 등 계절에 관계없이 레포츠를 즐기려는 소비자의 욕구는 레져 투어리즘을 더욱 강화시킬 것이다. 또한 공연, 전시, 등의 문화상품, 그리고 유명스타에 대한 선호는 국경을 뛰어 넘어 직접 경험하기 위해 떠나는 모습도 쉽게 찾아 볼 수 있다. 또한 소비자의 의식이 바뀌고 해외 유명 의료기관이 공격적인 마케팅을 벌이고 있는 의료분야는 교육에 이은 제2의 히트상품이 될 전망이다.

② 느린 삶이 더 좋은 다운시프트 : 삶의 속도를 늦추고 또 늦춰라

다운시프트downshift의 사전적 의미는 자동차의 기어를 고단에서 저단으로 바꾸어 속도를 줄이는 것을 뜻한다. 삶에서 다운시프트는 인생의 기어를 낮추는 것을 의미한다. 특히 바쁜 일에서 매달려 사는 사람들이 보수는 적을 지라도 시간적 여유가 있는 일로 전환한다는 뜻으로 긴장을 줄이고 좀 더 여유를 갖는다는 말이다.

다운시프트 현상은 특히 영국에서 두드러지는 데 한 조사기관에 따르면 영국인들 중 다운시프트족의 비율은 전체 노동인구의 10%에 달한다고 한다. 다운시프트 형태는 여러 가지가 있는데 직업을 바꾸는가 하면, 대도시를 떠나 소도시나 농촌으로 향하는 사람들도 있고 경우에 따라서는 한적하고 여유로운 외국으로 떠나기도 한다.

다운시프트족들은 더 나은 미래를 위해 현재의 행복을 저당잡히고 싶어하지 않는다. 금전적 여유보다는 시간적 여유를 추구하고, 자기가 원하는 것을 찾아 삶의 속도를 낮추는 것이 그들의 삶의 방식이다. 세상의 변화속도가 빨라지고 경쟁이 치열해 질수록 다운시프트를 추구하는 사람도 더 많아질 것이다.

③ 두 마리 토끼를 원하는 가치소비 : 둘 중 하나가 아니라 두 가지 모두를 원한다

소비대상을 선택할 때는 감성적으로 접근한 소비자들이, 실제 구매시에는 철저히 이성적으로 접근한다. 일종의 모순된 소비형태로 명품을 사려고 하는 소비자가 명품들 중에서 어디가 싼지 파악하고 할인쿠폰 및 적립금 등을 이용하여 한 푼이라도 싸게 사려고 하는 노력을 한다.

브랜드 감성과 합리적 가격을 중시하는 가치소비자들은 세련된 디자인, 고상한 브랜드 가치는 유지하면서 가격은 더 저렴해야 한다는 것이다.

- 매스티지Masstage : Mass+Prestige : 중산층 소비자도 구입가능한 새로운 대중명품.
- 트레이딩 업Trading-Up : 중산층 소비자가 품질이나 감성적 만족을 얻기 위해 상대적으로 저렴함 새로운 고급 브랜드를 선호하는 현상과도 관련이 깊다.

④ 안전하게 즐기는 디지털 코쿠닝 : 집에 다 있는데 왜 밖으로 나갑니까?

코쿠닝은 원래 미래학자 페이스 팝콘이 '클릭! 미래속으로' 란 책에서 처음 소개했다. 사람들이 위험하고 예측 불가능한 현실로부터 도피해 누에고치cocoon같은 편안한 안식처를 찾는다는 뜻이다.

디지털 코쿠닝digital cocooning은 코쿠닝이 최첨화단 디지털 기술과 결합한 것이다. 코쿠닝이 주로 단순히 집 안에 틀어박혀 있는 것이라면 지금은 '즐기는 코쿠닝' 이란 점에서 차이가 있다. 즉 도피적이고 수동적인 것에서 능동성과 오락의 요소가 덧 붙여졌다는 말이다. 최근의 소비자들은 가정이라는 안락한 '누에고치' 속에서 게임과 MP3 음악, DVD 등 화려한 디지털 문화를 즐긴다.

실내 여가활동 선호는 인스피어린스insperience : indoor +experience키워드와도 깊은 관련이 있다. 이 용어는 영국의 트렌드전문 사이트Trendwatching.com가 소개한 것으로 '밖에서 하던 활동을 집 안으로 끌어들여 즐기는 성향' 을 뜻한다. 그 예로는 집안의 최첨단의 홈시어터나 체육관 시설을 갖춘것, 가정용 고급 커피제조기, 그리고 출장파티의 유행등을 들고 있다.

⑤ 문화를 파는 컬덕(Cult-duct : Culture 또는 Cult+product) : 소비자의 감성과 마음을 훔친다.

할리데이비슨, 베네통, 나이키......

이들 브랜드에서는 다른 것에서 느낄 수 없는 공통점이 있다. 제품자체에서 풍기는 강한 문화적 상징성이나 좀 더 구체적으로 '컬트cult' 라고 까지 표현할 수 있는 독특한 분위기aura가 있다. 원래 컬트는 특정 사물이나 정신에 대한 종교적 맹신에 가까운 추종을 의미하며, 특히 교주를 따른 광신도들의 울부짖음과 열광적인 몸짓이다.

마케팅에서 컬트는 물리적 속성을 넘어 제품의 이미지나 상징성에 대한 열광을 의미한다. 그래서 컬트족에게 상품은 단순히 탈 것이나 추위를 막는 옷이 아니다. 이보다는 자신을 표현하는 수단이고 사회적 표상이다.

사우스웨스트항공, 스타벅스는 독특한 상징이 담긴 문화를 제공했기 때문에 성공할 수 있었다. 이처럼 문화를 상품에 반역하는 현상이 확산됨에 따라 앞으로는 상품을 단지 객관적인 특성으로 인식하지 않고 문화적 코드로 해석해야 할 것이다. 따라서 상품도 단순히 물리적 '생산품product' 이 아닌 문화융합상품 즉 '컬덕(cult-duct : culture 또는 cult+product)' 으로 자리매김할 것이다.

⑥ 사이버 세상의 자아 엡 아이덴티티 : 가짜가 진짜보다 더 진짜같다.

아바타Avatar는 산그리스트어 아바타라(지상에 강림한 신의 화신)에서 유래된 말로 가상사회에서의 분신을 말한다. 사이버상의 자아라는 것을 통해 현실속의 내가 하고픈 모든 것을 할 수 있게 되면서 지금보다 더 다양한 관련 산업의 성장을 점쳐볼 수 있다(예를 들어 아바타 디자이너, 아바타 MD, 내 체형과 같은 아바타가 옷을 대신 입어보며 온라인 쇼핑을 도와주는 쇼핑친구 등).

가상사회는 신제품의 시장성을 시험하는 훌륭한 테스터 마켓이 될 수 있으나 사이버상의 또 다른 자아가 가져올 부작용도 만만치 않을 것이니 유의해야 할 것이다.

⑦ 갈등을 없애주는 소비 큐레이터 : 물건을 살 때는 큐레이터에게 맡긴다.

'큐레이터curator' 란 박물관 등에서 전시할 작품을 고르는 기획자를 말한다. 따라서 큐레이터 소비란 일반 소비자들이 특정 인물, 매체, 집단 등에서 미리 선택하고 추천한 제품을 소비하는 현상을 일컫는다. 특히 이러한 소비형태는 패션, 음식, 여행, 문화정보 등 라이프스타일과 관련이 깊은 상품에서 두드러진다. 예를 들어 특정 방송의 '책을 읽읍시다' 에 소개된 책들은 베스트 셀러 목록에 올랐다. 소비자는 교양오락 프로그램이라는 큐레이터가 제공한 정보를 신뢰하고 책을 사는 것이다.

큐레이터는 크게 제품을 직접 생산하는 디자이너형, 제품을 직접 생산하지 않는 편집자형, 스타형 등 3가지로 구분 할 수 있다.

디자이너형은 자신이 직접 제품을 만들고 자신의 이름을 딴 브랜드를 유통시킨다. 외국 및 한국의 패션 디자이너 브랜드가 그 예에 속한다.

편집자형은 지신이 직접 제품을 만들지는 않지만 제품을 선택해서 가공 또는 변형시킨 뒤 소비자에게 제시하는 역할을 한다. 예를 들어 미국의 마사 스튜어드Martha Stewart는 요리, 주택 인테리어, 식기, 가구, 방송 등 생활관련 시장을 평정한 입지전적 인물이다. 또한 패트리샤 슐츠의 '죽기전 가봐야 할 1,000곳1,000 places to see before you die' 미국에서 선풍적인 인기를 일으켰다.

스타형은 기업들에게 친숙한 간접광고product placement : PPL와 유사한 형식이나 소비들이 스타가 보여주는 패션, 음식 등 스타일에만 관심을 갖고 그 스타일을 따를 뿐이지, 제품 브랜드에는 크게 관심을 두지 않는다는 점에서 기업의 프로모션과는 구별된다.

최근 네티즌들의 무궁무진한 콘텐츠 생산능력으로 인해 네티즌 한명 한명이 편집자형 큐레이터가 되고 있다.

PPL product placement은 영화나 드라마의 소품으로 등장하는 상품을 뜻한다.

소비자트렌드 읽기 5-3

사우스웨스트항공Southwest Airlines : SWA

사우스웨스트항공은 독특한 고객만족 서비스

사우스웨스트항공은 튀는 행동으로 고객에게 즐거움을 주었다. 승무원들은 재미있는 분장으로 깜짝 쇼를 하기도 하고, 부활절이나 할로윈 데이 같이 특별한 날에는 그날에 어울리는 다양한 의상을 입기도 하며, 항공사에 전화를 건 고객들에게는 "담당자와 30초 이상 연결되지 못한 고객은 8번을 눌러 주십시오. 그렇다고 빨리 연결되는 것은 아니지만 적어도 기분은 좋아질 것입니다."라는 재미있는 안내 메시지를 전해준다.

또한, 제한된 공간에서의 지루함을 달래는 방법으로, 기내에서 제공하는 음료수와 땅콩 봉지에는 '귀하를 위해 마련한 사치스런 서비스'라고 적혀 있는가 하면, 비행기 안 금연문구에 '흡연은 비행기 날개 위 스카이 라운지를 이용해 주십시오. 거기에는 〈바람과 함께 사라지다〉가 상영되고 있습니다.' 라고 적어 웃음을 선사해 주기도 한다.

도착지에 착륙해서도 '잊으신 물건없이 잘 챙겨가라는 안내방송에 제발 아이들과 배우자는 놓고 가지는 말라'는 유머가 덧 붙는다. 사우스웨스트항공은SWA는 지속적인 성장을 거듭하여 최근 5년간 성장률이 133%에 이르는 경이적인 경영실적을 보여주었다. 2004년 초에는 미국의 경제잡지 '포춘'이 선정한 '미국에서 가장 존경받는 기업America's Most Admired Companies'에 선정되기도 하였다.

⑧ 적은 비용으로 만족을 찾는 작은 사치 : 가능한 수준에서 사치를 최대한 누린다.

'작은 사치'란 조금 무리하게 지출하지만 그 구매와 소비를 통해 즐거움을 느끼는 것을 말한다. 작은 사치는 고급품을 사고 싶다는 욕구와 현실적인 경제적 제약이 맞물리면서 등장한 새로운 트렌드이다. 따라서 대상이 되는 제품은 자부심이나 사치심을 느낄 수 있는 고급품이어야 하나 지나치게 비싸서 사기 어려워서는 안된다.

예를 들어 팔로마 피카소가 디자인한 티파니Tiffany의 수천만 원짜리 보석반지는 웬만한 사람은 엄두도 못낸다. 그러나 몇 십 달러짜리 티파니 은제품은 많은 사람들이 구입하고 즐거워 할 수 있다.

또한 새롭고 희소한 상품도 작은 사치의 대상이 된다. 사치욕구의 본질은 '남이 하지 못하는 것을 나는 한다'는 것으로, 사치는 속물주의snobbism와 뗄 수 없는 관계에 있기 때문이다. 예를 들어 아프리카 오지여행이나 인도의 명상여행에도 관심이 있는 것은 작은 사치욕구와 관련이 있다.

⑨ 하얀 얼굴이 좋은 메트로 섹슈얼리즘 : 미남은 꽃보다 아름답다.

메트로섹슈얼리즘은 도시에 살고 있는 남성들이 패션, 미용, 인테리어, 요리 등 여성적 라이프 스타일에 관심을 기울이는 현상을 말한다. 메트로 섹슈얼리즘의 특징을 가진 남성은 나름대로 외모를 가꾸는 데 신경쓴다. 동시에 내면적으로도 부드럽고 유익한 여성의 이미지를 긍정적으로 받아들이는 현대의 변화된 남성상을 반영한다.

메트로섹슈얼리즘이 부상한 배경으로는 남녀의 가치관의 변화, 외모 지상주의를 일컫는 루키즘Lookism, 대중매체가 주도하는 스타 미화 작업의 산물, 웰빙 트렌드(메트로섹슈얼도 자기관리를 위한 투자의 하나이기 때문에 건강한 신체에 대한 열망은 그 동안 홀대받았던 몸이 주목을 끌면서 남성들이 방치하던 피부와 미용관리로 이어지고 있다)를 들 수 있다.

⑩ 바쁨을 먹고 사는 도우미 : 대신해 주기에 불가능한 일은 없다.

이제는 먹고, 마시고 즐기기 위한 모든 준비와 사는데 필요한 기본적인 활동도 도우미를 통해 해결할 수 있는 시대다.

대행 서비스가 인기를 끄는 이유는 2가지이다.

첫째, 소비가 전문화 됨으로써 소비활동에 더 많은 비용과 지식이 필요하게 되었다. 이 경우 혼자 힘으로는 소비체험을 충분히 누릴 수 없기 때문에 전문가의 도움을 받으려는 욕구가 강하다.

둘째, 부가가치가 낮은 영역을 중심으로 부족한 노동력과 시간을 다른 사람에게 빌리려는 것으로, 특히 여성들의 사회활동이 늘어남에 따라 맞벌이 부부가 증가하고 독신자 비율도 높아지면서, 이 같은 아웃소싱이 늘고 있다.

⑪ 움직이는 소비자 트랜슈머 : 때와 장소를 가리지 않고 쇼핑한다.

과거에는 집에서만 볼 수 있었던 홈쇼핑이나 TV 방송도 지금은 언제든지 볼 수 있다. 또한 정보검색, 영화나 게임 등 오락, 쇼핑까지도 모두가 손 안의 복합 단말기 하나로 해결할 수 있게 되었다. 그것도 장소를 옮기면서 가능해졌다.

원래 트랜슈머transumer는 다국적 디자인 컨설팅 업체인 피치Fitch사가 처음으로 정의한 용어로, 공항의 대기시간을 쪼개 면세점 등에서 쇼핑하는 사람들을 일컫는 말이다. 즉 trans(넘어서, 이동하는)+consumer 의 합성어이다. 트랜슈머들은 한정된 시간을 어떻게 활용하는가가 삶을 풍요하고 여유있게 만드는 핵심열쇠라고 믿는 바로 그런 사람들이다.

트랜슈머가 타생한 가장 큰 배경은 시간을 알차게 사용하려는 소비자들의 욕구가 있기 때문이다. 예를 들어 버스를 기다리는 5분 동안의 뉴스보기, 지하철역에서 30분 쇼핑, 2시간 기차를 타는 동안 영화감상 등이 있다.

또한 이동통신의 발달, 위성 DMB 서비스의 확대도 빼놓을 수 없다. 실내에서 보았던 방송서비스가 이제는 개인의 손으로 옮겨오고, 통신과 방송의 쌍방향 서비스 시대가 보편화 될 날이 멀지 않았다.

현재 프랑스 기차역에는 기차를 타는 동안 영화를 감상할 수 있도록 DVD 타이틀과 미니 DVD 플레이어를 빌려주는 시네트레인cinetrain이 있다. 출발역에서 DVD와 플레이어를 빌려 열차안에서 감상한 뒤 도착역의 키오스크(kiosk, 매점 또는 안내 박스)에 돌려주면 된다.

소비자트렌드 읽기 5-4 

디지털 시대 이끌 '주역'은 누구?

디지털 시대를 사는 한국의 소비자들은 여섯 가지 유형으로 나눌 수 있다.

디지털 부머boomer : 이들의 소비성향은 자신이나 다른 사람들이 일으키는 붐에 의해 좌우된다. 비교적 단순한 삶을 추구하면서 자신이 좋아하는 연예인이나 중요하다고 생각되는 사람, 또는 자신이 속한 모임에 참여하기를 좋아하기에 가볍고 즐거운 인간 관계를 중요시하는 성향을 보인다.

디지털 시크chic : 이들의 특성은 '여유롭게 그리고 트렌디하게'이다. 편리함을 추구하면서도 자신의 사생활을 지키려는 깔끔함 또는 자기만의 영역에 대한 강한 욕구가 엿보인다. 방송에서 관심을 끄는 물건이 나올 때 바로 주문하고 싶어진다면 이 부류에 속할 확률이 높다.

정보근로자(일명 '디지털 모더니스트') : 직업적 성취와 발전, 그리고 자신의 성장을 추구하는 사람으로 대기업에 근무하는 젊은 사원들일 경우가 많다. 디지털 시대의 주류 또는 보수적 생활인으로 분류되는 이들은 비교적 안정적인 가처분 소득을 지닌 소비자 집단이다. 궁금한 것이 생기면 바로 인터넷을 검색해 본다.

디지털 루덴스ludens : 높은 호기심을 가지고 자신이 좋아하는 일에 몰입하는 열정적인 소비 집단이다. 이들은 자신이 빠져들 수 있는 무언가를 늘 탐색하기 때문에 마음에 드는 제품이나 서비스가 나오면 광적으로 덤벼드는 소비자들이다. 재미있는 TV프로그램을 보다가 외출해야 하면 이동하면서도 마저 보아야 한다.

회사인간(일명 '디지털 컨서버티브') : 변화를 싫어하지만 그렇다고 변화의 흐름에 뒤처져서도 안 된다고 여긴다. 이들은 정보를 얻기 위해 디지털 제품이나 서비스를 이용하지만 안정지향적이고 규범적인 성향으로 인해 새로운 제품이나 서비스를 쉽게 구매하지는 않는다.

네오 르네상스 : "재미있게 놀면서 돈도 벌자"라는 삶의 모토를 갖고, 정보사회나 디지털 세상은 항상 새로운 비즈니스와 또 다른 일을 만들어낼 수 있는 기회로 본다. 이들은 고장이 나지 않았어도 주기적으로 휴대폰이나 MP3 등을 바꾼다.

출처 : 황상민(2008), 디지털 괴짜가 미래 소비를 결정한다

Part 2

한국 및 주요국의 소비자트렌드

Chapter 6

라이프스타일과 소비자트렌드

Chapter 6

라이프스타일과 소비자트렌드

사람들이 살아가는 방식과 돈과 시간을 소비하는 전반적인 양식을 나타내는 라이프스타일의 분석을 통해서 우리는 각 세분시장 간의 차이점은 물론, 그 사회와 그곳에 속한 소비자 전체의 행동패턴을 알 수 있다. 따라서 라이프스타일을 통해 현재를 이해하고 미래를 예측할 수 있기 때문에 소비자트렌드 분석에서 매우 중요시 되고 있다.

하지만 라이프스타일은 고정된 것이 아니라 개개인들의 가치나 태도, 신념, 그리고 외부의 사회 · 문화적 환경의 변화로 바뀔 수 있기 때문에 소비자들의 라이프스타일을 지속적으로 분석하고 평가해야 할 필요성이 크다.

1. 라이프스타일의 이해

라이프스타일life-style이란 특정사회, 특정집단, 또는 개인이 지니고 있는 독특한 생활양식이다. 좀 더 구체적으로 정의하면, 라이프스타일이란 사람들이 생활하는 방식, 그리고 시간과 돈을 사용하는 방식을 말한다. 사람들의 생활양식은 그들이 속해 있는 문화권이나 사회계층, 준거집단 등의 영향을 받아 독특한 형태로 형성되고 개발되기 때문에 국가별, 사회계층별, 특정집단별, 또는 개인별로 서로 다른 라이프스타일을 보이게 된다.

소비자들은 어떻게 돈과 시간을 사용하며, 무엇에 특별히 관심을 보이고, 어떤 이상적 활동을 수행하고 있는가 등을 포괄적으로 표현하는 "라이프스타일" 개념은 소비자행동을 이해하는데 매우 유용하게 이용되고 있다. 특정사회, 특정문화권, 특정집단에 속하는 소비자들은 그들만의 독특한 생활양식을 갖게 되며, 이와 같은 차별적 생활양식은 그들이 재화와 서비스를 위해 돈과 시간을 소비하는 방식에도 그대로 반영되기 때문이다.

이를테면, “그는 주말이면 가족과 함께 외식을 즐겨한다.” 거나, “그는 궁핍해도 옷만은 잘 입고 다닌다.” 거나 하는 식으로 표현되는 특정인의 라이프스타일은 그가 무엇을 주로 구매하고, 무엇을 위해 시간과 돈을 소비할 것인가를 충분히 암시해 준다.

라이프스타일 조사의 기본적인 전제는 소비자에 대해 많이 알면 알수록 소비자를 더 잘 이해할 수 있다는 것이다. 즉 소비자를 더 잘 이해하기 위해서는 소비자의 특성을 이루는 구성 개념들을 많이 알수록 좋다는 것이다. 인구통계학적 특성들은 소비자를 간결하고 확실하게 분석하고 분류하는 데 현재까지도 폭넓게 이용되는 변수이지만, 인구통계학적 변인들만으로는 충분한 소비자 정보를 얻어낼 수 없으므로 소비자에 대한 의미 있는 관점을 제공할 추가적 정보가 필요하다.

이러한 점에서 소비자의 심리구조 변인은 밝혀낼 수만 있다면 유용한 정보가 된다. 그러나 그러한 결과를 모든 대중에게 일반화하는 경우 신뢰성이 결여될 가능성이 있어서 소비자 연구의 도구로 삼는 데에는 종종 어려움이 따른다.

라이프스타일 패턴이라는 구성개념은 인구통계학의 장점과 심리구조의 측정 가능성을 한 데 결합한 것으로, 사람들의 느낌, 태도, 의견뿐만 아니라 행위까지도 다루는 소비자 측정방식이라 할 수 있다.

2. 라이프스타일의 측정

라이프스타일이란 개념은 사회학에서 최초로 사용되기 시작했는데, 생활의 유형, 양식 또는 방법이라는 의미지만, 단순히 생활양식을 말하는 것이 아니라, 행동과 의식을 연합한 생활양식이며 종합적 상징으로서의 성격을 가지고 있다.

이 개념은 사회학자인 막스 베버Max Weber와 정신분석학자인 알프레드 아들러Alfred Adler로부터 출발하였다고 볼 수 있다. 라이프스타일의 유형화와 이를 통한 시장 세분화의 개념은 1963년 레이저Lazer에 의해서 처음으로 도입되었다.

라이프스타일은 각 개인의 주위환경 즉, 문화, 준거집단, 가족 및 소속 사회 등의 영향을 받아서 습득하는 것일 뿐만 아니라, 개인의 가치 체계나 개성의 일부분으로 나타나기도 한다. 따라서 각 개인의 라이프스타일은 바로 그 사람의 행동에 반영되는 것이다.

이러한 라이프스타일은 어떻게 측정하는 것일까?
과거에는 주로 사회계층, 생활주기, 가족 등과 같은 인구통계적 변수가 소비자의 라이프스타일에 미치는 영향을 중심으로 라이프스타일의 모델 및 특성을 분석하는데 연구의 초점을 맞추었었다.
그러나 최근에는 소비자의 성격, 동기, 관심 등과 같은 소비자의 내적 특성을 라이프스타일 분석에 포함시켜 라이프스타일의 이해를 증진시키는데 한층 도움을 주고 있다.

라이프스타일에 대한 측정은 다양한 상황, 욕구 및 이러한 자극하에서 소비자들이 구매하는 성향을 측정하는 사이코그래픽스Psychographics의 방법과 라이프스타일이 사람들마다 가지고 있는 가치의 유형에 따라 달리 형성되는 것으로 보고 접근하는 가치측정법이 있다.
사이코그래픽스Psychographics의 방법에는 AIOActivities, Interests and Opinions기법이 있으며, 가치측정도구에는 VALSValue and Life-Style Survey를 비롯하여 RVSRokeach Value Survey, LOVList Of Value 접근방법 등이 있다. 먼저, 사이코그래픽스Psychographics의 방법에 대해서 알아보자.

표 6-1 | 라이프스타일 측정 방법의 종류

사이코그래픽스psychographics	가치측정
AIO 조사법	VALSValue and Life-Style Survey RVSRokeach Value Survey LOVList Of Value

1) 사이코그래픽스 : AIO 기법

사이코그래픽스psychographics는 '심리적인' 의미의 psychological과 '인구(통계)학' 의미인 demographic의 합성어로써, 다양한 상황, 욕구 및 자극 하에서 소비자들이 구매하는 성향을 측정하는 방법으로, 그것의 대표적인 예로써 AIO 기법을 들 수가 있다.

AIO기법은 가장 널리 이용되는 라이프스타일 측정방법으로 소비자들이 관심, 신념(또는 의견), 활동 등에 관한 조사를 통해 소비자들의 라이프스타일을 측정, 분석하는 방법을 말한다. AIO란 활동Activities, 관심Interests, 의견Opinions을 지칭한다.

라이프스타일의 AIO 접근 방법은 가장 널리 이용되는 라이프스타일 측정 방법으로 웰즈Wells와 플러머Plummer에 의해 제시되었다. 플러머의 AIO 분석은 사람들이 그들의 활동, 관심, 의견에 관한 질문에 응답하도록 고안된 것이다.

활동activity은 그들의 작업 시간과 여가 시간을 어떻게 보내는 가로 측정되며,

관심interest은 당면한 환경에서 무엇을 중요하게 여기는 가로 측정되고,

의견opnion은 사회적 문제, 제도 및 그들 자신에 대한 태도로써 측정된다.

끝으로 나이, 수입, 거주자 등과 같은 기본적 사실을 조사하는 것이다.

소비자의 입장에서 보자면 활동은 제품을 구입하는 것과 같은 명확한 행동을, 관심은 어떠한 제품 및 서비스에 갖는 특별한 흥미를 가리키며, 의견은 소비상황에서 제기되는 문제에 대한 소비자의 응답이라 할 수 있다.

소비자트렌드 읽기 6-1

한국인의 관심사와 라이프스타일

사람들의 관심사를 안다는 것은 소비자 이해의 첫 걸음이다. LG경제연구원(2011)은 인터넷 포털 Daum과 함께 Daum이 보유한 최근 1년 동안의 인터넷 뉴스 및 검색 데이터 분석을 통해, 한국인들의 관심 키워드와 관심분야를 살펴 보았다.

먼저 상위 3,000개의 인기기사의 클릭데이터와 검색데이터로부터 한국인들의 관심사를 나타내는 대표 키워드 11개를 추출하였다.

〈그림 1〉 한국 소비자의 관심사 키워드와 소비코드

출처 : LG경제연구원(2011), 2011 한국인의 관심사와 라이프스타일

표 6-2 | AIO의 활동, 관심, 의견

활동	관심	의견	인구통계적 특성
일	가족	자기 자신	나이
취미	가정	사회문제	교육
사회활동	직장	정치	소득
휴가	지역사회	기업	직업
오락	오락	경제	가족규모
클럽활동	유행	교육	거주지
지역사회활동	음식	제품	지리
쇼핑	매체	미래	도시규모
스포츠	성취	문화	라이프사이클 단계

출처 : Plummer, J. T. (1974), The Concept and Application of Life Style Segmentation, J. of Marketing, 38(1), P. 34

① 활동

어떤 대중매체를 시청 또는 구독하고, 어떻게 쇼핑을 하고, 제품 및 서비스에 관해 이웃과 주로 무슨 대화를 하는가와 같은 소비자의 관찰가능한 일상의 여러 가지 행동이 측정대상이다. 이는 소비자가 무엇을 하면서 어떻게 그들의 시간을 소비하는가를 알아보기 위한 것이다.

② 관심

특정대상, 사건 그리고 상황에 대한 소비자의 관심정도가 측정대상이 된다. 이는 소비자가 좋아하고, 중요하게 여기는 것이 무엇인가를 알아보기 위한 것이다.

③ 의견

다른 사람의 행동 또는 의도에 대한 신념, 미래에 대한 예측, 여러 가지 현실문제에 대한 평가 등 소비자의 해석, 기대, 평가 등을 측정한다. 이는 소비자가 특정사물이나 사건에 대하여 어떻게 생각하고 있는가를 알아보기 위한 것이다.

AIO조사는 지극히 일반적인 문항을 사용하여 소비자의 일반적인 라이프스타일의 유형을 분석해 내기도 하고, 경우에 따라서는 특정제품이나 상표에 대한 구체적인 AIO 문항에 의하여 특정한 AIO조사를 하기도 한다.

표 6-3 | AIO 구성요소와 문항 내용의 예

문항분류	문항내용	평점척도 (동의)-(동의안함)
휴가	1. 우리 집은 가족단위로 자주 여행간다	
	2. 나는 혼자서 원거리 여행을 즐긴다	
	3. 휴가 시에는 집에서 조용히 쉬고 싶다	
	4. 휴가는 자녀를 중심으로 계획한다	
오락/휴식	1. 우리가족은 외식을 자주한다	
	2. 우리 가족은 함께 외출하는 것을 좋아한다	
	3. TV가 나의 주 오락원이다	
	4. 나는 모임에 가는 것보다 집에서 조용한 식사를 선호한다	
	5. 나는 파티열기를 좋아한다	
스포츠	1. 나는 스포츠경기를 관전하는 것을 좋아한다	
	2. 나는 스포츠경기를 관전하는 것보다 직접하는 것을 좋아한다	
	3. 나는 팀 스포츠 보다는 개인 스포츠를 좋아한다	
쇼핑	1. 나는 쇼핑을 즐긴다	
	2. 나는 큰 쇼핑센터에 가기를 좋아한다	
	3. 나는 인근 쇼핑센터를 더 좋아한다	
	4. 나는 할인 품목을 찾아 쇼핑하는 것을 좋아한다.	

2) 가치측정법

가치측정법은 라이프스타일이 사람들마다 가지고 있는 가치의 유형에 따라 달리 형성되는 것으로 보고 접근하는 방법이다.

(1) VALS

VALS[Value and Life-Style] 프로그램은 최근 시장세분화와 표적시장의 특성을 분석하는 데 매우 유용하게 이용되고 있다고 한다. VALS는 AIO와 달리 라이프스타일의 측정과 유형화에 있어서 개개인의 삶에 대한 가치관이 가장 중요한 반영요소라고 보는 가치측정도구이다.

VALS도 AIO조사기법처럼 라이프스타일의 특성을 파악하기 위해 소비자의 심리적 측면에 대한 측정 및 분석의 중요성을 강조하고 있는데, 이 분석방법의 이론적 배경은 Abraham H. Maslow이 욕구계층이론에 기초하고 있다.

VALS는 라이프스타일 연구의 제2융성기를 가져왔다는 평가를 받은 SRIStanford Research Institute International(미국 캘리포니아 주에 있는 경영컨설팅회사)의 연구로서, SRI에서는 소비자들의 욕구, 필요, 가치 등에 관한 800여 개의 문항을 가지고 1,600여 명의 소비자를 대상으로 3년 동안에 거쳐 설문조사를 실시한 다음, 다변량분석에 의하여 다양한 라이프스타일 유형을 식별하였다.

아놀드 미첼Arnold Mitchell은 미국의 전체 소비자를 9가지 유형으로 유형화하여 소비행동과 레져활동 등을 설명, 예측한다.

라이프스타일의 9가지 유형은 생존자형, 생계유지형, 소속지향형, 경쟁지향형, 성취지향형, 개인주의형(I-AM-ME형), 경험지향형, 사회사업가형, 그리고 종합형 이다.

VALS 체계는 소비자들이 추구하는 가치와 라이프스타일에 대한 이중 단계로 진행되며 다시 네 집단으로 세분화될 수 있다. 즉, 욕구추구 소비자 집단need driven consumers, 외부지향적 소비자 집단out directed consumer, 내부지향적 소비자 집단inner directed consumer, 통합적 소비자집단integrated consumer으로 구분된다.

욕구추구 소비자 집단: 선호보다는 기본적 욕구에 의해서 소비자행동이 나타나는 집단으로, 경제적 형편이 가장 나쁜 생존자형과 겨우 생계를 유지해나가는 생계유지형이 여기에 속한다.

외부지향적 소비자 집단: 시장에서 가장 높은 비중을 차지하고 있는 사람들로, 이들은 다른 사람들을 의식해서 구매한다. 여기에는 소속지향형, 경쟁지향형, 그리고 지위와 명성, 쾌락추구 생활 등이 특징인 성취지향형이 있다.

내부지향적 소비자 집단: 독자적으로 행동하는 소비자로, 개인주의(I-AM-ME)형, 경험지향형, 사회적 이슈에 관심이 많은 사회사업가형이 있다.

통합형 소비자 집단: 극히 적은 비중을 차지하는 사람들로 내부지향적인 면과 외부지향

적인 면을 혼합해서 행동하는 성숙하고 균형이 있는 인격을 가진 소비자이다.

표 6-4 VALS에 의한 소비자 유형 및 행동 특징

유형	라이프스타일 특징	구매행동특징
	욕구추구 형 소비자	
생존자형	사회에의 적응력 낮음 가격을 매우 중요하게 여김	생존을 위해 고군분투함 즉각적 요구충족을 위해 비계획적 구매를 자주함
생계유지형	안전에 대한 관심이 높음 의존적임 제반사회, 경제, 정치제도 등에 비판적임	가격중시 신중한 구매결정
	외부지향적 소비자	
소속지향형	사회규범 등에 매우 순응적임 관습이나 전통 등을 존중함 과거에 대한 동경심이 높음	가족중심의 구매 대규모 대중시장을 선호
경쟁지향형	야망이 큼 신분의식적이며, 과시적임 경쟁심이 강함	재력을 과시하기 위한 구매 모방을 좋아함 유행을 추정함
성취지향형	리더쉽이 강함 유물주의적임 성취, 성공, 명예에 대한 욕구가 강함	성공을 과시하기 위한 구매 고급상품을 취급하는 점포를 선호
	내부지향적 소비자	
개인주의형 (I-AM-ME형)	개인주의 극적인 것을 좋아함 충동적인 편임	제품에 대한 호기심 많음 취미를 과시하기 위한 구매
경험지향형	경험중시 활동적 사람과의 화목중시	조립품 구매 선호 점포직접 방문, 제품직접관찰
사회사업가형	사회적 책임감 강함 도량은 좁은 편임 내적 성장도모 비교적 안이한 삶을 영위	검소, 절약 환경에의 관심 높음
	통합적 소비자	
통합형	정신적 성숙 사회 및 환경에의 적응력 높음 자아실현의 욕구 강함 국가적, 세계적 시각에 준하여 행동	자아표현을 위한 구매 생태학적 영향에의 관심 높음

(2) RVS Rokeach Value Survey

로키치Rokeach는 '가치란 개인적으로나 사회적으로 대안적인 것이나 반대되는 것보다 더 선호하는 이상적인 행동양식이나 존재의 목적에 관련한 하나의 지속된 신념' 이라고 정의하였다. 그리고 이러한 가치들의 집합이 가치체계를 형성한다고 보고 가치관 측정도구인 RVSRokeach Value Survey: RVS를 만들었다. 여기에는 궁극적 가치terminal value, 궁극적인 목표 가치를 성취하기 위한 행동양식을 제시해 주는 도구적 가치instrumental value가 각각 18개씩 36개가 포함되어 있다.

표 6-5 | 로키치의 가치관에 따른 유형

궁극적 가치관		도구적 가치관	
유 형	특 성	유 형	특 성
안락	편안하고 순조로운 생활	야심적	근면하며 포부를 가짐
자극적 삶	활기있고 적극적인 삶 추구	관대함	편견이 없고 허심탄회함
성취감	지속적인 공헌을 추구	유능함	능력이 있고 효율추구
평화	투쟁과 갈등이 없음을 원함	쾌활성	명랑하고 즐거움을 추구
미의세계	자연과 미와 예술선호	청결성	깔끔하고 단정한 것을 선호
평등성	형제애와 만인에게 동등기회부여	관용성	타인을 용서하고자 함
가족안정	애정을 가진 자들에 대한 보호	봉사	타인의 복지를 위해 일함
자유	독립성과 자유로운 선택 원함	정직	진지하고 진실됨
행복	안심입명 추구	상상력	창조적이고 대담성이 있음
내적 조화	내적 갈등 없음을 추구	독립적	자신에 의존하여 충족함
성숙된 애정	성적/정신적 교류 원함	지성적	이성적이고 사려깊음
국가안전	공격으로부터 구제와 영생 추구	논리적	일관성이 있고 합리적임
즐거움	인생을 여유있게 즐기고자 함	애정적	자애롭고 상냥함
구원	죄악으로부터 구제와 영생 추구	복종적	의무에 충실하고 존경함
자존심	자부심이 강함	공손함	예의바르고 정중함
사회적 인정	타인에게 존경과 찬사 원함	신뢰성	의존하고 믿을 수 있음
진정한 우정	친밀한 동료관계 추구	용감성	신념에 따라 자신을 지킴
지혜	인생에 대한 성숙된 이해	자기통제	자기억제/수련 추구

(3) LOV^List Of Value^

케일(Kale, 1983)은 로키치^Rokeach^의 RVS에서 궁극적 가치관에 해당하는 가치요소들 중 9개를 뽑아 실무에서 쉽게 이용할 수 있는 새로운 가치관 측정도구인 LOV^List Of Value^를 제작하였다.

케일, 베티 그리고 호머^Kahle, Beatty and Homer^는 VALS와 LOV사이의 예측적 유용성을 비교하였다. 이들의 연구에 의하면, 소비자행동의 추세를 예측하는데 LOV가 VALS보다 훨씬 유용성이 높은 것으로 나타났다. 이들의 연구에서 LOV의 경우 7개의 인구통계학적 변수가 포함되었다.

그러나 최근 노박과 맥보이^Novak and MacEvoy^의 연구에서는 보다 많은 경우를 비교하여 인구통계학적 변수를 포함시키지 않았을 때는 LOV가 VALS보다 예측력이 낮다는 결론을 도출했다. 즉, LOV 접근방법을 사용할 경우에는 연구주제와 대상에 부합하는 인구통계적 속성의 설정과 포함이 중요하다 하겠다.

표 6-6 | LOV 라이프스타일 측정문항의 예

자신을 표현하는 수단으로 패션을 중시한다.
경제적으로 윤택하지 않더라도 마음 편하고 즐겁게 살고 싶다.
나는 일반적으로 한국인과는 조금 다르게 생활하고 있다.
노력해서 출세해야만 진정 하고자 하는 일을 할 수가 있다.
나는 모든 일에 항상 자신감을 갖고 일한다.
나는 마음먹은 일은 꼭 해낸다.
나의 의견이 옳다고 생각되면 끝가지 나의 소신을 밝힌다.
나는 건강을 위하여 음식에 신경을 쓴다.
나는 지금보다 변화 있는 생활을 하고 싶다.
식사는 될 수 있는 대로 집에서 한다.
대학진학 결정은 부모님이나 선생님의 의견보다 본인의 의사결정이 중요하다고 생각한다.
생활을 즐기기 위해서는 어느 정도의 낭비는 필요하다.
나는 늙어서도 능력만 있다면 자식에게 의지하지 않겠다.
카세트나 라디오 등으로 거의 매일 음악을 듣는다.
직장에 모든 것을 헌신하기 보다는 자신이 좋아하는 것을 더 중요하다.
남이야 뭐라고 하든 내 자신의 개성대로 살고 싶다.
사람들에게 인기 있는 사람이 되고 싶다.

소비자트렌드 읽기 6-2

라이프스타일을 제안하는 쇼핑 가이드

선호하는 라이프스타일에 따라 쇼핑 방법이나 품목이 달라질 것이다. 당신이 선호하는 라이프스타일은 어떤 것인가?

'수잔의 파일'이라는 사이트(www.suzannesfile.com)는 고급화된 라이프스타일을 엄선하여 디자인 해 주는 서비스를 표방한다. 각각의 라이프 스타일에 따라 여행, 스포츠, 음악, 레스토랑, 요리 코스, 스파, 미용 등 광범위한 리서치를 바탕으로 차원 높은 정보를 서비스한다. 고급화를 표방 한 만큼 멤버십은 필수로 다양한 영역에서 고급문화와 서비스를 경험하고 싶은 사람이라면 방문해보고 싶어할 것이다.

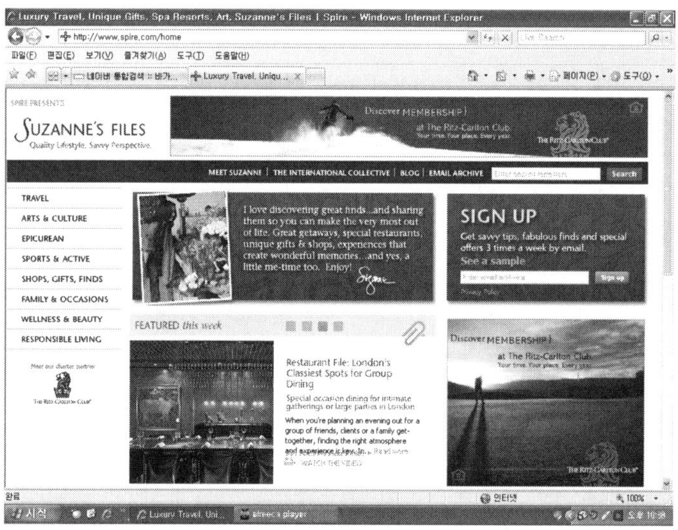

출처 : HOT trends 40 (2008), 한국트렌드연구소, p.94-95

3. 한국인의 라이프스타일

지금까지 라이프스타일의 측정방법에 대해서 알아보았다. 다음으로는 우리나라 사람들의 라이프스타일에 대해서 알아보자.

LG경제연구원(2011)은 소비자 삶의 변화 속에 담긴 세상의 변화를 이해하고자 '소비자

라이프스타일' 조사 연구를 수행하였다. 서울 수도권, 6대 광역도시에 거주하는 16세부터 59세 소비자 1,800명을 대상으로 1-2월에 걸쳐 조사를 수행하였다.

1) 라이프스타일의 키워드

LG경제연구원은 조사 데이터를 분석하여 한국 소비자들의 라이프스타일을 대표할 수 있는 키워드로 몸, 의미, 개인화, 현실주의, 가정, 온라인 사교, 이동성 등 7개를 도출하였다.

표 6-7 | 우리나라 라이프스타일 7가지 키워드

라이프스타일 키워드	의미	주요 조사 결과
1. Body	건강, 미용 등 '몸'에 대한 많은 투자	-건강 중시, 운동하는 한국인 -건강 지향 의식주, 외모 관리
2. Meaning	일과 삶의 불균형이라는 현실 속에서 삶의 의미 찾기	-직장중심의 삶, 마음 풍요 추구 -사회적 가치(윤리+환경) 추구
3. Individualism	세상의 중심을 자신에 두고, 개인의 가치를 추구	-집단보다 개인 중시, 개성 추구
4. Realism	원칙이나 전통보다 실제적인 이득 중시	-현실주의 가치관 -실리주의 의식주, 합리적 소비
5. Home	가정은 삶의 쉼터, 가족을 최우선으로 여김	-불안한 사회 -가족 중시와 가족을 위한 헌신 성향
6. e-Socializing	SNS를 통해 소통을 즐기고 인터넷에서 얻는 정보로 합리적 소비 향유	-이타성, 타인과의 공유를 통한 자기만족 -Social Customer의 부상
7. Mobility	향유휴대용 기기 보급 확대로 나타나는 Mobile Lifestyle	-연결을 통한 新 공간/시간이 창조한 편리 -Mobilian의 부상

(1) 몸Body

건강Health과 아름다움Beauty 등 몸에 대한 투자에 몰입하는 라이프스타일이다. 한국 소비자들은 건강에 최우선 가치를 두고 있다. 이로 인해 식품의 원산지와 첨가물을 확인하는 등 건강 지향 의식주 생활이 보편화되고 있다. 또한 외모지상주의lookism의 모습도 확인하였다. 예컨대 '우리 사회에서 외모로 호감을 주지 못하면 손해를 본다'는 질문에 65%의 긍정 응답률을 보였다.

(2) 의미Meaning

일과 삶의 불균형에서 삶의 의미를 생각하고, 찾는 라이프스타일이다. 일인당 국민소득 2만 달러 시대의 한국인들은 과반수 이상이 행복하다고 느끼지만, 동시에 상당한 스트레스에 시달리는 것으로 조사되었다. 가계 수입과 지출, 직장 생활, 자녀교육과 육아 등이 가장 큰 스트레스 요인이다.

사람들은 일 중심의 삶을 살아가고 있다. 조사결과를 보면, 일과 삶의 중요도 비율은 각각 53%, 47%이고, 시간 등 실제 자원 투입 비율은 일이 60%, 삶이 40%로 나타났다. 사람들은 일의 중요도에 비해 개인의 자원을 더 많이 투입하고 있었다. 이처럼 각박한 삶 속에서 사람들은 삶의 의미를 찾고자 노력한다. 예컨대 장기 기증 운동 참여, 기업의 사회적 책임 요구, 기부 소비 등 사회적 가치에 대한 질문에 각각 42%, 50.8%, 26.6%의 긍정 응답률을 보였다.

(3) 개인화Individualism

세상의 중심을 자신에게 두고 개인의 가치를 높이고자 하는 라이프스타일이다. 집단이나 조직보다 개인의 가치를 중시하는 사람들이 적지 않았다. '조직보다 개인이 우선이다' '공익을 위한다고 해도 나의 권리가 포기되거나 제한될 수는 없다' 라는 질문에 각각 36.4%, 36.8%의 긍정 응답률을 보였다.

개인 중심의 사고방식은 결혼, 부부, 노후 생활에서도 뚜렷하게 나타났다. '결혼은 부모님의 의사보다는 나의 선택이 중요하다', '맞벌이를 할 경우 부부가 소득을 독립적으로 관리할 수 있다', '노후에는 자식들과 독립해 따로 살고 싶다' 라는 질문에 각각 69.1%, 50.6%, 69.8%의 긍정 응답률을 보였다.

또한 이혼에 대해서도 개방적 태도를 보였다. '부부 사이의 갈등을 해결할 수 없다면 이혼하는 것이 낫다', '노년이 되어서도 부부갈등이 커지면 이혼할 수 있다(황혼 이혼)' 라는 질문에 각각 43.1%, 50.6%의 긍정 응답률을 보였다. 특히 황혼 이혼에 대해서는 여성이 남성보다 더욱 개방적인 것으로 나타났다(여성의 긍정 응답률은 54.6%, 남성의 긍정 응답률 46.7%). 또한 최근 지속적으로 늘고 있는 1인 가구는 개인화 현상의 일환으로 볼 수 있다.

(4) 현실주의 Realism

원칙이나 전통보다 '실제 이득'을 중시하는 가치 지향적 라이프스타일이다. 사람들은 원칙, 전통, 과정보다 실리, 결과를 중시하는 성향을 보였다. '원칙과 격식보다는 융통성을 중시한다', '매장보다는 화장을 선호한다', '일의 과정보다 결과를 중시한다'라는 질문에 각각 55.8%, 59.4%, 51.6%의 긍정 응답률을 보였다.

실리를 중시하는 삶은 전업 주부 남편 등 남녀의 전통적 성 역할에 대한 인식도 바꾸는 것으로 나타났다. '남자가 육아와 살림을 하고 여자가 돈을 벌 수 있다', '필요하다면 처가살이도 괜찮다'라는 질문에 각각 45.9%, 46.9%의 긍정 응답률을 보였다.

현실주의 성향은 돈을 중시하는 가치관에서 잘 나타났다. 또한 학벌과 배경을 중시하고 대학 교육의 실용성을 더욱 중시하는 경향을 보였다. '사회적 지위는 낮더라도 돈을 많이 벌면 성공했다고 말할 수 있다', '한국 사회에서 성공하기 위해서는 학벌이 중요하다', '대학 교육은 학문적 지식을 쌓는 것보다 취업준비에 도움이 되는 것이 우선이다'라는 질문에 각각 55.8%, 80.7%, 53.9%의 긍정 응답률을 보였다.

주거생활에 대한 현실주의 경향도 나타났다. 집을 소유가 아닌 경험의 대상으로 여기는 사람도 많아 '집을 사지 않고 전세에 살아도 상관없다'는 문항에 대해 응답자 전체는 37%, 30대는 41.1%의 긍정 응답률을 보였다.

(5) 가정 Home

가족의 가치를 소중히 여기는 라이프스타일이다. 사람들은 가족 가치를 소중히 여기며, 처가나 본가보다 자신의 가족이 우선이라고 생각하는 사람들이 많았다. 고소득, 서울/수도권 사람들이 상대적으로 이러한 인식이 높았다. 가족중시 성향은 요리, 실내외 오락 등 가족 중심의 라이프스타일로도 보인다. '오락, 영화감상 등 집에서 하는 여가활동이 과거보다 많아졌다', '가족들과 야외에 나가 캠핑하고 싶다'라는 질문에 각각 46.9%, 48.6%의 긍정 응답률을 보였다.

사람들은 가족을 위해 많은 것을 희생하지만 중년들은 자녀 교육비 투자 등 가족 헌신으로 인해 정작 본인의 노후 준비를 못하고 있는 것으로 나타났다. '가족을 위해서라면 나를 희생하는 것은 당연하다'는 문항에 대해 응답자 전체는 67.3%, 50대는 76.6%의 높은 긍정 응답률을 보였다. 하지만 '노후(은퇴 후)를 위해 저축/연금 등 재정적 준비를 전혀 하지 못하고 있다' 라는 문항에 22.4%의 긍정 응답률을 보였다.

(6) 온라인 사교e-Socializing

SNS를 통해 타인과의 온라인 소통을 즐기는 라이프스타일이다. SNS가 삶의 질을 높여주고, 신뢰할만한 매체라고 인식하는 동시에 소통수단으로서 음성보다 편리하다고 생각하는 젊은 세대들이 많았다. 'SNS는 나의 삶의 질을 높여준다', 'SNS에서 사람들이 말하는 이야기나 견해를 신뢰한다', '전화 거는 것보다 문자나 SNS로 대화하는 것이 더 편하다' 라는 질문에 응답자 전체는 각각 32.5%, 32.6%, 38.6%, 20대는 37.4%, 34.4%, 42.4%의 긍정 응답률을 보였다.

(7) 이동성Mobility

스마트폰 등 모바일 기기를 적극 활용하여 일과 삶을 바꾸어 가는 라이프스타일이다. 스마트폰으로 인한 연결Connectivity로 새로운 공간과 시간이 만든 편리한 일상을 향유하고 있다. '언제 어디서나 지인들과 연결된 느낌이다', '스마트폰으로 인해 대중교통도 매우 다양한 활동의 공간이 된다', '궁금한 것이 생기면 바로 스마트폰을 이용해 검색한다' 라는 질문에 각각 46.4%, 58.7%, 78.4%의 긍정 응답률을 보였다.

2) 라이프스타일 키워드로 본 세대별 특징

10대부터 50대까지 각 세대들을 7가지 라이프스타일 관점에서 본다면 어떠한 특징이 있을까? 각 세대별 특징을 살펴보자.

(1) 학업 스트레스에 시달리는 '나' 중심의 10대

10대는 7가지 라이프스타일 중에서 개인화Individualism 성향이 가장 높았다. 공동체보다는 자기 중심적, 자기애(愛)적 사고를 가지고 있는 것으로 나타났다. 핵가족화 등 가족문화의 변화가 10대들의 자기애(愛)적 사고에 영향을 준 것으로 보인다. 10대들은 집단 보다 개인 우선의 가치관에 높은 긍정 응답수준을 보였다. 예컨대 '공익을 위한다고 해도 나의 권리가 포기되거나 제한될 수는 없다' 라는 질문에 응답자 전체는 36.8%, 10대는 45%의 긍정 응답률을 보였다.

10대는 개인 중심의 결혼관을 가지고 있었다. '결혼은 부모님의 의사보다는 나의 선택이 중요하다' 라는 질문에 응답자 전체는 69.1%, 10대는 76.4%의 긍정 응답률을 보였다.

또한 적성을 중시하는 교육관에도 강하게 긍정하였다. '자녀가 재능이 있다면 연예인이나 운동선수가 되도록 밀어주고 싶다' 라는 질문에 응답자 전체는 65.6%, 10대는 69.3%의 긍정 응답률을 보였다.

한편 10대들은 모든 세대 중에서 스트레스를 가장 많이 받는 것으로 조사되었다. 평소 스트레스 정도를 묻는 질문에 10대는 52%, 20대는 44%, 30대는 49%, 40대는 47%, 50대는 48%로서 10대의 스트레스 정도가 가장 높았다. 가장 큰 스트레스 요소는 학업(83%)과 수면부족(58%)이었다.

(2) New 라이프스타일을 선도하는 20대

20대는 한국의 라이프스타일을 선도하는 트렌드 리더trend leader다. 7가지의 라이프스타일중에서 20대가 가장 높은 긍정응답 값을 보인 라이프스타일은 총 4개로서, 개인화Individualism, 온라인 사교e-Socializing, 이동성Mobility, 현실주의Realism가 이에 해당한다.

20대는 다른 세대보다도 개성을 추구하고, SNS를 통한 소통과 스마트폰을 즐기며, 전통보다는 실리를 중시하는 성향을 보인다. 예컨대 20대는 '원칙과 격식보다는 융통성을 중시한다', '남자가 육아를 하고 여자가 돈을 벌 수도 있다' '필요하다면 처가살이도 괜찮다' 라는 질문에 59.9%, 52.8%, 53.5%로 모든 세대 중에서 가장 높은 긍정 응답률을 보였다.

또한 20대의 라이프스타일 중에서는 이동성Mobility이 가장 높은 인식 수준을 나타내는 것으로 조사되었다.

(3) 일과 삶의 균형을 추구하는 30대

30대는 가족 가치와 삶의 의미Meaning 찾기를 가장 중시하는 모습을 보인다. 가족 가치와 의미 찾기 라이프스타일은 상호 연관성이 높다. 일과 삶의 불균형 속에서 살아가는 사람들이 인생의 의미를 찾는 영역 중에 하나가 가족일 수 있기 때문이다.

조사 결과, 30대는 다른 세대보다 가족의 중요성을 가장 크게 느끼고 있었다. '직장에서 성공하는 것보다 가정생활이 더 중요하다' 는 질문에 응답자 전체는 43.2%, 30대는 52.2%의 긍정 응답률을 보였다.

특기할 만한 사항은 30대 남성의 행복도(행복감에 대한 긍정 응답률 70.3%)가 다른 세대의 남성(행복감에 대한 긍정 응답률 58%)보다 높았다는 것이다. 그리고 30대 남성의 행복 요인 중에서 가장 큰 요인은 자녀로 나타났다.

(4) 집단적 가치에 익숙한 40대

40대는 가족을 가장 중시하는 모습을 보인다. '내 인생에서 가족이 제일 중요하다' 라는 질문에 83%의 매우 높은 긍정 응답률을 보였다. 40대는 개인보다는 집단적 가치를 우선시 여기는 것으로 나타났다. '조직보다 개인이 우선이라고 생각한다' 라는 질문에 모든 세대 중에서 가장 낮은 31%의 긍정 응답률을 보였다.

80년대 민주화 운동 경험 등 타인과 협력하는 문화에 익숙한 40대는 집단적 가치를 위한 개인 희생에도 관대하다. 예컨대 '사회보장이나 복지 확대를 위해 세금을 더 낼 수 있다' 라는 질문에 모든 세대 중에서 가장 높은 37%의 긍정 응답률을 보였다.

또한 40대는 비주류 문화 등 문화적 다양성에 대한 수용도가 가장 낮았다. '언더그라운드 문화(독립영화, 홍대 앞 문화 등)를 즐긴다' 라는 문항에 모든 세대 중에서 가장 낮은 8%의 긍정 응답률을 보였다(10대는 22%, 20대는 31%, 30대는 15%, 50대는 11%).

(5) 원칙을 중시하는 웰빙 50대

50대는 가족Home과 건강Body을 최우선으로 여기고 있다. 50대는 건강을 가장 중시하는 세대로 조사되었다. 50대의 건강 중시 성향은 농산물 직거래 쇼핑, 텃밭 가꾸기 등 새로운 라이프스타일에서도 나타난다. '전화, 인터넷, 지인을 통해 제철 재료, 특산물을 산지(현지)에서 구입한다' '안전을 위해 야채 등을 집에서 직접 길러 먹는 것을 고려한다' 라는 질문에 모든 세대 중에서 가장 높은 30%, 28%의 긍정 응답률을 보였다.

50대는 원리 원칙을 중시하는 것으로 조사되었고, 이러한 특성은 그들의 윤리적 소비 성향으로 이어지는 것으로 보인다. '원리 원칙을 중요하게 여긴다' , '좋은 물건이더라도 부도덕하거나 불공정한 방식으로 판매하는 기업(업체)의 제품이라면 사지 않는다' 라는 질문에 모든 세대 중에서 가장 높은 71%, 57%의 긍정 응답률을 보였다.

한편 50대는 최근 사회의 빠른 변화에 힘들어하고, 젊은 세대 중심으로 변하는 사회의 모습에 대해 아쉬움을 보였다. '사회가 너무 빨리 변해서 따라가기 힘들다' '요즘 지나치게 젊은 세대 중심으로 사회가 변하고 있다' 라는 질문에 모든 세대 중 가장 높은 52%, 74%의 긍정 응답률을 보였다.

소비자트렌드 읽기 6-3

2013년 대한민국 라이프스타일 키워드 'Creative Doors'

한화그룹의 광고대행사 한컴은 2013년 현재 한국 사회 속 핵심 라이프스타일을 찾고 이를 창의적으로 활용하기 위해 '한컴 2013년 사회 라이프스타일 리포트social lifestyle report'를 발표했다.
사회, 경제, 문화심리, 현상, 사건 등을 종합적으로 바라보는 STEEC(Society, Tendency, Economy, Event, Cultural Psychology) 분석과 연간 약 9,000명의 소비자 정량조사 분석으로 13가지 키워드를 제시했다.

▲ Colorful Identity: 일인 십색의 시대
한 명의 개인이 다양한 아이덴티티를 가지는 일인 십색의 시대.
위기가 일상인 이 시대를 살아가는 사람들은 모든 것이 경쟁인 시대에 살아가고 있다.
이는 인간욕구의 심화와 맞물려 나만의 가치와 개성을 외부로 표출하여 자신만의 색깔과 경쟁력을 돋보이게끔 몰아가고 있다. 이러한 현상은 소비자 측면에서 에고 컨슈머 Ego-Consumer의 등장을 촉발하고, 문화마케팅이 가속화되는 것과도 맞물려있다.

▲ Ready to Remember: 은퇴 후의 멋진 인생
또 한 번의 앙코르 무대를 준비하는 젊은 층
2013년 젊은 층들에게 노후준비는 베이비 붐 세대의 은퇴 후 모습, 불안한 경기 환경을 보면서 단순히 미래에 경제적인 여유를 누리고픈 것을 넘어, 이를 기반 삼아 현재 누리고 있는 기분 좋은 기억을 노후에도 지속시키고자 하는 바람이 함축되어있다.

▲ Ever-longed Happiness: 경험으로 행복 개척
소유와 관념 속 행복이 아닌 경험하는 과정 속에 꽃 피는 행복
2013년 행복은 관념적 정의에 머물러 있지 않고 다양한 경험으로 충족되고 육체와 정신이 모두 건강하며, 자신의 관심 영역에서 에너지를 발산해 나가는 그 과정에서 진정한 행복을 느끼는 과정상의 행복이 중요해져야 함을 제안.
향후 자기계발, 건강한 삶, 타인과의 교류 등 자신의 관심 영역에서 개인이 직접 몸을 움직여 에너지를 발산해 나가는 과정을 통해 얻는 행복이 중요해질 것을 시사하고 있다.

▲ Authentic Quality of Life: 양보다 질
Quantity가 아닌 Quality가 중요한 세상
2013년 한국 사회는 경제적, 물질적 양 중심의 삶이 아닌, 개인 만족, 즐거움이라는 삶의 질을 중시하는 삶으로 변화, 발전함으로써 자신의 인생에 대한 가치를 추구하는 세상이 되어야 함.

▲ Taming Analogue: 아날로그 감성 부흥
첨단의 디지털시대, 아날로그 감성으로 다스리기
단순히 아날로그의 회기가 아닌, 디지털의 장점과 아날로그 장점의 조화롭고 창조적인 결합

▲ Inspire Action: 용기와 희망을 고무하는 적극성
나의 움직임이 새로운 용기와 희망이 된다.
불안한 시대를 극복하는 해법은 움츠려들고 숨는 것이 아닌, 좋은 신호가 올 때까지 기다리는 것이 아닌, 무엇이든지 내가 스스로 움직여, 누구보다 먼저 행동으로 옮기는 것.
2013년은 적극적으로 나를 움직임으로써 희망과 용기를 찾고, 기업에서도 소비자들의 행동과 적극적 참

여를 유도하여 행동하게 하는 것이 얼마나 멋진 것인가 알려주는 활동 필요

▲ Very Cool Family: 쿨한 가족
따로 또 같이, 독립과 화합이 공존된 쿨한 가족이 되자.
바람직한 가족상이란 서로에게 무조건적인 의지와 사랑의 베품이 아니라 서로의 존재감을 인정해주며 독집적인 개체로 인정해주는 것, 한마디로 독립과 화합이 공존된 따로 또 같이의 쿨cool한 가족

▲ Enjoy the Raw: 솔직하게 표현하는 유쾌함과 당당함
날것의 즐거움. 키치와 삐끔 문화는 새로운 형태로 다시 부활
저속한 싸구려 사물을 지칭하던 키치는 어울리지 않을 듯한 것들의 존재하지 않는 조합을 만들어 내어 새로움을 만드는 원천이 되고 있다.
불안의 치유와 극복은 진짜 나를 만나고 인정하며, 그것을 솔직하게 표출하는 것
나만의 개성을 인정하고 그 개성을 유쾌함과 당당함으로 즐기는 것

▲ DarkBlue: 암울과 희망, 자유, 표출의 가치가 공존하는 시대
2013년 소비시장을 전반전으로 암울한 Dark 시대, 어렵고 힘들수록 나를 돌보고 감싸주는 Care, 스트레스를 날려버릴 수 있는 독특한 경험 enjoy, 나만의 차별적인 이미지를 표출할 수 있는 가치를 제시하는 곳에 대해서는 적극적으로 돈을 지불하는 Blue 시대

▲ Only Myself: 혼자서도 잘 놀아요
혼자 노는 사람들은 소극적이고 자신감이 없는 사람이 아니라, 자기계발에 관심이 많고 의사표현을 잘하며 능력있고 경쟁을 오히려 즐기는 사람이 많다는 결과
시간을 잘 활용하여 혼자만의 시간을 멋지게 보낼 수 있는 방법을 고민

▲ Open your Talent: 재능을 표출하는 시대
개인 재능을 숨기지 않고 밖으로 표출하는 세상
예전에는 자신의 생각을 숨기고 말을 아끼는 것이 미덕이었다면, SNS 시대를 맞아 소비자들은 혼자만 알고 있는 것이 아니라 사람들과 함께 나누고 지식을 증폭해 나가는 자기표현의 시대로 변화. 2013년도는 불안에 점점 움츠려드는 것이 아닌, 자신의 재능에 자신 있는 사람이 창의적인 생산물을 더 많이 생산

▲ Real Young: 미완의 거인들
가격에 민감하지만 자기를 위한 과시소비에도 적극적인 야누스적 성향을 지닌 젊은이들
자신을 과시함과 동시에 남들과는 다른 자신의 가치를 표출하고자 하는 심리적 기저를 스놉효과snob effect라고 하는데, 이는 경기불황에 특히 두드러지는 현상으로 20~30대의 젊은 소비자층에서 더욱 활발히 나타나고 있다.
합리적이면서 특별함을 추구하는 젊은층의 등장은 소비뿐만 아니라 문화향유의 주인공이 되고 있으며, 젊은 미완성의 그들은 오늘도 여전히 완벽한 거인이 되기 위해 진화하고 있는 중이다.

▲ Social Entertainment: 친목과 엔터테인먼트의 융합 SNS
2013년 SNS는 친목, 소통만의 메신저가 아니라 엔터테인먼트를 위한 메신저로 즉 소셜 엔터테인먼트로서의 역할이 확대, 강화
기업의 입장에서 SNS 기반으로 한 소셜 엔터테인먼트 마케팅 활동에 성공하기 위해서는 자발성, 호기심, 재미의 요소가 충족되어야 함

출처 : www.hancomm.co.kr,

Part 2

한국 및 주요국의 소비자트렌드

Chapter 7

미국·일본·중국의 소비자트렌드

Chapter 7

미국·일본·중국의 소비자트렌드

소비자트렌드를 이해하기 위해서는 우리 주변의 현재 상황을 잘 읽고, 미래를 전망하여 이를 전체적인 시각으로 관찰하고 이해하는 능력이 필요하다. 어떤 트렌드는 여러 나라에서 공통으로 나타나는 현상이기도 하고, 또 어떤 트렌드는 그 나라에서만 중요하게 인식되기도 하기 때문에 소비자트렌드를 분석하기 위해서는 거시적인 관점에서 정확한 정보를 가지고 있어야 한다.

본 장에서는 우리와 밀접한 관계에 있는 미국, 일본, 중국 등 주요국의 소비시장과 소비트렌드를 살펴봄으로써 전체적인 시각에서 소비자트렌드의 변화를 이해해 보자.

글로벌 금융위기 이후 전반적으로 늘어난 실업율이 좀처럼 줄어들고 있지 않은 가운데 소득의 양극화 현상은 심화되고 있다. 2011년 초부터 중동지역의 정세 불안, 일본의 대지진, 남유럽의 재정위기 확산 등 세계 도처에서 불확실성이 지속되고 있어 글로벌 금융위기 이후 움츠러들었던 소비심리가 회복되는 데까지는 아직도 시간이 더 필요할 것으로 보인다. 불황기를 겪으면서 글로벌 시장의 소비자들은 더욱 스마트해지고 있다.

KOTRA는 해외 무역관을 통해 해외시장의 소비트렌드를 분석하여 2012년 소비시장에서 주목해야 할 7대 트렌드를 도출 했다(2012).

1. 멀티포지셔닝 :

경기침체, 소비심리악화로 소비자들은 당연히 가격이 저렴한 제품에 대한 선호도가 높아지고 있으며, 인터넷과 SNS 활용으로 브랜드, 가격, 품질, 서비스를 보다 쉽게 비교할 수 있게 됨에 따라, 가격과 품질 둘 다를 만족시키는 멀티포지셔닝 제품을 선호하게 될 것이다.

2. 스크린:

스마트폰, 태블릿 및 '클라우드' 의 보급 확대로 소비시장에서 스크린문화가 확산될 것으로 전망한다. 아울러, 스마트폰 등 스크린문화의 급속한 확산으로 Wifi 공유기, LTE 기지국, 클라우드를 위한 기업용 대용량 스토리지 및 서버 컴퓨터 등의 수요도 증가할 것이다.

3. 시간절약:

맞벌이부부증가, 시간에 대한 인식변화 등으로 소비자의 '시간절약에 대한욕구' 를 충족시킬 수 있는 제품이 각광받을 것으로 전망했다. 특히, 가정에서 매일 사용하는 일상제품을 선택함에 있어 일회용 상품의 수요가 증가하고 있으나 가격이 합리적이 않거나 승인되지 않은 제품은 구매하지 않는 경향을 보였다. 조작이 쉽고 간편하게 사용 할 수 있어 시간을 절약 할 수 있는 상품에 대한 선호도 증가할 것이다.

4. 웰빙 먹거리:

경제성장, 건강과 환경에 대한 인식제고 등에 따라 유기농 제품, 건강 보조식품 등 웰빙 식품에 대한 인기가 지속될 것으로 전망했다. 일부지역에서는 방사능 누출, 멜라닌 파동, 카드뮴 쌀, 가짜 식용유등 사회적인 문제가 된 유해식품과 파동으로 인해 식품의 안전성에 대한 논란이 증폭됨에 따라 소비자들은 더 이상 유기농 제품이라고 해도 모두 안전하다고 생각하지 않고, 믿을 수 있는 유통채널이나 브랜드를 통해 검증된 식품을 구매하려는 경향이 증가할 것이다.

5. 에너지절약:

중국, 인도 등 신흥국의 수요증가에 따라 석유, 석탄, LNG등 발전용 에너지 가격이 오르고 있으며 원자력 발전에 대한 불신까지 가세하여 전기요금이 상승 추세를 탈것으로 전망됨에 따라 절전상품에 대한 인기는 지속 될 것이다. 또한 에너지 절약 제품에 대한 각국 정부의 보조금 지원도 절전, 절수상품에 대한 수요를 부추기도 있어 비용을 더 지불하고도, 에너지를 절약할 수 있는 상품을 선호하게 될 것이다.

6. 친환경:

최근 태국의 홍수사태나 동일본 대지진으로 인한 원전피해 등으로 기후변화와 환경에 대한 관심이 전 세계적으로 더욱 고조되고 있어, 친환경상품에 대한 관심이 지속 될 것으로 전망했다.

7. 무소유:

일반적으로 한 제품을 '소유' 하는 데는 책임과 비용 및 구속력이 따르는데, 소비자들은 점점 편안함과, 다양한 경험을 추구하고자 하면서도 이에 대한 비용과 의무를 부담하기 꺼려하는 경향이 증가하여, 소비자들은 제품을 고가로 구매하기 보다는 불필요할 때 빌려 쓰거나 나누어 사용하는 리스lease방식을 선호할 것이다.

1. 미국의 소비자트렌드

미국은 최근 서브프라임 모기지 사태, 부동산시장 몰락의 금융위기와 잇단 해고사태, 퇴직연금 감축 등 각종 악재가 겹치면서 소비시장이 거의 전례없는 최악의 상태로 관측된다.

소비시장 전문가인 마이클 니미라는 "고객들이 갑자기 쇼핑을 중단해 버렸다" 며 소비시장의 침체 실태를 한마디로 설명하고 있다. 실제로 대형 유통업체들도 판매실적이 전 달에 비해 최소 10% 이상 감소하고 있으며, 의류 뿐 아니라 가전제품 등을 25~50%까지 할인하는 등 손님끌기에 안간힘을 쓰고 있다.

1) 미국 소비시장의 변화

이러한 경제사회의 전례없는 불황은 소비자의 소비패턴도 바꾸어 놓고 있다.

소비자들은 지금의 경제위기 속에 소비심리가 위축되고 그에 따라 소비자들의 구매가 매우 신중해 졌다. 따라서 소비자들은 차별화되는 실용적인 제품을 선호하고 그에 따른 품질보장과 서비스를 한차원 더 높은 것을 강하게 원하고 있다.

경기침체, 특히 금융위기 이후 미국인들의 가치지향 태도가 점차 확연하게 나타나고 있어서 상품, 서비스, 투자 등 자신이 돈을 지불하는 모든 대상에 대해 지출 대비 효용에 대해 꼼꼼히 따져보고 있다. 즉 자신이 지불하는 금액대비 최고의 가치를 얻으려는 소비태도를 보이면서 '가격' 이 구매를 좌우하는 핵심요소가 되고 있다. 'Trade Down' 이 주요 구매패턴으로 자리잡고, 최저의 가격으로 최고 가치를 찾아내는 '리얼 딜' real deal을 추구하고 있다.

최근 미국 소비시장의 커다란 변화를 정리해 보면 다음과 같다.

① 점점 명품의 이미지 가치가 하락하고 있다.
스타벅스의 최초 쿠폰 도입, 기업간의 전략적 동맹이 늘고 있다.

② 꼭 경제침체라고해서 저가상품이 잘 팔리는 것이 아니다.
오히려 경제침체일수록 명품에 대한 사치 및 소유심리가 더욱 높아지는 것으로 확인되었다. 소비자들은 경기침체에 따른 정당한 가치교환 또는 그 이상의 만족감을 원하므로, 기업은 '품질' 과 '서비스' 에 더욱 집중할 필요가 있다.

- 아이디어 상품, 독특한 상품에 대한 구매욕구가 크다.
- 최고의 품질을 내세워 고가라도 고객이 구매할만한 가치가 있도록 하거나, 가격을 확실히 낮춰 동종업체 제품과 차별화되는 것에 소비자수요가 있다.

③ 어중간한 품질과 가격, 즉 미들middle시장은 줄어들고 있다.
미국 소비시장은 가격을 기준으로 크게 3등분할 수 있는데, 미들마켓은 죽고 하이high와 로우low마켓만이 커지는 양극화 추세이다. 조금이라도 더 싼 제품을 구입하고자 하는 소비자들이 늘면서 절약 노하우를 제공하는 온라인 사이트도 인기다. 현재의 생활수준을 유지하면서 비용을 절감할 수 있는 방법 등과 함께 각종 할인쿠폰 정보를 얻기 위해 관련 사이트를 찾는 소비자가 늘고 있기 때문이다. 대표적 정보제공 사이트인 세이빙넛 www.savingnut.com의 경우 최근 하루 평균 방문자 수가 20%나 증가했다.

이러한 경제적 위기 속에 다음과 같은 소비트렌드가 나타날 것이며 이에 따른 관련제품의 구매도 늘어날 것으로 전망된다.

- 소비트렌드 1 : 홈 쿠킹은 증가, 외식 자제
  부엌용품, 식료품 보관 관련 기기(ex. 냉장고)
- 소비트렌드 2 : 유류비절약, 경제적 이동수단 선호
  가정용 엔터테인먼트 제품(ex. 게임기, 영화, 만화)
- 소비트렌드 3 : 심리적 공황 보상 위해 럭셔리 룩 추구
  중저가 패션 악세서리, 스몰 럭셔리 제품, 립스틱
- 소비트렌드 4 : 비용절감을 위한 'D. I. Y.' 증가
  주택 수리제품, 미용제품, 가정용 싱크대 및 수도꼭지, 염색약, PB제품, 가정용 금고

실제로 실물경기 위축후 지갑이 얇아진 미국소비자들의 구매패턴이 변하고 있다(코트라, 2008, 미국 금융위기속에 뜨는 상품).

웰빙에 대한 관심이 높아지면서 한동안 외면 받았던 스팸은 올해 들어 두 자리 숫자의 매출신장을 기록했다. 값비싼 육류의 대체품으로 인기를 끌고 있기 때문이고, 샌드위치 주재료였던 칠면조에 대신해 땅콩버터의 매출이 늘고 있다.

유가상승으로 스쿠터와 전기자전거가 큰 인기를 끌면서 스쿠터 판매실적은 작년보다 2배 가까이 증가했고, 아마존닷컴이 7월에 판매한 전기자전거 매출액도 지난해 같은 기간에 비해 60배나 늘었다.

구매패턴이 바뀌면서 '99센트 온리99Cent Only' 등 한국의 '1000원 샵'과 비슷한 개념의 매장들이 인기다. '코스트코'나 '월마트' 같은 할인매장을 이용하는 소비자도 크게 늘었다. 실제로 올 8월 미국의 대형백화점 '노드스트롬'과 '제이씨페니'의 매출이 각각 8%, 5% 감소한 반면 대형할인점인 '코스트코'와 '월마트'의 매출은 각각 9%, 3% 증가했다.

대형할인점 이용이 증가함에 따라 과일, 야채 등을 대량구매 후, 냉동보관할 수 있는 냉동고가 인기를 끌고 있다. 시장조사 전문기관인 NPD에 따르면 올 상반기 냉동고 판매량은

전년 대비 7% 증가한 데 반해, 다른 가전제품은 -8% 감소를 보이고 있다.

값비싼 제품을 살 수 없는 욕구불만을 해소코자 립스틱과 같은 필 굿 팩터feel good factor가 있는 스몰 럭셔리 제품매출이 증가하고 있다. 이러한 현상을 두고 에스티로더의 회장인 Leonard Lauder는 '립스틱 이론Lipstick theory'을 제시한 바 있으며, 실제로 9.11 사태 이후 립스틱 판매는 2배 이상 증가하였다.

경기침체로 말미암아 전면적인 부엌 리노베이션이나 지붕 개조공사에 대한 수요는 급감한 반면, 적은 비용으로 분위기를 바꿔줄 수 있는 싱크대나 수도꼭지 등에 대한 대체수요는 증가하고 있다.

〈표 7-1〉은 최근의 경제위기에 따른 소비패턴의 변화를 정리한 것이다.

표 7-1 | 미국 소비시장의 소비패턴 변화

줄이고 (⬇)		늘리고 (⬆)
백화점(노드스트롬, 제이씨페니)	쇼핑장소	대형할인매장(월마트, 코스트코,패밀리달러)
일반가전	가전제품	냉동고
승용차	교통수단	스쿠터, 전기자전거
웰빙식품, 육류	식품구매	스팸
칠면조(샌드위치재료)		땅콩버터
네일살롱	미용방법	가정용 손톱손질도구
부엌리노베이션, 지붕개조공사	집안공사	싱크대, 수도꼭지
럭셔리제품	구매욕구	스몰럭셔리제품(사탕,립스틱)
	절약노하우제공	세이빙넛(온라인사이트)

출처 : 코트라(2008, 10), 미국 금융위기속에 뜨는 상품

소비자트렌드 읽기 7-1

미국 소비제품 핵심 트렌드는 '편리성'

미국 P&G사가 최근 내놓은 세탁용 비누 '타이드 포즈'는 세탁은 물론 얼룩제거에 색상까지 밝게 해주는 등 세가지 기능을 동시에 갖고 있다. 이 신상품은 전문가들로부터 미국 세탁비누시장의 판도는 물론 소비자들 세탁습관까지 바꿔 놓을 제품으로 평가받았다.

KOTRA가 최근 발표한 '올해 주목해야 할 미국의 10대 소비트렌드와 신제품' 보고서에 따르면 P&G의 세탁용 비누처럼 미국에서 올해 새롭게 선보일 소비재 제품들은 소비자들에게 돈과 시간을 절약하고 편리성으로 현명한 선택을 했다는 느낌을 줄 제품들이 주종을 이룰 것으로 조사됐다. 이는 미국 소비자들이 좀 더 편리하고 손쉽게 사용할 수 있는 제품에 대한 선호도가 크게 높아졌다는 분석에 바탕을 두고 있다.

이런 소비트렌드를 반영한 10대 제품은
▲제품 하나로 모든 것을 편리하게 해결할 수 있는 복합제품(P&G의 타이드 포즈 3가지 기능 세탁비누)
▲개인맞춤형 제품(킴벌리 클락사의 가족사진 새긴 마이 클린넥스티슈 2.0와 맞춤형 간식)
▲단순하고 편리한 식사준비 제품(크래프트사의 샐러드 저녁패키지)
▲한 제품으로 여러가지 해결하는 제품(에스씨존슨사 유리창, 가구, 화장실 동시 청소제품) 등이다.

또 외국식품들이 주류시장으로 확대되고 집에서 직접하며 빠르고 손쉽게 먹을 수 있는 건강식품과 건강음료와 에너지 드링크의 만남 등도 10대 상품반열에 올렸다

출처 : 내일신문, 2012.02.21

2) 미국 소비트렌드

최근 미국에서 대두되고 있는 소비트렌드 변화를 파악해 보자.

(1) 소비의 양극화

저소득층과 중산층이 2008년부터 시작된 경기불황의 영향을 지속적으로 받는 가운데, 구매력을 다소 회복한 고소득층이 고급제품을 중심으로 소비를 늘리고 있으며, 가치중심 소비value centered consumption 경향이 보이고 있다. 고소득층은 웰빙 프리미엄 소비로 회귀하나 경제력을 회복하지 못한 중산층의 구매력이 하락하는 가운데, 저소득층은 품질이 보장된 저가 제품에 대한 소비가 늘고 있다.

따라서 고급 제품 소비와 저가 제품 소비로 양분화된 소비시장이 나타나고 있다.

(2) 부담 없는 가격과 보장된 품질

가격이 싸다고 해서 무조건 낮은 퀄리티를 인정하지는 않는 소비자들은 적정한 가격과 보장된 퀄리티를 찾고 있다.

P&G는 지출을 줄이면서도 일정 품질을 보장받기 원하는 저소득층 소비자를 타겟으로 38년 만에 처음으로, 저가 · 대용량 주방용 세제 'Gain' 출시하였다. 그 결과 높은 매출성과를 얻었다.

(3) 렌탈로 더 싸게, 다양하게, 많이 누린다

bagborroworsteal.com : 핸드백, 액세서리, 디자이너 브랜드 신상 등 다양한 패션 용품에 대한 렌탈 서비스를 해주는 사이트

www.renttherunway.com : 평균 일주일에 200불 정도 가격으로 런웨이 디자이너들의 신상품을 렌탈해주는 온라인 서비스

(4) 온라인 알뜰 소비 : 온라인 핫 이슈 Flash Sale

플래시 세일 사이트(기본적으로 정해진 짧은 시간 동안 70~80% 대폭 할인된 가격으로 판매하는 형식과 소셜쇼핑 방식을 결합한 판매)의 등장은 온라인 소비시장 증대에 큰 영향을 미쳤으며 특히 프리미엄 패션 소비 확대에 견인차 역할을 하였다. 미국의 대표적인 플래시 세일 사이트에는 HauteLook, Zulily, Guit.com, ideeli.com, Rue LaLa, MyHabit.com 등이 있으며, 2007년 Guil.com이 처음 등장한 이후 2011년 9월 방문자 수는 2010년 동월

대비 68% 증가할 만큼 빠른 성장을 계속하고 있음.

1829 밀레니얼스와 X세대, 최근 베이비부머에 이르기까지 플래시 세일 사이트의 인기는 지속되고 있다. 오프라인에서 정가를 주고 상품을 사는 것에 대해 비싸게 주고 산다는 인식이 강해져 중산층부터 프리미엄 타겟에 이르기까지 폭넓은 플래시사이트 매니아층이 형성되어 있다. 또한 플래시세일 사이트에서는 e-gift card로 친구나 가족, 동료의 생일, 기념일 등에 선물할 수 있는 서비스를 제공하고 있음.

(5)온라인 알뜰 소비 : 더 싸게, 더 많이 Daily-Deal

계속되는 불경기와 더불어 이미 파격적 세일에 익숙해진 소비자에게 오프라인에서의 "정가"는 실제 가치보다 비싸게 느껴진다. 최대 95%까지 파격 세일을 하는 데일리 딜Daily-Deal 사이트에 대한 이용률은 2011년 상반기까지 폭발적 성장을 지속하다가 2011년 하반기 그 열기가 살짝 꺾이는 듯 했으나, 여전히 매력적이다. 이 데일리 딜 사이트를 통해 식음료, 외식에서 엔터테인먼트, 레저 아웃도어 라이프, 의료서비스, 여행에 이르기까지 더 좋은 가격으로 더 많은 제품과 서비스를 받기 위해서 매일 상당한 시간을 소비하고 있다.

대표적인 Daily deal 사이트로는 국내에서도 유명한 Groupon, 최근 소비자들 사이에서 좋은 평가를 받고 있는 LivingSocial, Woot, Eversave 등이 있다.

(6) WellthyWellbeing + Healthy 웰빙과 건강 두 마리 토끼

경기침체와 더불어 건강과 관련한 지출 감소하고, 회사와 정부에서 건강보험료를 줄이기 위해 건강을 위한 노력 촉구하고 있다. 최근 스마트 폰 사용의 확대와 더불어 건강관련 어플리케이션과 소셜 미디어의 증가하고 있다.

또한 건강에 대한 지속적인 관심과 건강 관련 운동 및 식이요법에 관심이 커지고 있다. 갤럽연구소에 따르면 미국의 웰빙지수Wellbeing index :WBI는 2012년 3월 기준 66.8로 나타났으며, 이는 점차 증가하는 추세이다. 웰빙지수는 신체적, 경제적, 사회적 웰빙을 모두 포함하는 것으로 최근 안전한 천연 먹거리와 건강에 대한 관심이 높아지며 정신적, 경제적 웰빙을 동시에 추구하고자 하는 움직임이 커지고 있음.

(7) 더 빠르고 쉽고 간편하게!

집안일을 할 시간이 부족해짐에 따라 제품기능에 대한 니즈가 커지고, 정보공유와 새 디지털 기기의 등장으로 늘어난 정보 속에서 단순성이 강조되며, 빠르고 간편한 것에 대한 욕구 증가하고 있다.

과거 소비자들이 많은 선택권을 갖기를 원하고 그 중에서 자신의 라이프스타일에 맞는 것을 선택하고자 했던 것과는 대조적으로, 편리하고 쉬운 것, 효율적인 제품을 찾게 되었다. 여가 생활을 더 풍요롭게 누리고 싶어하는 요즘의 소비자들은 매일의 일상을 간편하게 최소한의 시간을 투여해 해결 할 수 있는 제품들을 원하고 있어 돈과 시간을 절약할 수 있는 제품이 시장에서 각광받게 되었다.

간편성에 대한 욕구는 음식소비에서 부터 변화를 가져왔으며, 기존의 요리시간을 단축시킬 수 있는 간편 조리식품의 소비가 증가하고 있다. 젊은 층은 빠르고 싼 것을 추구하지만 30세 이상은 몸에 좋으면서도 간편하게 즐길 수 있는 식품을 선호하고 있다.

간편성과 편의성을 추구하는 소비가치의 변화는 홈 가전이나 부엌 가전 등에서도 복잡한 기능 옵션보다 필요한 기능만을 탑재해서 간편성을 높이고 가격을 낮춘 제품과 기존의 요리를 간편한 조작만으로 완료할 수 있는 제품들에 대한 선호도가 높아질 전망이다.

(8) 편리한 다기능

디지털 IT기술 간의 지속적인 융·복합과 한 제품을 다양한 용도로 사용하여 절약하려는 니즈가 증가하고 있다. 또한 주택규모가 작아짐에 따라 적은 공간을 잘 활용하기 위한 아이디어 요구되어 한 장소에서 모든 것을 해결하고자 하는 니즈가 증대되었다.

디지털과 아날로그의 경계를 넘은 융합 및 복합이 계속되고 있으며, 소비자들은 한 제품을 구입하여 다양한 용도로 사용함으로써 여러 개를 구입해야 하는 비용을 줄일 수 있다.

2. 일본의 소비자트렌드

일본 경제는 90년대 거품(버블)경제가 붕괴된 이후 개인소득 감소에 따른 소비의 극심한 위축으로 100엔숍과 같은 저가제품 전문매장이 큰 인기를 보이고, 과시형 소비보다 실용적이고 개성적인 소비활동이 확산되었다.

일본 소비시장은 2011년에 발생한 대지진에 대한 복구 수요에 따른 성장세 회복에 힘입어 완만한 확대 기조를 보이면서 그 동안 고질적으로 문제가 되어 왔던 물가하락, 디플레이션 현상이 다소 완화되고 있으나, 불경기가 여전히 지속되고 소비세 증세가 결정되는 등 장래가 불투명한 상황에서 소비자 심리도 경직된 상황이다.

특히 2008~2009년의 저가격 지향 및 2010년의 '푸치 사치(푸치는 프랑스어 'Petit' 가 어원으로 조그만 사치라는 뜻)' 경향이 지속되고, 2011년의 상품의 본질적 성능에 끌리는 트렌드가 한층 강화되고 있다.

1) 일본소비시장의 특성

일본은 선진국 중에서 상대적으로 소비자의 지역, 소득에 따라 소비자의 소비성향 및 격차가 크지 않으며, 소비자의 안목이 매우 높다. 내수 시장의 규모가 큰 만큼 품질, 가격, 디자인 등 상품에 대한 기업간 경쟁이 매우 치열하다.

일본 소비시장의 특성은 다음 4가지로 정리해 볼 수 있다.

① 브랜드 이미지 중시

- 대부분의 소비자들이 브랜드별 품질, 평판 등을 잘 알고 있으며, 고가품일수록 특히 브랜드 이미지를 중시한다. 중산층 이상의 경우 패션용품을 중심으로 고급브랜드에 대한 애착이 매우 강한 편이다.

② 까다로운 상품 기호

- 제품에 대해 소비자가 인식하는 품질과 애프터서비스에 대한 요구수준이 매우 높고 엄

격하다. 품질면에서 여러 상품을 비교해 보고 카탈로그와 일일이 대조해 보는 등 지극히 꼼꼼한 소비성향을 보인다. 예를 들어 식료품의 경우 신선도와 더불어 외관상으로도 깨끗해야 하며, 의류는 품질은 물론 끝마무리가 잘 되어 있는가를 확인하고 구매한다.

③ 다양한 디자인과 개성 요구

- 일본의 소비시장은 없는 제품을 신규 구입하기 보다는 기존제품보다 한 수준 높은 제품에 대한 수요가 왕성하기 때문에 소비자의 수요는 상품의 디자인과 개성 추구에 영향을 많이 받는다.

④ 소비의 국제화 진전

- 수입증가와 더불어 외국산 제품의 수요가 확대되고 있는 등 소비의 국제화가 심화되는 추세이다. 수입은 미국, 유럽 등 고가품 시장과 중국 등 저가품 시장으로 양분되고 있다.

일본 소비시장의 이해를 위한 키워드는 다음 10가지로 요약해 볼 수 있다.

(1) 오타쿠 문화

특정문화에 집착(열중)하는 현상으로 '댁' (2인칭)에서 유래된 말이다. 이 문화로 인해 일본은 캐릭터산업, 미니어처, 피규어 산업이 발달하였다. 오타쿠들이 좋아하는 상품들이 모여 있는 도쿄의 아키하바라 시장 규모는 약 2,900억엔에 달한다.

(2) 단카이세대

일본 전후(47~49년) 베이붐 시대에 태어난 사람들을 '단카이 세대' 라고 부른다. 이들은 일본의 고도경제성장을 이끌어 온 주역들이다. 2007년은 이들이 정년을 맞는 첫해로, 향후 2~3년 동안 대량으로 정년 퇴직자가 양산됨으로써 일본 경제와 기업환경에 큰 변화가 일어날 것으로 예상된다. 또한, 이들은 퇴직금, 연금으로 풍부한 자금[1]을 보유하고 있는 시니어 소비계층이기도 한다.

---

1 단카이 세대를 대상으로 한 최근 조사에 따르면 퇴직후 구입한 상품 혹은 구입 예정 상품으로 자동차(15.9%), 대화면 박형TV(11.5%), 디지털 일안카메라 등 고가품의 구매를 희망하고 있는 것으로 나타나, 이들의 높은 구매력을 알 수 있다(日本經題新聞, 2007. 12. 20).

(3) 브란도한(Brand品)

일본인들은 루이비통, 에르메스, 로렉스, 샤넬, 구찌, 불가리, 까르띠에 등과 같이 해외 명품브랜드 제품을 선호한다. 일본은 세계에서 가장 많이 명품 브랜드를 소비하는 나라이다.

아시아에서 가장 명품소비가 활발한 나라는 일본이다. 일본은 아시아 명품시장의 62%를 차지할 만큼 명품소비 대국이다. 그 중에서도 루이뷔통은 일본 소비자들을 '포로'로 만들어버릴 만큼 강력한 영향력을 행사하고 있다. 도쿄에 사는 20대 여성의 경우, 무려 94%가 루이뷔통 제품을 소지하고 있다는 분석이다. 루이뷔통의 전체 매출에서 일본시장이 차지하는 비중은 무려 88%에 달하고 있다. 일본 소비자들이 루이뷔통의 최대 곳간 노릇을 톡톡히 해주고 있는 것이다. 이밖에도 일본인의 주머니에서 벌어들이는 수입이 전체 매출의 40%를 넘는 명품 브랜드는 상당수에 이른다(주간 한국, 2008. 6. 2).

소비자트렌드 읽기 7-2

올해 일본의 소비 트렌드는 '대가족'이다.

지난해 대형 전자업체를 중심으로 이뤄진 대규모 감원과 날로 심각해지는 저출산 · 고령화, 동일본 대지진으로 세금 · 사회보험 부담이 커지면서 대가족 단위의 소비 경향이 뚜렷해지고 있다고 일본 경제주간지 닛케이비즈니스가 최신호(지난해 12월 31일자)에서 보도했다.

경제가 어려워지면서 가족들이 모여 공동으로 소비하고, 불필요한 지출을 줄이려는 경향이 점차 뚜렷해지고 있는 것이다. 예를 들어 지난해부터 갑자기 유행한 '가족 바비큐'도 이 같은 트렌드를 반영한다. 가족이나 친족이 모여 바비큐를 먹는다는 단순한 뜻의 가족 바비큐가 유행처럼 확산됐다. 그 영향으로 바비큐 관련 상품이 지난해에는 봄부터 가을까지 계절을 타지 않고 꾸준히 팔렸다.

그동안 1~2인 가구 소비자를 겨냥해 소용량 · 소형 포장에 주력해왔던 편의점조차 대가족을 위한 상품을 강화하는 추세다. 세븐일레븐 재팬의 가마타 야스시 상무는 "가족들이 모이는 경향이 확실히 뚜렷해지고 있다"고 말했다.

최근에는 3세대가 함께 여행하는 가족이 늘어나면서 '커넥팅 룸'을 늘리는 숙박업체들이 늘고 있다. 또 객실 내에 노래방 기기를 설치해 대가족 단위 여행객을 위한 편의를 도모하기도 한다. 대형 여행사들도 3세대에 초점을 맞춘 여행 패키지를 제공한다.

'2.5세대 주택'이라는 새로운 형태의 주택도 주목받고 있다. 건설업체 아사히카세이홈즈는 부모 세대와 자녀 세대, 여기에 독신 형제들이 함께 모여 사는 2.5세대 주택을 새롭게 선보였다. 함께 모여 살면 각자 흩어져 사는 것보다 지출을 줄일 수 있다는 점에 착안한 것이다. 가사나 육아를 도와줄 가족 구성원이 늘어나고 가계 수입도 늘어나는 효과가 있다. 이 회사 관계자는 "부모와 자녀가 같은 동네에 살지만 각자의 집에서 살거나, 같은 아파트 위아래 층에 살면서 생활을 공유하는 가정도 많다"고 설명했다. 평생 한 번도 결혼하지 않거나 이혼하는 사례가 점차 늘어나면서 2.5세대 주택 보급은 앞으로도 늘어날 전망이다.

출처 : 매경이코노미(2013), 제 1690호, 2013년 히트상품 키워드는 대가족

(4) 100엔 숍

10년 이상 지속된 일본의 장기불황은 100엔 숍, UNICLO(의류 전문체인점) 등 저가 체인점을 발전시켰다. 1991년 설립된 100엔 숍 체인점의 대표기업인 DAISO사의 경우 2006년 기준으로 9만여 개의 상품을 취급하고, 매장 수가 일본 전역에 2,400개에 달하며, 3,400억 엔의 매출액을 기록하였다.

(5) 마케이누

30대 독신여성을 지칭하는 말로 수필집에서 유래되었으며, 우리나라의 소위 '골드미스'와 비슷한 개념이다. 경제력을 갖춘 미혼여성이 급증하고 있는 일본의 시류를 표현하고 있는 것으로 이들은 소비시장에서도 미용, 패션 분야를 중심으로 상당한 영향력을 행사하고 있다.

(6) 세레브Celeb

'Celebrity' 즉 '유명인사'에서 유래한 말로 여기서는 기혼여성 중에서 수준 높은 생활을 영위할 수 있는 경제력을 갖추고 있는 세련되고 우아한 여성을 지칭한다. 이들을 대상으로 한 레스토랑, 호텔, 여행과 같은 각종 상품개발이 발달하는 추세이다. 마케이누와 마찬가지로 경제력을 갖춘 일본여성을 대상으로 한 소비상품 마케팅이 중요시 되고 있다.

(7) 격차사회

일본에서 소득격차가 점점 확대되고 있다, 원래 일본은 평생고용, 연공서열문화로 인해 세계에서 가장 소득격차가 없던 나라였으나, 장기불황을 거치면서 힐즈족(록본기 힐즈지역을 중심으로 형성된 신흥 벤처부호)과 같은 신흥 부유층의 등장과 실업자, 비정규직의 확대로 인해 소득격차가 크게 벌어지고 있다.

(8) 후리타

'free+arbeit'의 합성어로 학생, 주부가 아닌 젊은층 중에서 파트타임으로 일하는 노동력을 말한다.

(9) 인구감소

일본의 인구는 2006년을 정점으로 감소 국면에 진입한 것으로 추정되며 인구고령화 현상도 심화되고 있다. 이는 국내 소비인구의 감소와 함께 수출주도형 경제체제로 다시 전환되고 있음을 의미하며, 노인인구 증가에 따른 실버상품 마케팅이 중요해지고 있음을 의미한다.

(10) 한류

2004년 일본 히트상품 1위에 오른 '겨울연가'[2]는 일본 중년여성층에 한류를 뿌리내렸다. 영화, 드라마, 음악, 식품, 화장품 등 각종 한류관련 상품이 겨울연가를 계기로 큰 인기를 모았고, 한류 드라마 시청을 위해 DVD 플레이어를 처음 구입하거나, 비디오 렌털숍 가입을 하는 사례가 늘어나는 등 일본 중년여성의 소비 취향에 큰 영향을 미쳤다.

2) 일본의 소비패턴 변화

일본인의 소비스타일은 과거 비싸도 원하는 것을 사는 '고급지향' 과 상품에 대한 기호에도 불구하고 저가격을 중시하는 '가격지향' 의 양극화로 설명되어 왔다.

한편 최근에 강해지고 있는 소비 가치관으로서 '자기 생활양식(라이프스타일)에 의거하여 상품을 선택' 하기를 원하는 소비층이 늘어나고 있다.

이러한 점을 고려하면 일본 소비스타일을 다음 같이 분류 가능하다.

2 겨울연가는 '87년~'06년 20년간 일본 히트상품에서도 6위에 랭크되었다(닛케이 트렌디, 2007. 12월호).

그림 7-1 | 일본의 소비스타일의 분류

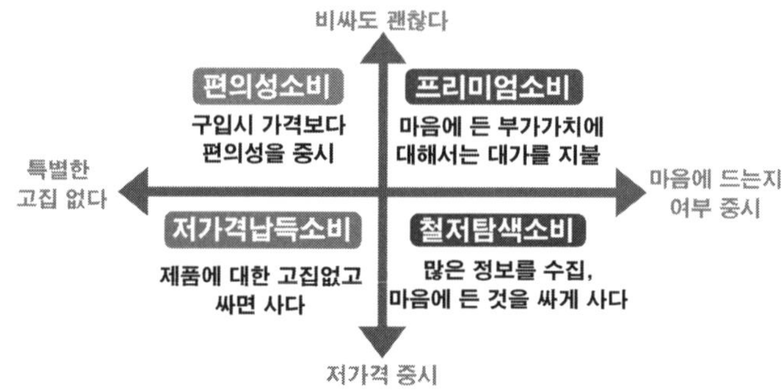

'프리미엄 소비' 란 마음에 든 부가가치에 대해서는 비싸도 비용을 선뜻 지불하는 소비스타일.

'철저탐색 소비' 는 상품에 대해 고집하면서 저가격도 추구하는 스타일이며, 좋은 제품을 싸게 사기위해 노력하는 스타일.

'편의성 소비' 란 철저탐색형과 대조적으로 상품에 대한 고집도 저가격도 중시하지 않은 스타일로 구입의 편의성을 중시하는 스타일.

'저가격납득 소비' 는 저가격만을 평가하는 스타일.

일본인 중 가장 많은 스타일은 '편의성 소비' 이다. 일본은 세계적으로 사례를 찾아보아도 장소에 상관없이 균일한 품질의 물건을 구입하는 것이 가능한데, 이 점이 반영된 것으로 볼 수 있다.

최근 일본의 소비패턴의 변화를 다음 4가지로 정리해 볼 수 있다(LG경제연구원, Japan Insight 54호 : 2012년 일본 시장 히트상품 동향과 한국의 기회).

(1) 디플레이션 완화로 고가격제품 선호

일본 소비시장은 2011년에 발생한 대지진에 대한 복구 수요에 따른 성장세 회복에 힘입어 완만한 확대 기조를 보이면서 그 동안 고질적으로 문제가 되어 왔던 물가하락, 디플레이션 현상이 다소 완화되고 있다. 이에 따라 가전제품에서도 저가격뿐만 아니라 제품으로서의 차별성을 소비자가 인정할 수 있는 제품들이 선호되고 있다.

한 예로 수증기로 식품을 태우면서 염분이나 지방분을 줄일 수 있는 샤프의 스팀 오븐 렌지인 '헬시오' 나 가정에서 쌀로 직접 빵을 만들 수 있는 기계인 파나소닉의 Gopan 등이 고가격에도 불구하고 여전히 인기를 얻고 있다.

(2) 스마트폰과 연계한 시장규모 확대

스마트폰의 보급과 함께 스마트폰과 연계된 제품, 서비스 등의 시장 규모도 급격히 확대되고 있다. 특히 스마트폰과 연계해서 소비자의 사용 부가가치를 높인 가전제품에 대한 관심도 확대 추세이다.

(3)인간관계를 중시한 소비 지속

대지진을 계기로 하여 일본인들은 가족의 소중함 등 인간적인 유대관계를 중시하는 심리가 확산되었으며, 이러한 심리가 새로운 소비 트렌드로서의 인간과 인간의 유대관계를 위한 소비가 확대되고 있다.

특히 가정 회귀현상이 전반적으로 강화되는 가운데 가족과 함께 식사하는 성향이 강화되고 각종 요리 레시피를 소개하는 책이나 Cook Pad와 같은 스마트폰 요리 사이트가 인기를 끌고 있다. 맥주 회사들은 가정에서 같이 마실 수 있는 비알콜성 맥주 맛 음료의 가정용 판촉에 주력하고 있다.

(4) 단카이세대의 시니어 소비 확대

2012년은 전후 베이비 붐 세대인 단카이세대(1947~1949년 생)가 65세가 되는 해이며, 이들의 은퇴 소비가 주목되고 있다. 은퇴하는 단카이 세대는 각종 레저활동 등을 확대하면서 소비주체로서의 역할을 강화하는 측면이 나타나고 있다.

단카이 세대를 포함해서 새로운 시니어층은 과거에 비해 보다 활동적이고, 스마트한 측면이 있으며, 스마트폰을 비롯한 디지털기기도 활용도 증가하고 있다.

소비자트렌드 읽기 7-3

2012년 일본의 히트상품

'도쿄스카이트리'(1위)를 쳐다보고, 'LINE'(2위)의 스탬프로 동료들과 웃고, SNS처럼 입출입이 자유로운 '마치콘'(거리 미팅, 9위)에 참가한다.
금년 히트상품은 즐거움과 설레임을 얻을 수 있는 것이 적지 않다. 이의 배경에는 동북대지진에서 다시 일어선 '전향성'이 있다.

소비자 심리위축을 바꾸어보려고 메이커는 분발했고 그 결과 히트상품은 모두 놀랄만한 내용이었다. 진화 및 고기능화를 기대하기 어려웠던 상품이 이노베이션을 통해 시장을 파고든 사례도 있다. 1960년~1960년대에 발매된 '삿포로 이치방' 및 '치킨 라멘' 중심의 인스탄트 라면시장에 파고든 '마루짱 세이멘'(4위).

실제 이용상황을 연구해 가위질감이 크게 향상된 '피트컷 커브'(5위). 가정에서 마시는 수요를 개척한 '흑맥주계 음료'(10위)도 시장을 뜨겁게 했다.
서비스도 종전의 상식을 뒤엎었는데, '국내선 LCC'(3위)는 승객이 서비스의 필요와 불필요를 택하는 시스템으로 저가항공 서비스를 실현하였다.

빼셈적 발상 및 종전에 없었던 새로운 아이디어로 시장 및 유저를 개척한 상품으로 눈이 나쁘지 않은 유저에게 안경을 쓰게끔 유도한 PC용 안경인 'JINS PC'(6위), 그리고 초거대시장으로 성장한 스마트폰 관련한 상품으로 2위의 'LINE'은 커뮤니케이션 수단을 메일에서 채팅으로 그림문자를 스탬프로 변화시킨 것과 기타 앱게임에서 탄생한 캐릭터 '만져라 탐정 나메코 재배키트'(7위)로 나타나고 있다.

순위	상품명	내용
1	도쿄 스카이트리	오픈 약 4개월 만에 2,000만 명이 방문, 그 외 관련 산업 활성화 효과, 호텔 개업 러시, 도쿄 관광 급성장, 일본 재건의 상징으로 사람들에게 희망을 줌
2	LINE	유저 수 6,000만 명을 돌파, [스탬프] 판매가 월 3억 엔, 일본에서 나온 스마트폰 시대의 커뮤니케이션 툴이 세계를 석권함.
3	국내선 LCC	8월 중순 탑승률은 90%전후로 기존 항공회사를 큰 폭으로 상회. 소비자의 의식을 바꾸며 필요한 서비스에만 대가를 지불하는 시스템이 소비자들에게 침투하고 있음
4	마루짱 세이멘 (maruchan seimen)	생면과 같은 새로운 식감의 면으로 폐쇄된 봉지라면 시장에 새로운 바람을 불어 넣음. 연간 목표 1억 개를 약 8개월 만에 달성하며 메이저 브랜드로 성장
5	피트컷 커브 (Fitcut curve)	사물이 잘리는 원리를 근본적으로 연구해 가위의 최적 각도를 발견함. 잘 잘린다고 입소문이 퍼지면서 연간 250만 개 출하를 목표로 하고 있음
6	JINS PC	시력의 좋고 나쁨에 관계없이 인기를 얻어, 1년간 약 75만 개를 판매함. 기존의 안경 판매 스타일을 바꾸어 [청색광 차단렌즈]라는 새로운 시장을 개척함
7	만져라 탐정 나메코 재배키트 (Mushroom Garden)	게임 애플리케이션의 캐릭터가 SNS 등에서 화제를 모아, 크게 히트함. 약 2,000종류의 상품이 나왔고, 이벤트에는 많은 관객들이 모이고 있음
8	기린 멧츠 콜라	콜라이면서 [건강식품]이라는 컨셉으로 목표를 연간 700만 케이스로 상향조정. 과점시장인 제로계열 콜라 시장에서 점유율 약 21% 차지함
9	마치콘(거리 미팅)	전년 대비 10배인 약 1,500회의 개최를 목표로 하고 있음. 기업들도 참가해 이미 15억 엔 이상의 경제 효과를 올리며 지역 활성화와 피해지역 복구에도 공헌하고 있음
10	흑맥주계 음료	3월에 [보리와 맥(흑)]. 4월에 [슈퍼드라이 드라이블랙]이 등장해, 틈새시장이 활성화됨. 전년대비 6배 이상 성장함

출처 : 한국콘텐츠진흥원(2012), 일본의 히트상품 트렌드

3. 중국의 소비자트렌드

맥킨지 연구소McKinsey Global Institute, MGI에 의하면, 중국은 2025년 미국과 일본에 이어 3대 소비시장으로 부상할 전망이다. 중국 소비시장규모는 2015년 독일을 제치고, 2025년 일본에 필적할 것으로 전망한다.

구매력지수PPP: Purchasing Power Parity를 기준으로 할때도 중국의 소비지출규모는 $10.4조 억으로 미국에 이어 2위 수준을 기록할 것으로 본다. 개인소비액은 2005년의 5.8억 위안에서 2025년에는 27조 위안으로 증가할 것으로 예상된다.

1) 중국소비시장의 변화

중국 소비시장의 특성을 살펴보면 다음과 같다.

① 소비시장의 확대

- 2006년부터 2015년 기간 중 중국에는 거대한 중산층 소비자 계층이 형성되고 있다.[3] 또한 가구의 저축률이 지속해서 하락하고 있어 중국 소비시장이 확대될 전망이다.

- 소비지출 분야에서는 의료보건, 주택, 교통통신, 문화교육 등에 대한 지출비중이 앞으로도 지속적으로 높아질 것으로 예상된다. 현재 분야별 소비지출 연평균 성장률을 보면, 의료보건 12%, 주택 11.7%, 교통통신 10%, 문화교육 9.7%로 나타나고 있다.

- 이러한 소비시장 확대 및 소비지출 분야의 변화로 인해 현재 마케팅 담당자는 거액을 투입하여 시장조사와 제품 테스트를 진행하고, 심지어 인류학자, 사회학자까지 동원하여 소비자의 구매심리와 소비행태를 파악하기 위해 노력하고 있다.

- 2007년 2월부터 3월까지 보스턴 컨설팅은 중국 13개 도시에 거주하는 4,000여 소비자

3 5년대 약 1.5억 가구가 도시 중산계층에 편입될 예정이며, 2025년도에는 2.7억 가구에 달할 전망이다.

를 대상으로 대규모 소비행태 조사를 수행하였다. 조사결과 "소비 업그레이드"의 물결이 이미 보편적으로 나타나고 있다. 향후 소비지출을 늘릴 것이라고 응답한 소비자의 비율이 지출규모를 줄일 것이라고 답한 응답자 비율보다 2배 가량 높다.

② 브랜드에 대한 신뢰도가 미국이나 서유럽 소비자보다 더욱 높게 나타난다.

- 보스턴 컨설팅의 조사 중에 소비 업그레이드를 하는 중국 소비자중 약 50%정도가 브랜드 인지도에 따라 제품을 구매한다고 답했는데, 이러한 비율은 33%의 미국와 20%의 서유럽 소비자와 비교해 상당히 높다.

- 중국에서 브랜드의 신뢰도와 매력은 실용성에 대한 고려보다 높게 적용되고 있다. 중국과 같은 신흥시장에서 모든 제품이 안전성과 품질을 만족시키는 것이 아니기 때문에 잘 알려진 브랜드는 소비자로 하여금 제품에 대한 믿음을 주는데 큰 영향을 미치고 있다.

- 중국 소비자는 또한 브랜드의 선택에 대해 장시간 관찰하고 비교한 후 결정하는 특징이 있다. 특히 첨단제품에 대해서는 일반적으로 몇 개월동안 매장이나 인터넷을 통해 제품 특징과 브랜드 차이에 관한 정보를 입수 한 후 구매를 결정한다. 이러한 경향은 가전제품 등 내구성 소비재의 경우에 더욱 강하다.

- 또한 친한 친구, 가족 및 친지의 추천은 일반적으로 텔레비전 광고 혹은 판매직원의 추천보다 더욱 큰 신뢰성을 보인다.

2) 중국 소비시장의 트렌드

지난해 말 세계 최대의 광고회사 WPP가 사례분석, 소비자조사 등을 통해 '2013년 중국 소비 트렌드' 보고서를 발표해 많은 반향을 불러일으켰다. 인구구조의 빠른 변화, 온라인 거래의 급성장, 식품안전과 기업의 사회적 책임corporate social responsibility : CSR에 대한 관심 증가 등이 최근 소비 트렌드의 기저에 깔려 있는 구조적 요인들로 꼽히고 있다. 이 보고서의 내용을 토대로 올해 두드러질 중국의 소비트렌드를 살펴보자(KOTRA, 2013년 중국경제 관전 포인트, 2013).

(1) '안전'을 산다

작년 모든 중국인들이 맛 기행 TV 프로그램 '혀끝 위의 중국(舌尖上的 中国)'에 나온 군침 도는 요리들을 화제 삼아 이야기할 때, 인터넷에선 '한 중국인이 죽어서 땅에 널브러져 있는데, 온 몸이 화학 원소 주기율표 같더라'는 조롱과 자조 섞인 이야기가 유행했다. 최근 몇 년간 중국인들이 고질적인 식품안전에 대해 느끼는 불안감이 얼마나 큰 지를 단적으로 보여주는 이야기다. 웨이보 상에 교통안전과 식품안전에 대한 글이 지난 1년 간 10배 가까이 늘었다.

'즈추창와이(掷出窗外, 창 밖으로 던져 버려)'는 푸단(复旦)대 대학원생인 우헝(吴恒)이 네티즌 자원봉사자 34명과 함께 운영하는, 유해식품들에 대해 경고하는 인터넷 사이트다. 2011년 6월 오픈한 이 인터넷 사이트에서는 2004년 이후 보도되거나 알려진 전국 각지의 유해식품에 대한 총 3,000여 건의 기록이 수록되어 있다. 각종 식품 안전사고가 터져 걱정과 분노로 들끓던 2012년 5월 '즈추창와이'는 인터넷에서 커다란 반향을 불러 일으켰다.

이처럼 안전에 돈을 쓰는 것이 바로 2013년 첫 번째 중국 소비트렌드이다. 지난 5년간 손해보험 및 자동차보험에 가입한 사람들이 2배로 늘었다. 더 많은 돈을 더 주고 유기농 식품을 소비하는 이들도 많이 증가했다. 가짜 제품과 모조품이 판을 치는 중국 시장에서 소비자들은 일종의 안전감을 느끼기 위해 주머니를 열고 있는 것이다.

(2) '웨이(微)' 소비

2012년 인기리에 방영된 TV 드라마 '남자들(男人帮)'의 스크린과 대사 속에는 온라인 쇼핑몰 징둥상청(京东商城)에 대한 광고가 수없이 담겨 있었다. '징둥(京东) 360'에도 드라마에서 나왔던 제품들이 실시간으로 올라오면서 극중 인물을 좋아하는 사람들이 그들을 모방하고 또 뛰어넘을 수 있는 길을 열어주었다. 드라마가 방영되던 시기에 '남자들'과 징둥에 대한 웨이보 토론은 6,201건에 이르러 매우 성공적인 마케팅 사례로 꼽히게 됐다.

'웨이' 영화, '웨이' 도서에 이어 '웨이' 소비가 회자되고 있다. 웨이 소비란 TV 간접광고나 온라인 컨텐츠를 통해 세상에 알려지고, 웨이보 상 구전효과를 통해 확산되며, 모바일 쇼핑과 제3자 지불 시스템 등 인프라의 기반 위에서 실현되는, 편리하고 실용적인 최신 소비방식을 뜻한다. 소비자들에게 있어 '웨이'의 의미는 더욱 빠르고 편리한 것, 더욱 경제적이고 실용적인 것, 그리고 언제 어디서든 쇼핑 체험을 할 수 있다는 것을 뜻한다. 판매자들에겐 제품을 출시할 때 목표 시장을 더욱 분명히 정조준하여 승부를 거는 완전히 새로운 비즈니스 기회를 뜻한다. 전통적인 비즈니스 모델에 비해 훨씬 더 규모가 작고 정교한 비즈니스 모델이라고 할 수 있다.

'징둥360' 외에 '타오바오(淘宝)' 등 기존 온라인 쇼핑몰, '이하오뎬(1号店)', '눠미왕(糯米网)'과 같은 할인숍이나 공동구매 홈페이지도 뜨기 시작하면서 소비자들은 더욱 저렴한 가격으로 물건을 구매할 수 있게 됐다. 건당 절약하는 돈이 큰 것은 아니지만, 그래도 '티끌 모아 태산'이다. 또한 타오바오 구매자들에게 현금을 일부 돌려주는 '360환(团)'과 같은 새로운 형태의 인터넷 사이트도 생겨났다.

'웨이' 소비가 뜨면서 모바일 결제시스템도 빠르게 확산됐다. 2012년 6월까지 모바일 결제 이용자는 이미 연인원 4,440만 명으로 2011년 말에 비해 46% 증가했다. '라카라(拉卡拉, 대표적인 제3자 지불 서비스업체)'의 시대가 오고 있다. 차이나모바일(中国移动)은 마트, 지하철, 정류장, 학교 등지에 100만 대의 무선 POS 단말기를 설치할 계획이다. 쑤저우의 한 네티즌은 '자기 전에 휴대폰으로 괜히 타오바오 한 번 들어갔다가 나도 모르게 몇 번 누르다 보면 수백 위안이 나간다'고 투덜대기도 한다.

소비자트렌드 읽기 7-4

중국 부자들 소비트렌드 변했다 : 과시형보다는 체험형 소비로

그동안 럭셔리 브랜드 일변도였던 중국 부자들이 첨단기술 기능이 우수한 제품을 선호하는 추세로 소비트렌드가 변하고 있다. 과거 중국 부호들은 과시형 소비를 많이 했으나 최근에는 스스로 느끼고 충족하는 체험형 소비를 중시하고 있는 것으로 나타나고 있다.

2003년 중국에 진출해 상하이 유명 고급 쇼핑몰인 헝룽광창(恒隆廣場)에 입점한 스위스 고급 침구제작사인 DUX는가 최근 판매하는 10만~20만 위안에 달하는 침대가 큰 인기를 누리고 있으며 엘리트Elite사가 선보인 스위스 매트리스도 좋은 반응을 얻고 있다. 중국 부유층 사이에 친환경 생활 트렌드가 크게 번지면서 입고 먹는 것뿐 아니라 거주와 관련해서도 친환경 제품을 찾고 있는 것이다.

반면 중국 부유층들 중 로고가 크게 박힌 명품을 원하는 수요가 급속히 줄어들고 있는 것으로 나타났다. 최근 중국 부유층은 브랜드가 밖으로 뚜렷이 드러나는 제품보다는 고급스러우면서도 디자인이 우수한 제품을 선호하고 있다. 한 예로 2004년부터 중국 내 판매되기 시작한 독일 로토스Lotos 제품 중 80만 위안 가격의 안경테는 외관에는 로토스 브랜드 로고를 찾아볼 수 없으나 안경다리에 보석을 세세히 박은 디자인 때문에 부유층이 크게 선호되고 있다. 실제로 최근 구찌와 버버리 등이 로고가 박힌 제품 생산을 줄이거나 로고 삽입 제품을 줄이는 등 명품 브랜드들이 중국 전략을 수정하고 있는 상황이다.

한편 중국 부유층들이 실속형 제품을 선호하고 있지만 여전히 중국시장에서 명품 시장 규모는 성장세를 보이고 있는 것으로 조사됐다. 루이비통, 구찌 등 사치품 브랜드가 대중화하면서 이들 제품이 중국 부호들에게는 일반적인 소비품으로 인식되기 시작했으며 2011년 중국의 사치품 소비규모가 총 2700억 위안을 넘어선 것으로 추산되고 있다. 루이비통, 구찌, 샤넬 등 명품 브랜드 제품에 대한 일반 소비자 구매가 증가하면서 2010년에만 중국에 신규 오픈한 명품브랜드 점포수가 약 160개에 달하고 있을 정도다.

출처 : 한국일보 2012.7.19

(3) '문학청년' 스타일 소비

최근 젊은이들이 맛있는 음식을 먹기 전에 하는 일은 젓가락을 드는 것이 아니라 휴대폰을 꺼내 음식물을 찍어 자신의 웨이보에 올리는 것이다. 맛집 기행이 일종의 트렌드가 되고, 중국 현대인들의 필수과목이 되었다. '식도락가 눈에 비친 중국(吃货眼中的中国地图)' 이라는 이름의 지도가 이런 미식 열풍을 잘 드러내고 있다. 베이징을 오리구이(烤鸭), 신장을 양꼬치(羊肉串), 쓰촨을 샤브샤브(火锅)로 표기한 음식 관점의 중국 지도다.

2011년 말 상하이대극원(上海大剧院)이 매월 셋째 주 일요일 공연 할인 티켓을 내놓자

이를 구입하려는 사람들이 장사진을 이뤘다. '문화' 의 향기가 풍기는 오락이나 여가 활동에 대한 중국인들의 강렬한 욕구가 표출되기 시작했다. '문학 모범 청년(文艺范儿)' 은 많은 중국 청년들이 닮고 싶어하는 훈장이다. 그들은 예술, 미식과 여행을 사랑하고, DSLR 카메라를 메고 다니며 SNS에 자신의 품위 있고 세련된 생활을 전시한다. 중국에서는 왕왕 브랜드가 상품과 서비스를 뛰어넘어 문화적 이념과 가치관을 전파할 때, 더 많은 고객을 끈다.

'배낭여행족' 이 되는 것은 중국 소비자들이 '문화 자질' 을 키우는 또 다른 방법이다. 아름다운 풍경을 감상하고, 지방 문화를 체험하고, 고색창연한 여관에 머물며, 테마 커피숍이나 작은 골동품 가게에 들르는 것은 문화와 예술에 대한 목마름을 채워준다. 많은 여행업체나 호텔들은 웨이보를 통해 고객을 끌어 모으고 있다.

(4) 아동 소비

외동자녀 시대의 중국 부모들은 자녀를 위해서는 돈을 아끼지 않는다. 그러니 중국 아이들은 소비에 조숙해지고 있다. 특히 디지털 제품 소비가 점점 저(低)연령화 하고 있다. 최신 휴대폰은 대부분 아이들 차지다. 갈수록 많은 중국 아이들이 '한 입 베어 문 사과' , 즉 애플 제품에 빠져들고 있다. 2008년 66%였던 15~19세 청소년 휴대폰 이용자의 증가율은 2012년에 91%로 상승했다.

매년 급증하는 문화교육비 지출은 중국 부모들이 교육을 얼마나 중시하는지 잘 보여준다. 그들은 자녀들이 출발선에서 남의 아이들에 뒤쳐지지 않을까 걱정한다. CCTV 조사에 따르면, 자녀의 교육비가 가계지출에서 차지하는 비율이 이미 절반에 가까우며, 2009년 41.4%에서 2011년 46%로 갈수록 높아지고 있다. 각종 과외학원은 물론 조기교육, 취미교육 학원이 우후죽순으로 늘고 있다. 베이징의 한 네티즌이 자신의 웨이보에 올린 10월 초 국경절 기간 자녀교육 예산을 보면 학원과외와 개인교습만 해도 4,000 위안이 넘는다. 대학생이나 중고등학생을 둔 많은 부모들이 자녀들을 외국으로 유학 보내고 있다. 심지어 3세 유아들까지 해외유학을 보내는 경우도 있다.

(5) '화려한 싱글'

결혼을 하지 않은 '잉여남녀' 들이 늘면서, '화려한 싱글' 로 인한 비즈니스 기회가 생겨나고 있다. 2012년 상반기에는 '싱글' 에 대한 웨이보 상의 토론이 7,000만 건에 달했다. 전해에 비에 4,000만 건이나 늘어난 것이다.

싱글족의 소비욕구와 소비 잠재력은 무시할 수 없다. 그들은 가정에 대한 부담도 없고, 생활에 대해 '현재의 즐거움' 을 추구하는 인생관을 가지고 있어 씀씀이가 크다. 예를 들어, 싱글들은 자주 영화를 보러 가고, 값싼 대형 슈퍼마켓보다는 거주지 주변 편의점을 자주 이용한다. 미니 전기밥솥, 싱글족 맞춤형 하루여행, 싱글족 게임, 1인용 커피머신 등 싱글족을 겨냥한 제품들이 시장에 쏟아져 나오고 있다.

연인들에게 발렌타인 데이와 칠월칠석이 있다면, 중국의 싱글들에게는 11월 11일 '싱글데이' 가 있다. 중국 최대의 온라인 쇼핑몰 타오바오가 지난 2년 동안 싱글데이 특별할인 행사를 실시했다. 많은 제품이 50% 할인에 배송비가 무료였다. 11월 12일 새벽 톈마오는 싱글데이 행사 당일 매출액이 191억 위안으로 전년 53억 위안에 비해 260% 증가했다고 밝혔다.

(6) 공익성 소비

'달걀 한 알의 폭주' 는 MSN 차이나와 상하이 공익사업발전기금회가 미국의 유명 아웃도어 브랜드인 노스페이스의 협찬 아래 2011년부터 중국 전역의 대도시들에서 실시해온 행사다. 12시간 내 50㎞를 완주하는 달리기 행사 참여의 대가로 지인들에게 8마오 이상의 후원금을 모집해 결식아동을 지원하는 기금에 기부하는 자선행사이다. 8마오(150원 상당)만 있으면 결식아동 한 명이 계란 하나를 먹을 수 있다는 데서 착안해 행사 이름을 정했다. 첫 해인 2011년 가을엔 총 122개 팀, 2012년에는 208개 팀 2,000여 명이 '폭주' 에 참여했다. 참여인원만 늘어난 것이 아니라 이에 대한 네티즌의 인터넷상 토론도 크게 증가했다.

'자선' , '사회적 책임' , '자원봉사' 와 같은 말들이 중국 소비자들의 마음속에 자리잡기 시작했다. 보다 투명한 인터넷 상의 '웨이' 공익도 뜨고 있다. 한 조사에 따르면, 조사 대상자의 49%가 여가시간을 이용해 사회봉사 활동을 할 의향이 있다고 답했는데, 이는 2008년에 비해 7%p 증가한 수치다. 개인의 사회적 지위도 재산과 명예뿐 아니라 적극적인 자선 활동과도 관련을 갖게 되었다.

소비자트렌드 읽기 7-5

중국 히트상품 키워드 : '안전 · 편리 · 환경'

올 상반기 중국시장에서 돌풍을 일으킨 히트상품은 '몸에 안전한 것', '편리한 것', '환경에 좋은 것'이란 특징을 보였다.
KOTRA는 10일 중국 현지 12개 무역관을 통해 현장에서 발굴한 히트제품과 히트요인을 분석한 '중국 소비자, 찾는 제품 따로 있다'라는 보고서를 내놨다. 보고서는 '안전(保,Safety)', '편리(便,convenience)', '친환경(綠,green)'을 상반기 히트상품 키워드로 꼽았다.

보고서에 따르면 최근 중국에서 식품관련 안전사고가 잇따르면서, 먹는 것은 물론 피부에 닿는 화장품, 헤어제품 구매에서도 '안전(保,Safety)'을 최우선으로 고려하는 것으로 나타났다. 특히, 올해가 흑룡띠해로 출산붐이 일면서 분유, 완구 등 영유아용품 수요가 폭발적으로 늘고 있는 가운데, 신세대 바링허우(80년대 출생) 엄마들이 안전한 유아용품을 선호하고 있다.

중국인들의 소득수준 향상에 따라 실용적이면서도 '편리성(便,convenience)'을 중시하는 소비 트렌드가 나타나고 있다. 가전제품에서도 다양한 기능과 합리적인 가격을 겸비한 로봇 청소기, 스팀 다리미 등 가전제품이 인기를 끌고 있다. 거울과 프리즘을 없앤 구조로 휴대 편이성을 강조한 미로리스mirrorless 카메라도 인기 아이템이다. 또한 디자인과 실용성을 갖춘 패스트 패션도 중국 소비자들의 사랑을 받고 있는 것으로 나타났다.

중국에서도 '친환경(綠,green)'이 구매시 기본 요소로 자리잡고 있다. 에너지 절약에 대한 인식이 높아지면서, 스마트 절약형 정수기, 인버터 세탁기, LED 조명과 같이 에너지절감형 제품이 각광을 받고 있다. 최근 중국내 주택 인테리어 시장이 급성장하면서 친환경 벽지, 친환경 페인트도 큰 인기를 얻고 있으며, 특히 고급 주택을 중심으로 벽지 사용이 빠르게 증가하고 있다,

출처 : 아주경제. 2012.7.

기업들에게 이러한 트렌드는 돈을 벌면서 사회적 책임을 다 할 기회를 제공한다. 예를 들어 '생수 한 병 사서 빈곤 어린이들에게 0.1위안을 기부하세요', '리트윗하면 1위안이 기부됩니다' 등과 같은 행사를 벌여 기업 이미지를 개선시키고 있다.

(7) 복고 열풍

2012년 구하기 힘들었던 것은 대만 그룹 메이데이Mayday의 '노아의 방주' 콘서트 티켓뿐

이 아니었다. 3D 버전의 타이타닉 영화 티켓도 그랬다. 영화 개봉 전에 중국에선 이미 '추억 찾기' 바람이 불기 시작했다. '10년 전 당신은 누구와 함께 타이타닉을 봤는가' 와 같은 질문은 사람들을 과거로 데려갔고, 다시 한번 영화관으로 달려가고 싶은 충동에 불을 붙였다. 영화는 상영 첫 주에 중국에서 4.6억 위안을 긁어모았다. 총 흥행수입은 9.6억 위안에 달했다.

지난 몇 년간 '복고' 와 '추억' 에 관한 이야기들이 웨이보 상에서 끊이지 않았다. 지난해에는 10배나 증가했다. 내용은 현대적이지만 형식은 복고적인 제품들은 일종의 '그리움' 을 유발시켜 기꺼이 주머니를 열게 만든다. 1960년대를 풍미했던 군화, 세일러복, 군복 내의 등 복고풍 복장이 유행하고 있다. 바링허우(80后)들이 어릴 때 좋아하던 간식과 음료가 다시 등장했다. 복고를 주제로 한 학생식당, 바링허우 식당들도 인기몰이를 하고 있다.

(8) 실버(银发族) 소비

중국 사회가 고령화되면서 노인들이 많아지고 있다. 신세대 노인들은 '1위안 짜리 동전도 둘로 쪼개 쓰던' 과거의 노인들과는 확연히 다르다. 그들은 인생의 두 번째 황금기에 대해 미리 생각하고 계획을 해왔으며, 즐겁고 질 높은 은퇴 생활을 위해 돈을 아끼지 않는다.

통계에 따르면, 55~64세 노인들의 평균소득은 계속 오르고 있다. 노인들의 가처분소득이 증가함에 따라 그들의 소비 능력도 무시할 수 없게 되었다. 노인들도 배낭여행 붐에 동참하고 있다. 2년 전과 비교해 봐도 중 · 노년의 성(省) 내 여행은 7% 늘었고, 성(省) 밖 여행은 18%, 홍콩과 마카오 여행은 10% 늘었다. 돋보기, 알람시계, 지팡이 같은 전통적인 노년층 소비품목뿐만 아니라 휴대폰, 오락, 스포츠 등에 대한 소비도 해마다 늘고 있다.

작년 국경절 연휴에 톈마오는 동영상을 하나 배포했다. 젊은이들이 휴가 때 부모님들께 인터넷 쇼핑 하는 법을 가르쳐 주라는 내용이었다. 타오바오의 최근 통계에 따르면, 인터넷 쇼핑 경험이 있는 50세 이상 인구는 130만 명으로, 50세 이상 인터넷 이용 인구의 4%에 달했다. 인터넷 쇼핑 노인 인구가 가장 많은 곳은 상하이였고, 그 다음이 베이징이었다. 노인 인터넷 쇼핑객들의 최대 구매 품목은 의류였는데, 그들은 지난 1년 간 타오바오에서 859만 벌의 여성복을 구입했다.

(9) '수퍼 중개인'

헤이룽장(黑龙江) 성 하얼빈(哈尔滨) 시에 사는 한 네티즌은 '만능 웨이보님, 몬치치 목걸이와 팔찌 좀 대신 구매해 주실 분 없나요?' 라는 글을 인터넷에 올렸다. 저장(浙江)성 항저우(杭州) 시의 한 네티즌은 '곧 유학을 떠나는 딸에게 도움을 줄 역량 있는 중개인' 을 찾고 있다.

혼자서 하기 어려운 일이 있다면, 돈만 내면 무엇이든 해결해 주는 제3자를 찾아 도움을 받을 수 있다. 사치품, 화장품, 전자제품부터 분유, 안약과 같은 생필품까지, 국내에서 사기 어려운 그 어떤 물건도 '해외 구매대행' 서비스를 통해 살 수 있다. 언제부터인지 제3자 중개 서비스가 홀연히 나타나 저렴한 가격과 양호한 공급 능력을 앞세워 중국인들의 소비생활에 없어서는 안될 존재로 자리를 잡았다. 중개인들은 소비자들이 전에는 이루기 어려웠던 욕구를 충족시켜주고 소비자들에게 원거리 소비를 위한 다리가 되어 주고 있다.

중국 전자상거래 연구센터의 수치에 따르면, 해외 구매대행 매출은 2011년에 250억 위안에 달해 전 해에 비해 140% 성장했으며, 2012년은 480억 위안에 달할 것으로 추정된다. 최근 해외의 중국인들을 위해 해외 현지 제품에 비해 가격 경쟁력이 있는 중국 내 제품을 대신 구매해 주는 온라인 서비스도 새로운 유행이 되고 있다.

'구매대행 열풍' 이외에 수퍼 중개인의 존재로 인해 '나눠 쓰고 함께 하는' 시대가 열리게 됐다. 차를 함께 타고, 밥을 나눠 먹고, 책을 나눠 읽고, 뭐든지 나눠 하고 함께 할 수 있다. 인터넷 동호인들이 어쩌다 한 번 시도하던 것에서 시작해 지금은 한 푼이라도 아껴 쓰기 위해 꼼꼼하게 따져보고 기획하는 새로운 생활 트렌드가 되었다. 그 과정에서 가장 많이 혜택을 본 것이 '나눠 쓰기' 전문 인터넷 사이트다.

(10) 크로스오버Crossover

타이완 연예인 천젠저우(陈建州)는 2009년 자폐증, 다운증후군, 뇌성마비 아동과 가정을 위한 공익 프로젝트 '전아이셩밍(珍爱生命)' 을 시작했다. 이 프로젝트에는 예능, 음악, 연극, 스포츠, 패션 영역의 스타 연예인 수십 명과 많은 기업들이 참여했다. 다양한 분야의 스타들이 함께 활동함으로써, 폭넓은 사회적 관심을 받을 수 있었다.

2012년 중국에서는 '경계를 넘나드는', '교차' 와 같은 말들이 새로운 유행어가 되었다. 주위를 둘러보면, 경계를 넘나드는 것들을 많이 볼 수 있다. 만화, 게임과 실제 세계와의 만남, 2D와 3D의 융합은 2D 팬들의 요구를 만족시킬 수 있을 뿐 아니라 광고에서 의외의 효과를 발생시키기도 한다.

소비자들은 SNS 또는 회원제 인터넷 카페에서 자신의 정보나 오락에 대한 니즈를 밝히고 다른 동료들의 도움을 받음으로써 실제생활 속에서 더욱 편리하게 자신의 욕구를 충족시킬 수 있다. 판매자들 역시 인터넷에서 포착하게 된 '소비 루트' 를 이용해 오프라인 소비를 이끌어낼 수 있게 됐다. '온라인+오프라인' 소개팅 모델이 대표적이다. '경계를 넘나드는' 것은 시간과 공간의 경계를 초월하여 무한한 가능성을 만들어낼 수 있다.

소비자트렌드 읽기 7-6

중국의 신세대 소비계층 : 빠링허우(80后)

중국의 신세대 소비계층을 대표하고 있는 '빠링허우(80后: 1980년대 출생자)' 가 소비시장의 주력계층으로 부상하면서 기업은 이들의 소비특성에 대해 높은 관심을 보이고 있다.

'샤오황띠(小皇帝)' 로 불리는 빠링허우는 문화혁명과 덩샤오핑의 개혁개방 이후의 '과거와 단절된 세대' 로 지칭되며, 사상과 혁명 교육보다 시장경제와 글로벌 문화에 익숙한 정보화 세대이다. 비교적 풍족한 생활환경에서 코카콜라와 일본만화를 가까이 하며 성장했고, 인터넷을 통한 글로벌 정보에 익숙하다. 공동체 의식에 앞서 능력을 바탕으로 한 자아실현을 중시하는 빠링허우는 중국의 소비시장에 많은 변화를 가져왔다.

전체 2억 4,000만 명으로 추산되는 이들은 부모와 조부모에게 집과 일정 수준의 재산을 물려받을 것으로 예상되는 한편, 다른 세대보다 도시 거주 비율이 높고, 4,000만 명 이상이 비교적 고액 월급인 5,000위안 이상의 월 수입을 가지고 있다. 자아실현과 차별화를 위해서라면 'EXR' 이나 'DIESEL' 과 같은 프리미엄 청바지에 한 달 월급을 투자하는가 하면, 아이폰과 아이패드 구입을 위해 밤새 줄을 서기도 하고, 인생 최대의 목표를 이탈리아산 고급 스포츠카 보유에 두기도 한다.

이성적이기보다 다소 감성적으로 보이는 빠링허우도 때로는 기성세대 못잖은 애국심을 보이기도 한다. 2008년 사천성(西川省) 대지진 때에는 외국계 기업을 대상으로 기부에 인색한 '구두쇠 기업' 리스트를 작성, 전국에 걸친 불매운동을 선동하는가 하면, 베이징올림픽 성화봉송 당시에는 각국의 유학생이 다소 거친 언행으로 '성화 지키기' 운동을 벌이는 등 단체행동에 익숙한 모습을 보이기도 한다. 또한 150만 명의 베이징올림픽 자원봉사자 역할을 충실히 수행하며 전 세계에 놀라운 응집력을 과시하기도 했다.

중국의 빠링허우는 자아실현을 인생의 최대 목표로 두고, 이를 달성하기 위해 학원, IT기기 투자에 관대한 한편, 서구적 라이프스타일을 동경하며 프리미엄 제품 구입에 주저함이 없는 세대이다.

출처: 패션저널, 2012. 10월호. 234-238

4. 신흥 소비국가들의 소비트렌드

새로운 소비집단으로 브라질 · 러시아 · 인도 · 중국을 일컫는 브릭스BRICS와 베트남 · 인도네시아 · 남아프리카공화국 · 터키를 아우르는 비스트VIST가 떠오르고 있다. 이 8개 국가들은 최근 상품과 금융 등 모든 부문에서 무서운 속도로 성장하고 있다. 브릭스와 비스트는 새로운 소비집단으로 이들 8개 국가의 가지고 있는 공통적인 소비패턴을 알아보자.

먼저 8개국 중산층의 공통적인 소비 특징을 알아본 후, 인도 소비시장의 변화를 살펴보도록 하자.

1) 신흥 소비국가들의 소비 특성

신흥 소비국가들의 경제가 급성장하고 소비심리가 확산되면서 생필품 위주가 아닌 최소한의 사치품을 구입하는 중산층 인구도 자연스레 늘어나고 있다. 이들 국가의 소비특성을 다음 3가지로 정리해 볼 수 있다.

① 서구 브랜드를 선호한다.

이들 대부분이 대도시에 거주하는 고소득 · 고학력의 젊은 세대다. 구매력 자체는 아직 미흡한 면도 있지만 8개국 핵심 소비층은 자신의 신분을 과시하고 개성을 표출하기 위해 서구 중저가 브랜드를 선호한다.

② 가치중심의 선택형 소비를 한다.

그동안 낙후됐던 8개국의 유통 인프라가 개선되면서 중산층의 소비패턴은 빠르게 바뀌고 있다. 그동안은 의식주와 관련한 생계형 소비비중이 컸지만 레저 · 여행 · 교육과 같은 여가 , 미래가치를 중시하는 가치중심의 선택형 소비가 늘어나고 있다.

③ 현재지향적 소비에 치중한다.

젊은 층을 중심으로 현재를 즐기자는 사고방식이 확산되면서 이들은 저축보다 소비에 많은 관심을 보이고 있다. 자국의 경제 호조에 따라 미래에 대한 낙관도도 높다. 신용카드를 비롯한 금융서비스 선진화도 신흥국 소비자의 소비심리를 자극하고 있으며 때로는 충동적인 소비성향마저 보이고 있다.

2) 인도 소비시장의 특성

아시아 신흥국들과 마찬가지로 인도도 핵가족화와 도시화를 겪으면서 소비트렌드가 빠르게 변화하고 있다. 소비자 연령은 점점 낮아지고 있으며, 외국 브랜드를 포함한 새로운 브랜드 소비가 급증하는 한편, 프리미엄 가전제품, 살롱과 같이 새로운 부문의 소비가 증가하고 있다.

인도 소매시장의 경우 중산층과 가처분소득 증가에 힘입어 2015년 1조2400억 달러의 규모로 성장할 것으로 전망된다. 맥킨지 글로벌 연구소McKinsey Global Institute는 인도 중산층을 연간 가처분소득이 약 3,800달러에서 1만 8,900달러에 달하는 가구들로 정의했으며, 2025년에 이들이 총 인구의 41%인 5억 8,300만 명에 달할 것으로 내다보았다.
글로벌 시장조사기관 유로모니터 인터내셔널Euromonitor International도 인도 연간 가처분소득이 지난 5년간 5000억 달러 이상 증가해 2012년 1조5910억 달러에 달할 것으로 보인다고 밝혔으며, 이에 따라 소비시장 규모도 더욱 커질 것으로 예상했다.

최근 핵가족화와 도시화가 빠르게 진행되면서 인도 소비 트렌드의 핵심 키워드가 '가족'에서 '젊음Youth'으로 변화되면서 화장품을 비롯한 인도의 전 산업 분야가 큰 과도기를 맞고 있는 것으로 나타났다. 인도 상공회의소가 지난 9월에 실시한 한 조사에 의하면 화장품 사용 시작 연령이 이전의 18~19세에서 13~14세로 낮아졌다. 자동차 소비자 평균연령도 45세에서 30세로 앞당겨졌으며, 휴대폰 구매자는 30대 후반에서 20대 초반, 가전제품의 소비자 평균연령은 20대 후반으로 젊은 층의 소비 주도 현상이 뚜렷이 나타나고 있는 상황이다(Fast Moving Consumer Goods, 2011).

인도 보스턴 컨설팅그룹Boston Consulting Group의 Abheek Singhi 이사는 인도 젊은층 소비 변화에 주목해야 하는 이유로 이들이 소비하고자 하는 욕구가 매우 높고, 가처분소득의 증가로 기회가 많아졌기 때문이라고 분석했다.

최근 인도 가족 내에서 젊은 층이 새로운 브랜드를 구매하는 등의 다양한 시도로 변화를 주도하고, 시간이 지날수록 장년층 가족 구성원들이 이들이 선택한 제품을 함께 사용하는 모습을 보이고 있어 소비부문에서 젊은 층의 중요성이 부각되고 있다.

실제로 인도 젊은 층은 패션, 여가, 미용 등 생활 전반에서 제품 소비 시 브랜드나 디자인에 민감한 모습을 보이며, 리바이스, 베네통, 맥도날드 등 외국브랜드 선호도가 높은 상황이다.

먼저 '젊음' 트렌드가 반영되면서 가전제품 분야에서는 프리미엄 제품들이 인기를 얻고 있다. 에어컨, 세탁기, 냉장고, TV, 스쿠터 등의 제품 가격이 올랐음에도 인도 가전제품 시장의 수요는 증가했으며, 2011~2015년 10.5% 성장률을 기록할 전망이다. 주방용 가전제품 시장의 경우도 커피 메이커, 양문 냉장고, 와인 저장고, 스팀 오븐, 후드 등의 프리미엄 가전제품의 수요가 증가하고 있는 추세다. 과시하기를 좋아하는 중산층 이상의 소비자들이 기존의 럭셔리 아파트나 차를 소유하는 데서 부엌용품으로까지 관심이 확대된 것으로 보인다.

이와 함께 화장품시장도 신제품이 봇물을 이루며 성장세를 기대하게 하고 있다. 현재 인도의 개인당 화장품 소비가 다른 아시아 시장과 비교했을 때 여전히 낮은 점과 최근 어린 여성과 같이 구매력이 낮은 층을 중심으로 화장품 구매가 증가했다는 점에서 앞으로의 성장이 기대되고 있다. 이에 따라 관련 기업들은 미용에 관한 인식의 제고와 관심도 증가, 소득이 늘어난 젊은 층을 대상으로 새로운 제품을 출시하거나 기존 제품 구성을 바꾸며 발빠르게 대응하고 있는 상황이다.

'젊음' 트렌드는 의류시장에서도 큰 변화를 주도하고 있다. 인도 의류시장은 2011년 전년 대비 9.5%의 높은 성장률을 기록했으며 꾸준히 성장해 2012년 8.2~8.7% 성장률을 기록할 것으로 전망된다. 합리적 가격의 새롭고 감각적인 제품을 선호하는 젊은 중산층을 중심으로 망고, 자라 등의 수입 브랜드 구매가 늘어나고 있는 추세이다.

최근 인도 명품시장도 점차 수요가 늘면서 살아나고 있는 양상이다. 그동안 초기 단계에 머물던 인도 명품시장이 명품을 선호하는 소비계층의 증가로 2014년까지 평균 5~10% 성장이 예상되고 있다. 고품질, 명품이 지닌 배타성 등을 선호하는 중산층 젊은 소비자들을 중심으로 보석, 가전제품, 자동차, 와인 부문의 명품 소비가 늘고 있으며, 지역별로는 델리, 뭄바이와 같은 대도시뿐만 아니라 외곽으로 확산되고 있는 추세다. 인도에 진출한 명품 브랜드들은 명품몰이나 호텔에 상점을 열고 현지 유통업자와 제휴 · 협력을 맺어 판매 중이며, 미성숙한 시장 상황의 개선을 위해 다양한 전략을 모색하고 있다.

'젊음' 이란 트렌드는 최근 전 세계적으로 확산되고 있는 웰빙 열풍이 인도에 안착하는 데도 일조하고 있다. 스파, 개인케어, 휘트니스와 같은 인도 웰빙산업이 현재 약 110억 달러 규모에서 향후 2년 내에 180억 달러 규모에 이를 것으로 전망하고 있다. 실제로 인도 살롱 및 스파산업은 지난 몇 년간 호황을 맞고 있으며 특히 살롱산업은 지난 한해 400% 이상 성장했다.

이외에도 최근 인도에서는 '젊음' 이란 트렌드가 자리 잡으면서 관광산업이 큰 호황을 누리고 있으며 쇼핑몰 증가, 온라인쇼핑몰 확산 등 다양한 산업 분야가 빠른 발전 속도를 보이고 있다.

Part 3

소비자트렌드의 실제

Chapter 8 성별에 따른 소비자트렌드

Chapter 9 연령에 따른 소비자트렌드

Chapter 10 소비자트렌드와 사회현상

Chapter 11 소비자트렌드와 마케팅

Chapter 8

성별에 따른 소비자트렌드

1. 여성소비자

1) 여성소비자의 중요성
2) 여성소비자의 특성
3) 여성소비자의 유형
4) 여성 소비트렌드의 키워드
5) 여성마케팅 성공 사례

2. 남성소비자

1) 남성소비자의 특성
2) 남성 소비시장의 성장
3) 남성소비자의 소비트렌드 변화

Chapter 8

성별에 따른 소비자트렌드

소비자를 유형화하여 각 유형의 심리 및 행동 특성을 이해하는 것은 소비자트렌드 분석의 기초가 된다.

성별은 대표적인 인구사회학적 변인으로 사회내에서 집단을 구별하는데 가장 많이 사용되고 있다. 성별에 따라 관심, 행동 특히 소비행동이 차이가 있는 것으로 보고 되고 있다.

본 장에서는 소비자를 성별에 따라 분류하여 그 소비행동 특성을 살펴보고 특히 최근 그 중요성이 증가하고 있는 여성 소비자에 대해서 구체적으로 살펴보자.

1. 여성소비자

현대사회는 이성이 아닌 감성이 문화를 주도하기 때문에 논리적 사고에 익숙한 남성보다 감성적 사고와 표현에 익숙한 여성이 더 잘 부합된다는 것을 여러 표현에서 찾아 볼 수 있다.

· 오늘날 미국경제에서 가장 강력하고 활발하게 움직이는 힘이있다. 그것은 바로 '여성' 이다. 이 힘은 인터넷 보다도 강력하다 - 톰 피터스

· 21세기의 특징은 감성Feeling, 가상Fiction, 여성Female 등 '3F' 의 시대다. 21세기는 여성의 시대이다. - 존 나이스비트

· 21세기 사회변동의 핵심은 여성이다. - 앤서니 기든스

21세기 메가트렌드 중 하나는 여성적 사고feminie thinking의 확대이다. 논리적인 사고보다는 감성과 유연성을 중시하는 사회적 흐름 속에서 여성이 생각하고 행동하는 방식이 사회 전반에 큰 영향을 준다는 것이다.

실제로 제품을 구매하고 소비하는 역할을 하는 소비자의 대부분이 여성이라고 할 만큼 여성소비자가 소비시장에 차지하는 비중은 크다. 가족 구성원의 공동소비를 위한 가계소비의 대부분을 주부가 결정하고, 가전제품이나 가구, 자동차 등 고가의 내구소비재도 주부의 영향력이 강하게 반영된다.

또한 점차적으로 여성 자신을 위한 소비와 투자도 증대되고 있다. 특히 취업여성의 증가로 인한 여성 소득의 증가는 여성의 파워를 신장시켜 많은 기업들이 여성소비자의 취향이나 요구에 귀를 기울이는 등 여성이 주도하는 시장에 대한 관심이 증대되고 있다.

1) 여성소비자의 중요성

최근 들어 여성소비자에게 관심이 증가하는 이유는 무엇인가? 그 이유를 다음 다섯가지로 정리하고 있다(중앙일보 미디어마케팅연구소, 2004).

① 여성의 사회진출로 인한 경제력 증가로 여성의 구매력이 강화되었다.

여성의 사회적 참여가 늘어남에 따라 맞벌이 형태의 가족구조가 일반화되고 여성이 구매력이 증가하고 있다. 여성의 취업이 증가함에 따라 일하는 엄마Working Mom, 싱글족, 딩크족DINK: Double Income No Kids등이 증가하고 있다. 이러한 수요 증가가 여성소비자를 중심으로 하는 새로운 트렌드를 형성하는 것이다.

② 여성소비자들의 까다로운 구매성향이 기업에 오히려 득이 된다는 점이다.

여성소비자는 품질, 가격, 디자인뿐만 아니라 부대 서비스까지 까다롭게 따져가며 구입하기 때문이다. 여성소비자들은 세심한 구매결정을 내리는 대신, 제품 및 브랜드 충성도가

높아 한번 만족한 상품에 대해서는 지속적인 재구매로 이어지는 특성을 보이기 때문에 까다로운 여성소비자들에게 인정을 받은 기업은 시장에서 살아남을 가능성이 높은 것이다.

③ 여성소비자들은 동반 소비를 유발하는 효과가 있다.

엄마 마케팅Mother Marketing의 선구자인 마리아 베일리Maria Bailey는 '엄마를 잡아라Marketing to Mom' 라는 저서에서 기혼여성의 경우 가족에게 필요한 모든 생활용품이나 살림살이를 구입하기 때문에 엄마의 소비성향이 가족 구성원들의 소비습관 형성 및 구매 결정에 영향을 미친다고 하였다.

또한 엄마들은 어린 자녀들의 브랜드 인지도 및 선호도에 영향을 주므로 미래 소비자의 소비행태에 결정적인 영향을 미친다.

한 사진 스튜디오에서는 결혼 웨딩사진과 결혼 후 예비엄마를 대상으로 임신초기 모습부터 출산 후 자녀의 백일, 돌 사진과 함께 히스토리앨범을 만들어 주는 서비스를 제공하고 있다. 예비엄마때부터 미리 고객을 확보하여 훗날 사진을 찍을 때도 그곳을 찾도록 유도하는 것이다.

사례) 사진 스튜디오 : 예비엄마에게 히스토리앨범 서비스

소형 가전제품업체 : 주부로 자신이 10-20대 때 사용했던 가전제품과 관련된 사연을 공모한 후 채택되면, 자녀와 함께 쓸 수 있는 신상품 선물 제공.

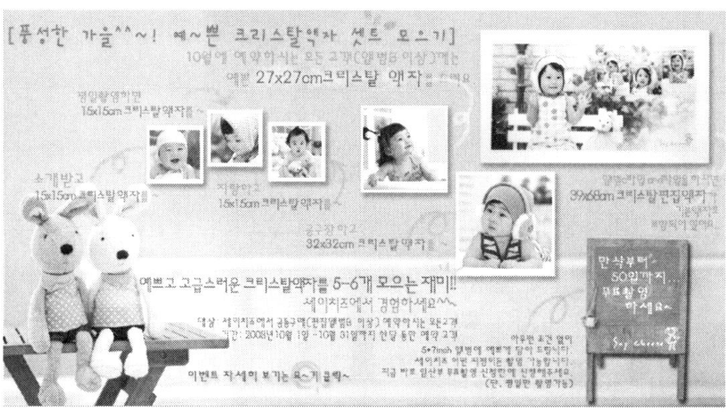

소비자트렌드 읽기 8-1

여성이 기업 성쇠를 좌우한다

최근에는 남성중심 상품으로 여겨졌던 자동차와 아파트 시장의 판도까지 바꾸며 급속히 확산되고 있다. 현대의 기업들은 국내외를 막론하고 사업에 성공 하려면 소비의 중심에 있는 여심을 잡아야 한다고 목소리를 높이고 있다. 그럼에도 '여자의 마음은 갈대와 같다'는 말처럼 여성을 유혹하는 마케팅 전략을 세우는 일이 만만치 않다. 그렇다면 어떻게 해야 여성 마케팅에 성공할 수 있을까.

여성 마케팅 성공 키워드 - 관계, 멀티, 스토리, 이벤트

첫째, 여성은 '관계'를 중시한다.
여성은 쇼핑을 가서 물건만 사는 것이 아니라 사람을 본다. 사람이 마음에 들면 단골이 되어 오랜 관계를 지속한다. 이 '관계' 키워드는 삶의 초점이 항상 사람에게 집중되어 있다는 것이다. 그래서 친구가 별로 마음에 들지 않아 하는 제품을 혼자서만 고집피우며 살 배짱도 없다. 구매한 제품을 친구들이 좋다 혹은 예쁘다고 해줘야 마음이 놓이고 쇼핑한 후 만족감을 느낀다.

둘째, 여성은 감수성이 무지개처럼 다채롭다.
어려서부터 상대의 표정과 숨소리만 들어도 상대방의 기분을 살피는 데 일가견이 있는 여자들은 눈에 보이지 않는 느낌까지도 읽어내는 탁월한 능력이 있다. 이런 능력으로 여성은 옷을 사면서 동시에 판매원의 얼굴 표정도 읽고 매장의 청소 상태도 보고 향기도 느낀다. 모든 것이 총체적으로 만족스러워야 여자는 비로소 소비의 포만감을 느낀다.

셋째, 여성은 대화를 통해 서로를 신뢰하고 친밀도를 이어간다.
여성들은 대화를 통해 서로의 관심과 거리를 확인한다. 그래서 여성 마케팅의 기본은 대화의 창을 항상 열어두는 것이다. 원활한 대화가 가능한 홈페이지, 언제든 대화하고 싶은 생각이 들게 하는 판매원, 편안한 대화 분위기를 유도하는 인테리어, 매장 내 스타일 등은 여성 고객을 상대로 하는 모든 기업이 주목해야하는 것들이다.

넷째, 여성은 남성보다 삶의 이벤트에 훨씬 민감하다.
제품 구매에서도 마찬가지다. 남자들이 좋아하는 기념품이나 사은품에 여자들은 감동하지 않는다. 여자들의 애타는 소망은 언제나 '놀라움'이 있는 이벤트다. 이벤트가 성공한다면 그 기업과 제품에 대한 여성들의 각별한 마음은 깊어진다.

출처 : 머니투데이, 2007. 12. 7

④ 여성들이 입소문word of mouth은 강력한 홍보 수단이 될 수 있다.

일반적으로 여성소비자들은 구매결정을 할 때 주변인의 의견이나 추천 등에 의해 크게 영향을 받는다. 따라서 기업의 입장에서는 여성소비자들 사이에서 긍정적인 입소문을 유포시키면 제품 홍보에 좋은 효과를 얻을 수 있기 때문에 여성소비자를 모니터 요원으로 활용하고 있다.

사례) 애경 : 싱글여성 모니터 모집

크라운 제과 : 8기 여성 모니터 모집

⑤ 여성소비자들은 트렌드 창조자trend inventor의 역할을 한다.

여성소비자들은 유행에 민감할 뿐 아니라 유행을 직접 만들고 선도하는데 뛰어난 능력을 가지고 있다. 최근 우리나라에서 유행하고 있는 웰빙 트렌드, 매스티지masstige, 머츄리얼리즘maturialism, 걸리시 소비자girlish consumer 등을 이끈 주역도 여성소비자라 할 수 있다.

걸리시 마케팅 Girlish Marketing

걸리시 마케팅은 10대 소녀 취향의 소비자를 겨냥한 홍보전략으로 성년이 된 후에도 10대 소녀 처럼 생각하고 행동하고 싶은 소비자들을 타켓으로 하는 마케팅이다.

– 걸리시 마케팅의 사례
· 30대 여성이 주요 구매층인 바비인형
· 만화나 게임 주인공처럼 꾸미는 코스프레
· 농염한 로맨틱 보랏빛 칼라의 안나수이 악세사리
· 분홍색 줄의 테크노마린 시계
· 분홍색 컬러휴대폰
· 리본 달린 구두 등

소비자트렌드 읽기 8-2

왕성한 구매력 나우족…시장판도에도 영향

나우족은 new older woman을 나타내는 용어로 경제적으로 부유한 중년 여성을 칭한다.

자신에 대한 열정과 호기심이 가득한 나우족은 왕성한 구매활동과 문화생활로 패션, 미용, 성형업계는 물론 대중문화 등 사회 전반에 커다란 영향력을 미치며 시장판도와 인식까지 변화시키고 있다. 이들이 '젊고 건강하고 예뻐지기 위해' 소비하는 돈은 연간 수십조원이 될 것이라는 것이 전문가들의 분석이다. 30대는 '10억 만들기'가 꿈이지만 40대 이후엔 '10년 젊어보이기'가 꿈이기 때문이다.

가장 눈에 띄게 기여한(?) 분야는 성형외과. 예전엔 취업이나 결혼을 위한 처녀들, 연예인들의 전유물이었던 성형수술을 이젠 중년여성들이 장악했다. 눈 밑의 볼록한 지방 없애기, 주름살 제거, 나이 들어 푹 꺼진 눈이나 볼 등에 자가지방을 이식해 탄력 있고 젊어보이게 만드는 수술, 가슴 성형, 배는 물론 팔뚝의 지방제거 등 전신미용수술을 받는 여성들이 늘고 있다.

나우족은 의류시장도 흔들고 있다.
신세계백화점의 청바지 전문 매장 '블루핏'에는 오픈 당시엔 20, 30대를 주고객층으로 예상했으나 40, 50대가 70~80%여서 담당자들이 놀랐다. 영캐주얼 의상은 물론 날씬한 몸매를 과시하기 위해 아동복까지 입는 40대 여성들도 늘고 있다. 삼성패션연구소의 조사에서도 캐주얼 의류시장에서 40, 50대 고객 비중이 1998년에는 37%였으나 2005년부터 50%를 넘기기 시작해 계속 증가하고 있다.

또 나우족은 음식업계도 석권했다.
석류, 검정콩, 콜라겐은 물론 폴리페놀이 들어가 노화를 막는다는 커피 등 '먹으면 젊어진다'를 강조한 음료수들은 중년 여성들에게 불티나게 팔린다. 외식할 때도 설렁탕이나 비빔밥이 아니라 우아한 파스타나 살찌지 않는 일식을 즐겨 이들을 위한 웰빙식단을 메뉴로 내놓았다.

대중문화도 마찬가지. 과거엔 10대들이 각종 음반과 공연장 티켓 구매, 방송 주요 시청의 주소비층이었지만 이젠 중년여성이 대세다. '언니 · 누나들에게 찍혀야 뜬다'는 말이 있을 만큼 영향력을 발휘한다. 이들은 20대보다 더 적극적으로 음반을 구매하고, 공연장도 찾고 드라마 시청자 게시판에 댓글을 달며 인터넷 팬카페에서 적극적으로 활동하고 있다.

출처 : 경향신문, 2007. 06. 02

2) 여성소비자의 특성

여성 소비자의 특성을 파악하기 전에 먼저 여성 소비자의 독특한 니즈를 이해할 필요가 있다. 성공적인 여성 마케팅은 소비자로서 남성과 여성의 차이를 이해하고 존중하는 것에서부터 출발한다. 남성과 여성은 선호하는 디자인, 쇼핑 특징, 서비스에 대한 평가, 선호하는 광고 방식 등에서 차이를 보이기 때문에 남녀 소비자에게 다른 방식으로 접근할 필요가 있다(삼성경제연구소, SERI 경영 노트, 126호).

표 8-1 남성과 다른 여성 소비자의 니즈

여성 친화적 디자인 선호	기술적 특성에 치우치거나 전통적 선입견에 근거한 제품이 아닌 기획 단계부터 여성을 고려한 상품 기대 - 많은 기업의 오해와 달리 여성은 화려한 외관 때문이 아니라 그 이면의 여성을 위한 기능 때문에 제품을 선택 - 제품에 대한 여성 소비자의 최대 관심사는 '여성 맞춤화된 혜택'
'구매'가 아닌 '쇼핑' 자체가 목적	남성은 쇼핑을 의무적으로 처리해야 할 과업으로 인식하지만, 여성은 자발적으로 참여하는 즐거운 취미로 간주 - 남성은 쇼핑에 소비하는 시간과 노력을 최소화하려고 하지만 여성은 일상의 피로를 쇼핑으로 해소하고 활력을 재충전 - 남성보다 쇼핑을 긍정적으로 받아들이는 여성은 여러 구매대안 간 복잡하고 까다로운 비교도 즐겁게 수행
디테일을 중시	예민한 감각으로 눈에 띄지 않는 세세한 항목을 빠르게 포착해 서비스 체험을 평가하고 오랫동안 기억 - 여성은 제품 상태는 물론 매장 청결도, 직원의 어투와 눈빛, 손길 등 세세한 부분을 감지하고 남성보다 오랫동안 기억 - 대화 도중 직원이 눈을 맞추고 있는지 고개를 얼마나 자주 끄덕이는지 확인하며 자기 이야기에 경청하는지 여부를 점검
인적 서비스에 의존	인적 서비스를 최대한 활용하며 직원과의 교감을 중시 - 남성은 독립적인 문제 해결에 기쁨을 느끼고 도움 청하는 행동을 나약한 것이라 인식하여 도움 요청을 주저 - 여성소비자는 매장 내 제품의 위치, 사용방법 등에 관해 문의하고 도움을 청하는 데 적극적
관계지향적 광고메시지 수용	소비를 통해 가족, 친구, 연인 등 애정을 느끼는 주변인에게 도움을 주는 것에 큰 기쁨을 느낌 - 여성은 '성취하는 사람'이 되는 것에 앞서 유대관계를 맺고 있는 사람에게 '반드시 필요한 사람'이 되는 것을 바라는데 자신의 소비경험을 많은 사람들에게 퍼뜨리는 것 또한 상대에게 유용한 정보를 전달하려는 욕구 때문 - 가족의 사랑, 새로운 가족의 탄생과 성장, 약자 보호 등 관계지향적 커뮤니케이션 소재를 긍정적으로 인식

여성소비자의 특성은 결혼, 취업 여부에 따라 다를 것이기 때문에 미혼취업여성, 기혼취업여성, 전업주부로 나누어 살펴보자.

▷ 미혼 취업여성

미혼 취업여성은 경제력이 뒷받침 되고 있어 최근 시장을 선도하고 있는 계층이다. 주부와 달리 이들은 소득의 대부분을 자신을 위해 소비하는 경향이 강하며, 경제력과 행동력은 여성시장에서 이들의 지위를 확고하게 해주고 있다.

소비행태는 대개 신분지향적이고 실질적이라는 특징을 보인다. 자신의 신분에 맞는 제품을 선호하는 경향이 강하고, 사회생활을 유지하기 위해 자기계발을 위한 교육, 교양프로그램이나 취미생활 등에 많은 소비지출을 하며, 자신의 건강추구에 관심을 가지고 있어 여성전용헬스클럽이나 스포츠센터 등을 활발하게 이용한다.

- 골드미스Gold Miss : 탄탄한 직장과 경제력을 바탕으로 독신생활을 즐기며 자기계발에도 돈을 아끼지 않는 30대 싱글 여성

▷ 기혼 취업여성

기혼여성의 취업 증가는 주부 자신의 소득을 증가시킴으로써 경제적 자립을 강화시켰고 나아가 가계 내 의사결정에 있어서도 파워를 증대 시키고 있다. 취업주부는 소비자는 개인의 경제력뿐 아니라 가계의 대부분 구매의사결정권을 동시에 가지고 있으므로 소비시장에서 매우 중요한 위치를 차지한다.

그러나 취업 주부 소비자는 무엇보다 시간적 여유가 부족하기 때문에 시간을 절약하고 노동량을 감소시킬 수 있는 편의성 중심의 제품이나 서비스를 선호한다.

또한 소자녀화와 더불어 취업주부들은 자녀와 함께 많은 시간을 보내지 못하는 것에 대한 미안함을 경제적인 측면에서 보상하려는 경향이 있기 때문에 아동소비시장에도 중요한 영향을 미친다.

- 딕스족DEWKs : dual employed with kids : 주로 수도권의 아파트에 살면서 한 둘의 자녀를 둔 20대 후반~30대 전반의 맞벌이 부부
- 워킹맘Working Mom : 일을 하는 엄마
- 사커맘Soccer Mom : 자녀교육에 열성적인 주부
- 알파맘Alpha Mom : 재택근무나 파트타임 일자리를 활용, 자녀들과 훨씬 더 많은 시간을

보내는 엄마 즉 가족, 직업, 개인적 삶을 조화시키는 여성

소비자트렌드 읽기 8-3

'타이거맘'은 옛말, 이젠 '스칸디맘' 교육이 뜬다!

그간의 일반적 엄마의 모습은 자녀를 엄격히 관리하는 일명 '타이거맘'(호랑이 엄마 · tiger mom)이 대세였다. 이들은 조기교육을 앞세워 어릴 때부터 아이를 학습으로 단련시키고 좋은 학교에 보내 성공할 수 있게 뒷바라지하는 것을 엄마로서 최고의 가치로 여긴다. 하지만 요즘 신세대 엄마들은 조금 다르다. 자녀와 정서적으로 교감하고 친밀하게 소통하는 교육을 중요시한다. 이른바 '스칸디맘[scandi mom]' 교육이 뜨고 있다.

스칸디맘은 권위보다 자율, 억압보다 조력을 내세운 유럽 스칸디나비아식 교육법을 추구하는 30대 젊은 엄마들을 지칭한다. 특히 이들은 엄마가 행복해야 자녀도 행복하다고 믿기 때문에 자녀를 위해 자신의 인생을 희생하지 않을 뿐더러 자녀와도 평등한 관계를 지향한다. 이러한 엄마들이 자녀와의 유대 · 소통을 중요시하면서 올해 교육 시장도 다양한 예능교육과 감성교육, 인성교육 등이 블루칩으로 떠오르고 있다. 인성교육의 방법으로 다수의 사람과 대화를 통해 의사소통을 하고, 문제점을 찾아나가는 '위드[with]학습' 프로그램이 주목 받고 있다. 위드 학습의 특징은 논리를 근거로 자신의 의견을 전달하고, 친구들과 의견을 나누는 토의 · 토론 활동이 중심이 된다는 점이다.

북유럽에서는 교육뿐만 아니라 다양한 산업 분야에서 보다 실용적이고 합리적인 소비가 이루어졌고 최근 한국에서도 이와 같은 북유럽 브랜드들이 주목받고 있다.

◆타이거 맘=에이미 추아 예일대 교수가 2011년 쓴 책 『타이거 마더』(원제 Battle Hymn of the Tiger Mother)에 나온 호랑이처럼 무섭고 냉엄한 엄마를 일컫는 말. 아이에 대한 엄한 통제와 관리를 강조하는 교육법을 의미한다. 실제로 에이미 교수는 두 딸을 혹독하게 조련해 '엄친딸'로 키웠다.
◆스칸디 대디=스칸디나비아 반도 북유럽 스타일의 가정 중심 아빠. 이곳 아빠들은 가정에서 육아에 적극적으로 참여하며 아이들과 함께하는 체험을 강조한다. 저녁식사는 꼭 가족과 함께하고 주말엔 아이들과 야외에 나가거나 공연을 보고 박물관에서 시간을 보낸다.

출처: 해럴드경제, 2013.02.20.

▷ 전업주부

전업주부 소비자들은 취업여성에 비해서 자유재량 시간이 상대적으로 많기 때문에 다양한 문화생활을 즐기거나 봉사활동 등을 통해 사회에 참여하고 자기계발에 노력한다. 이들은 주로 소비를 통해 타인과의 교류나 활동영역을 넓히는 경향이 있으며 문화적 · 정신적 욕구의 충족을 위한 소비활동에 적극적인 태도를 보인다. 이들은 주로 건강과 환경의 쾌적

함을 지향하며, 생활시간과 생활공간 등에서의 효율성을 위해 합리적인 소비를 지향한다.

- 와이프로거Wifelogger : 와이프Wife + 블로거Blogger의 합성어

소비자트렌드 읽기 8-4

3842 전업주부 'PIONA' 세대

PIONA세대는 Personal Identity Obtained New Auntie의 약자로 '자아정체성이 확립된 새로운 아줌마'의 의미이다. 이 세대는 이전 세대에게 약화되었던 자아정체성Personal Identity이 강하게 자리 잡고Obtained 있어, 전의 3842 주부들이 보여주었던 전형적인 아줌마상과 확연히 구분되는 '양면성'을 보여주고 있다.

피오나는 애니메이션 영화 〈슈렉〉에 나오는 여주인공으로, 마법사의 주문으로 인해 낮에는 예쁜 공주지만 밤에는 억척스러운 모습으로 변하는 양면성을 가진 캐릭터이다.
3842 주부들의 경우 자아실현 욕구가 강한 개인 여성으로서의 모습도 지녔지만, 동시에 가족을 위해서 헌신 봉사하는 전형적인 아줌마의 모습도 가지고 있기에 '피오나'는 이러한 '양면성'을 상징하는 키워드가 된다.

3842 주부들이 배우는 것들

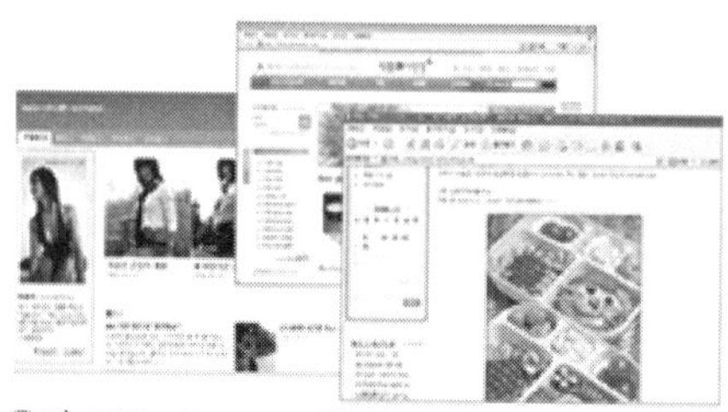
유명 Wife-logger 화면

3) 여성소비자의 유형

보스턴 컨설팅 그룹의 여성 소비트렌드 보고서(마이클 실버스타인 · 케이트 세이어, 2010)는 전 세계의 여성을 소득, 연령, 삶의 단계를 기준으로 6개 그룹으로 세분화하였다.

· 고학력과 경제력을 갖춘 '엘리트' 형Fast Tracker
· 늘 압박을 받는 '스트레스' 형Pressure Cooker

· 낙천적이고 개인주의적인 '관계지향' 형Relationship Focused
· 자녀들이 출가하고 부족함이 없는 '장년층' Fulfilled Empty Nesters
· 혼자서 모든 것을 이끌어가는 '고분분투' 형Managing on Her Own
· 근근이 먹고 사는 '생계유지' 형Making Ends Meet

① 고학력과 경제력을 갖춘 '엘리트' 형Fast Tracker

이들은 기업에 가장 많은 기회를 제공하는 유형이다. 이 유형에 속한 여성들이 가장 많은 부를 차지하고 있으며 가장 소비 규모가 큰 소비자들이다.

엘리트 유형은 다시 '야심 많은 노력파Striving for Achievement' 와 '부지런한 독립파Independent Woman' 두 유형으로 나뉜다.

야심 많은 노력파Striving for Achievement는 직장에서의 성공을 목표로 삼으며 이에 대해 인정을 받고 싶어 한다. 직장과 커리어가 가장 높은 우선순위이며 직장에서 많은 시간을 보내고 시간의 부족 때문에 힘들어하는 경우가 많다. 이들은 미국 인구의 15%를 차지하며 소득의 19%를 차지한다. 이들의 경제적 전망은 긍정적이며 정기적으로 저축한다.

한편 부지런한 독립파Independent Woman는 고학력자로 여러 유형 중 가장 열심히 일하는 그룹이다. 이들은 성공과 독립에 대해 강한 열망을 가지고 있다. 일 외적인 사람들에 대한 책임과 직장의 업무의 우선순위를 잘 정하는 편이며 노력파에 비해 성공에 대해 가치를 덜 두는 편이다.

이들은 미국 인구의 9%를 차지하며 소득의 15%를 차지한다. 이들의 주요 특징은 자녀가 없고, 가장 고학력자이며 46%가 대학원 이상의 학력을 보유했다. 일주일 평균 노동 시간이 가장 길고(48시간), 가사노동시간이 가장 짧다(11시간). 사랑은 중요한 가치이며 친구와 가족의 우선순위가 높은 것을 알 수 있다.

이들의 관심 상품 및 브랜드는 다음과 같다.

프리미엄 육우 및 과일과 채소, 가전제품, 여행이다. 자신을 돋보이게 하고 시간을 절약해 주는 제품과 서비스를 원한다. 매일 경주하듯 바쁜 삶을 살고 있기 때문에 편리함을 제공하는 대리인을 찾는다. 이들 여성은 중요하고 수중하기 여기는 제품과 서비스에 대해서는 아낌없이 지출하지만, 가정용품, 휴대전화, TV 유료 서비스, 렌터카, 자동차보험 같은 부문에서는 오히려 트레이딩 다운(Trading Down: 하향 구매, 실속을 위해 저렴한 상품을 구매하는 경향)을 하려는 성향이 있다. 선호 브랜드는 애플, 나이키, 자라, 바나나리퍼블릭, 소니, 앤테일러, 갭, 샤넬, 코카콜라, 스타벅스 등이다.

② 늘 압박을 받는 '스트레스' 형 Pressure Cooker

이 유형의 여성들은 해야 할 일은 너무 많고 시간은 너무 부족하기 때문에 스트레스를 가장 심하게 받는 그룹이다.

이 유형은 '여러 일을 동시에 하는 멀티태스커Successful Multitasker'와 '안정을 지향하는 노력파Struggling for Stability' 두 유형으로 나뉜다.

멀티태스커Successful Multitasker에 속하는 여성들은 주로 자녀가 있고 직장에 다니는 기혼 여성들이다. 경제적으로 안정되었고 든든한 배우자가 있어서 비교적 스트레스를 덜 받는다. 이들은 배우자의 지원이 성공에서 중요한 요인이라고 생각한다. 배우자가 가사노동과 자녀 양육에 기여하는 정도에 대해 만족한다. 다른 유형의 여성들보다 직장에서 일하는 시간이 적으며(36시간), 가사노동을 하는 시간이 더 길다(23시간). 자신의 인생을 잘 관리하고 있다고 여기는 사람들이다.

반면, 안정을 지향하는 노력파Struggling for Stability들은 막중한 가사노동에 부담을 느낀다. 이들은 스트레스를 많이 받고 가끔은 스스로 인생을 통제하지 못한다고 느끼며 재무관리 또한 부담스러워한다. 가사노동과 가정 경제가 삶의 부담인 이들은 자신만의 시간이 없고 자신에 대해 부정적으로 생각하는 경향이 강하다. 이들은 운동을 하는 빈도가 낮고 사랑이 삶의 핵심 가치라고 생각한다. 멀티태스커들 보다 배우자의 도움을 받지 못한다고 생각한다.

이 유형의 여성들은 그들이 구매한 제품과 서비스에 대부분 만족하지만 여전히 시간을 절약해주고 스트레스를 줄여주는 제품이나 서비스를 찾는다. 이 유형은 기업들로부터 무시당한다고 느끼며 광고나 마케팅 자료가 판에 박힌 이미지만 강조한다고 생각한다.

이 유형 중에서도 안정을 지향하는 노력파에 속하는 여성들은 특히 자동차에 대해 불만이 많다. 바쁜 엄마들이 많은 이 여성들은 방과 후 활동이나 주말의 각종 이벤트에 자녀와 그 친구들까지 실어 나를 수 있는 차를 원한다. 뿐만 아니라 연비도 좋고 유지비용도 적게 들며 최대한 환경 친화적이어야 한다. 게다가 자신의 개성을 살리면서도 좋은 기능들이 많은 차를 원한다. 또한 미래의 안전을 보장해주는 투자 및 생명보험 상품에 관심이 많다. 그리고 미혼일 때보다 헬스케어 서비스를 훨씬 더 많이 사용한다. 선호하는 브랜드는 나이키, 소니, 갭, 애플, 아디다스, 타깃, 노키아, 삼성, 도브, 크래프트, 자라 등이다.

③ 낙천적이고 개인주의적인 '관계지향' 형Relationship Focused

이유형의 여성들도 교육 수준이 높지만 직장을 갖는 것보다 행복한 가정을 꾸리는 것을 더 중요시한다. 사람들과의 관계를 중시하는 이들은 일반적으로 그들의 삶에 만족하며 매우 낙관적이다.

관계지향여성들의 소득 수준은 안정적인 중산층 수준이다. 하지만 소득에 비해 물건이나 돈에 대해 욕심이 많지 않다. 이 유형의 여성들은 남편이나 남자 친구, 동성 친구, 직장, 삶의 경험(여행, 외식, 학습) 등을 중요시한다.

이들은 가족과 친구를 우선순위의 맨 위에 올려놓는다. 사람을 만나는데 가장 많은 시간을 보내는 유형이다. 사랑을 삶의 핵심가치로 생각하며 자녀가 없다. 스스로 성공했다고 생각하지 않아도 자신에 대해 긍정적인 이미지를 가지고 있다.

이들은 혼자가 아닌 둘이서 쇼핑하는 것을 선호한다. 특히 친구나 동료, 특정 분야의 전문가들의 소개나 권유를 좋아하고 이에 의존하는 경향이 있다. 관심 분야는 음식, 주택(아파트), 옷, 피부관리, 기타 화장품, 식당 등이고 애플, 나이키, 갭, 소니, 자라, 바나나 리퍼

블릭, 타깃, 코카콜라, 노키아, 도브 등이 선호하는 브랜드이다.

④ **자녀들이 출가하고 부족함이 없는 '장년층'** Fulfilled Empty Nesters

이 유형에 속하는 여성들의 연령은 일반적으로 50대 이상이다. 계속 일하는 사람들도 있지만 은퇴한 경우가 많다. 대체로 기혼이며 자녀들과 함께 살지 않는다. 이 유형의 여성들은 자신과 남편에게만 집중할 여유가 있다. 이들의 가장 큰 관심사는 건강과 우아하게 늙는 것이며 전반적으로 자신에 대해 긍정적인 이미지를 가지고 있다.

이들 대부분은 새로운 사업을 시작하려고 생각한다. 사업을 하거나 파트타임으로 일하거나 봉사활동을 하거나 열정을 쏟을 취미활동을 찾고, 새로운 곳으로 이사하기 원하는 사람들도 있다. 이들은 탄탄한 몸매를 가꾸고 싶어하고 보다 넓은 세계로 여행하기를 원한다.

이들은 직장이 우선순위가 아니다. 가사노동에 들이는 시간은 25시간으로 모든 유형 중 두 번째로 많다. 여가시간, 자원봉사 시간이 가장 많으며, 운동을 가장 많이 하는 유형이다. 가장 큰 과제는 우아하게 늙는 것이며 재무적 미래에 대해서는 그다지 낙관적이지 않다.

이 유형의 여성들은 제품 충성도가 높고 다른 유형의 여성들에게 많은 영향을 미친다. 이들은 구매하는 모든 것에서 의미와 품질을 추구한다. 양질의 음식, 보다 좋은 와인, 수준 있는 여행, 인테리어나 리노베이션 아이디어에 대해 가장 신경을 많이 쓰는 핵심 그룹이다. 특히 남편 또는 친구들과 외식을 자주 하는데 그 이유는 2인분을 요리하려고 식재료를 사는 것보다 밖에서 사 먹는 것이 훨씬 저렴할 뿐만 아니라 훨씬 즐겁다고 생각하기 때문이다.

장년층 여성들은 대체로 안정적인 연금, 사회보장연금, 투자수익, 보험, 주택 및 기타 자산을 가지고 생활한다. 상대적으로 지출이 적고 더 이상 필요한 것이 없기 때문에 물건을 많이 사지는 않는다. 와인, 외식, 여행에 관심이 많고 소니, 나이키, 파나소닉, 리즈클레이본, 크래프트, 애플, 코카콜라, 델, 랄프로렌 등이 선호하는 브랜드이다.

그림 8-1 | 여성소비자 유형과 비중

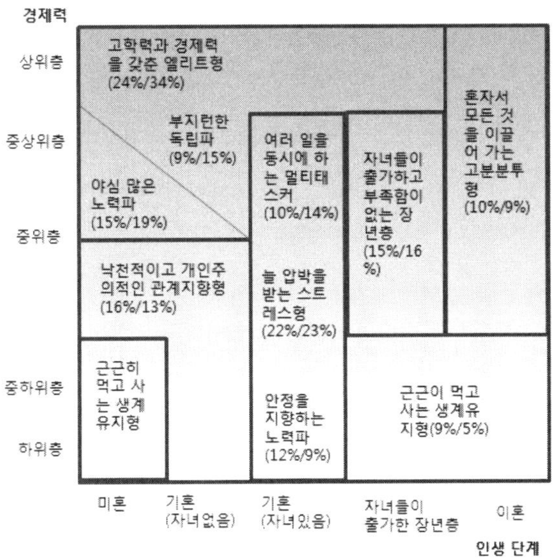

괄호 안 백분율은 (전체 인구에서 차지하는 비중/전체 근로소득에서 차지하는 비중)이다.

⑤ 혼자서 모든 것을 이끌어가는 '고분분투' 형Managing on Her Own

사별 또는 이혼으로 다시 싱글이 된 이 유형의 여성들은 스스로 경제를 운용하고 자신들만의 방식으로 지출을 관리한다. 이들은 커리어에 가장 역점을 두는 여성들로서 사랑보다 자신의 자유를 더 소중하게 여긴다. 이들에게 가장 중요한 것은 가정 경제를 꾸려나가는 것이다. 대개 연금이나 사회보장연금 수령액이 남성보다 적거나 퇴직금도 기대보다 적어 경제적 어려움을 겪는 경우가 많다. 전체 인구의 10%를 차지하며 소득의 9%를 담당한다.

이 유형의 여성들은 새로운 사랑을 찾는 것보다 자산을 증식하거나 보존하는 것을 더 중요하게 생각한다. 이전보다 덜 편한 환경에서 혼자 살며 한때 어울렸던 사람들과의 관계가 단절된 경우가 많다. 또한 변화된 환경에 대해 후회나 분노를 느끼기도 한다.

이들은 직업이 가장 중요하다고 생각한다. 평균 근무시간이 41시간, 평균 가사노동 시간이 15시간이다. 자신에 대해 무난하게 생각하지만 고학력과 경제력을 갖춘 엘리트 유형에 비하면 자신감을 낮은 편이다. 절반 이상(52%)이 자유를 핵심 가치로 꼽으며, 이는 모든 유형에서 가장 높다.

대부분은 좋은 것들을 즐길 줄 알지만 보수적인 소비자들이다. 품위 있고 품질이 좋지만 사치스럽지 않은 것을 좋아한다. 외모와 스타일에 관심이 많고 항상 최신 유행을 따라잡고 싶어 한다. 텔레비전 시청 시간도 긴 편이다. 도서, 엔터테인먼트, 개인의 안전, IT기기, 금융 서비스 등에 관심이 많으며, 나이키, 애플, 소니, 아디다스, 자라, 코카콜라, 삼성, 타깃, 노키아, 갭 등이 선호 브랜드이다.

⑥ 근근이 먹고 사는 '생계유지' 형Making Ends Meet

이 유형의 여성들은 한 가지 이상의 이유로 어려움을 겪고 있다. 그 중에서도 특히 경제적 어려움 때문에 삶의 모든 면에서 어려움을 겪는데 이 때문에 행복을 느끼지 못하고 미용이나 운동에 시간과 돈을 투자하지 않는다. 자신에 대해 부정적으로 생각하거나 경제적 어려움을 겪는 이유는 이혼이나 사별 때문인 경우가 많다.

이 유형의 여성들은 저소득층이거나 실업자인 경우가 많다. 소득이 너무 적어 필요한 지출을 다 감당하지 못하거나 심하게는 감당하지 못할 경도의 빚에 허덕이는 경우도 있다. 가족 관계도 나쁘고 건강에 이상이 있거나 비만으로 고생하는 경우도 많다. 인구의 9% 정도이며 이들의 소득의 전체 소득의 5%밖에 되지 않는다.

이 유형은 많은 것이 부족하고 불행과 실수 등을 극복해야 하는 상황에 놓여있는데 가장 큰 이유는 대개 교육이 부족한 탓이다. 교육 수준과 소득 수준 간에는 직접적인 상관관계가 있기 때문이다. 힘들게 살아가는 여성들은 당연히 비관적이고 부정적으로 사고하게 되고 상황을 스스로 타개해 나갈 의지를 상실한다.

이들의 근무시간은 일주일에 31시간으로 짧으나 가사노동 시간은 일주일에 21시간으로 많은 편이다. 운동하는 시간이 거의 없고 59%만이 일주일에 1회 이하로 운동한다. 생활에 대한 만족도가 낮고 불만도가 높다. 자신에 대해 부정적으로 생각하며 경제적 전망이 어두우며 저축을 하지 않는다.

이 여성들은 확고한 쇼핑 패턴을 가지고 있으며 월마트, 패밀리달러 등과 같은 할인점을 선호한다. 식료품 가격 인상과 물가 인상에 신경 쓰고 소비에서 최대한의 가치를 얻고 싶어 한다. 따라서 돈을 적게 들이고도 삶을 개선해주는 가치 중심의 상품을 선호한다. 재량소득이 적기 때문에 소비로부터 충분한 만족을 얻거나 즉각적이고 충동적인 니즈를 만족시킬 만한 물건에 돈을 쓸 것이다.

이들은 그들을 존중해 주는 소매업체들을 선호하는데 좋은 조건에 할부판매를 제공하거나 다양한 방식으로 혜택을 주는 업체들을 선호한다. 제한된 돈으로 최대한의 가치와 성능을 원하기 때문이다. 관심 분야는 자동차, 생명보험, 투자, 내과의사, 은행, 저렴한 엔터테인먼트, 할인 제품이며 크레프트, 소니, 나이키, 켈로그, 코카콜라, 아디다스, 델, 도브, 캠벨, 삼성 등이 선호 브랜드이다.

4) 여성 소비트렌드의 키워드

여성 소비트렌드의 키워드는 감성소비, 오감소비, 입소문소비로 요약해 볼 수 있을 것이다.

① 감성 소비

21세기 주요 키워드 가운데 하나인 '감성' 이 이들의 소비트렌드에 중심적인 부분을 차지하고 있다. 감성이 마케팅에서 얼마나 중요한 의미를 가지는지는 익히 알려진 바다. 최근 기업 이미지 광고의 경우 '희망, 나눔, 행복, 가족' 등 기존에는 볼 수 없었던 여성 취향의 감성으로 소비자들에게 다가가고 있다.

② 오감 소비

여성들은 신체 구조상 감각이 예민하다. 흔히 여성이 남성에 비해 오감이 더 발달한 것으로 알려져 있다. 여성 소비자들은 작은 물건 하나를 구입하더라도 보고, 듣고, 만지는 등 오감을 통해 확인하고 경험하려는 욕구가 강하다.

이미 여성을 주요 고객으로 한 의류, 향수, 화장품 매장에서는 직접 제품을 체험할 수 있는 테스터 상품들을 구비하는 것이 보편화되어 있다.

최근에 눈길을 끌고 있는 컬러 마케팅이나 향기 마케팅 등도 여성 소비자들의 오감을 자극하여 구매 욕구를 불러일으키는 방식이다.

③ 입소문 소비

여성 소비자들은 남성에 비해 보다 사회화Socialization 능력이 뛰어나며, 친근한 커뮤니케이션 능력을 가지고 있다. 여성들은 모여서 이야기를 나누기 좋아하는 특성이 있으며, 이러한 가운데 형성된 '입소문' 이 구매의사결정에 큰 영향을 미친다.

페이스 팝콘과 리스 마리클드는 「클릭! 이브속으로」(원제 : Evolution)라는 저서에서 여성이 생각하고 행동하는 방식이 비즈니스 뿐 아니라 전 영역에 영향을 미칠 것이라는 예측하고 있다. 이 책의 원제 Evolution은 EVE(이브)와 진화evolution 또는 혁명revolution의 합성어로 21세기의 키워드가 여성she이는 의미를 갖고 있다.

이 책에서는 여성을 위한 마케팅의 8가지 원칙을 들고 있는데 이를 살펴보면 여성의 소비특성을 나타내주고 있다.

1. 친구를 만들어 주어라connecting-make the connection think link

남성에 있어 연결은 필요할 때 만드는데 반해 ,여성에 있어 연결은 본능이라는 것이다. 인터넷상의 여성 커뮤니티는 남성 커뮤니티에 비해 폭발적으로 인기를 끌고 있다. 이러한 관점에서 볼 때 커뮤니티를 제공 여성들을 서로 연결하는 것은 회사의 브랜드와 연결하는 것이다.

한 예로 새턴 자동차는 여성고객을 상대로 파티를 개최하면 반드시 친구, 가족을 같이 초청한다. 부가적으로 여성을 통해 새로운 고객을 획득하려는 의도이다.

- intuition group 연구:
  여성은 자기 친구가 어떤 제품이나 서비스를 찾고 있다는 것을 알게 되었을 때 브랜드를 추천할 가능성이 남성보다 3배이상 높다.
- Yankelovich(국제적 마케팅 리서치 회사)의 연구 :
  여성의 70%는 새로운 제품에 대한 정보가 필요할 때 그 제품을 써본 사람으로부터 얻는 경우가 많다. 즉 제품이미지, 사용만족을 주위사람을 통해 획득한다.

2. 일인다역 : 여성의 99가지 생활을 지원하라99 lives

여성의 99가지 생활중 하나에서 시작하여 다른 모든 부분까지 에워싸라.

여성은 남성에 비해 그물망 사고web thinking가 가능하기 때문에 한꺼번에 여러 가지 일을 하는 능력 또한 탁월하다. 따라서 99가지 생활을 하는 여성에게 단 10분이라도 돌려줄 수 있는 생활의 편리함을 제공하는 것이 중요하다.

미국의 장난감 기업인 '해브스로'는 곳에서 엄마가 일하는 동안 자녀들이 몰입할 수 있는 장난감을 판매하여 크게 성공하였다.

3. 여성의 마음을 한발 앞서라female think

여성이 요청하게 만든다면 그때는 이미 늦은 것이다.

여성고객의 96%는 절대로 불만을 토로하지 않는다. 다만 다시 찾지 않을 뿐이다.

여성이 가계 지출의 80%를 관리하고 있다.

- Sony의 아키오 모리타 회장 :
  "Made In Japan"에서 "나의 계획은 사람들에게 그들이 무엇을 원하는지 물어보는 것이 아니라 새로운 제품으로써 그들을 이끄는 것이다. 대중은 무엇이 가능하지를 모르지만 우리는 알기 때문이다." 소니의 마케팅은 25년을 내다본다.

4. 관찰력 : 시선이 닿는 모든 곳을 점령하라.vision

여성의 시선이 닿는 모든 곳을 마케팅하라.

여직원 유니폼 디자인 제작을 아주 유명한 디자이너에게 의뢰

→ 착용하는 여직원에게 프라이드 제공, 자신감있고, 용기있는 모습

→ 지점 직원에 대한 대외적인 고객 이미지 향상

→ 디자이너를 홍보할 수 있는 좋은 관계 유지

→ 지점, 회사가 최고급 패션과 손잡았다는 후광효과를 얻을 수 있다.

스타벅스는 전국적으로 브랜드 창조를 위한 30초 짜리 광고를 포기하고 대신에 가치를 창조하고 고객에게 서비스하는 것에 치중하기로 하였다.

즉 브랜드를 구축하는 가장 좋은 방법은 한번에 한사람씩 고객을 얻는 것이라 판단하고 스타벅스 매장의 구석구석을 스타벅스만의 독특한 이미지를 형상화하여 커피 뿐 아니라 문화를 전파하는 마케팅으로 성공하였다는 평을 듣고 있다.

5. 편한생활 : 걸어서든 뛰어서든 그녀에게 다가가라loyalty

그녀에게 가서 그녀의 충성심을 영원히 붙잡아라. 틈새시간을 붙잡아라.

한 예로 슈퍼마켓 안에 체육관을 설치, 고객이 운동하는 시간에 직원들이 쇼핑을 대신하여 준다. 또한 앞으로 모든 구매의 90% 정도는 소비자에게 직접 배달www.streamline.com하는 택배시장이 점유할 것이다. 전문직 종사자와 전업주부이지만 자기관리, 자기생활의 존재가 증가하고 있기 때문이다.

6. 브랜드 물려주기: 엄마가 쓰면 아기도 쓴다brand down

당신을 다음 세대로 이끌어 주는 것은 현재 세대의 여성소비자이다.

아무리 훌륭한 회사라도 세대 전문가generation specialst가 필요하다.

- 칼 구스타브 융Carl Gustav Jung "인간에게 가장 깊고 가장 심오한 관계"는 엄마와 아이의 관계로 절대적인 전수관계가 형성됨.
- 한 교육기관은 '2018년 졸업동창생' 글자가 새겨진 아기 T-셔츠를 제공하고 동문의 자녀에게 입학우선권을 줌으로써 브랜드 물려주기, 충성심을 키우기 전략시행한 예가 있다.
- 백화점 진열 → 상품별 진역(brand 별 진열)

→ 품목별로 진열. 모든 코트, 모든 스웨터, 아기 신발에서 중년 구두까지 등.

→ 세대가 바뀌어도 계속 자신의 신발을 신는 고객이 됨.

- 미혼여성에게 금융서비스, 육아, 교육적인 지원, 실질적인 서비스를 진행함으로써 미래고객으로 확보하려 한다.

7. 공동양육 : 함께 키우는 브랜드co-parenting

브랜드를 키우는 가장 좋은 방법은 공동양육이다.

모든 포유류의 암컷에는 출산시 증가하는 에스트로겐이란 호르몬이 모성적 행동을 촉발하기 때문에 양육하는 것이 여성의 기본적인 천성이다. 따라서 여성에게 일방적으로 제품을 팔기보다는 함께 기르는 브랜드를 만들면 성공할 수 있다. 즉 여성의 비판과 변화를 위한 제안을 적극적으로 구해야 한다

- 미국 포드사의 Windstar는 엄마들의 의견을 반영하여 디자인한 자동차이다.
  엄마들의 생각이 반영되었기 때문에 가족을 위한 자동차의 대명사가 되었다. 여성은 특정 상품, 브랜드에 호의를 가지면 그 브랜드를 양육하려고 한다.

8. 투명한 브랜드 : 아무것도 숨기지 마라x-ray vision

여성의 눈은 모든 것을 다 들여다 본다. 여성들에게는 모든 것이 중요하기 때문에 사소한 것도 매우 주의 깊게 관찰한다. 여성은 구매를 할 때 제품과 관련된 것(디자인, 색상, 기능)뿐 아니라 제품을 만든 기업의 윤리, 심지어는 경영자의 사생활까지도 관심을 갖는다. 따라서 브랜드 뒤에는 아무것도 숨겨 놓아서는 안된다.

- 스타벅스의 CEO 하워드 슐츠
  "사람들은 어떤 회사와 자신의 가치관이 같다고 생각하면, 계속 충성스런 고객으로 남아 있을 것이다."
- 1998년 나이키는 "기업책임성 부서" 그룹을 만들었다. 이는 훌륭한 윤리성이 곧 훌륭한 비즈니스라는 것을 의미한다.
  Believe(믿다) → 끝음절 "eve"는 여성eve과 관련된 마케팅은 믿음에서 시작되어야 한다고도 볼 수 있다.

5) 여성마케팅 성공 사례

다음은 성공적인 여성마케팅에서 배울 수 있는 몇 개의 교훈이다(삼성경제연구소, SERI

경영 노트, 126호).

① 질레트 비너스: 남녀의 신체적 차이를 이해함으로써 기회 창출

남녀의 신체 차이를 면밀히 연구한 결과 남녀 구분 없이 사용하던 면도기에서 한 발 더 나아가 여성용 면도기를 만드는데 성공하였다.

여성은 정면으로 거울을 보면서 얼굴을 면도하는 남성과 달리 시선이 잘 닿지 않는 겨드랑이, 종아리 등을 면도해야 한다는 점에 착안해 긴 몸체와 360도 회전이 가능한 머리 부분으로 구성하였다. 면도날 옆 밴드 부분에 윤활유와 보습제를 첨가하여 미끄러짐을 향상시키는 동시에 피부 보습 기능까지 수행하도록 만들었다.

TV 광고 없이 대형 마트의 매장 광고나 옥외 광고를 통해 여성 맞춤형 제품으로서의 강점을 실감나고 재치 있게 알리는 데 성공하였다. 한 옥외 광고에서는 제품 사용에 따른 다리 제모 및 피부 보호 효과를 부드럽게 미끄러지는 에스컬레이터에 비유해 시선을 사로잡았다.

② 볼보 YCC: 여성이 만든 진정한 여성 자동차

동승자로서의 여성이 아닌 운전자로서의 여성을 고려한 자동차, 폭스바겐의 '뉴비틀', 포드의 '카' 등 여성스럽다고 알려진 기존 차들은 사실 남성 전문가가 만든 '남성이 보기에 여성스러운 차'라는 지적이 있었다. 볼보 YCC는 초기 기획 단계부터 '여성의 요구를 충족시키면 남성들의 요구는 충족시키고도 남는다'는 신념에서 출발하였다.

여성의 니즈를 정확하게 반영하기 위해 총괄책임자를 비롯해 개발팀 멤버의 절반 이상을 여성으로 배치. 운전 시나 차에 대해 여성들이 느끼는 불만을 조사해 설계해 반영하였다.

승하차 시 걸림 문제를 해소하기 위해 차를 타고 내릴 때 높은 신발 굽이나 긴 드레스가 문턱에 걸리지 않도록 문이 열리면 아래 문턱이 자동으로 바깥쪽으로 펼쳐지게 설계하였다. 또한 일렬주차의 어려움을 해소하기 위해 운전석에서 볼 수 있는 시각 범위가 제한적인 데 기인함을 발견하고 시각범위를 넓히는 차체형으로 디자인하였다.

③ 홈데포: 쾌적한 쇼핑과 친절한 인적 서비스를 결합

DIY[Do It Yourself] 공부 분야를 '남성 중심의 시장' 에서 '여성 중심의 시장' 으로 재 정의하였다. DIY 시장은 2차 세계대전 후 폐허가 된 도시 재건을 위한 시민운동에서 출발해 1990년대 말까지 전형적인 남성 고객 시장으로 인식되어 왔다.

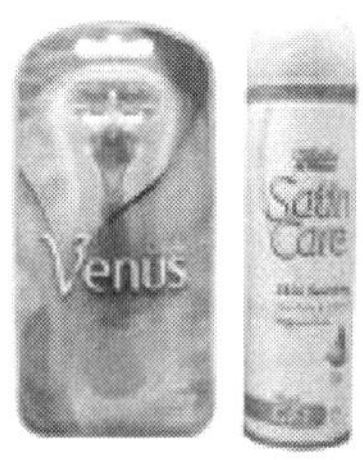

2000년대 초 로위[Lowe's], 비 제인[Be Jane] 등의 친환경과 저가를 무기로 한 업체 간 경쟁이 치열해지면서 여성 시장에 주목하기 시작하였다. 매장 조명을 밝고 은은한 톤으로 바꾸고 제품 디스플레이를 변형하는 등 매장 환경을 여성 친화적으로 바꾸었다. 간단한 탁자나 나무 바닥 제작, 지붕 수리 등 초보자도 쉽게 따라할 수 있도록 수십 종의 설계도와 도구 안내책자를 매장 곳곳에 비치하였다.

홈데포는 만혼이나 이혼이 늘어남에 따라 주택을 소유한 여성이 증가하는 데 주목하고 설립 후부터 고착된 '집 가꾸기를 즐기는 남성을 위한 놀이터' 의 이미지 대신 '독립적인 현대 여성을 위한 공간' 의 이미지를 확산함으로써 싱글 여성을 지향하고 있다.

2. 남성소비자

전통적으로 남성에 대한 성역할 기대는 분석적이고 이성적이며 합리적인 것이었다. 즉 감성적이고 관계지향적이고 두려움이나 나약함을 드러내는 것은 여성다운 성향인 동시에 남성답지 못한 것으로 여겨졌다. 또한 남성들은 소비보다는 생산을 하는 주체로 여겨졌으며, 소비란 여성에게 어울리는 활동으로 이해되어왔다.

기존의 소비시장은 남성제품과 여성제품을 획일적으로 구분해 왔으며 남성의 스타일을 정형화된 것으로 간주하였다.

1) 남성소비자의 특성

전통적으로 남성은 분석적이고 이성적이며 합리적인 것으로 기대되고 있다. 즉 가정적이고 나약함을 드러내는 것은 남성적이지 못한 것으로 간주되어 왔다.

여성과 비교하여 남성소비자의 특성을 살펴보자(파코 언더힐, 2011).

① 다이아몬드 미스터

다이아몬드 미스터가 소비시장에서 새로운 실력자로 떠오르고 있다. 안정적으로 자리를 잡고 경제적인 성취도 어느 정도 달성한 30~40대 독신남을 의미하는 다이아몬드 미스터는 소비가 자신을 표현하는 주요한 수단이다. 값비싼 외제차를 탄다거나 와인이나 골프, 미술품에 대한 취미를 가진다거나 비싼 명품 슈트와 액세서리를 구매하는 등 모두 자신의 가치를 높여주는 과시적 소비의 경향을 다이아몬드 미스터들은 가지고 있다(김용섭, 2010).

② 사냥꾼의 기질을 가지고 태어난 남성

남성들은 유전학적으로 사냥꾼의 기질을 가지고 있다. 남성들은 숲으로 들어가지만 사냥감을 재빨리 죽여서 집으로 끌고 오지 못하면 실패자가 된다. 한편 여자들은 채집인의 기질을 가지고 있다. 여성들은 보는 행위를 통해 커다란 기쁨을 얻는다. 두 명의 여성이 쇼핑몰에서 하루를 보내면서 아무것도 사지 않고도 흡족한 시간을 보낼 수 있는 것도 이 때문이다. 다음은 여성과는 다른 남성들의 소비 성향이다.

③ 매장 안에서의 남성 행동

남성들은 여성에 비해 더 무모한 반면 덜 감상적이다. 남성들은 여성들보다 더 빨리 이동한다는 사실은 물건은 구경하는 시간도 더 짧았고, 구입할 의사가 없는 물건에는 좀처럼 눈길을 돌리지 않는다는 것을 의미한다. 남성들은 자동차를 운전하는 방식으로 쇼핑을 하는데 이것은 남성들이 물건의 위치를 묻거나 이런저런 질문을 하려 들지도 않는다는 것을 말한다. 따라서 어떤 남성이 자신이 찾는 코너를 발견하지 못할 경우 그 남성은 한두 차례 그곳을 둘러본 후 도움을 청하지도 않고 그대로 빠져나갈 확률이 크다.

대부분의 남성들은 매장 안으로 급하게 들어와 원하는 코너로 향한 후 물건을 황급히 집어 들고 계산할 준비를 한다. 매장 안에 있다는 것 자체가 남성다움을 위협하는 행위로 본다. 특히 나이 든 남성들의 경우 아웃도어 매장에서 허리띠와 바지와 속옷을 쇼핑할 때 더 편안함을 느낀다. 그곳이 낚시와 사냥, 야외 활동에 필요한 용품들로 둘러싸여 있기 때문이다.

전형적인 남성고객일 경우 그들이 자기 방식대로 물건을 사도록 내버려둘 필요가 있는데 그렇지 않으면 화를 낼 수도 있다. 어떤 남성이 탈의실에 들어간다면 옷이 몸에 맞지 않는 경우를 제외하고는 그 옷을 구매할 가능성이 크다. 반면 여성은 구입을 고려하는 차원에서 시험 삼아 그 옷을 입어볼 뿐이다.

쇼핑하는 동안 여성 고객의 86%, 남성 고객의 72%가 가격표를 살핀다. 남성 고객들은 가격표를 무시하는 것을 곧 남자다움을 과시하는 것으로 여기기 때문에 여성 고객들보다 훨씬 더 쉽게 물건을 선택한다. 남성들은 여성들에 비해 타인의 제안을 잘 받아들인다. 매장을 얼른 빠져나가고 싶은 마음에 권유받은 물건을 무작정 사겠다고 보일 정도이다.

④ 탈의실에 투자하라

한 조사에 의하면 시험 삼아 옷을 입어본 고객들 중에서 남성의 65%, 여성의 25%가 실제로 그 제품을 구입한 것으로 나타났다. 이것은 곧 여성복 매장보다 남성복 매장에서 탈의실이 더 근접해야 함을 말해준다. 따라서 남성 탈의실은 한 눈에 알아볼 수 있도록 명확히 표시되어 있어야 한다. 남성 고객이 탈의실을 차지 못한다면 번거로움이 싫어 쇼핑을 아예 포기할 수도 있기 때문이다.

⑤ 비계획적 쇼핑을 한다

남성들은 쇼핑할 때 쇼핑 목록을 들고 다니지 않는다. 여성들은 대부분 쇼핑 목록을 가지고 있었지만 남성들의 비율은 4분의 1이 못되었다. 특히 자녀들과 함께 쇼핑을 하는 경우 아빠들은 자녀의 요구를 단호히 거절하지 못한다. 남성들이 생각하는 아빠가 된다는 것은 곧 무언가를 제공하는 존재가 되는 것이기 때문이다. 딸이 엄마보다 아빠와 함께 쇼핑할 때 더 비싼 드레스를 구매하게 된다.

⑥ 여성보다 많이 사는 품목이 있다.

특정 제품 범주에서는 남성 고객이 여성 고객의 쇼핑을 능가하는 경우도 있는데 컴퓨터 매장이다. 예전에는 기술과 기계 장치를 선호하는 남자들의 주된 관심사가 자동차와 스테레오였지만 지금은 컴퓨터 하드웨어와 소프트웨어로 바뀌었다. 남성들은 판매 직원에게 묻는 것은 싫어하지만 인쇄물, 비디오 혹은 컴퓨터 스크린을 통해 필요한 정보를 직접 찾아보는 행위는 선호한다.

남성이 여성보다 쇼핑을 더 많이 하는 품목 중 하나는 맥주이다. 매주 토요일 오후 3시쯤 맥주 통로 바로 앞에서 시음회를 하면 남성들을 많이 유인할 수 있다. 여성 고객들은 자신보다 타인을 위해 맥주를 구입한 반면, 남성 고객들은 자신을 위해 맥주를 구입했다. 여성들은 맥주를 구입할 때 대량으로 구입하고 남성들은 상대적으로 소량으로 맥주를 구입했는데 여성은 모두의 파티를 위해 맥주를 구입하지만 남성은 자신만의 파티를 위해 맥주를 구입하기 때문이다.

⑦ 남성들은 읽을 수 있는 정보를 선호한다.

남성들은 전화기 진열대와 계약을 설명하는 안내문이 위치한 쪽으로 곧장 다가가 안내 책자와 계약 신청 용지를 집어들고 매장을 떠나지만 직원들과는 말 한 마디 나누지 않는 경우가 많다. 남성들이 매장을 다시 찾을 때는 계약을 하기 위해서이다. 그러나 여성들은 평균 세 차례 매장을 방문했다.

⑧ 제품의 네이밍과 기능이 중요하다

남성이 선호하는 제품명도 여성과는 다르다. 예전에는 자동차에 가장 남자다운 별칭을 붙였지만 지금은 비누에 그런 별칭을 붙이고 있다. 1990년에 가장 성공을 거둔 비누는 장식이나 향기와 관련 있는 명칭이 아니었다. 그것은 컴퓨터나 새로 나온 공구의 이름으로 적당해 보이는 레버lever2000이었다.

전자제품의 경우 남성이 생각하는 주요 성능은 여성과 다르다. 전자레인지의 경우 설명서에서 가장 강조하는 특징은 출력이어야 하며, 진공청소기를 쇼핑하는 남성의 경우 가장 중요하다고 생각하는 청소기의 속성은 파워이다.

소비자로서 남성과 여성의 특성을 정리해 보면 다음과 같다.

표 8-2 | 남성과 여성의 차이

	남성	여성
가장 좋아하는 것	승리하는 것	타인에게 사랑받는 것
사물판단시 이용하는 것	분석능력	오감(五感)
외부 환경의 변화에 대해	관심이 많다	자신과 직접 관계 있는 것만 관심이 있다
사고의 방법	스텝 사고	동시처리 대응형 사고
화나는 일	규칙 위반	적당히 대하는 것
단골가게의 적절한 대응	자신은 나중이라도 상관없다	바로 대응해주기를 바란다
'세세한 것'에 대한 대응	아무래도 좋다	전체의 이미지로 확장해서 생각한다
결정을 할때의 우선 사항	상황적으로 어떻게 할까	자신이 어떻게 하고 싶은가
규칙에 대한 생각	지키는 것이 중요	상대의 마음을 존중하는 것이 중요

출처 : 다카하라아이 지음, 박진배 역(2007), WIN-WIN 마케팅 여자를 알면 성공이 보인다.

2) 남성 소비시장의 성장

남성들은 소비보다는 생산을 하는 주체로 여겨져서 남성들이 큰 구매력을 가지고 있음에도 불구하고 소비의 주체로는 여성에 비해 상대적으로 관심을 받지 못한 편이다.

그러나 최근 남성시장이 성장하고 있다. 그 원인으로는 여성의 활발한 사회진출로 남성과 여성의 성 정체성에 대한 전통적인 구분이 희미해지면서 남성도 여성 못지않은 적극적인 소비주체로 등장하고 있다.

또한 이혼, 만혼추세로 남성이 구매를 해야하는 기회가 많아지고 있다. 이외에도 아무 옷이나 사주면 입는다는 식의 남성 소비패턴이 바뀌었기 때문이다.

메트로섹슈얼metro-sexual, 위버섹슈얼(Ubersexual 강한 남성)등이 사회 트렌드로 정착하면서 남성들의 소비도 늘어나고 있다. 내가 입을 옷은 내가 고른다는 '신세대 남편' 들도 늘고 있다.

남성들이 자신을 꾸미는 소비성향은 최근 급속도로 증가하고 있으며 앞으로 그 증가폭은 더 커질 것이다. 현대백화점은 2005년과 2010년의 20~30대 남성 고객들의 구매 내역을 비교해서 2010년 4월에 발표한 바 있다. 자료에 따르면 5년 전에 비해 연인에 대한 지출은 줄고 자신에 대한 지출은 상대적으로 늘었다. 특히 화장품 구매 비율은 2005년 7.5%에서 2010년에는 8.9%로 증가했다. 2009년 남성복 시장은 전체 의류 시장의 25%를 차지해 남녀 캐주얼 의류 다음으로 큰 시장이었다. 남성 가방 시장도 2009년에 전년 대비 50%나 성장했는데 같은 기간 여성 가방 시장은 마이너스 성장을 기록했다.

3) 남성소비자의 소비트렌드 변화

최근 생활양식과 소비패턴이 다양해지고 복잡해짐에 따라 남성소비자들도 다양화된 특성을 보이고 있으며 성 정체성gender identity의 다양성을 받아들이는 문화가 확산되면서 남성들의 성향 자체가 변화하고 있다.

메트로 섹슈얼리즘metro-sexualism이라는 도시에 살고 있는 남성들이 패션, 미용, 인테리어, 요리 등 여성적 라이프스타일에 관심을 기울이는 현상의 의미하는 신조어도 나타나고 있다. 젊은층을 중심으로 전통적인 남성의 이미지에서 벗어나 외모를 가꾸는데 신경을 쓰고, 동시에 내면적으로도 부드럽고 연약한 여성성의 이미지를 긍정적으로 받아들이는, 변화된 남성상이 나타나고 있다.

또한 엠니스m-ness라고 하여 남성을 뜻하는 맨man과 여성성을 의미하는 니스ness를 합친 것으로, 힘과 명예를 중시하는 전통적인 남성에서 벗어나 양육과 협력 등 여성적인 가치관을 두루 갖춘 남성상을 의미하는 신조어도 나타나고 있다.

패션 쥬얼리 브랜드 줄리엣이 2008년 여름, 남성 쥬얼리 '페르소나옴므PERSONA Homme' 를 출시했다. '페르소나 옴므' 는 남성을 상징하는 가장 대중적인 '검' 을 모티브로 날카롭고 예리한 검의 형태를 부드러운 곡선으로 완화하여, 섹시하고 부드러운 남성들의 성향을 디자인에 반영했다고 한다.

요즘 남성들은 예전의 남성들에 비해 감수성이 풍부하다. 또 자신의 몸을 몹시 아끼는 한편 남의 눈에 멋있게 보이려고 하는 성향이 강하다. 패션, 미용영역 남성들에게 선택될 확률이 높은 마케팅 전략들을 살펴보자(마크 턴게이트, 2009).

- 미용

· 여자들의 영향력을 절대 무시해서는 안된다.
· 노화를 신경 쓰게 만들어라.
· 피부관리용 화장품을 면도와 관련된 것으로 생각하게 만들어라.
· 스포츠나 과학 분야의 용어들을 써서 말하고 기능이나 효능을 강조하라.
· 남자들이 인정하는 남성 모델을 내세워라
· 인터넷은 남자들에게 접근하기 위한 이상적인 경로이다.
· 남자들은 외모관리를 신중하게 생각한다.
· 남성만을 위한 매장공간을 마련하거나 남성만을 위한 쇼핑의 밤 등 특별한 이벤트를 실시할 필요가 있다.

- 의류

· 기술적인 특성, 효율적인 장점, 품질 등을 강조하라.

· 신분 상승의 효과가 있다는 점을 알린다.

· 충성도 높은 고객이 되게 만들라. 남성들은 갈대와 같지 않다.

· 매장의 환경이나 분위기를 합리적이고 편하면서도 완벽에 가까운 서비스가 넘치는 곳이 되게 만들어라.

· 서점이나 이발소 같은 부가적인 서비스로 남성 고객들을 오래 붙잡아라.

· 남자들은 제대로 옷 입는데 보탬이 되는 조언이나 지침을 좋아한다.

· 유명인들의 추천이나 영화, TV 드라마 등 간접 노출되는 광고의 영향력이 크다.

소비자트렌드 읽기 8-5

요즘 남자는 달라요, 새 소비주체로

남성 소비가 왕성해졌다. 20~30대 백화점 매출 신장을 주도하고 남성화장품 시장도 7% 성장하였다. 동안(童顔) · 얼짱 열풍, 아담을 유혹하는 '옴므파탈'(oemme fatale 나쁘지만 왠지 모르게 매력있는 남자) ….

유통업계는 올해 그 어느 때보다 치열하게 남심(男心)을 잡기위한 마케팅을 펼쳤다. 패션과 외모 가꾸기 등에 부쩍 관심이 높아진 남자소비자를 겨냥해 전문 편집매장을 만들고 새로운 남성전문 화장품도 대거 출시했다. 맨슈머(Mansumer · Man과 Consumer의 합성어)라고 일컬어질 정도로 소비력이 왕성해진 남성을 공략하기 위한 전략이다.

남성들의 쇼핑 욕구 증가는 인터넷을 통한 온라인쇼핑, 스마트폰을 이용한 모바일 쇼핑에서 두드러지게 나타난다. 직접 매장에 가야하는 '심리적 부담감'을 덜어주면서 보다 합리적인 가격에 구매를 할 수 있기 때문이다. 변화는 패션과 화장품 분야에서 뚜렷이 찾아볼 수 있다. 그루밍족(grooming, 패션과 미용에 아낌없이 투자하는 남자들을 일컫는 신조어)이라 불릴 만큼 스타일링에 관심을 가지는 남성들이 많아지고 외모도 하나의 경쟁력이라는 인식이 확산되면서 남성 뷰티업계는 그야말로 활황을 맞고 있다.

가장 눈에 띄는 것은 남성 화장품 시장의 성장이다. 남성 화장품 시장은 연 1조 원에 육박하며 매년 평균 15~20%의 성장률을 기록하고 있다. 패션에서도 남성들의 시야는 넓어졌다. 아내가 골라주는 옷을 입는 것이 아니라 적극적으로 자신의 스타일을 연구하는 남성들이 많아졌다. 이런 변화는 여성들의 전유물이라고 여겨지던 홈쇼핑에서도 남성소비가 급증한 것에서 찾아볼 수 있다.

이처럼 남성화장품 매출이 늘어나자 주요 화장품업체들마다 남성고객 커뮤니티를 운영하고 피부관리 강좌를 실시하는 등 남성 고객 마케팅에 심혈을 기울이고 있다.
백화점 역시 남성화장품 편집매장을 만들고 온라인몰에는 남성화장품 전문숍이 속속 오픈했다. 남성들이 피부에 대한 관심을 높이면서 남성화장품도 다양화돼 세안제품, 면도용 제품, 에센스, 자외선차단제, 마스크팩 등 기능별 제품이 잇따라 출시되고 있다. 특히 30대 남성은 자기계발에도 열중이어서 문화센터 에서 힐링강좌, 문화강좌에도 적극 참여한다.

출처 : 이투데이, 2013.02.14

Part 3

소비자트렌드의 실제

Chapter 9
연령에 따른 소비자트렌드

Chapter 9

연령에 따른 소비자트렌드

연령은 성별과 함께 대표적인 사회인구학적 변인으로 사회 내에서 집단을 구별하는데 가장 많이 사용되고 있다. 연령에 따라 관심이나 행동, 역할이 다르기 때문이다.

본 장에서는 소비자를 연령에 따라 분류하여 그 소비행동 특성을 살펴보고 특히 최근 그 중요성이 증가하고 있는 노인, 청소년 소비자에 대해서 구체적으로 살펴보자.

1. 아동소비자

아동소비자는 일반적으로 만 2세 말에서 12세로 초등학교 시기의 소비자를 말한다. 소비자의 나이가 어릴수록 제품의 구매와 소비에 있어서 부모의 역할이 커서 유아의 욕구는 완전히 부모의 선택에 의해 채워진다. 하지만 아이들이 사회적으로 성숙함에 따라 그들은 자신이 원하고 필요로 하는 제품의 소비와 구매에 있어서 점점 더 중요한 역할을 하게 된다.

아동소비자는 주변에 대해 호기심과 탐색을 하려는 욕구를 가지고 있으며 타인의 행동을 모방하기도 한다. 그래서 아동을 대상으로 한 특정 상품, 상표나 캐릭터에 집착하기도 한다. 또한 자기를 과시하려는 욕구를 가지고 있어 다른 사람들이 자신에게 집중해 주기를 원한다.

1) 아동시장의 중요성

제임스 맥닐James McNeal은 아동소비시장의 중요성을 다음과 정리하고 있다.

① 아동이 직접적인 구매자 역할을 하는 1차 시장Primary market :
아동소비자들은 자신의 필요한 욕구를 충족시키는 데 돈을 지출할 수 있는 권리와 의사를 갖고 있기 때문에 그 자체로써 하나의 1차적인 시장을 형성한다. 특히 맞벌이 부부가 많아지면서 아동이 직접 구매를 하는 1차시장의 규모는 계속 증가하고 있다.

② 구매주체인 부모에게 영향력을 행사하는 영향력 시장Influence market :
아동들이 부모의 구매행위에 직접적 혹은 간접적으로 영향력을 행사하는 시장을 말한다. 직접적인 영향은 외식장소를 추천하거나 특정 브랜드의 상품을 사달라고 하는 경우이고, 간접적인 영향은 부모가 물건을 구매할 때 자녀의 취향, 의견을 고려하거나 반영해서 구입하는 경우이다. 특히 최근의 '소황제' 현상이나 늦은 초혼연령과 늦둥이를 갖는 현상도 이러한 경향을 부추기고 있다.

③ 아동들이 성장해서 만들어질 미래시장Future market :
아동들이 성장함에 따라 앞으로 상품과 서비스를 구매하게 되는 시장으로, 아동은 미래의 소비자로서 가장 잠재력이 큰 시장이라고 할 수 있다. 아동은 미래의 고객이기 때문에 기업들은 아동소비자에 많은 관심을 가지고 장기적인 투자를 하고 있다.

2) 아동시장의 마케팅

아동 인구의 감소에도 불구하고 의류, 학습지 등 아동 전용상품이나 매장이 늘어나고 있는 추세이며, 컴퓨터나 자동차 등 고가품 구매에 미치는 아동의 영향력도 증가하고 있는 것으로 나타나고 있다.

최근 키즈마케팅Kids Marketing, 엔젤Engel산업이라 불리는 아동 대상의 소비시장이 큰 성과를 올리는 주된 요인은 자녀수 감소에 따른 것으로, 자신의 자녀만은 최고로 키우고 싶다는 부모의 욕심을 반영하는 현상이다.

키즈마케팅 전문가 진 델 베키오Gene Del Vecchio는 키즈시장에서 성공하기 위해서는 아동의 변하지 않는 감정적 욕구를 충족시키되, 유행의 변화를 이해해야만 될 것이라고 설명하고 있다. 아동의 욕구가 무엇인지 철저히 조사하고, 아동의 심리를 파악해야만 키즈마케팅이 성공할 수 있다는 의미일 것이다.

또한 아동에게 가장 영향력을 줄 수 있는 부모의 심리를 파악하는 것도 중요하다. 부모의 심리를 공략하기 위해서는 자녀의 교육과 상상력을 향상시킬 수 있는 요소를 가지고 있어야 한다. 이는 자녀의 교육적 측면을 중시하는 부모의 욕구를 충족시켜 한다는 것을 의미한다. 에듀테인먼트Edutainment; education+entertainment는 바로 이러한 부모들의 심리를 잘 파악한 사례이다. 뿐만 아니라 부모의 내면에 있는 키덜트Kid+adult성향을 이해하는 것도 중요하다.

마케터들이 키즈 시장에 집중하는 이유는 무엇일까? (마틴 린드스트롬, 2012)

① 졸라서 사도록 만드는 힘Pester Power

텍사스 A&M 대학 마케팅 교수인 제임스 맥닐에 의하면 충동적인 식품 구매의 75%가 칭얼대는 아이들 때문이다. 엄마들 두 명 중 한 명이 아이가 원한다는 이유만으로 식품을 구입한다. 그러므로 아이들의 욕구를 자극할 수 있다면 가족 전체의 욕구를 자극할 수 있는 것이다.

② 대물림 현상

부모는 아이의 평생 취향이나 기호에 직접적, 간접적으로 영향을 미친다. 점점 더 강력해지는 이러한 영향력을 대물림 현상이라고 한다. 실제로 대물림 현상은 아이들의 인생에서 지나치게 일찍 나타나는 경향을 보인다. 식품 매장에 아이들을 데려가는 것은 대부분 엄마들이기 때문에 자녀들의 취향 형성 과정에서 특히 비누나 조미료, 세제 같은 제품과 관련해서는 엄마가 아빠보다 훨씬 강력한 영향력을 미친다.

부모와 아이가 주고 받는 영향의 메커니즘을 살펴보기 위해 미국 가정의 대표적인 음료라고 할 수 있는 트로피카나 오렌지 주스에 대해 예를 들어보자. 트로피카나를 반복적으로 구매하는 부모 밑에서 태어난 아이들은 그것이 세상에서 유일한 오렌지 주스라 믿으며 자라난다. 이런 아이들이 엄마와 함께 식품 매장에 간다면 당연히 트로피카나를 사라고 할 것이고, 나중에 아이가 자라 혼자 쇼핑을 하게 되더라도 습관적으로 트로피카나를 선택하게 될 것이다.

③ 향수Nostelgia

어릴 때 사용했던 브랜드를 성인이 되어서도 지속적으로 사용하는 경향은 향수와도 밀접한 관련이 있다. 특정 제품과 관련된 향수는 섬세하고 교묘한 방식으로 마케터들이 우리의 두뇌 속에 심어놓은 것이다. 마케터들은 소비자들이 그들의 브랜드를 집, 그리고 가족과 관련된 따스한 추억과 연결시키도록 조작한다. 따라서 소비자들은 특정 브랜드를 사용하면서 과거로 돌아가거나 사랑하는 사람들과 다시 연결되는 느낌을 받는 것이다.

④ 애플Apple

최근 애플은 아동 친화적인 어플들(Toddler Teasers, Baby Fun!, Infant Arcade, Peek-A-Boo, Pocket Zoo)을 출시하면서 애플이 아이들 사이에서 대단히 인기 있는 브랜드로 자리잡았다. 2010년 「뉴욕 타임즈」는 애플의 아이폰을 '우는 아이를 달래기 위해 인류가 개발한 것들 중 가장 효과적인 도구' 라고 평가한 바 있다. 그러한 이러한 애플의 어플들에는 분명 다음 세대의 소비자들의 마음을 사로잡기 위한 고도의 전략이 숨어있다.

소비자트렌드 읽기 9-1

키덜트를 아십니까?

◆ 키덜트족이란?
키드kid와 어덜트adult의 합성어로 20-30대의 어른이 되었음에도 불구하고 여전히 어린이의 분위기와 감성을 간직하고 추구하는 성인들을 일컫는 신조어다.

◆ 키덜트 문화의 번성 배경
- 성인들에게 과거 어린시절을 상상하게 만드는 일종의 '향수주의'
- 키덜트 문화는 거꾸로 어린이들의 '조기 성인화'에 따른것
- 아동과 성인 사이의 소비자극을 좁혀 유사 소비패턴을 만듬
- 조앤 롤링의 〈해리포터〉시리즈로 본격적으로 확산

◆ 키덜트족을 겨냥한 사례
- 애플사가 선보인 신제품 '뉴 아이' : 어린이 장난감 같은 아이맥 시리즈
- 고양이를 모델로 삼은 '헬로우 키티', 곰 캐릭터를 이용한 티니위니teenieweenie, 라틀레틱rathletic
- 아이리버iriver - Mplayer
- 어릴 적 향수 자극 - 어른들을 위한 바비인형, 종이인형, 장난감 열풍
- 바닐라B, 루이뷔통의 '그래피티'라인

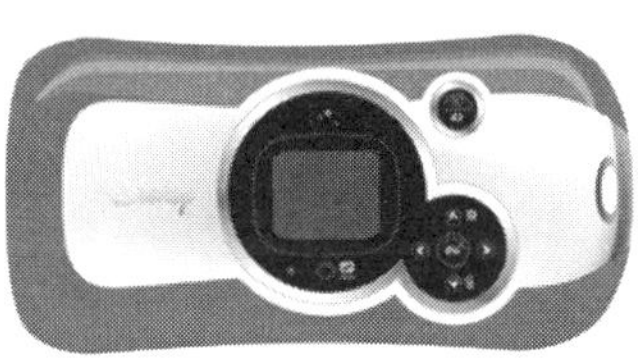

출처 : www.10x10.co.kr, 네이버 블로그 blog.naver.com/sweney

키즈마케팅은 아동의 감성을 자극해서 평생동안 호의적인 관계를 형성하고, 부모에게는 신뢰를 형성하여 소비의 동기를 부여하는 과정으로 정리해 볼 수 있다.

대표적인 사례 :

- 바비 코스메틱
- 리바이스 키즈, 버버리 칠드런, 랄프로렌 키즈, 디올 베이비, 앙드레김 키즈
- 볼보의 엄마와 어린이가 함께하는 교통안전 색칠공부 그림책 무료 배부
- BMW의 "어린이 교통안전 캠페인" 안전 손목 밴드 무료 배부
- 메르세데스 벤츠코리아의 "Kids VVIP Very Very Important Person" 마케팅

소비자트렌드 읽기 9-2

트윈세대 tweens

◆ 트윈세대란
8~12세 사이의 어린이를 이르는 말로 흔히 10대 청소년으로 불리는 13~19세와 7세 이하 어린이 사이 between에 끼었다는 뜻으로 'between'을 변형한 말.

◆10대 구매파워 아래로 이동
그동안 10대의 주력 소비계층은 13~19세 사이의 청소년이었다. 하지만 최근 신체 · 정신적 발육시기가 앞당겨지고, 인터넷 등 미디어가 발달하면서 10대 초반 어린이들로 구매 파워가 이동하고 있다.
이런 현상은 외국에서도 목격된다. 최근 한 외신은 마케팅기관의 조사를 인용하며서 미국 트윈세대의 구매력이 한해 510억 달러에 달한다고 보도했다. 이들이 MP3플레이어와 휴대전화를 선호하면서, 이들을 겨냥한 전자제품 시장이 지낸해보다 무려 46% 성장했다는 것이다.

◆ 트윈세대의 특징
① 신체 · 정신적 발육이 이전 세대보다 빠름
② 구매과정에서 자신의 의견 적극 반영
③ 성인 브랜드에 대한 높은 선호
④ 옷 · 게임 · 전자제품 등 최신제품 소비
⑤ 미디어 적극 수용, 새로운 것에 두려움이 적음

출처 : 조선일보, 2007, 09, 09

2. 청소년소비자

1) 청소년소비자의 중요성

청소년기는 일반적으로 중 · 고등학생을 말한다.

청소년기는 소비자사회화consumer socialization의 결정적인 시기로, 이 시기의 소비습관이 성인기의 소비생활에 중대한 영향을 미친다. 따라서 이 시기에 올바른 소비가치관을 형성하고 바람직한 소비생활의 기틀을 마련하는 것이 매우 중요하다.

오늘날의 청소년들은 경제적 풍요속에서 자라난 세대로, 특히 정보화의 급속한 진행의 한 가운데에서 다양한 문물과 문화를 동시간에 접하는 네트워크세대이다. 그러나 청소년들이 접하고 있는 환경은 때때로 미숙하고 충동적이며 비합리적인 소비행동, 예를 들어 동조소비, 과시소비, 충동소비 등을 초래하기도 한다.

통계청 조사에 따르면 2010년을 기준으로 10대에 해당하는 10-19세 인구는 약 661만 명으로 추정되며, 이는 전체 인구의 14%를 차지하여 40대, 30대에 이어 대한민국에서 인구가 세 번째로 많은 연령대이다.

DMC Media에서 실시한 조사를 바탕으로 우리나라 청소년 소비자의 특징을 살펴보면 다음과 같다(http://www.dmcmedia.co.kr).

① 파급력 있는 소비층으로 부상

구매력을 갖추고 소비에 익숙한 10대 청소년이 증가하면서 이들을 대상으로 한 인터넷 쇼핑몰이 성장하고 있다. 또한 10대의 트렌드가 유행을 선도하는 현상이 나타나면서 초등학생 이하 세대까지 그들의 패션을 추종하는 파급력 있는 소비층으로 부상하고 있다.

중 · 고등학생들의 스타일이 성숙해지고 트렌드에 민감해지면서 이들에 의한 매출이 증가하고 있으며, 브랜드 입장에서도 10대를 고려한 제품과 스타마케팅 을 강화하는 것은 이들을 겨냥해 젊은 이미지를 강조하기 위한 전략인 것으로 보인다.

또한 아웃도어룩 열풍을 몰고 온 '노스페이스'는 10대들의 인기 브랜드로 부상하면서 '화이트라벨' 라인을 런칭해 별도로 매장에서 마케팅을 펼치고 있으며, '빈폴', '라코스테' 등이 영 라인을 별도로 개발하는 것도 거시적으로 미래 잠재고객인 10대 고객층을 흡수하기 위한 것으로 보인다.

'노스페이스'를 필두로 '뉴발란스', '카파' 등 10대들이 메인 소비층으로 부상하면서 타깃 연령층이 확대되고 있으며, 이들은 스포츠 제품을 운동을 위한 목적으로 구매하지 않는다. 스포츠 상품이 패션 상품으로 진화하고 이 같은 변화에 따라 이들을 타깃으로 한 캐주얼 상품들을 출시하기 시작하고 있다. 또한 소녀시대, 빅백, 2NE1 등 아이돌 그룹을 모델로 기용하며 공격적인 마케팅을 펼치고 있다. 신학기 시즌 신발과 가방에 수요가 집중되던 10대들이 특정 시즌과 관계없이 트렌드를 주도하는 세력으로 등장하며 매출이 큰 폭으로 성장하고 있다.

② 스마트폰 열풍

2011년 5월을 기준으로 국내 청소년의 스마트폰 가입자는 약 123만 명으로 조사되었다. 이는 국내 스마트폰 전체 가입자의 10%에 해당하는 수치로, 스마트폰 가입자의 60% 이상이 2030에 집중되어 있다고는 하지만 19세 이하 초중고생까지도 스마트폰 열풍에 휩싸이고 있는 것으로 보인다.

12~19세의 스마트폰 광고 유형별 선호도

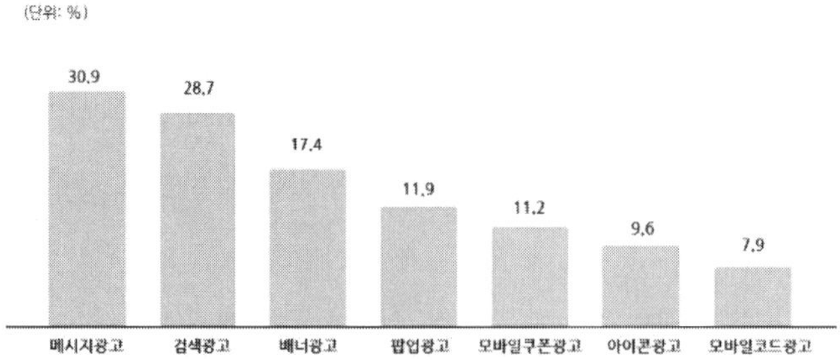

출처: 2010 인터넷 이슈 기획조사, 방송통신위원회/한국인터넷 진흥원 2010.12
주) 응답자 12~19세(중복응답)

아직 스마트폰의 구매층은 20~30대가 주를 이루고 있지만, 10대 청소년에게 스마트폰은 단순한 전자기기가 아니라 생활과 문명에 혁신을 줄 수 있는 제품 이며 틈새시장으로 굳혀지고 있다.

③ 외모 · 몸매에 민감한 경향

'외모로 호감을 주지 못하면 손해를 본다' 고 응답한 10대 전체의 비율이 71.4%, '더 나은 외모와 몸매를 위해 성형을 할 수 있다' 고 응답한 10대 여성의비 율이 52.8%에 달한다. 10대는 다른 세대에 비해 겉으로 드러나는 모습인 외모나 몸매에 민감한 경향을 보이고 있다.

10대들은 대중매체가 만들어낸 미의 기준인 '얼짱', '몸짱' 등의 기준에 부합하기 위해 무비판적으로 수용하고 따라가기도 하며, 대중스타가 만들어낸 유행 과 트랜드에 민감하게 반응하는 소비특성을 보인다.

④ 광고에 대한 긍정적 태도

연령에 따른 인터넷 광고 수용 태도를 살펴보면, 20대 이하는 대체적으로 긍정적인 태도를 형성하고 있는 것으로 나타났다. 10대는 '인터넷 광고를 재미있게 본다', '인터넷 광고에 흥미가 있다' 는 항목에서 상대적으로 높은 응답률을 보여 광고물 자체를 흥미 · 재미 위주로 느끼는 것으로 보임.

'구입하는 물건들은 광고를 통해 알게 된 경우가 많다' 는 항목의 응답률이 24.7%에 달하는 것으로 보아 10대는 인터넷 광고에 대한 수용도가 상대적으로 높다. 이들을 타깃으로 한 인터넷 광고의 중요성을 시사하고 있다.

⑤ 'G마켓, 옥션, 11번가, 인터파크' 에서의 구매 경험률이 높은 편

10대의 온라인 쇼핑몰 이용률은 71.4%로 높은 편이고 월평균 구매비용은 24,200원 이었다. 10대 소비자가 온라인을 통해 주로 구입하는 품목으로는 의류(53.2%), 음반/서적(42.0%), 패션잡화(25.5%) 등으로 나타났다.

⑥ 반값 할인으로 인기를 끌고 있는 소셜 커머스

2011년 9월부터 12월까지 3개월간 쿠팡, 티켓몬스터, 그루폰, 위메이크프라이스의 UV는 각각 적게는 0.9%에서 많게는 2.0%까지 증가하였다. 쿠팡, 티켓몬스터, 그루폰, 위메이크프라이스 등은 공동구매형 소셜 커머스Social Commerce로 청소년들 사이에서 '반값 할인'으로 인기를 끌고 있는 것으로 보인다.

포텐슈머potensumer

잠재력을 뜻하는 포텐셜potential과 소비자인 컨슈머consumer가 결합된 포텐슈머는 주로 10대가 타깃이다. 직접적인 이익이 발생하지 않더라도 이들에게 긍정적인 브랜드 이미지를 심어주는 활동 및 이익을 다소 포기하더라도 이들을 위한 맞춤형 상품을 출시하여 장기적으로 높은 브랜드 충성도를 확보 하도록 하는 마케팅 전략이다.

특히 이동통신사의 경우 한번 가입하면 좀처럼 이동통신사를 바꾸지 않는다는 점에서 포텐슈머는 현재는 물론 미래의 고객이기도 하다.

소비자트렌드 읽기 9-3

'따뜻한' 디지털 시대를 부탁해– PDG세대

◆ PDGPost Digital Generation세대란?

차가운 기계적 디지털 환경에서 자랐으나 인간적, 아날로그적 감성과 함께 주체적이고 낙천적 성격을 가진 새 세대를 지칭하는 용어이다.

◆ PDG세대의 Life style

- 의식과 행동 : 초기 디지털의 '고립된 개인'으로부터 '집단 속의 개인'으로 진화, 폐쇄된 디지털이 아닌 집단 속에서 자신의 욕구에 충실한 것이다. PDG들은 '남들이 안하는 것도 내가 좋으면 한다'(60.3%)는 생각을 가지고 '내가 원하는 사람이 될 수 있다'(62.2%)는 자신감에 차있다.
- 커뮤니케이션 : 직설적, 단문적/댓글을 잘 활용, '다른 사람의 글에 답글을 잘 다는 편이다'라는 질문에 대해 PDG 46.4%가 긍정적으로 답했다. 이는 디지털형 31.4%와 아날로그형 18.0%에 비해 높은 수준이다.
- 소비관 : 충동구매의 경향이 높으나, 동시에 다양한 할인혜택을 적극적으로 활용하는 등 계획구매의 경향도 높은, 야누스적 소비행태를 보인다.
- 디지털 기기 : 일상적이고 필요에 의해서 자연스럽게 터득되는 생필품이며 인간관계를 유지 · 강화하는 도구, 정서적인 도구로 활용한다.

◆ PDG세대의 핵심코드 'H. E. A. R. T. S'

△ H(Human Relationship) = 인간관계를 위한 디지털
△ E(Expressionism) = 표현을 위한 디지털
△ A(Anti-literality) = 시각적 라이프스타일
△ R(Relaxed Mindset) = 낙천적 라이프스타일
△ T(Trend-independence) = 트렌드의 주체적 수용태도
△ S(Speed) = 즉시성

출처 : 제일기획(http://www.cheil.com)

2) 청소년소비자의 특성

이들은 어릴 때부터 자연스럽게 IT기기를 다루며 성장하고 인터넷에 익숙한 '디지털 네이티브digital native' 로 D세대라고도 한다. D세대들은 막강한 구매력을 갖춘 동질적 소비집단으로 성장하고 있으며 연평균 구매력증가율은 6.8%로 나타나고 있다

청소년소비자인 D세대의 소비트렌드를 살펴보면 다음과 같다.

① 익면의 관계 형성

심리적으로 불안정한 D세대는 '익면의 관계' 를 통해 정서적인 위안과 안정을 추구한다. 통상 D세대는 타인에 대한 호기심은 왕성하나, 직접적인 만남을 통해 새로운 관계를 형성하는 것에 서툴고, 외모, 연령, 학교, 성적 등에 따라 관계가 형성되는 것에 대해서는 거부감을 표출한다. 문제 발생 시, 상대방의 동의없이 언제든지 단절할 수 있다는 점도 익면의 관계를 선호하는 주된 이유 중의 하나이다.

'나' 의 실체를 직접 드러내지는 않지만, 또 다른 '나' 를 통해 감정을 공유하거나 자신의 문제를 해결하려 하고, 낯모르는 사람에게 보다 멋있게 나를 포장하는 것을 통해 심리적 만족감을 향유한다.

② 대표 아이콘 추종

대표 아이콘 상품이란 특정 문화와 라이프스타일을 상징하는 상품을 말한다.

상품 이미지에 '나' 를 투영하여 '대표 아이콘 상품' 을 갖고 있는지 여부가 자신의 지위나 위상을 결정한다고 인식한다.

일단 D세대의 대표 아이콘으로 자리잡으면, 영웅심리와 모방심리가 작용해 구매열풍이 부는 것이 보편적인 현상이다. 예를 들어 美 고등학생 중 애플의 '아이팟' 을 소지한 학생의 비율은 2004년 16%에서 2007년에는 82%로 급증하였다.

아이콘 브랜드란?
'운동화=나이키', '자동차=BMW' 처럼 어떤 제품을 떠올릴 때 가장 먼저 연상되는 브랜드로서 대규모 마니아층의 형성하고 있는 브랜드이다.
아이콘 브랜드가 각광받는 이유는
- 상품의 차별화가 더욱 어려워지고 있다
- 콘크리트 소비자의 부상하고 있기 때문이다.
(콘크리트 소비자 : 기업의 브랜드 커뮤니케이션 활동에 무감각한 소비자)

청소년소비자가 브랜드에 집착하는 성향은 청소년들이 자신이 어떤 존재인지 아직 잘 모르기 때문에 자신의 정체성을 확인해 줄 도구로서 브랜드에 집착한다(마틴 린드스트롬, 2012). 2010년 미국 정신보건연구소The National Institute of Mental Health의 장기 연구에 의하면, 인간의 두뇌는 25세 경까지 성장한다고 한다. 이 결과는 인간의 인식 능력 및 자의식은 청소년 시절에는 미완성 상태라는 의미이다. 소비자 조사 저널에 게재된 한 논문에 의하면 자신감과 자존감이 낮은 아이들일수록 브랜드에 더욱 의존적이 된다.

전국 규모의 SIS(Strategic Information System:전략적 정보 시스템) 연구의 10대를 대상으로 한 결과에 의하면, 응답자 중 60%가 특정한 브랜드의 옷, 장비, 자동차 브랜드를 사용하거나 소유함으로써 행복을 살 수 있다고 믿는다는 사실을 확인할 수 있다. 실제로 성인들에 비해 10대들은 유명 브랜드를 더 많이 사려고 하고 특정 브랜드의 제품을 소유함으로써 인기를 더 많이 누릴 수 있다고 확신했다.

10대들은 그들이 좋아하는 브랜드들이 더 멋지고, 자신감 넘치고, 친근하고, 개성을 잘 드러내고 있고, 창조적이고 열정적인 느낌을 가져다주었다고 확신하지만 그 제품들이 실제로 그런 기능들을 객관적으로 하고 있는지에 대해서는 별 관심이 없었다.

10대 여자 아이들에 대한 조사결과 이들은 인기가 높은 브랜드일수록 가격 정보를 더 잘 알고 있었다. 홀리스터와 아베크롬비가 10대 여학생들이 가장 선호하는 브랜드가 된 것은 그 제품의 디자인 때문이 아니라 다른 브랜드보다 단지 더 비싸기 때문이었다.

③ 패션 노마드 지향

인터넷의 발달과 대중미디어의 글로벌화로 인해 D세대의 유행변화가 빨라지자 최신 유행상품을 찾아 소비하여 자신의 존재를 부각시키려는 '패션 노마드fashion nomad' 소비행태가 보편화되어 있다.

의류 · 패션잡화 등 D세대만의 스타일이 존재하는 상품 카테고리에서는 유행의 탄생과 소멸이 빈번하여 '패션 노마드'의 소비형태가 강하게 나타남. 이에 따라 유행 변화에 맞춰 신제품을 빠르게 출시하는 SPA 업체가 D세대들에게 인기가 있다.

SPA Speciality store retailer of Private label Apparel
제품의 기획부터 생산, 판매까지 모두 한 회사가 담당하여 신제품의 출시속도를 단축하는 데 초점을 둔 의류소매업의 한 형태이다.

④ 반항적 코드가 담긴 콘텐츠 선호

글로벌 D세대는 사회 풍자, 일탈 등 반항적 코드가 담긴 콘텐츠에 열광한다. 특히 사회적 모순을 지적하는 음악, 영화, 애니메이션 등에 심취하고, 기존 사회질서나 정형화된 틀을 깨는 콘텐츠에 대한 선호도 높은 편이다.

대표적 사례:
- 소니에릭슨 : 음악기능에 특화한 '워크맨 폰'
- 드림웍스 : 쿵푸팬더
- H&M : 유행을 선도하는 브랜드 이미지 구축
- 유니클로 : '유니클락'으로 온라인 블로그 점령

3. 20대 소비자

최근 20대 소비자들이 엄청난 구매력을 갖추고 패션이나 유행등을 선도하며 전체 소비시장의 주류로 탈바꿈 하고 있다. 20대 초반은 경제력은 미약하나 부모의 관심과 배려속에 높은 가처분소득을 유지하며 매우 높은 소비성향을 보여준다. 20대 후반의 미혼 직장인은 기혼자들에 비해 지출부담이 적고 자신을 위해 많은 돈을 투자하는 성향이 있다.

20대 소비자는 시대의 막강한 소비의 주체로 상당히 풍요로운 시대를 살아온 세대이다. 부모세대의 경제력을 바탕으로 명품의 대중화를 이끌어 온 세대이고, 휴대폰과 인터넷을 통한 디지털문화의 혜택을 가장 많이 받은 세대이며, 외국문화를 받아들이는데 거부감이 없으며 질적인 소비를 중시하는 경향이 있다.

20대는 사회, 문화, 소비 트렌드를 주도하는 세대다. 20대 소비자들은 신제품, 신기술도 적극적으로 수용한다. 트렌드 세터Trend setter인 20대는 한국인의 라이프스타일을 선도하고 있다.

20대 소비자의 특성을 정리해 보면 다음과 같다.

① 나만의 개성을 중시한다.

남들에게 휩쓸리기를 거부하고 자신만의 스타일을 가꾸는 '반 트렌드' 경향을 지니고 있다. 이와 함께 제 3세계의 문화를 즐기는 개성적인 소비경향이 나타난다. 여기에 디지털 미디어 생활에 대한 반항이 아날로그에 대한 향수로 표출되기도 한다.

② 적극적 자기계발 및 전략적 인간관리에 노력을 기울인다.

과거처럼 학연이나 자연과 같은 주어진 관계에서 탈피하고, 디지털 네트워크를 기반으로 하는 목적지향적인 인간관계, 즉 전략적 인간관계를 형성하고 관리해나가는 치밀한 경향이 있다.

③ 자유로운 생활을 즐긴다.

결혼에 구속되기를 싫어하고 자신의 경제력을 기반으로 자유로운 생활을 즐기고 싶어 한다. 또 연애형태도 과거와 달리 상대방에 얽매이려 하지 않고, 결혼을 전제로 한 심각한 관계도 아니며 데이트 친구를 만들어 독신생활을 즐기려는 경향이 있다.

20대를 포괄하는 세대 용어로는 W(월드컵)세대, P(참여)세대, G(Global)세대 등이 알려져 있으며, P세대에 대해 살펴보자.

P세대
참여Participation, 열정Passion, 잠재력Potential Power을 바탕으로 사회에 적극적으로 참여Participation하며 패러다임paradime을 바꿔가는 세대를 가리킨다. 17~39세 연령층으로 구성된 P세대는 과거 '386세대'의 사회의식, 'X세대'의 소비문화, 'N세대'의 라이프 스타일, 'W세대'의 공동체의식과 행동양식을 고루 보이고 있다.

LG경제연구원의 '2011년 소비자 라이프스타일 보고서'에 의하면 20대는 패션과 뷰티에 대해 높은 관심을 가지고 있으며 인스턴트 음식과 같은 편리한 식생활을 즐긴다. 합리적 쇼핑, 가치 소비, 얼리 어답터Early Adopter, 개인화 제품 선호 등 소비 트렌드를 주도하는 성향이 강하다. 20대는 자신을 드러낼 수 있는 과시적 소비 성향과 각종 정보 채널을 이용한 합리적 소비 성향을 동시에 보이는 이중적 특징을 보였다.

① 의생활(패션&뷰티) : 에고Ego 소비 성향

나를 위해 아낌없이 투자할 수 있는 에고Ego 소비 성향이 특징적이다. 외모 관리를 위한 시간 및 비용 투자에도 가장 적극적이었고 자신을 꾸미는데 쓰는 돈은 아깝지 않다는데 긍정한 비율이 가장 높다. 패션과 뷰티에 대한 높은 관심은 소비로 이어져 최근 6개월 동안 외모관리 서비스(피부, 두피, 체형 관리, 네일케어, 성형)를 이용한 비율이 전체 연령 대 중 가장 높다. 패션이 나의 지위와 수준을 보여준다고 생각하며 브랜드 의류, 유행하는 아이템 등 통해 자기를 표현하는 것으로 나타났다. 또한 남성의 화장에 대해서도 관대하다.

② 식생활 : 편리 중시 식생활, 이국적인 음식 즐긴다

식생활에 있어 건강보다는 편리함을 중시하는 20대는 인스턴트 식품을 즐겨먹고 소포장 식품도 4050연령 대비 더 구매하였다. 식생활에 대한 지출은 가장 덜 하는 것으로 보인다. 특히 인스턴트 식품에 대한 선호도는 20대 남성(60%)이 20대 여성(44%)보다 높았다. 인스턴트 음식에 대한 남녀간의 선호도 차이는 젊은 연령일수록 차이가 컸고 40대 이상 연령대에서는 남녀간의 유의한 차이가 존재하지 않았다. 다른 문화에 대해 개방적인 20대는 이국적인 음식도 즐겨먹는 것으로 나타났다.

③ 주생활 : 집에 대한 소유욕은 작아

부동산 가치 상승을 경험한 기성세대와는 달리 나이가 젊을수록 집에 대한 소유욕은 낮아지고 집의 투자 가치를 낮게 평가하였다. 20대는 중심가, 아파트 등 주거생활에 편리함을 추구하는 것으로 나타났고 친환경 주택에 관해서는 상대적으로 무관심한 편이었다.

④ 여가 : 여가를 적극적 향유

학교에서 대부분의 시간을 보내는 10대나 직장생활과 육아를 위해 시간을 투자하는 30대 이상의 연령대와는 달리 상대적으로 시간적 여유가 있는 20대는 적극적 여가를 즐기는 것으로 조사되었다. 20대는 취미, 운동, 자기계발을 위한 활동에 시간과 돈을 적극적으로 투자하는 것으로 나타났다. 20대가 건강을 위해 지속적으로 하는 운동은 헬스가 가장 많았고 산책/워킹, 요가/필라테스/테보, 수영이 뒤를 이었다. 여가 시간에 주로 인터넷 검색/채팅, TV시청, 게임, 영화, 음악 감상 등을 하는 것으로 나타났다.

⑤ 쇼핑 : 합리적인 쇼핑을 즐기는 스니저, 가치소비, 명품/신제품 선호, 개인화(DIY, 튜닝)제품 선호

인터넷 구매 후기에 영향을 가장 많이 받는 동시에 자신의 구매후기 또한 주변에 퍼뜨리고자 하는 스니저Sneezer의 모습이 눈에 띄었다. 또한 20대는 쿠폰, 소셜 쇼핑, 비교 구매, 공동 구매 등 최저의 가격으로 소비하려고 하는 합리적 소비 습관을 실천하고 있다.

소비자트렌드 읽기 9-4

2033세대의 '新트렌드 키워드9'

1. 행복한 싱글
'행복한 싱글Happy Miss Old' 대학을 졸업하고 사회적으로 괜찮은 직장생활을 하면서 자기 생활을 즐기는 것이다.

2. 데이트 친구Datemate
결혼을 전제로 만나거나 심각한 관계도 아니면서 그렇다고 단순한 이성친구도 아닌 관계가 바로 '데이트 친구'의 관계다.

3. 반트렌드 라이프스타일Anti-Trend Life Style
남들에게 휩쓸리기를 거부하면서 나타난 라이프스타일 형태이다.

4. 적극적 자기 계발Self-Promotion
취업을 위해서 또는 취업 이후에도 직장 내에서의 승진이나 좋은 직장으로의 이직 등을 위해 자기계발에 노력하는 것이 이들에게는 하나의 트렌드가 되었다.

5. 전략적 인간관리Strategic Human Networking
학연 · 지연 · 혈연 중심에 머무는 것이 아니라 디지털 네트워크를 기반으로 한 목적지향적인 인간관계로 형성, 관리해나가는 경향이 있다.

6. 창조적 소비자
디지털이 보편화되면서 문화 정보의 생산자와 소비자가 분리되는 현상이 사라지게 되었다. 이와 관련하여 프로슈머Prosumer라는 키워드가 이미 보편화되었다.

7. 나도 연예인Star Wannabe
매스 미디어와 더불어 인터넷의 영향력이 더욱 커지면서 싸이월드나 블로그 등을 통해 자신을 연예인처럼 대중 앞에 연출하는 경향으로까지 확대되었다.

8. 아날로그 향수Analogue Nostalgia
디지털을 생활 속에서 항상 이용하면서도 디지털의 비인간적인 면에 대한 거부와 아날로그의 인간적인 측면에 대한 동경이 작용하여 나타났다고 볼 수 있다.

9. 제3의 취향The Third Taste
잘 알려지지 않은 외국, 이를테면 아프리카, 러시아, 그리스, 인도 등의 음식이나 패션 문화 등을 소비하는 경향들이 나타나고 있다는 것이다.

출처 : LG애드, (2006, 1 .2 ~ 5. 6), 2033키워드로 소비자욕구 흐름 찾기

4. 30대 소비자

통계청에 따르면 2010년 기준 우리나라의 30대 인구수는 7,794,495명으로 40대(8,204,781명)에 이어 두 번째로 많다. 30대 중 미혼 인구는 약 29.2%이며 이혼 인구는 약 3% 정도다. 30대의 유배우 가구수는 229만 가구이며 이중 41%가 맞벌이 가구이다.

최근 사회 중진세력으로 자리한 386세대들의 뒤를 이어 397 세대가 우리 사회의 변화를 주도하는 세대로서 주목 받고 있다. 397세대란 현재 30대 이면서, 90년대 학번, 70년대 출생한 세대를 지칭한다. 88올림픽 이후 대학 시절부터 해외여행의 자유를 즐겼고 고도의 경제성장과 함께 정치 민주화의 달콤함을 누리다 취업 시기에 IMF도 겪은 연령대이다.

397세대의 영향력은 특히 소비 시장에서 날이 갈수록 확대되고 있다. 예스24의 분석에 따르면 2011년 도서시장을 주도한 것은 다름 아닌 397세대였던 것으로 나타났다. 30대의 비중은 전체 구매자의 37.3%에 달하는 것으로 나타났다.

2011년 실시된 LG경제연구원 조사에 의한 30대 소비자들의 소비성향은 다음과 같다.

① 격식 보다는 편안함Conformity

직장에서 치이고 육아에 바빠서일까? 30대는 예상 외로 패션에 대한 관심이 낮았다. 격식을 차리거나 남들에게 보여주기 위한 과시를 위한 옷보다는 그냥 편하게 입을 수 있는 옷을 선호한다고 응답한 비율이 가장 높게 나타났다. 이렇게 편안한 옷을 즐기다 보니 패션이 나의 지위와 수준을 보여준다고 응답한 비율 역시 가장 낮았으며 맞춤 신발, 맞춤 양복 등 나만을 위한 제품에 대한 관심 또한 가장 낮은 것으로 나타났다.

하지만 최근에 안티 에이징Anti-aging 열풍 때문인지 실제 나이보다 어려 보이는 패션을 좋아한다고 응답한 비율은 가장 높게 나타났다. 남성과 여성 모두 격식을 차리는 옷보다는 편안한 옷을 선호했으며 패션이 지위를 보여준다고 응답한 비율은 여성에서 높게 나타났다.

② 식도락 Gourmet

30대는 먹는 것에 대한 관심이 남달라 단순히 끼니를 때우는데 그치지 않는다. 일단 먹는데 쓰는 돈은 아까워하지 않는다. 요리 정보를 검색하거나 레시피를 가장 많이 보고 가족들과 함께 요리를 하면서 즐거움을 느낀다고 응답한 비율이 가장 높았다. 신혼 가정이 많아서인지 예쁜 그릇에 음식을 차려서 분위기 있게 먹는 것을 즐긴다는 응답 역시 가장 높았다. 집에서 먹는 밥은 물론 외식도 마찬가지다. 30대는 맛있다고 소문난 맛집을 가장 많이 찾아다니는 세대인 것으로 나타났다.

③ 가족과의 여가 Family Leisure

30대는 여가 활동에 있어서는 답답한 일상에서 벗어나 가족들과 야외에서 캠핑을 즐기고 싶다고 응답한 비율이 타 연령 대비 유난히 높았다. 여가 활동에 관해서는 투자에도 적극적이다. 여가활동 시 유명 브랜드 의류, 장비 등을 구입한다는 비중도 가장 높았다.

취미 및 여가 생활에 대한 투자에도 관대했다. 다른 지출을 줄여서라도 내가 원하는 여가나 취미활동을 하려고 노력한다고 응답한 비중도 20대 다음으로 높았으며 건강을 위해 사용하는 비용도 20대 다음으로 아깝지 않게 생각한다. 브랜드 의류나 장비를 구입하고 다른 지출을 줄여서라도 여가 활동을 하려고 노력한다고 응답한 비중이 남성에게서 더 높게 나타났다.

④ 소유보다는 실용적 거주 Dwelling

내 집 마련에 대한 니즈가 많을 것 같은 30대는 굳이 집을 사지 않고 전세에 살아도 상관없다고 응답한 비율이 41% 달해 그렇지 않다고 응답한 24.7%에 비해 월등히 높았다. 그러나 비록 소유한 집은 아니더라도 인테리어에 대한 관심은 가장 높았다. 평소 집을 꾸미는데 많은 시간을 보낸다고 응답한 비중이 전 연령층에서 가장 높게 나타났다.

또한 집의 크기 보다는 내부 구조나 기능적 편리성에 더 중점을 두며 심지어 아파트로 이사할 경우 아파트의 구조를 직접 정하기를 원해 오더메이드 아파트에 대한 수요도 높은 것으로 나타났다.

⑤ 이중적 소비패턴Duality

30대는 소비 패턴에 있어 이중성을 나타내는 것이 눈에 띈다. 먼저 물건을 사기전에 미리 품목과 가격 등을 정해 놓고 사는 이른바 계획구매를 한다는 응답이 전 연령층 중 가장 높게 나왔다. 그러나 계획에 없던 물건도 눈에 띄면 사버리는 충동구매도 종종 한다고 응답한 비율 역시 가장 높았다.

뿐만 아니다. 제품을 구입할 때 디자인보다는 기능과 성능을 우선적으로 고려한다고 응답한 비율이 50대에 이어 두 번째로 높았지만 유명 화가나 디자이너의 작품이 포함되어 있다면 얘기가 달라진다. 조금 비싸더라도 유명 화가나 디자이너의 작품이 반영된 제품을 사고 싶다고 응답한 사람들이 많았다.

30대의 소비자를 나타내는 코보스KOBOS족에 대해 살펴보자.

코보스KOBOS족

물질적 풍요(부르주아)와 보헤미안의 정신적 자유를 동시에 추구한다는 미국의 신상류층 보보스BOBOS와 유사한 한국형 보보스를 일컫는 신조어이다.

전문직종에 종사하면서 개성과 감성을 중시하는 젊은 집단이 주류이다.
엘리트로서 물질적인 풍요에 익숙하고 수준있는 소비성향을 보인다. 정보통신비, 외식비, 문화, 레저, 건강 등 자신에 대한 투자에 돈을 아끼지 않으며 인터넷 쇼핑을 즐기는 것으로 나타났다.

- 골드미스gold miss와 실버미스silver miss

'골드미스' 란 30대 싱글에 연 4,000~5,000만 원 이상의 고소득 전문직에 종사하며 외모 및 건강, 자기계발에 투자를 아끼지 않는 여성을 뜻한다. 이들은 현재 국내의 패션, 뷰티, 문화, 레저산업, 외식업의 소비 트렌드를 선도하는 대표집단으로 분류되고 있다.

'실버미스' 란 상대적으로 평범한 30대 싱글 여성을 가리킨다. 이들은 연 수입이 3,000만 원 안팎이거나 그 이하지만 소비패턴에 있어서 골드미스를 따라가려는 경향을 보인다. 이들은 작은사치Small Indulgences를 추구하며 '골드미스' 처럼 보여지고 그들처럼 누리는 당당한 여자의 이미지를 표방하는 소비패턴을 보인다. 페이스팝콘은 미래 트렌드 중에 '작은 사치 트렌드'를 들어 이 같은 상황을 예견했다. 고급 승용차나 저택 대신 고급 만년필과 같은 작은 사치를 통해 스트레스와 불안감을 해소, 고급 음식점에서 식사를 하고, 도심의 고급 호텔에서 바캉스를 즐기는 현상의 확산을 지적했다.

소비자트렌드 읽기 9-5

30대는 부자처럼 살고 싶다

블루슈머Bluesumer라 불리는 우리나라 2030세대.
블루슈머는 경쟁자 없는 시장을 의미하는 블루오션Blue Ocean과 소비자Consumer의 합성어로 '블루오션의 새로운 소비자'를 뜻하는 신조어다.

● 30대는 부자처럼 살고 싶다
지난 2006년을 기점으로 30대의 수입자동차 보유율이 40대를 앞질렀으며, 20대의 보유율 역시 지속적으로 증가하는 추세다. 이는 향후 부자처럼 살고 싶은 30대를 겨냥한 메스티지 사업이 대중성을 가지고 지속적으로 성장할 것임을 전망할 수 있다.

● 피곤한 직장인, 스트레스 지수를 낮춰라!
직장 내의 정신적 피로로 인해 쌓인 스트레스를 풀고 싶어 하는 직장인들이 찾아드는 특별한 쉼 공간이 늘어나고 있다. 차 전문점, 마사지 숍, 스파, 요가, 아로마테라피, 펜션, 레포츠동호회 등이 인기를 끌고 있다.

● 30대의 아침상을 공략하라!
'30대 아침 사양족Hungry Morning', 즉 혼자 사는 사람이 늘어나고 갈수록 간편한 식생활을 선호하면서 특히 아침을 굶는 젊은 층이 늘고 있다.
아침을 거르는 30대 남녀는 증가하고 있지만, 또 한편으로는 건강을 중시하는 사회 트렌드의 정착에 영향받아 아침 식사의 '영양학적 중요성'은 날로 강조되고 있어 젊은 층을 위한 간편한 '아침밥 대용 먹거리 문화'가 발전하고 있다.

● 외식 즐기는 30대들
경제적으로 능력이 있는 30대 가구주의 경우 외식 성향이 강하다.
이처럼 최근 30대 젊은 소비자들은 자신이 먹고 싶고 갖고 싶은 물건이 있다면 과감하게 투자하는 성향을 보이고 있다.

● 레저는 30대가 즐긴다
블루슈머는 레저활동도 적극적이다. 진취적이며 적극적인 사고방식으로 인생을 살아가는 이들에게 최근 정착된 주5일 근무제는 활동 폭을 더욱 더 넓혀 주었다. 자신의 즐거움을 위해서라면 무엇이든 열정적으로 달려들지만 이들은 철저한 계획과 준비로 자신만의 완벽한 라이프스타일을 만들어내기 위해 노력하고 있다.

출처 : 중앙일보 2008. 11. 20

5. 40-50대 중장년층 소비자

중장년층으로 불리는 40대와 50대 소비자들은 과거에는 특별한 변화나 변동을 경험하지 않기 때문에 큰 구매력을 가지고 있음에도 불구하고 소비자 집단으로써 큰 주목을 받지 못해왔다. 특히 실버세대로 가는 전환기에 있다고 해서 회색gray세대라고 불리는 50대 소비자들은 은퇴를 눈앞에 둔 보수적이고 변화를 싫어하는 계층으로 특징지어져 왔다.

그러나 40대와 50대 중장년층 소비자에 대한 시각이 점차 변화하고 있다.

중장년층 소비자는 가족생활이나 직업생활에 있어서 다른 연령층에 비해 안정적이고, 일찍부터 경제관리를 잘 해 왔다면 어느 정도 자산을 축적할 수 있다. 또한 사회적으로 여러 곳에 소속되어 있으며, 평균수명의 연장으로 50대는 시간과 경제력을 갖춘 인생을 즐기는 시기라 할 수 있다.

연구자들은 중년기의 소비자들은 분명 다른 연령대의 소비자들과 다른 점이 있다고 한다. 어떤 점이 어떻게 다른지에 대해 이해하는 시간이 필요하다. 다음에서는 중년기의 소비자들의 특징과 소비행태를 살펴보자(마사 발레타, 2008).

1) 중년기의 특징

① 중년의 지혜

연구결과에 따르면, 중년기에 접어들면 인간은 그동안 뇌에 축적해온 자료를 즉시 사용하는 능력이 최대화되는데 생물학적 관점에서 볼 때 그런 능력을 지혜라고 할 수 있다. 인간의 뇌는 평생 동안 많은 생각과 기억을 분석할 때 뉴런 사이에 새로운 연결 고리를 만들어 내기 때문에 나이와 뉴런 사이에 있는 연결고리 개수는 비례 관계이다.

여러 해에 걸친 경험을 바탕으로 중년기의 소비자들은 한 가지 문제를 접했을 때 다양한 해결책을 만들 수 있는데다 젊은 사람들이 불필요하게 거칠지 모르는 과정을 살짝 비켜가는 방법을 알고 있다. 뿐만 아니라 상황을 파악하는 능력과 전반적인 문제 해결 능력이 더 우월하며 자신의 의견, 감정, 결정을 굳게 믿기 때문에 다른 사람의 판단이나 조언에 의해 크게 의존할 필요가 없다.

② 감정적 표출이 최대화되는 시기

인간의 뇌는 나이가 들수록 유연해지고 감정적인 부분 특히 긍정적인 감정이 더욱 섬세해진다. 인간의 뇌는 사고와 감정을 더욱 효과적으로 연결함으로써 뇌에서 감정을 관할하는 부분이 발달하는 것이다. 최근 조사 결과에 의하면, 중년기가 되면 사람들의 걱정이나 불안감이 낮아지고 예전보다 자기 존중감이 강해진다.

중년기의 소비자들은 감정적인 요소를 다룰 때 더 활발하게 인지활동을 전개하는 경향이 있다. 따라서 중년 소비자의 의 주목을 받기 위해서는 그들의 긍정적인 감정에 호소하는 마케팅 전략이 필요하다. 그럴 경우 중년에게 더 쉽게 기억될 뿐만 아니라 구매 욕구를 불러일으킬 수 있기 때문이다.

2) 중년 여성 소비자

(1) 중년 여성 소비자의 위치

① 가장 건강한 여성

50세 까지 암이나 심장병에 걸리지 않은 여성은 92세까지 살 수 있다고 한다. 워킹, 수영, 요가, 필라테스 등 다양한 운동을 즐기는 현대 중년 여성은 앞으로도 오랫동안 건강하고 활기찬 생활을 유지할 것이다.

② 가장 부유한 여성

중년기의 여성들은 개인 수익과 유산을 합쳐 가장 많은 재산을 가진 집단이다. 여기에다 아이들의 교육 문제가 끝나면서 자신만의 시간을 누릴 여유가 생긴다. 그동안 가사와 경제적 압박 때문에 해보지 못한 것이 많다.

③ 가장 활동적이고 독립적인 여성

현대 중년 여성은 신체적으로도 가장 활동적일 뿐만 아니라 경제적으로도 유래 없이 높은 기여도를 보인다. 한 조사결과 계속 일할 수 있는 55세 이상 여성의 숫자는 2000년에서 2010년 사이에 무려 52%나 급증했다. 본인이 원해서 일을 하든 필요에 의해 일을 하든 간에 현대 중년 여성은 그들의 어머니 세대 때보다 더 높은 구매력과 자생력을 갖추고 있다.

④ 가장 영향력 있는 여성

이미 중년기의 여성들은 자신이 벌어들이는 수입뿐만 아니라 가족 전체의 경제활동에서 큰 역할을 담당하고 있다. 지금 수익을 창출할 수 있는 고객층은 단연 중년 여성이다. 특히 고가 상품을 만드는 기업의 마케팅 담당자들은 중년 여성의 마음을 얻는 방법을 반드시 터득해야 한다.

(2) 젊은 여성과 중년 여성의 차이점

① 존재의 기쁨을 만끽함

중년 여성의 큰 특징은 살아가면서 만족감과 기쁨, 열정을 매우 중시하는 것이다. 현대 중년 여성은 자신보다 훨씬 어린 X, Y 세대 여성보다 행복이나 만족감 지수가 훨씬 높으며 모든 일에 긍정적인 성향을 보인다. 이들은 할 일을 많이 가지고 활기 있게 생활하며 주위에 대한 관심을 잃지 않고 추진력 있게 생활하면서 기쁨을 유지한다. 또 한 가지 기쁨의 원천이 되는 것은 바로 자신의 모습을 되찾아 새로운 자유를 누리는 것이다.

② 넘쳐 흐르는 자신감

중년의 여성은 나이가 들수록 자신감 넘치는 모습으로 결정을 내린다는 사실을 알 수 있다. 오랜 경험은 지혜로 연결되며 이 때문에 중년 여성이 자신감으로 충만해지며 자신의 삶을 자유자재로 이끌어 가는 것이다. 금전 문제, 병약한 노부모나 배우자를 돌보는 일, 자녀를 키우는 일 등 꼬리에 꼬리를 무는 역경과 고난이 중년 여성을 단련시켰다.

③ 자신이 원하는 것을 명확히 알고 있음

중년 여성 대상의 마케팅은 제품의 특징, 기능, 가격, 기술적 부분을 크게 강조할 필요는 없다. 그보다는 그 제품을 사용할 때 어떤 느낌을 갖게 될 것인지 어떤 경험과 비슷한지, 다른 사람들과 친근하게 지내는데 어떻게 도움이 되는지를 부각시키는 것이 중년 여성들의 마음을 얻는데 효과적이다.

④ 이야기의 힘

나이가 들면 이야기가 인생에서 차지하는 위치가 상당히 높아진다. 이야기를 나누는 것은 인생의 윤활유가 된다. 중년 여성은 상품 설명보다 인생 이야기에 더 많은 관심을 보일 것이다. 따라서 가장 재미있는 이야기, 이야기를 가장 재미있게 풀어나가는 브랜드가 마케팅 시장에서 최종 승리자가 될 수 있다.

⑤ 유머의 힘

중년 여성은 그동안 자신들을 억압해 온 사회적 통념과 관습의 구속을 벗어나기 위해 자주 크게 웃는 경향이 있다. 중년 여성은 유머러스한 광고, 재미있게 만든 팜플릿, 상표의 라벨, 포장지에 끼워놓은 전단지, 옷에 붙이는 가격표 등을 좋아한다. 주의할 점은 남성이 원하는 유머와 젊은 여성이 원하는 유머와 중년 여성이 추구하는 유머는 다르다는 것을 염두해 두어야 한다.

3) 중년 남성 소비자

(1) 중년 스타일

피부관리는 기본이고, 겉옷부터 속옷까지 나만의 스타일을 찾아 직접 쇼핑을 즐기는 '꽃중년' 이 늘고 있다. 이들 중년층은 20대 못지않은 쇼핑 감각에 든든한 경제력도 갖추고 있어 유통업계의 핵심 고객층으로 급부상 중이다.요즘 거리에는 아저씨의 대명사였던 '배바지(바지를 허리 위까지 치켜 올려 입는 방식)를 좀처럼 찾아볼 수 없다. 분명 40~50대로 보이는데 입은 옷 스타일은 젊은 층과 닮았다.

남성패션 매장 한 관계자는 "요즘 중년 남성은 스타일도 과감해지고 개성을 추구한다" 며 "색도 원색으로 보다 화려해졌다" 고 말했다.전체 백화점 매출 중 남성이 차지하는 비중도 덩달아 높아졌다. 신세계백화점에 따르면 2007년 23.3%에 불과했던 남성 상품군 매출 점유율은

2011년 30.2%로 증가했다. 2012년 1~8월에도 30.9%을 유지하고 있다(이데일리, 2012.09.06.).

(2) 실용 추구

품격을 벗고 실용을 추구하는 중년 남성들이 늘고 있다. 20대가 주로 입는 '영 패션'을 구입하는 중년층이 크게 늘고 있다.

이 같은 추세는 영 패션의 매출증가에서도 찾아볼 수 있다. 업계에서는 이에 대해 지속되고 있는 불황의 영향으로 중년 남성의 구매경향이 일반 정장브랜드보다 40~60%까지 저렴한 영패션 의류로 발길을 돌리고 있기 때문인 것으로 분석하고 있다.또 최근 기업에 확산되고 있는 비즈니스 캐주얼 복장과 노타이 문화 확산, 그리고 젊게 보이고 싶은 '꽃중년' 열풍, 무엇보다 품질과 디자인 면에서 뒤지지 않으면서도 일상생활에서 다른 옷과 쉽게 매치할 수 있는 실용성이 이런 실속소비를 가속화시키는 것으로 보인다(아시아투데이, 2010.04.17.).

(3) 젊어지기 추구

최근 TV홈쇼핑에서 슬림핏 바지가 30대보다 40~50대 남성들에게 더 많이 팔리는 등 중년 남성들의 '동안 열풍', 다시 말해 실제 연령보다 젊어 보이고 싶어 하는 욕구가 유통업계의 소비패턴에서도 고스란히 드러나고 있다. 현대홈쇼핑에 따르면 최근 들어 패션 제품을 중심으로 남성 고객들의 직접 구매가 크게 늘면서 '홈쇼핑=주부 쇼핑채널'이라는 과거 공식이 깨져버렸다. 다시 말해 '꽃중년', '동안 상사' 등에 대한 남성들의 욕구가 홈쇼핑 채널에서도 직접 확인되고 있다는 게 회사 측 설명이다. 패션 뿐 아니다. 건강기능식품에서도 남성 고객들의 구매 파워가 커지고 있다. 특히 최근 들어서는 홍삼 뿐 아니라 비타민, 다이어트 보조 식품도 남성들에게 인기를 끌고 있다(서울경제, 2013.04.23.).

중장년층의 소비트렌드를 나타내는 용어를 알아보자.

① 나우족과 노모족

- 나우족New older women : 경제력 있는 중년 여성.
- 노모족(No more uncle: 젊은 아저씨) : 더 이상 아저씨로 불리길 원치 않는 남성.

즉 자기만족 추구에 큰 가치를 두는 '나우족' 여성들은 가정 경제를 주도할 뿐만 아니라 배우자의 '노모족화' 에 앞장서 업계의 '큰손' 으로 평가받고 있다.

나우족과 노모족의 예 :
- e-붙임머리
붙임머리 전문업체인 'e-붙임머리'(www.bestmo.com)는 신세대를 공략해 '웨이브' 붙임머리를 새로 개발해 선보였다. 개발 당시에는 기존 미용실에서도 쉽게 나올 수 없는 컬링으로 젊은 여성들에게 인기를 끌 것으로 예상했지만 중년 여성들에게 큰 인기를 끌게 되면서 최근에는 나우족들을 겨냥해 정수리 부분용 붙임머리 제품을 따로 개발해 좋은 반응을 얻고 있다.

- 성형 열풍
가슴성형의 경우 10년 전에는 20대가 70~80%였는데 이제는 중년 여성층이 70~80%를 차지하고 있다.

② 머츄리얼리즘

성숙하다' 는 뜻의 'mature' 와 ' realism' 의 합성어로 탄생된 머츄리얼리즘maturialism은 적극적으로 자기의 삶을 가치 있게 만들기 위해 투자하는 중년의 소비행태를 말한다.

중년층의 자아실현에 대한 욕구가 늘면서 자신의 품격을 유지하고 여가를 즐기며, 취미를 개발하는 등 삶의 질을 높이기 위해 투자하는 현상을 말한다.

머츄리얼리즘maturialism의 예 :
일본의 '아줌마 부대' 의 욘사마 사랑을 들 수 있다. 일본 중년여성들은 그간 잊고 지냈던 소녀적 감성을 '겨울연가' 속의 순수한 순애보에서 대리만족하며 열광했다. 그들은 단순히 좋아하는 감정을 넘어서 직접 한국을 찾아와 드라마 촬영지를 둘러보고 드라마 속의 공간들을 체험하고, '아줌마' 라는 전통적인 틀을 과감히 벗어나서 자신의 기호를 적극적으로 추구했다.

'몸짱 아줌마' 신드롬을 꼽을 수 있다. 40대 여성의 운동으로 다져진 몸매가 화제가 되면서 "아줌마도 몸짱이 될 수 있다"는 자신감을 중년 여성들에게 심어줬죠. 몸짱 바람이 불면서 셀프 다이어트방, 모발관리실, 피부관리
전문점, 네일숍 등 젊은 여성들의 전유물로 인식됐던 곳에 중년 여성들의 발걸음이 크게 늘었다고 한다. 이처럼 중년 여성이 외모에 적극 투자하는 현상을 '웰루킹well looking' 으로, 웰빙wellbeing과 루킹looking의 합성어이다.

프랑스 가정용품 회사인 세브와 하이네켄이 제휴해서 만들어낸 가정용 맥주제조기인 '비어 텐더' 는 가족과 손님들에게 손수 만든 맥주를 내놓는 새로운 경험을 중장년층에게 제공함으로써 큰 인기를 끌었던 제품이다.

그 밖에 최근에는 중년 남성들의 몸을 감안한 프리미엄 청바지가 인기를 끌고 있고 중년 남성을 위한 피부미용 화장품도 선보이고 있다. 그간 침묵했던 중장년층이 이제 자신의 목소리를 내고 적극적인 소비성향을 보이고 있다.

소비자트렌드 읽기 9-6

WINE세대Well Integrated New Elder

인고(忍苦)의 세월을 지나 한층 숙성(熟成)된 과정을 거친 4564세대를 칭한다. 우리가 기성세대라 부르는 이 연령대는 여태까지 한국을 이끌어 왔으며, 현재 우리사회의 실질적 지배세대라 말할 수 있는 세대이다. 또한 고령화 속도 세계 1위인 우리 사회에서, 향후 다가올 고령 사회의 핵심이 될 세대이기도 하다.

'와인WINE세대'는 물리적 활력도(건강/경제력)와 심리적 활력도(열정/관계)에 따라 4그룹으로 분류할 수 있다.

물리적 · 심리적 활력도가 모두 높은 그룹은 '적극 향유형',
물리적 활력도는 높은 반면 심리적 활력도가 높지 않는 그룹은 '현실 안주형',
심리적 활력도는 높지만 물리적 활력도는 낮은 그룹은 '미래 탐색형',
물리적 · 심리적 활력도가 상대적으로 모두 낮은 그룹은 '소극 체념형'으로 구분된다.
이렇게 4그룹으로 나누어 볼 때 소극체험형이 전체의 1/3이상으로 가장 많고, 적극향유형이 그다음으로 나타나고 있다.

- 적극적으로 인생을 즐기며 사는 층을 '시저 형'이라 이름 붙여 보았다.
- 현실 안주형은 가족을 중시하며, 경제력에 의존한 노후 대비행태를 보이고 있는 집단이다. 따라서 이 집단은 '스크루지 형'이라 이름 붙였다.
- 미래 탐색형은 물질적인 부분보다는 활력과 새로운 도전을 중요시한다는 측면에서 '로빈훗 형'이라 명칭하였다.
- 소극 체념형은 돈에 대하여 관심과 고민이 많고 갈등을 하고있다는 의미에서 '햄릿 형'으로 이름지었다.

○ 세분화 [그림2]

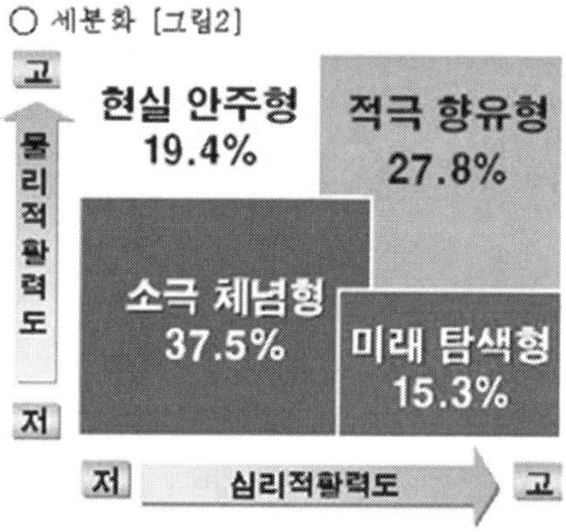

○ 세분 집단별 명칭 [그림3]

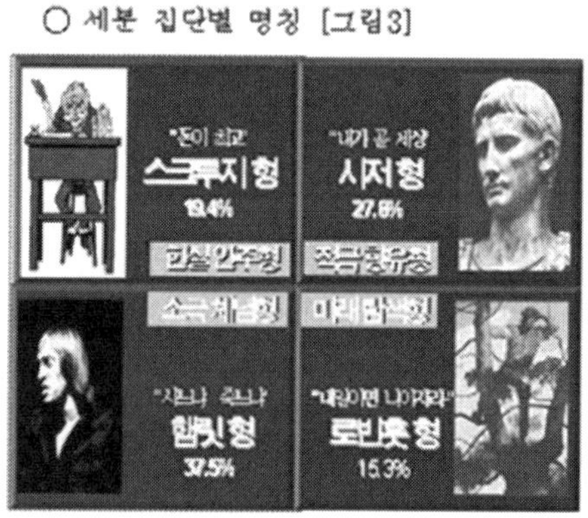

출처 : 제일기획(2004), 와인세대를 말한다.

6. 60대 이상 노인소비자

노인소비자는 일반적으로 생활주기상 노년기 또는 은퇴기에 있는 65세 이상의 인구를 말한다.

통계청에 따르면 2011년 우리나라의 65세 이상 인구 비중은 11%로, 아시아지역 고령자 인구비중(6.7%)보다 훨씬 많은 실정이다. 오는 2050년이 되면 전체 인구 중 65세 이상 노인인구비율은 지금보다 3배 이상 증가한 38.2%로 세계 최고가 될 것으로 전망되고 있다. 고령인구 비율이 6%에서 20%로 증가하는 데 걸린 기간을 국가별로 비교해보면, 프랑스가 154년, 미국 94년, 일본 36년이 소요된 반면 한국은 26년으로 예상되고 있다.

1) 노인소비자의 특성

과거에는 노인소비자를 세심한 대우와 보호를 받아야 하는 사회구성원으로 인식하였다. 즉 신체 기능의 저하 및 역할 상실과 사회적, 심리적 고립감에 따른 정신적 노화로 사회변화에 잘 적응하지 못하였다. 또한 노인들은 보수적이고 독립성이 약하여 자녀에게 의존적이며, 주로 노인끼리 어울리며 은퇴로 인한 경제적 어려움도 겪어 왔다.

그러나 의료기술과 과학기술의 발달에 따른 평균수명의 연장되고 이로 인해 현대사회는 고령화 사회로 접어들고 있다. 이에 따라 노인들의 라이프스타일도 변화되었다. 즉 오늘날의 노인들은 미래지향적인 인생관을 가지고 제 3의 인생을 준비한다. 과거에 비해 독립성이 강해지고, 계획적인 노후설계를 통해 자녀에게 의존하지 않으려 한다. 여가를 즐기며 다양한 취미생활로 시간을 여유롭게 보내고, 다른 세대와의 교류로 즐거워하며 유행을 따라가는 노인도 증가하고 있다.

현대의 노인소비자를 나타내는 용어는 그 소비특성을 잘 반영해 주고 있다.

① 우피족 Well-Off Older People

자식들에게 신세지지 않고 자신들이 벌어 놓은 돈으로 풍족한 노후생활을 하는 노인세대

② 통크족 Two Only, No Kids

손자녀를 돌보는 역할을 거부하고 취미생활과 운동, 여행 등으로 부부만의 황혼을 가꾸려는 실버층

③ 노티즌(老tizen)

인터넷을 즐겨 사용하는 노인

④ 노노족(No老族 · 잘 늙지 않는 세대)

의학기술 발달로 수명이 길어진데다 규칙적인 운동과 식생활로 체력뿐 아니라 외모 까지 젊어진 노인

2) '뉴시니어 세대'

청바지를 즐겨입고 세시봉 콘서트에 열광하지만, 자기계발에도 관심이 높은 세대. 최근 새로운 소비계층으로 급부상하고 있는 '뉴시니어New Senior 세대' 의 키워드는 무엇일까?

삼성경제연구소는 '뉴시니어 세대의 3대 키워드' 보고서에서 "50대 베이비붐 세대는 여유 있는 자산을 기반으로 적극적인 소비활동을 한다는 점에서 기존의 시니어 세대와는 구별된다" 면서 '젊음' 과 '향수(鄕愁)', '자아' 를 이들 세대를 관통하는 소비 키워드로 꼽았다.

그림 9-1 | 뉴시니어의 특성과 3대 키워드

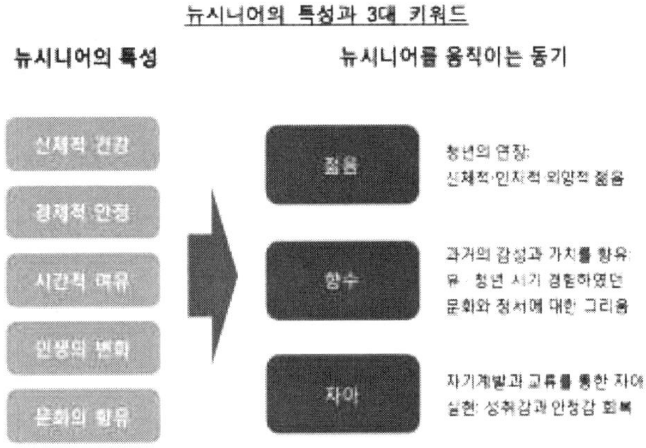

보고서는 뉴시니어가 해외 대중문화가 유입되고 한국의 대중문화가 급격히 진화했던 1960~70년대에 유·청년 시절을 보내 문화적 감수성이 발달했고, 청·장년기는 경제 발전의 주역으로 활약하며 특유의 성취감과 자긍심을 갖고 있다고 분석했다.또 "최근 은퇴시기를 맞으며 여유를 되찾으면서 젊은 시절의 감성을 되찾고 싶은 깊은 향수를 느끼는 한편, 은퇴와 자녀의 독립 등 삶의 단계 변화에 따른 불안감을 동시에 느끼고 있다"고 덧붙였다.

보고서는 이런 특징들에 따라 뉴시니어 세대는 오랫동안 '젊은 청년'으로 살고 싶은 욕구와 유·청년 시기 경험했던 문화와 정서에 대한 그리움, 자아실현을 통한 안정감 회복에 대한 욕구가 강하다고 분석했다.

뉴시니어의 등장은 소비자 구조와 주력시장의 변화를 알리는 전조로 이들의 욕구를 틈새시장이 아닌 주력시장으로 이해하고 연구하려는 노력이 필요하다고 강조했다.

소비트렌드 읽기 9-7

나이가 사라진 시대의 등장, '어모털리티'

뱀파이어는 단지 영화에서나 나오는 존재가 아니다. 그들은 높은 사회성, 철학과 이념을 갖추고 어떤 경우 뛰어난 성적 매력, 특별한 능력을 지녔다. 비록 차가운 피를 가진 존재지만 인간 곁에 머물며 영원히 산다는 점에서 선망(?)의 대상이다. 우리 사회에 이와 비슷한 사람들이 있다. 어모털족이다. 이들은 현실 속 네버랜드에 살면서 늙지도 죽지도 않은 피터팬이다. 죽을 때까지 나이를 잊고 살아간다는 의미의 '어모털리티'amortality는 '타임'지의 편집장을 지낸 '캐서린 메이어'가 만들어낸 신조어다. 저자는 방대한 자료와 인터뷰, 다양한 인물을 통해 어모털리티를 추구하는 사람들의 생활상과 경향, 산업 변화를 설명하고 있다. 용어가 새롭다고 해서 개념마저 새롭지는 않다. 이미 안티 에이징(혹은 다운 에이징) 등 유사한 개념이 있다. 저자는 저술 '나이가 사라진 시대의 등장-어모털리티'를 통해 어모털족은 도대체 어떤 사람들이며 무슨 일을 하는지, 무엇을 원하고 소비하는지, 또 사랑과 결혼의 방식은 물론 종교관까지 구체적으로 해부한다. 나아가 이들이 젊음을 추구하는 정서와 과학기술, 비즈니스 등 다양한 각도에서 어모털리티를 탐색함으로써 우리 시대에 나이 개념이 모호해진 이유를 고찰해 낸다. "어모털리티는 단지 노화에 저항하고자 하는 열망, 그리고 그 열망을 실현시켜주겠다고 약속하는 온갖 의학기술보다 훨씬 강력하고 광범위한 현상이 됐다.

어모털리티는 우리 삶을 저 깊숙한 곳까지 바꿔놓고 있다. 일, 여가, 가족, 사랑, 젊은 나이와 늙은 나이, 그리고 그 사이에 있는 모든 것들에 접근하는 방식을 바꾸는 것이다." -본문 중에서- 2050년에 도달하면 전 세계 인구 10명 중 4명이 60세를 넘어선다. 현재 고령화 사회로 진입하는 과정에서 나이 든 어모털족은 그들의 영향력을 행사하는 중이다.

미국의 '세네제닉스'라는 노화방지 전문 클리닉 센터는 초기 가입비 4,000달러, 월 관리비용 최소 1,500달러에도 2만여 명 이상의 고객을 확보하고 있다. 이곳은 호르몬 요법을 위주로 한다. 이처럼 의학을 도움을 받으며 젊고자 하는 욕구를 실현하는 사람이 많아졌다.

우리나라에서도 2010년 차병원이 만든 '차움'은 프리미엄 건강검진을 비롯해 노화도, 유전자 검사, 스파, 운동요법, 영양요법 등의 서비스를 제공한다. 회원권 1억 7,000만원, 연 회비 450만 원을 별도로 낸다. 안티 에이징 혹은 다운 에이징 관련 마케팅도 쉽게 접할 수 있다. 실례로 지난해 10월 롯데 백화점은 판매직원을 대상으로 "장년층(노년층) 고객을 노인 취급하지 말라"는 교육을 실시, 고객의 안티 에이징에 대한 욕구를 반영하고 있다. 이처럼 어모털리티는 단순한 유행에 그치는 게 아니라 오래전부터 우리 곁에 와 있다.

캐서린 메이어는 "(어모털리티는) 변화의 힘과 광대한 중요성을 제대로 이해받지 못 하고 있다. 우리가 먼저 해야할 일은 무척이나 짧은 시간동안 어모털족이 여행해온 거리, 그리고 이들을 그 지점까지 끌고 온 힘이 무엇인지 재검토하는 것"이라고 말한다. 사회적 풍요의 부산물인 '어모털리티'는 유토피아를 추구하는 성향의 현실적 표현이다. 여기서 캐서린의 저술은 어모털리티의 장점만 아니라 위험 또는 딜레마 역시 지적한다. 또한 '100세 시대에 이르러 과연 중년은 어디인가' 하는 등의 현실적이면서 사회학적인 질문도 놓치지 않는다.

그러나 '나이에 대한 분별이 사라진 것이 좋은 것인가?', '노화라는 호르몬 작용과 인간의 생로병사를 인정하지 않는 태도가 기존 사회와 충돌할 경우엔 어찌해야 하는가?' 등등의 의문은 속 시원히 풀리진 않는다. 양극적 사회, 즉 사회적 풍요가 편중돼 있는 상황에서 '100세 시대'가 축복이지 않은 사람들에게 새로운 갈등일 수 있다는 점 또한 설명이 부족하다. 분명한 건 누구든지 나이 들어 강하든 약하든 어느 정도의 어모털리티를 드러내기 마련이다. 이에 저자는 사회적 유행병 즉 하나의 신드롬으로서의 '어모털리티'를 통해 고령화된 사회에서의 삶을 어떻게 추구할 지를 제시한다.

출처 : 아시아경제, 2013. 04.07

3) 노인소비자 시장의 성장

Silver market이라고 불리는 노인소비시장은 이미 구매 잠재력이 충분한 소비시장으로 인식되고 있으며, 노인들의 건강 및 의료 서비스, 여행, 레저활동, 주택관리 등에 대한 특별한 요구를 충족시킬 수 있는 새로운 제품과 서비스의 필요성이 강조되고 있다.

현대경제연구원에 따르면 시니어 비즈니스의 규모는 2002년 6조 3,820억 원에서 2010년 22조 1,906억 원으로, 고령사회에 진입하는 2018년에는 83조 7,646억 원으로 성장할 것으로 예상된다. 2002년부터 2010년까지 이 시장의 8년간 연평균 성장률은 16.9%로, 같은 기간 명목 국내총생산GDP성장률인 6.3%보다 무려 10.6%포인트 높다.

전문가들은 앞으로 시니어비즈니스가 우리 경제에서 상당히 중요한 시장으로 자리매김할 것으로 보고 있다.

- 옥션(www.auction.co.kr) 전문여행사인 '효도여행' 기획스페셜 옥션 효도여행
- 보험업계 : 노인성 질환을 보장하는 것은 물론 간병비용까지 해결해주는 보험상품
- 실버푸드 : CJ푸드, 실버세대 위한 '9988 음식 전시회'
- 황혼결혼식 : 혼자가 된 노인이 새롭게 결혼을 하는 것만 아니라, 과거에 돈이 없어서 결혼식도 못하고 사는 부부가 황혼에 이르러서 결혼식을 올린다.
- 실버타운 : 노후생활을 하는데 필요한 의료시설, 오락시설, 체력단련시설 등을 갖추고 식사관리, 생활편의, 건강의료 등의 서비스를 제공한다.

썬 시티 맥도날드 랜치
"일로 부터의 은퇴이지 삶으로 부터의 은퇴가 아니다"라는 슬로건으로 바로 옆 시원스레 펼쳐진 골프코스에서 한가로이 골프를 즐기며 다양하게 제공되는 문화생활과 라스베가스만의 엔터테인먼트를 즐기면서 살아가고 있다.

- 실버플래너

파이낸셜플래너FP가 종합적인 재무설계를 돕는 사람이라면, 행복한 노후를 위해 노후설계를 도와주는 사람을 실버플래너라고 한다. 실버플래너는 거동이 불편한 노인을 돌보는 기본적인 업무에서 벗어나 노후설계, 재무관리, 건강관리, 재취업준비, 직업교육 등 전반적인 노년 생활을 돕는다.

사회복지사 자격증 취득자들이 주로 활동하고 있으나, 현재 보건복지부 산하 한국노인인력개발원이 50세 이상을 대상으로 노인생애경력조언자SLCA 양성교육을, 한국노인복지관협회에서는 실버플래너 양성과정을 실시하고 있다.

Part 3

소비자트렌드의 실제

Chapter 10

소비자트렌드와 사회현상

Chapter 10

소비자트렌드와 사회현상

트렌드는 가까운 미래에 일어날 사회 각 분야의 움직임을 보여주는 징후이자 현실동향으로 트렌드에는 과거, 현재, 미래가 복합적으로 포함되어 있다. 따라서 과거의 경향과 현재의 징후를 세심하게 관찰함으로써 트렌드를 파악하고 이러한 트렌드를 분석함으로써 미래를 예측할 수 있다.

그 시대의 여러 상황을 보면 트렌드를 알 수 있다. 수 많은 트렌드에는 그 시대의 사회모습과 사람들의 관심사, 그리고 소비자의 필요가 스며들어 있기 때문이다.

본 장에서는 소비자트렌드를 현재 우리 주위에서 나타나고 있는 사회현상 속에서 찾기 위해 구체적으로 사치소비, 웰빙소비, 외모지상주의, 지속가능한 소비, 그리고 사회변화에 따라 새롭게 만들어지고 있는 신조어들을 살펴보고자 한다. 소비자트렌드와 사회현상을 분석하는 것은 과거와 현재의 트렌드를 통해 우리의 미래 트렌드를 예측하는데 도움이 될 것이다.

1. 사치소비

1) 사치소비의 배경

미국의 골프선수 그레그 노먼은 500억 원짜리 요트를 가지고 있고, 루마니아 독재자인 차우셰스쿠는 양복만 8천 벌이 넘는다고 한다. 미국의 신문재벌 랜돌프 허스트는 1919년에 방 61개짜리 저택과 세계 최대의 사설동물원을 지었다. 캘리포니아 북부 해변에 위치한 이 저택은 허스트 캐슬이라고 부르는데, 지금은 유명한 관광 명소가 되었다. 이 저택은 너무나 넓어 한 번에 다 볼수 없기 때문에 3개 코스로 나뉘어 있다고 한다. 이처럼 초부유층들이 평범한 사람들로서는 상상할 수 없는 소비를 보여주는 것이 어제오늘만의 일은 아니다. 어느 시대에나 부자는 있었고 오히려 예전 상류층의 소비는 오늘날 우리의 상상을 뛰어넘을 만큼 대단했다.

특별한 부유층들의 전유물이었던 사치가 '누구나 누릴 수 있는' 것으로 만연하게 되었다. 사치의 대중화는 주변에서 쉽게 접할 수 있는 물건 혹은 생필품에 조차 '호화 · 고급 · 사치' 의 개념을 적용하고 있다. 대표적인 예가 생수이다. 예전에는 그저 물이었던 것이 이제는 저급에서 고급까지 차별화되어 진열되어 있다. 이제 비싼 '에비앙' 생수를 마시는 것만으로도 자신이 고급스런 취향의 사람이라는 것을 쉽게 나타낼 수 있게 된 것이다.

이처럼 현대의 소비물은 단순한 생활의 수단이 아니라 저마다 의미를 가지고 있다. '광고란 상품에 이야기를 담는 과정' 이라는 말처럼, 요즘 TV광고를 보면 제품의 성능을 자세히 설명하는 광고는 그다지 많지 않다. 이제 냉장고는 단순히 식품을 차게 보관하는 도구가 아니라, '여자의 행복' 을 상징하는 것이 되어버렸다. 냉장고 뿐만이 아니라 음료수 하나에도 사랑이며, 고독이며, '이야기' 로 제품의 의미를 전달한다. 음료수 한 병을 누군가에게 전하면 마치 마음도 함께 전달될 것만 같다.

광고가 제품의 기능이 아니라 이미지를 보여주는 것은 상품이 하나의 기호로 작용하기 때문이다. 그래서 보들리야르 같은 학자는 현대 소비사회에서는 상품의 물신숭배자가 아니라 '기호의 물신숭배' 가 일어나고 있다고 표현했다. 이제 상품의 기호성은 현대 소비사회를 묘사하는 아주 일반적인 특징이 되어가고 있다.

하지만 사실 '냉장고와 여자의 행복' 간에는 필연적으로 유추 가능한 공통적인 속성은 없다. 냉장고가 음식을 차게 보관한다는 본래적 기능과는 무관한, 여자의 행복이라는 의미를 획득할 때에는 그것을 '상징' 이라고 부를 수 있다는 것이다.

기호학자 보들리야르는 "사람들은 결코 사물 자체를 그 사용가치에서 소비하지 않는다"는 점에 주목하고, 현대사회의 소비는 문화적 맥락 아래서 하나의 기호로 이해해야 한다고 주장했다. 실제로 대형자동차는 운송수단이 아니라 성공을 의미하고, 고급 브랜드의 향수는 사용자의 세련된 취향과 성적 매력을 의미한다. 사실 사용하는 자동차나 향수 브랜드가 그 사용자의 성공이나 매력과는 속성상 직접적으로 아무 관계가 없는데도 많은 사람들이 그 의미작용을 당연하게 받아들인다.

2) 사치소비의 유형

'왜 사치하는가?' 의 문제는 오래 전부터 많은 학자들의 관심사였다. 경제학자 베블렌은 『유한계급론』에서 부유층의 과시적 욕망에 주목했다,

베블런 효과 Veblen effect

가격이 오르는 데도 일부 계층의 과시욕이나 허영심 등으로 인해 수요가 줄어들지 않는 현상을 말한다. 미국의 사회학자이자 사회평론가인 베블런Thorstein Bunde Veblen이 1899년 출간한 저서 《유한계급론(有閑階級論)》에서 "상층계급의 두드러진 소비는 사회적 지위를 과시하기 위하여 자각 없이 행해진다"고 말한 데서 유래하였다. 베블런은 이 책에서 물질만능주의를 비판하면서 상류층 사람들은 자신의 성공을 과시하고, 허영심을 만족시키기 위해 사치를 일삼는다고 꼬집었다.

예를 들면 값비싼 귀금속류나 고가의 가전제품, 고급 자동차 등은 경제상황이 악화되어도 수요가 줄어들지 않는 경향을 말한다.

최근의 사치 경향은 계급적 동기에 주목하는 고전적 연구에서 한걸음 나아가 매우 개인화된 모습을 보여준다.

현대 사치 소비자의 유형과 관련해서 경영학자인 비그너론과 존슨Vigneron& Johnson은 소비자를 다음과 같은 유형으로 나누었다(김난도, 2007).

표 10-1 | 사치품 소비자의 유형

		비싼 물건이 위산을 높여준다는 생각	
		낮다	높다
남에게 보이는 것의 중요성	높다	쾌락주의자 · 완벽주의자	속물
	낮다	동조자	과시자

이러한 소비자의 유형에 따라 사치품 구매동기를 분류하면 다음과 같다.

· 쾌락주의자Hedonist : 사치품을 즐기는 감정 때문에
· 완벽주의자Perfectionist : 사치품의 품질 때문에
· 동조자Bandwagon : 유행을 따르려는 사회적인 이유에서
· 속물Snob : 남이 많이 갖지 않은 진귀한 물건이니까
· 과시자Veblenian : 남에게 드러내기 위해서

(1) 사치소비의 내적 요인

소비를 일으키는 감정적 원인에 대해서는 많은 연구가 이루어져 왔는데 특히 다음 4가지 감정은 사치와 밀접한 관련이 있다.

① 과시 : 과시란 남에게 자랑하거나 뽐내기 위해 실제보다 과장하여 자신을 드러내고자 하는 감정을 의미한다. 특히 신흥부자들의 소비행위에 자기의 부나 지위를 과시하고자 하는 동기가 내재해 있었다. 우리나라 사람들에게 유독 강한 '체면의식' 의 발로이기도 하다. 과시의 감정 뒤에는 동일시의 공포, 즉 '어중이떠중이' 와 똑같은 취급을 받기 싫다는 공포가 함께 존재한다.

② 질시 : 질시란 자신보다 더 나은 사람을 시기하는 마음이다. 자신보다 많은 것을 이룬 사람의 성취를 쉽게 승복할 수 없을 때 질시가 커지고, 이는 많이 가진 사람을 모방하는 형태로 표현되는 경우가 많다. 우리나라는 질시가 강한 사회라고 한다. 다른 사람에게 무시당할지 모른다는 공포와 질시는 동전의 앞뒤처럼 공존한다.

③ 환상 : 소비물은 환상을 준다. 특히 사치품은 '다른 나' 로 보일 수 있다는 변신의 환상을 주는 경우가 많다. 물론 현재와는 다른 나, 지금보다 더 근사한 나를 위해 노력하며 사는 것이 우리 모두의 삶일 것이다. 소비사회에서는 이러한 노력을 소비로써 해결하려는 경향이 크다. 속옷은 남에게 보이기 위한 것은 아니지만 비싼 속옷을 입으면 스스로 더 고급스러워졌다는 느낌이 받게 된다. 이처럼 환상은 자기지향적인 성격을 가진다. 이때 사치품은 하나의 '갑옷' 역할을 한다. 환상과 관련된 공포는 초라하게 보여서는 안 된다는 것인데, 사치품이 이러한 공포를 감추어주는 갑옷의 기능을 한다는 것이다.

④ 동조 : 친구 따라 강남 간다고 했고, 한겨울에도 사람 옷을 벗길 수 있는 것이 유행이라고 했다. 동조란 다른 사람의 의견이나 행동을 따르는 경향을 일컫는 것으로 인간행동의 많은 부분을 설명한다. 행동에 영향을 주는 사람들, 즉 준거집단reference group이 주위에서 모두 사치품을 사용하고 있다면, 그것은 하나의 유행으로 인식되어 소비자에게 따라야 할 압력으로 작용한다. 남들이 다 하니까, 뒤처지거나 따돌림 받지 않아야 하니까, 하는 공포가 동조와 함께 한다.

(2) 사치소비의 외적 요인

사치는 개인적 차원 뿐 아니라 사회 전체적으로 특정 국가에 더 강하게 나타날 수 있다. 다시말하면 사치를 일으키는 과시, 질시, 환상, 동조 등 내적 요인이 사람에 따라 다를 뿐만 아니라 그 사회의 의식구조, 문화, 가치관 등에 따라 차이가 있을 수 있다. 이를 설명해주는 용어가 '마음의 버릇' habits of the heart으로 우리나라 사람들의 소비생활과 관련이 깊은 마음의 버릇을 살펴보면 다음과 같다.

마음의 버릇이란 한 사회를 이루는 구성원들이 가지고 있는 공통의 의식, 가치관, 일상생활의 관행 등을 지칭하는 용어로서, 원래 토크빌Tocqueville이 미국의 국가특성을 지칭하기 위해 처음 사용하였다. 이후 벨라Bellah 등이 미국인의 개인주의와 사회윤리 등을 분석하기 위해 동명의 책으로 출판해서 유명해진 개념으로 가치관, 의식구조, 문화, 집단무의식 등과 비슷한 개념이라고 볼 수 있다.

① 계층민감 : 우리나라 사람들은 지위를 중요시하고 신분상승의 욕구도 강하다. 또 생활의 많은 영역에서 서열 매기기를 즐겨한다. 그래서인지 많은 사람들에게 자신은 어느 계층에 속하는가, 남에게 어떤 계층으로 보일 것인가는 중요한 문제로 이러한 의식이 소비에서도 나타난다.

소비자트렌드 읽기 10-1

아시아 '명품 열풍'엔 이유가 있다

'명품'(名品)은 '럭셔리 브랜드' luxury brand로, 한 세기 전만 하더라도 유럽의 부유한 상류층만이 누릴 수 있는 호사였다. 하지만 20세기 후반 들어 명품은 대중화되고 있다.
현재 세계 명품시장은 약 800억 달러 규모로 추산된다. 아시아 명품시장의 규모는 37%를 차지하며, 루이뷔통, 에르메스, 구찌, 까르띠에 등 일류 명품 브랜드는 전체 매출의 50~60%를 아시아 소비자들에게서 거둬들이고 있을 정도다.

아시아인들은 어찌 해서 명품이라면 사족을 못 쓰게 된 것일까?
아시아 유통시장 전문가인 라다 차다와 폴 허즈번드은 공동으로 펴낸 아시아 명품시장 실태보고서 '럭스플로전' Luxplosion에서 그 물음에 대해 답하고 있다.

그들에 따르면 아시아의 명품소비 열풍은 우선 급속한 경제성장과 밀접한 관련성이 있다. 서양 국가들이 한두 세기에 걸쳐 점진적인 경제발전을 이룬 반면 아시아의 주요 국가들은 불과 수십 년 만에 고도성장을 달성했다.
경제성장이 매우 빨랐다는 것은 단순히 속도의 문제에 그치지 않는다. 서양 사회는 서서히 부를 쌓아가면서 그에 걸맞은 소비규범을 함께 만들었지만, 아시아 국가들은 단기간에 부자가 되면서 합리적인 소비규범의 부재 상태를 한동안 겪을 수밖에 없었다. 이러다 보니 이들 국가의 많은 부자들은 '개념 없는 소비'에 빠져들었고, 세계의 명품 브랜드들은 그 틈을 파고들어 새로운 소비기준으로 자리잡을 수 있었던 것이다.

아시아인들의 특질도 명품 열풍과 직접적으로 결부돼 있다. 서양 사람들이 개인적인 차이점을 존중하는 반면, 아시아 사람들은 집단의 규범과 기준에 맞춰 개인의 정체성을 형성한다. 즉 명품 브랜드가 사회적 트렌드가 된다면 아시아 사람들은 기꺼이 거기에 따른다는 것이다.
특히 명품이 경제적 부와 사회적 지위의 상징으로 통하는 상황에서는 어느 누구도 명품 소유의 욕망으로부터 자유로울 수 없다. 유교적 관념이 오랫동안 전해 내려온 동양 특유의 '체면' 문화는 이를 뒷받침한다.

출처 : 주간 한국, 2008. 06. 02

② 평등지향 : 인간은 평등의식이 무척 강하다. 후천적인 노력에 의한 것이더라도 '차이'를 인정하지 못할 때가 많다. 계층에는 민감하면서도 그 계층구분이 이루어지는 현실

을 받아들이기 어려울 때에는 자신보다 더 많이 성취한 사람들을 있는 그대로 용인하지 못하는 경향이 있다. 평등의식이 소비로 나타날 때에는 "너도 사는데 나라고 못 살게 무엇인가?"는 사고방식으로 드러날 수 있다.

③ 나르시시즘 : '왕자병' 이라는 유행어가 말해주듯이 우리 사회에는 자아에 도취된 사람들이 많다. 최근에는 외모지상주의와 결합되어 특히 겉으로 드러나는 용모에 대한 나르시시즘이 강해졌다. '자기애' 라는 나르시시즘의 의미가 시사하듯이 이는 매우 자기지향적인 사고방식이지만, 이 경우에도 '타인' 의 존재는 여전히 중요하다. 자기애의 대상이 되는 자기 이미지는 타자의 시선을 통해 형성되기 때문이다.

④ 집단의식 : 우리 민족은 집단의식이 강한 편이다. '우리' 라는 표현을 즐겨 쓰고, 집안·학교·고향 등이 같다는 사실에 매우 중요한 의미를 부여한다. 그래서 집단의 결속이 강하고 거기에 복종하라는 압력도 매우 크다. 게다가 집단 내의 경쟁도 치열해서 자신의 준거집단이 행하는 것은 경쟁적으로 따라하는 성향이 강하다.

앞에서 설명한 사치의 내적 요인 4가지와 마음의 버릇을 결합시키면 〈표 10-2〉와 같은 사치의 4가지 유형이 만들어진다.

각 유형들은 서로 확연하게 상호배타적인 것이 아니라 서로 밀접한 관련이 마음의 버릇도 단선적인 것이 아니라 복합적으로 작용한다.

표 10-2 | 사치의 4가지 유형

유형	심리적 동인	마음의 버릇	전형적인 소비자	
과시형	과시	계층 민감	신흥부자	전통부자의 2세, 벤처사업가, 연예인 등
질시형	질시	평등지향	가짜부자	열등감이 강한 중산층
환상형	환상	나르시시즘		변신을 꿈꾸는 젊은이, 유흥업 종사자
동조형	동조	집단의식		자아의식이 약한 청소년 유행에 민감한 계층

소비자트렌드 읽기 10-2

사회적 지위와 명품

사회계층을 귀족, 벼락부자, 허식가, 평민으로 구분해 볼 때 명품시장을 이해하기 위해 가장 주목해야 할 두 계층은 벼락부자parvenu와 허식가(虛飾家, poseur)계층이다. 평민은 애초부터 명품에 관심도 없다. 벼락부자들은 850달러 안팎의 명품을 주로 들고 다닌다. 구찌나 루이비통 가방이 대표적이다. 벼락부자들은 허식가 계층과 자신을 구분하기 위해 명품을 들고 다닌다.

반면 허식가 계층은 명품을 갖고 싶지만 그럴만한 돈이 없다. 바로 윗 단계로의 진입을 꿈꾸지만 실제로 그럴만한 능력이 없기 때문에 벼락부자들이 들고 다니는 명품의 모조품을 들고 다닌다. 850달러 안팎의 가격대에서 가장 많은 모조품이 생산되는 것도 바로 이 때문이다. 벼락부자와 허식가 계층은 물건을 살 때 다른 사람이나 다른 계층을 의식하면서 소비한다. 벼락부자는 허식가, 허식가는 평민을 각각 의식하면서 소비한다.

하지만 귀족은 자신의 만족을 위해 소비한다. 이 점이 벼락부자나 허식가 계층과의 가장 큰 차이점이다. 귀족들은 적어도 1150달러짜리 명품을 들고 다닌다. 이 단계의 대표적 상품이 바로 에르메스의 '켈리백'이다. 허식가 계층의 사람들도 에르메스 제품을 탐내지 않는다. 켈리 백을 들고 대중교통을 이용하는 사람이 있다고 가정해보자. 쉽게 상상하기 어려울 것이다. 진짜로 비싼 제품은 모조품이 안 생기는 이유가 바로 여기에 있다.

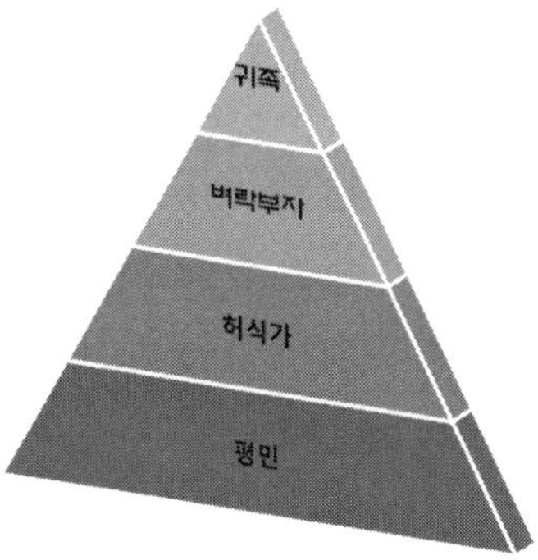

명품 업체들이 엔트리 레벨entry-level제품에 많은 공을 들이는 것도 이 때문이다. 마진은 별로 안 남지만 소비자를 감질나게 만들어 다음 구매 때 더 비싼 제품을 사도록 충동질하는 효과가 있기 때문이다.
엔트리 레벨 제품의 가격대도 중요하다. 너무 많은 사람이 접근 할 정도로 가격이 낮으면 안되지만,상위 계층 진입을 꿈꾸는 사람이 근접하지 못할 정도로 비싸서도 곤란하다.

출처: 동아비즈니스 리뷰(2008, Jul), 알고도 속는 준거가격의 비밀, p.72~73

3) 사치소비의 문제점

명품소비는 자신의 소비수준에 맞지 않는 과시욕과 허영심을 발생시키며, 경제적 능력자 이외의 명품소비는 가정경제에 악영향을 끼친다. 그로인해 중산층은 무너지고 하류층과 상류층간의 소비 양극화가 더 심화된다는 것이다.

그러므로 고가의 사치품을 구매하기에 앞서 다음과 같은 질문을 스스로 던져볼 필요가 있다.

- 나는 왜 이 상품을 원하는가?
- 이 상품의 가격은 합리적인가?
- 이 상품을 어떻게 사용할 것인가?
- 이 상품은 나를 행복하게 할 것인가?

소비자트렌드 읽기 10-3

이스털린Easterline의 역설

소비의 질은 삶의 질과 직결돼 있다. 그래서 양질의 소비를 할 수 있는 고소득자가 더 큰 행복감을 느낄 확률이 높다. 이스털린Easterlin이 실증적으로 조사한 바에 의하면, 한 나라 안에서 느끼는 행복수준은 분명히 소득수준과 상관관계가 있다고 한다.

그러나 더욱 재미있는 발견은 소득이 행복과 관계가 있기는 하지만, 소득의 절대액이 더 많은 부자 나라 사람들이 소득의 절대액이 더 적은 가난한 나라의 사람들보다 더 행복하지는 않았다는 것이다. 예를 들어 미국의 중 · 하류층은 방글라데시의 상류층보다 소득수준이 높지만, 그들보다 더 행복한 것은 아니라는 조사 결과가 나왔다. 국민소득과 관계없이 행복을 느끼는 사람의 '비율'은 어느 나라에서나 거의 같다는 것이다.

이처럼 "부유한 나라에서나 가난한 나라에서나 행복을 느끼는 사람의 비율에는 별 차이가 없다"는 사실을 '이스털린의 역설'이라고 한다. 소득이 행복과 관련 있기는 하지만 절대적인 소득수준이나 소비수준이 반드시 행복을 보장하는 것이 아니라는 것이다.

출처 : 이정전(2002), 시장은 우리를 정말 행복하게 하는가?

2. 웰빙 소비와 힐링

1) 웰빙 소비의 등장배경

웰빙이라는 용어가 본격적으로 나타나기 시작한 것은 2000년 이후부터이다. 우리나라에서는 2000년 이후 광우병, 조류독감, 황사 등 환경문제에 대한 경각심으로 인해 대중매체를 통해 도입되어 급속히 확산되었고, 사회가 양적인 성장사회에서 탈물질주의 가치관의 성숙사회로 방향을 잡아감에 따라 웰빙산업이 도입되기 시작하였다.

이 외에도 경제수준의 향상, 노년인구의 증가, 주 5일 근무제의 정착, 건강과 환경에 대한 인식의 변화 등으로 웰빙에 관한 관심이 높아졌다. 도입 초기까지만 해도 부유층이 추구하는 생활방식이었던 웰빙이 대중화 되면서 대중의 관심을 받기 시작했다.

최근 웰빙소비 트렌드는 2가지 방향으로 나타나고 있다.

첫째, 경기침체와 상호작용하여 웰빙트렌드가 보다 현실적이고 합리적인 소비 성향으로 방향으로 전환되어 가고 있다.

즉 "건강의 혜택 이외에도 합리적인 가격" 이어야 더 설득력을 얻게 될 것이다. 왜냐하면 웰빙제품을 내놓지 않는 기업들이 없을 뿐만 아니라, 고객들도 점점 똑똑해지고 경험이 축적됨에 따라 더 이상 단순한 웰빙 마케팅으로는 좋은 성과를 기대하기 어렵기 때문이다. 합리적인 가격과 그에 상응하는 혜택을 제공하는 것이 웰빙소비 트렌드의 대세로 자리 잡고 있다.

둘째, 사회적인 책임과 타인들까지 고려하는 웰빙 트렌드로 이어질 것이다.

웰빙 트렌드는 지금까지 내 한 몸 잘 먹고 잘 사는 데 만족했다. 즉 나만을 위한 소비에 관심을 뒀지만 웰빙 트렌드의 이런 문제점에 대한 경계의 목소리가 높아지면서 웰빙 트렌드는 "모두가 건강한" 이라는 컨셉으로 발전 하고 있다. 나의 건강은 물론이요, 너의 건강까지 생각한다는 로하스LOHAS : Lifestyle Of Health And Sustainability족의 등장이 그 증거이다. 이들은 내 후손의 건강까지 고려해 친환경 제품을 선택해 하는 '사회적 웰빙' 으로 소비패턴을 확장하고 있는 것이다.

이러한 점을 고려해서 소비자들은 건강을 고려한 제품, 생태계 보호와 관련 있는 제품, 자연과 삶을 조화시키는 상품을 찾아야한다. 예를 들어 아파트 건설 업체들은 새집증후군, 내부 친환경 소재 등 부분적으로 웰빙 트렌드에 대응했지만 최근에는 음식물 탈취기를 도입하고, 태양열을 이용한 냉난방도 도입하려고 하고 있다. 이는 개별 소비자들뿐만 아니라 사회전체의 건강을 추구하려는 노력이다.

소비자트렌드 읽기 10-4

웰빙서 힐링으로… '의료 서비스 가격 보다는 질'

선진국의 소비자들은 의료서비스의 가격보다 질을 우선시한다는 분석이 나왔다. 삼성경제연구소는 최근 CEO Information이라는 보고서를 통해 이같이 밝혔다. 특히 심신건강을 최우선으로 하면서 건강에 대한 관심과 지출이 증가하고, 현실의 변화와 스트레스를 해소하기 위한 힐링형 소비행태가 확산되고 있다고 밝혔다.

구분	미국	영국	독일	프랑스	이탈리아	스페인	일본
중요성 증가	건강 저축 가격대비가치	가격대비가치 건강 안정	건강 가격대비가치 평안	건강 지역생산품 가격대비가치	저축 건강 안정	저축 가격대비가치 안정	건강 저축 안정
중요성 감소	사치품 지위 밝은색	사치품 종교 지위	사치품 종교 정신	사치품 종교 직업적 성공	사치품 종교 애국심	사치품 종교 지위	사치품 직업적 성공 지위

전반적인 소비 위축에도 금융위기 이후 보건의료부문에 대한 지출 증가세가 뚜렷한 것으로 나타났다. 특히 선진국 소비자들은 의료서비스의 가격 보다 질을 중시한다는 분석이다. 의료서비스 선택기준으로 의료서비스의 질을 중시하는 소비자는 71%인 반면 가격을 중시하는 소비자는 32%에 불과했다. 인구 고령화가 심화되고 정부의 긴축정책으로 공공보건의 질이 낮아져 맞춤형 의료서비스에 대한 수요가 증가했다는 설명이다. 주목할점은 미국의 전자의료기록과 원격의료 등 맞춤형 의료서비스 시장규모가 2009년 120억 달러에서 2015년 1,180억 달러로 급성장할 것이란 관측이 나오고 있다는 것이다. 호황기에는 웰빙코드가 주요했으나 경기침체가 장기화될수록 미래불안감, 사회적 피로도, 경쟁과 스트레스가 심화돼 힐링에 대세가 되고 있다는 분석이다.
더불어 최근에는 단순히 공감과 위로 차원의 힐링을 넘어서 자기효능감과 행복을 불러 일으키는 적극적 힐링으로 진화하고 있다고 밝혔다.

출처 : 삼성경제 연구소, 약사공론, 2013.03.26

웰빙소비는 이제 선택이 아닌 필수가 될 정도로 의식주 생활 전반에 깊숙히 자리 잡았다. 웰빙은 개인이나 가족 단위의 건강한 삶을 추구하는 것은 물론 건강과 함께 아름다운 외모를 추구하는가 하면 점차 자연과 환경까지 중시하는 등 새롭게 파생 · 확장된 '네오 웰빙' Neo Well-being 개념으로 진화하는 추세다.

● 네오 웰빙족

경기침체가 지속되고 식품 안전, 사회 안전 등에 대한 불안감이 높아질수록 소비 성향도 자연, 친환경 등 인간의 본질적인 욕구에 더한층 가까워지고 싶기 마련이라고 전문가들은 지적한다. 이 같은 소비성향에 따라 다양한 '네오 웰빙족' 이 등장하고 있으며 이에 부합할 만한 제품이나 마케팅도 속속 생겨나고 있다.

스스로 가치가 있다고 생각되는 상품에는 기꺼이 비싼 가격을 지불하고도 구매하겠다는 이른바 트레이딩업trading up 현상에 발맞춰 기업들도 웰빙 프리미엄 상품 개발에 열을 올리고 있다. 그 단순한 예로 친환경 야채 매출이 꾸준히 증가하는 것은 소비의 핵심 키워드가 된 '가치소비', '프리미엄 소비' 를 뒷받침해주고 있다.

● 슬로비족Slow But Better Working

슬로비족은 빠르게 돌아가는 생활 속에서 건강과 여유를 찾아 천천히, 그러나 더 나은 생활을 하자는 사람들을 일컫는다. 이들의 느리게 살기 운동은 슬로우푸드 운동과도 연계돼 된장, 간장, 고추장 등 오래 묵을수록 좋은 맛을 내는 우리 전통 음식에 대한 선호가 높아진다.

유럽에서는 다운시프트Down shift족이라는 명칭으로도 불리는 슬로비족은 불안한 경제현실에 대한 반발, 주5일제 확대 시행 등에 힘입어 급격히 늘어날 것으로 전망되고 있다.

2) 힐링

힐링healing이란 치유를 뜻하는 단어이다. 현대인들이 심신의 안정과 위안인 '힐링' 에 대한 필요성을 느끼고 힐링을 위한 소비도 늘고 있다. 큰 돈을 들이지 않아도 쉽게 즐길 수 있는 가벼운 힐링 상품이나 서비스들이 지속적으로 개발되고 힐링 공간도 속속 생겨나고 있다. 힐링의 필요성이 대두되면서 비즈니스 코드로 힐링을 내세운 업체들 역시 증가하고 있는 추세다.

(1) 자연을 일상으로

아이들이 생활하는 가정이나 어린이집, 병원 등에서 주로 찾지만 최근에는 일반 가정이나 사무실에서도 힐링의 중요성이 대두되면서 문의가 급증하고 있다.

여행이나 체험상품 등을 통한 힐링은 이벤트성이라는 점에서 근본적인 치유 방법이 되지는 못한다. 힐링을 통해 일과 휴식이 적절하게 균형 잡힌 삶을 살기 위해서는 전반적인 생활환경을 변화시키는 것이 우선이다. 자연 그대로의 상태와 비슷한 주거 공간, 오염되지 않은 물, 자연에서 온 식품 등이 힐링의 시작이다. 이렇듯 항상 필요로 하고 늘 사용하고 있지만 크게 자각하지 못하는 것들이 최근 재조명되고 있다.

생활하는 실내 공간의 공기 질을 자연 그대로 상태와 가장 비슷하게 정화해주는 '반딧불이'는 숲에 온 듯한 환경을 조성해준다. 오염된 공기와 화학약품에서 방출되는 환경호르몬, 미생물과 진드기, 새집증후군 물질, 아토피 유발 물질 등을 전문 첨단 장비를 이용해 반영구적으로 정화하고 없애주는 것이 주요 서비스 품목이다.공기 질과 함께 '물' 역시 인간의 삶에서 필수 불가결한 요소 중 하나다. 이제 매일 같이 마시고 씻는데 사용되는 물이 곧 건강과 직결된다고 여기고 있다. 최근에는 미국 환경청EPA의 수질기준을 통과한 정수기가 병원성 미생물인 바이러스 · 박테리아 · 원생동물을 99.99% 이상 제거하는 기술력을 자랑하고 정수기 시장에 돌풍을 일으키고 있다.메디컬 허브를 이용한 녹색의학 역시 힐링 시대에 주목받고 있다. 항생제 오남용으로 인한 문제가 부각되면서 자연의 섭리에 따라 몸이 스스로 치유될 수 있도록 돕는 메디컬 허브가 조명되고 있는 것이다. 대중들에게 잘 알려진 허브 종류인 캐모마일, 페퍼민트, 로즈마일, 라벤더, 민들레 등도 모두 메디컬 허브로 사용된다.

아토피 · 스트레스 완화에 효과가 있다고 알려진 편백나무는 힐링 붐을 타고 건축자재 · 조림사업 1순위 수종이 되었다. 편백나무는 피톤치드(식물이 병원균 · 해충 · 곰팡이에 저항하려고 내뿜거나 분비하는 물질. 산림욕을 통해 피톤치드를 마시면 스트레스가 해소되고 장과 심폐 기능이 강화되며 살균작용도 이뤄지는 것으로 알려져 있음)를 다량 함유해 아토피 치료나 스트레스 완화 등에 효과가 큰 것으로 널리 알려져 있다(중앙일보, 2013.04.04.).

(2) 마음 챙김

힐링은 현대인의 지친 정신을 치유하기 위해 그리고 질병을 다스리고 삶의 질을 높이기 위해 한국과 세계 여러 나라의 소비자들이 많이 찾고 있는 삶의 방식이자 트렌드이다.

(출처: 세계일보 2013.02.06.)

(출처: 중앙일보, 2013.04.04.)

미국에서는 '마인드풀니스(mindfulness · 마음챙김)' 에 대한 관심이 뜨겁다. 명상으로 스트레스에 대처하는 마음챙김은 스트레스를 치유한다는 관점에서 한국의 힐링 열풍과 맞닿아 있다. 미국의 마음챙김은 불교 등 동양 종교의 수행에 대한 관심에서 출발해 최근 학교 등에서도 잇따라 도입하며 주목받고 있다. 대형할인점 타깃, 인터넷 검색서비스 업체 구글 등 미국 주요 업체도 마음챙김 교육을 시작했다. 마음챙김을 실생활에 적용할 수 있는 내용을 담은 잡지 '마인드풀(mindful · 사진)' 도 2013년 2월 창간됐다.

AP통신에 따르면 군대 중에서도 거칠기로 유명한 미국 해병대는 일부 대원을 대상으로 지난달부터 마음을 고요하게 유지하고 자신에게 집중하는 명상 훈련을 하고 있다. 최근 군인이 기록적으로 높은 자살률과 외상후 스트레스 장애PTSD에 시달리자 이를 예방하기 위한 것이다. '마음챙김을 바탕으로 한 정신건강 훈련' 이라 불리는 이 8주 코스 프로그램의 결과가 좋으면 해병대의 정규 훈련에 통합될 예정이다(세계일보 2013.02.06.).

(3) 음식에 대한 관심

힐링 열풍이 건강분야로 확대되면서 건강식습관 관련서 역시 열풍이다. '치유 밥상', '힐링 워터' 를 다룬 책들이 인기를 끌고 있는데 마음 치유에 대한 관심이 몸 치유까지 확대된 현상으로 볼 수 있다.

(출처: 독서신문, 2013.04.08.)

‘어떻게 살고 죽을 것인가’ 에 대한 관심이 높아지고, 최근 ‘1일 1식’ 이 화두에 오르면서 건강 분야 관련 서적의 판매량이 상승세를 띠고 있다. 교보문고에 따르면 지난해와 비교했을 때 ‘다이어트’ 나 ‘헬스’ 관련서는 판매량이 제자리에 머물렀지만, ‘건강식습관’ 관련서는 판매신장률이 25%에 달했다. 식품업계에서도 웰빙에 이어 힐링 열풍이 더해지면서 천연원료 바람이 거세지고 있다. 소비침체 속에서도 웰빙과 힐링 트렌드에 맞춰 친환경과 자연주의를 내세우면서 천연원료를 사용한 제품들의 출시와 마케팅이 활발해지고 있다.

이 같은 흐름은 업체들의 치열한 경쟁과 제조사의 기술 및 공법의 발달에 웰빙, 힐링을 찾는 소비자 수요가 맞아떨어지면서 앞으로도 꾸준한 메가트렌드를 형성할 것으로 예상된다.

천연원료 제품은 술부터 화장품까지 소비자의 일상생활과 관련된 것이라면 분야를 가리지 않고 있다. 남양유업의 커피믹스 브랜드 ‘프렌치카페’ 도 화학적 합성품인 카제인나트륨을 빼고 무지방 우유로 맛을 냈다는 점을 내세워 점유율을 끌어올렸다. 이를 따라 동서식품도 무지방 우유 프림으로 만든 커피믹스 ‘맥심 화이트 골드’ 를 출시하기도 했다.

샘표식품도 ‘마시는 흑초’ 라는 이름으로 식초음료를 출시했다 큰 반응을 얻지 못하자

'100% 통알곡 생현미를 자연발효시켜 만든 흑초' 라는 콘셉트로 제품명을 '백년동안' 으로 바꿔 재출시해 인기를 끌기도 했다(독서신문, 2013.04.08.).

(4) 마음의 양식

출판 시장 역시 힐링healing스타일이 대세이다. 경기침체로 출판 시장이 전반적으로 위축된 가운데 자기계발 분야 도서 판매는 꾸준히 증가했으며 특히 내면의 치유에 초점을 맞춘, 이른바 힐링 스타일의 도서에 독자들의 관심이 집중됐다.온라인서점 1위인 예스24가 올해 판매된 경제경영 및 자기계발 분야 베스트셀러를 집계한 바에 따르면 힐링을 코드로 한 책들이 많은 사랑을 받았다.일상생활에서 일어날 수 있는 소소한 문제들을 구체적으로 해결하는 방법을 제시한 책('어떻게 원하는 것을 얻는가' , '하루 15분 정리의 힘' , '습관의 힘') 혹은 인생의 지혜나 거시적인 안목을 제시하면서 삶에 대한 통찰과 격려를 제시하는 책('내가 알고 있는 걸 당신도 알게 된다면' , '남자의 물건')들이다. 특히 스튜어트 다이아몬드 교수의 '어떻게 원하는 것을 얻는가' 는 마이클 샌델의 '정의란 무엇인가' 의 경우처럼 해외 유명 교수의 강의 콘텐츠가 독자의 관심을 불러 일으켰다. 화술과 설득의 기술을 실제적으로 다뤄 인기를 얻었으며 대규모 강연회와 TV 강연콘서트 등에 출연하면서 독자 저변을 넓히는 데 성공하였다(서울경제, 2012.12.30.).

3. 지속가능한 소비

1) 지속가능한 소비의 등장배경

생산과 소비의 패턴을 지구라고 하는 한정된 공간을 전제로 하여 생각한다면 다음의 두 가지 심각한 한계에 바로 직면하게 된다.

하나는 지구의 자원은 한정되어 있기 때문에 외부에서 다시 보충이 될 수 없으며 지금과 같은 방식으로 계속 자원을 사용한다면 50년~100년 사이에 지구의 모든 자원이 완전히 고갈될 것이다. 그러면 지구의 문명은 그것으로 끝나 버리게 될 것이다.

또 하나는 한번 발생한 폐기물은 고체, 기체, 액체로 형태를 바꿀 뿐이지 영원히 사라지지 않고 지구 권에 머물러있기 때문에 결국은 폐기물의 축적으로 지구 생태계가 완전히 파괴되어 인류의 존속이 불가능해진다는 것이다.

다시 말해 자원이 고갈되어 망하든지 폐기물의 축적으로 망하든지 인류 문명은 종말을 향해 나아가고 있다는 말이다.

환경문제를 한 회사나 지역사회, 또는 국가단위로 볼 때에는 해결책이 있는 것처럼 보이지만 지구 전체를 놓고 보면 완벽한 해결은 불가능하다. 그렇다면 지구환경문제를 해결하기 위한 근본적인 대책은 있을 수가 없고 다만 멸망의 속도를 어느 정도 조정할 수 있을 것인가 하는 정도의 대책만이 가능한 것이다. 따라서 지구의 생명을 연장하기 위한 모든 시도의 첫걸음은 자원의 사용을 억제하는데 있다. 다시 말해 소비행태가 변화되어야만 한다.

지속가능한 소비[sustainable]란 이처럼 미래 세대의 소비욕구를 희생 시키지 않고(미래 세대가 사용할 수 있는 자원을 남겨 두고) 현 세대의 소비욕구를 충족시키는 소비를 말한다. 즉 소비 자체의 절대적 감소, 자원의 효율적 이용, 재생 가능한 자원의 이용 등 환경친화적 소비생활 등이 여기에 해당 된다. 결국 자연환경을 훼손하기보다는 영원토록 혹은 아주 장기적으로 보존할 수 있는 수준으로 자원을 사용하면서 인간의 물질적 효용이나 복지를 증진시켜 나가는 것이라 할 수 있다.

이는 〈그림 10-1〉에서 처럼 각 개인의 소비윤리가 개인적 차원의 불법적인 행위를 하지 않고 합법적인 거래를 한다는 낮은 차원의 소극적 윤리의식에서 사회적 책임과 타인에 대한 배려, 나아가 다음 세대를 배려한다는 적극적인 고차원의 윤리의식으로 발전되어야 하는 것과 같은 맥락이다.

그림 10-1 | 소비윤리의식 발달정도에 따른 구분

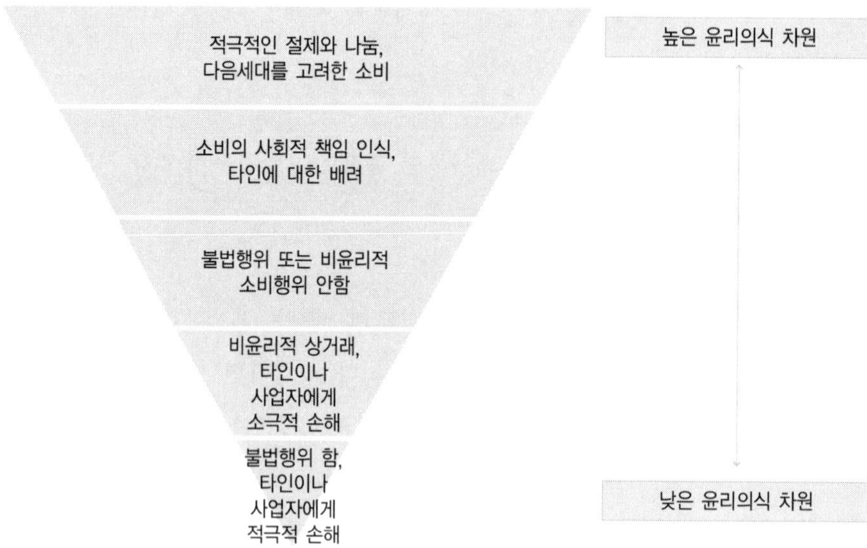

출처 : 이기춘 외(2008), 열일곱 가지 소비자이슈, p.39

2) 지속가능한 소비패턴

오늘의 환경위기를 근본적으로 극복하고 지구를 구하는 길은 바로 이와 같은 지속가능하지 않은 오늘의 사회경제체제 -생산 및 소비 행태- 를 근본적으로 변화시켜 지속가능한 개발, 지속가능한 생산 및 소비행태로 전환시키는 것이다.

지속가능한 소비패턴으로 환경친화적 소비를 들 수 있다. 친환경적 소비는 '물질적 풍요나 편리성에 강조를 두기보다는 사회생태학적으로 환경보존과 생태계 균형이라는 측면에서 공해물질을 최소화 할 수 있는 상품을 소비하여 소비자의 삶의 질quality of life을 향상시키는데 초점을 맞춘 소비활동' 이라고 정의할 수 있다.

따라서 인간과 생태환경을 지킨다는 새로운 가치기준에 입각해서 모든 기능과 목표를 '인간의 삶의 질을 중심으로 소비의 개념을 재정립함으로써 소비의 사회적 책임을 달성하고자 하는 것' 이 환경친화적 소비활동의 목표이다.

(1) 탄소발자국

탄소발자국Carbon Footprint이란 개인 또는 단체가 직 · 간접적으로 발생시키는 온실기체의 총량을 말한다. 여기에는 개인 또는 단체가 일상생활에서 사용하는 연료, 전기, 용품 등이 모두 포함된다.

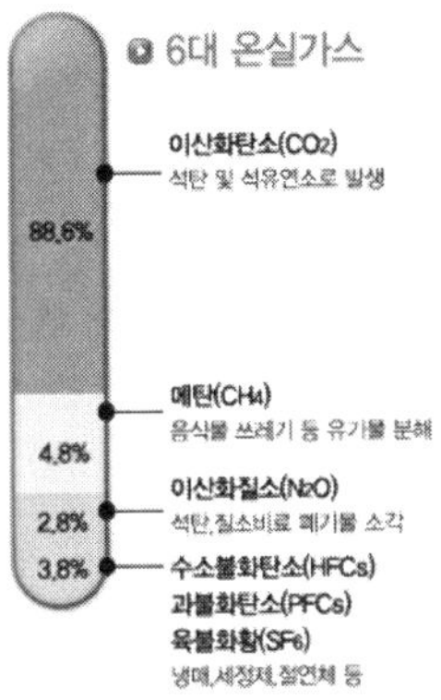

ㅇ 온실효과

태양광선에 의해 따뜻하게 가열된 지구 표면에서 발생되는 적외선 중 일부는 대기를 통과해서 우주로 빠져나가고, 나머지 일부는 온실가스에 흡수되어 모든 방향으로 열이 재방출 됩니다.
이로 인해 대기와 지구가 더욱 따뜻해지는 것을 온실효과라고 합니다.

ㅇ 온실가스

온실가스는 공기 중의 이산화탄소, 메탄 등 지구를 따뜻하게 감싸 우리가 살기에 적당한 온도를 유지시켜주는 기체를 뜻합니다.
사실 온실가스는 우리에게 꼭 필요하지요.
그러나 지금은 그 양이 많아져 지구를 뜨거워지게 하는 지구 온난화의 원인이 되고 있답니다.

(출처: 환경부)

(2) 온실가스와 기후변화

지난 45만 년 동안 자연적 요인에 의한 기후변화로 지구상 생물이 멸종된 것이 다섯 번 있었다. 그런데 최근 과학자들은 인간 활동에 의한 인위적 요인, 즉 기후변화에 의해 신생대가 마감될 것을 경고하고 있다.

가정에서 일상생활 중에 발생되는 온실기체와 기업에서 제품을 생산하고 유통시키는 과정에서 발생되는 온실기체는 각각 다른 양의 탄소발자국을 남기고 있다. 그러한 탄소발자국은 지구를 덥게 하는 주요 원인으로 밝혀졌다. 세계적으로 각국은 지구온난화의 주범인 온실가스의 절감에 대해 끊임없이 연구하고 그 방안을 논의하고 있다(www.greenstart.kr).

온실가스란 공기 중의 이산화탄소, 메탄 등 지구를 따뜻하게 감싸 우리가 살기에 적당한 온도를 유지시켜주는 기체를 뜻한다. 그러나 지금은 그 양이 너무 많아져서 지구를 뜨거워지게 하는 지구온난화의 원인이 되고 있다. 태양광선에 의해 따뜻하게 가열된 지구 표면에서 발생되는 적외선 중 일부는 대기를 통과해서 우주로 빠져나가고 나머지는 온실가스에 흡수되어 모든 방향으로 열이 재 방출 되는데 이로 인해 대기와 지구가 더욱 따뜻해지는 것을 온실효과라고 한다.

(3) 육식 소비 습관과 탄소 발자국

고기를 생산하는 데는 곡식에 비해 많은 땅과 에너지가 필요하며 따라서 육식동물들은 많은 탄소 발자국을 남긴다. 우리나라는 1980년에 1인당 육류 섭취량이 13.9㎏였던 것이 2010년에는 43.5㎏로 3배 넘게 증가했고, 1인당 하루 평균 118.6g의 육류를 소비하고 있다. 이러한 육류소비는 몸에 많은 독소를 만들어 광우병 뿐 아니라 온갖 성인병의 원인이 되며 지구온난화를 유발하는 원인이 되고 있다.

지구온난화에 가장 큰 영향을 끼치고 있는 것은 이산화탄소(CO_2)로 알려져 있다. 그러나 영향을 더 많이 주는 치명적인 것은 가축의 똥오줌에서 나오는 메탄가스(CH_4)다. 육식이 빠지지 않는 서양식단의 고기를 올려놓기 위해, 브라질의 열대우림은 1분마다 36개의 축구장이, 인도네시아는 1개의 축구장 면적이 사라지며, 벌목된 지역 70%가 축산업을 위한 부지로 이용되며, 또는 축산업의 사료 용도의 콩이나 옥수수 재배를 위해 사라지고 있다.

유엔 FAO의 보고서 '가축의 어두운 그림자Livestock' s Long Shadow' 에 따르면, 기후변화의 최대 원인은 축산업이며, 온난화에 약 50%의 기여를 한다고 발표했다. 중요한 것은 가축 분뇨에서 나오는 메탄의 입자 하나가 이산화탄소 입자 하나보다 온난화에 72배의 악영향을 준다는 점이고. 더욱 중요한 것은 이산화탄소는 대기 중에 오래남아 있지만, 메탄은 대기 중에 10년 이내로 사라지는 단기성 가스이다.

이것은 첫째로 육식을 위한 축산업이 줄어들면 지구온난화 원인의 반 이상을 해소할 수 있다는 말이다. 둘째로 이산화탄소는 지금 줄이면 온난화 방지 효과가 2~30년 뒤에 나타나지만, 메탄은 줄이면 효과가 2~3년 안에 즉시 나타난다는 뜻이다. 그리고 강의 수질오염에 가장 크게 기여하는 것은 축산농가의 분뇨와 폐기물이다. 또한 해양오염으로 '죽음의 해역' 이라고 불리는 곳도 바로 축산업에서 흘러나오는 화학비료 때문에 발생하는 것이다.

1kg의 고기를 생산하는데 6~12kg의 곡물이 소모된다. 결국 한명에게 고기를 먹이기 위해서는 최소 6명에서 12명이 먹을 곡식을 소비하는 것이며, 육류생산에는 10배의 물을 더 소비하게 만든다. 만약 채식을 할 경우 깨끗한 물의 70%를 보존할 수 있고, 아마존 열대우림의 70%를 보호할 수 있으며, 화석연료를 3분의 2를 절약할 수 있다. 또한 분뇨로 인한 오염을 줄이고 대기오염을 줄이며 지구온난화에 80%를 줄일 수 있고 그 효과를 단시일 내에 확인 할 수 있다고 한다(현대불교, 2013. 02.08).

(4) 거의 모든 것의 탄소발자국

영국의 탄소발자국 측정 전문가인 마이크 버너스 리(2011)는 기업과 정부, 공공기관 등과 제휴해 기후변화의 대응을 다루는 Small World Consulting의 설립자이다. 그는 대중들의 탄소감각을 길러주기 위해 쉽기 풀어 쓴 '거의 모든 것의 탄소 발자국' 은 총 93개 항목에 대한 탄소가 갖는 총체적인 영향을 추적하여 세상에 소개했고 이 책은 2010년 영국 아마존 환경 분야 베스트셀러 1위에 오를 정도로 소비자들에게 큰 반향을 불러일으켰다.

- 수돗물 1리터의 탄소발자국: 0.245g , 휴대전화기로 문자 메시지 18건 보내기에 해당
- 달걀 한 알의 탄소발자국 300g, 바나나 4개에 해당
- 비닐봉지 10g vs 종이 쇼핑백 12g , 사실 종이봉투의 탄소발자국이 더 크다
- 월드컵 한 번 치르는 탄소발자국 280만 톤, 6,000번의 우주왕복선 비행과 맞먹음
- 페이퍼백 책 한 권의 탄소발자국 1kg, 일반적인 TV 12시간 시청의 배출과 동일
- 차 또는 커피 한 잔의 탄소발자국21g, 커피전문점에서 산 커다란 카페라테는 한잔에 340g!
- 런던-홍콩 왕복비행의 탄소발자국 3.4톤, 평생 하루도 빠짐없이 쇼핑백 10개씩 들고 귀가하는 것과 같음
- 1헥타르 삼림 벌채의 탄소발자국 500톤, 자동차 한 대로 지구 28바퀴 도는 것에 육박

(5) '탄소 발자국' 줄이는 10가지 실천법

영국 의회과학기술국POST은 2006년 탄소발자국이란 용어를 만들어 개인별로 또한 각 제품별로 탄소 배출량은 계산할 수 있게 했다. 각국은 탄소 발자국 재념을 도입해 환경보호

운동에 적극 나서고 있다.

CNN은 '녹색 생활을 시작하는 10가지 방법10 first steps to greener living' 이라는 기사를 통해 생활 속에서 실천 가능한 환경보호 방법을 소개했다(The Science Times, 2010.04.28.).

① 절전형광등 설치하기

전기를 아껴주는 절전형광등은 몇 년 전까지만 해도 가격이 비쌌지만, 이제는 마트에서도 싼 가격에 쉽게 구입할 수 있다. 물론 백열등보다는 비싸지만 밝기를 고려하자면 훨씬 더 적은 전력을 소모한다. 수명도 일반 전구보다 10배나 길다. 매년 아낄 수 있는 금액은 30달러 정도이다. 미국 환경보호청EPA은 미국 내 각 가정에서 전구 1개씩만 절전형광등으로 바꿔도 연간 80만 대의 자동차가 배출하는 만큼의 온실가스를 줄일 수 있다고 밝혔다.

② 적정온도 유지하기

난방보일러의 온도조절기를 평소에 몇 도에 맞춰 두는지 알아두었다가 계절별로 조금씩 변화를 주면 에너지 비용을 줄일 수 있다. 여름에는 평균보다 2도를 높이고, 겨울에는 2도를 더 낮춘다. 100달러에 가까운 전기요금을 절약할 수 있으며 온실가스로 계산하면 1톤에 해당한다.

③ 에어컨 필터 청소하기

거주 지역과 환경에 따라 청소 주기가 달라지지만 필터를 청결하게 유지하는 것만으로도 매년 150달러를 절약할 수 있다. 꽉 막힌 필터는 전기도 더 많이 먹고 온실가스 배출량도 늘어나게 만든다. 알레르기의 원인이 되는 유해입자도 줄어 들어 공기가 쾌적해지는 장점도 있다.

④ 전기제품은 플러그까지 뽑기

TV 등의 전자제품은 전원을 꺼둔다 해도 전선만 연결되어 있으면 평소의 절반에 해당하는 전기를 소모할 가능성이 있다. 핸드폰을 꼽지 않은 충전기도 전기를 잡아먹는다는 의미이다. 버튼을 눌러 전원을 끄지 말고 플러그까지 뽑아 일년에 수백 달러를 절약할 수 있다.

⑤ 절약형 샤워기 쓰기

구식 샤워꼭지를 절약형 새 모델로 교체하는 데는 한 두가지 공구와 15분의 시간만 있으면 된다. 절약형 샤워기는 물을 적게 소모함으로써 물을 데우는 데 쓰니는 에너지도 절약시켜준다. 물을 데우는 급탕 기능은 가정의 에너지 사용량 중 25%나 차지한다. 매년 수백 달러를 아낄 수 있다.

⑥ 경제적으로 운전하기

고속도로에서는 타이어 공기압을 적절히 유지하고 정속 주행을 하는 것으로 연비를 15%나 높일 수 있다. 시내에서는 느긋한 마음으로 운전하는 것이 좋다. 엑셀은 부드럽게 밟고 급정거는 가급적 피하고 제한속도를 넘지 않는 것이다. 잠시 대기할 때도 공회전을 하지 말고 시동을 끄는 것이 좋다. 차 안에 앉아 음식을 서비스 받을 수 있는 드라이브인drive-in 식당은 피하자. 주차 후 들어가 음식을 즐기는 식당이 연료비를 아껴준다.

⑦ 1년에 한번 자동차 점검하기

매년 200~300달러를 들여 엔진 전체를 점검하고 손보는 일은 오히려 좋은 투자가 될 수 있다. 산소 센서가 고장나면 1리터에 1.5킬로미터나 연료가 더 든다. 전화 플러그가 낡았거나 공기필터가 더러워도 연료 손해가 크다.

⑧ 자전거에 쌓인 먼지 털기

자전거는 기름이 아닌 칼로리를 소모하는 효율적인 교통수단이다. 굳이 출퇴근 모두를 자전거로 해결하지 않아도 좋다. 잠깐 타는 것만으로도 자전거는 건강에 좋고 환경에도 친화적이기 때문이다. 처음에는 1주일에 하루 정도를 자전거로 출퇴근 하는 것으로 시작한다.

⑨ 일주일에 하루는 채식하기

완벽한 채식주의자로 살아갈 준비가 아직 덜 되었다면 고기 섭취량을 줄여보는 것도 좋다. 1킬로그램의 고기가 접시에 오르려면 가족에게 30킬로그램이 넘는 콩과 곡물을 먹여야 한다. 게다가 미국 내 축산업에서 소모되는 물은 미국 전역에서 소비되는 양의 절반에 해당한다. 건강하고 환경친화적인 채식 위주의 식단을 통해 육식을 대체할 것을 권장한다.

⑩ 신토불이 제철음식 먹기

주변 지역에서 제출에 생산된 식재료를 구입하는 것이 좋다. 운송과 관련된 에너지 비용도 줄이고 지역경제도 살릴 수 있다. 주말마다 농산물 시장에 들러 신선한 식재료로 장바구니를 채우자.

소비자트렌드 읽기 10-5

환경친화제품에 열광, 엄격하지만 개방적인 뉴요커

말 그대로 십인십색(十人十色) 다양한 인종이 살아가고 있는 도시가 뉴욕이다.

뉴요커들은 이러한 다양한 이민자들의 전통과 문화를 인정할 줄 아는, 세계에서 몇 안 되는 개방적인 사고방식을 가진 사람들이다. 타이 레스토랑에서 식사를 하고, 아프리칸 댄스를 배우고, 쿠바 음악을 듣는 뉴요커들은 세계 각국의 다양한 문화를 즐기며 살아가는 진정한 메트로폴리탄이다.
다른 도시의 미국인들에게 뉴요커들은 유난스럽게 까다로운 '종족'으로 비추어지는데 그 이유는 이들의 철저한 자기관리다. 미국 인구의 80%가 과체중이라는 조사 결과가 있지만 맨해튼 거리에는 정크 푸드를 즐기는 흑인들을 제외하고는 그다지 살찐 사람이 보이지 않는다. 이들의 냉장고에는 무설탕, 무지방, 저칼로리 등 다이어트에 관련된 음식들로 가득하며, 스포츠센터 멤버십은 기본이고 틈만 나면 허드슨 강변이나 센트럴 파크에 나와 조깅을 한다.

뉴요커들은 패션과 스타일에 높은 안목을 자랑하며, 까다롭고 요구조건이 많은 이들이 제품과 서비스에 들이대는 잣대는 엄격하기만 하다. 이런 성향은 뉴욕을 전 세계 소비문화의 중심지로 만들었으며, 사회와 문화 전반에 걸친 트렌드 세터trend setter로 뉴요커들을 자리 매김하도록 했다.

그래서 뉴요커들에게 사랑받는 제품과 브랜드들은 곧 전 세계인들의 주목을 받기 마련인데 그 대표적인 예가 지금 한국에서 큰 붐을 일으키고 있는 오거닉, 웰빙 트렌드다. 10년은 먼저 뉴요커들에게서 시작된 이 라이프 스타일은 이제 이들의 일상이 되어 가고 있다. 패셔너블한 옷차림의 뉴요커들이 장바구니를 든 채 오거닉 마켓을 향하는 모습은 맨해튼에서 이미 익숙한 풍경이 되었고, 몸과 마음의 평화를 얻기 위해 요가와 명상, 마샬 아트(동양무술)에 심취한 뉴요커들이 상당수에 이른다.

최근 뉴요커들 사이에 새로운 트렌드로 떠오르고 있는 것은 환경친화적 제품을 소비하는 일이다. 전기로 움직이는 도요타의 하이브리드 카 '프리우스'Prius가 큰 인기를 끌고 있으며, 재활용 코르크로 만들어진 '버켄스탁'Birkenstock 샌들은 스타일리시한 뉴요커들의 필수품이 되었다. 자신의 웰빙에서 한 걸음 더 나아가 지구를 돌보는 일에도 열정을 쏟는 뉴요커들이 많아진 까닭이다.

출처: 이코노미 플러스 2008. 12월호(50호)

3) 푸드 마일리지

푸드 마일리지Food Mileage란 식품이 생산 · 운송 · 유통 단계를 거쳐 소비자의 식탁에 오르는 과정에서 소요된 거리를 말한다. 영국환경운동가 팀랭이 1994년에 푸드 마일리지라는 개념을 사용하였는데 이것은 농산물의 '산지에서 식탁까지' 의 거리에 착안한 개념으로서 가능한 가까운 곳에서 생산된 농산물을 소비하는 것이 식품의 안전성이 높으면서 수송에 따른 환경오염을 경감한다는 주장이다.

푸드 마일리지 값이 클수록 식품의 신선도가 떨어지는 것은 물론이고 식품을 운반하는 선박과 비행기의 탄소배출량이 많아 지구온난화를 가속화시킨다. 이러한 푸드 마일리지는 해외 농산물 수입이 많아지면서 안정성, 신선도, 온실가스 등 식품의 환경적 영향을 평가하는 주요한 지표로 쓰인다. 푸드 마일리지 값이 클수록 온실가스 발생량이 많다는 것을 의미한다. 따라서 가능한 가까운 곳에서 생산된 농산물을 소비하는 것이 식품의 안전성이 높으면서 수송에 따른 환경오염을 경감한다는 주장이 소비자나 환경단체를 중심으로 확산되고 있다.

비영리단체인 '지속가능한 식탁Sustainable Table' 에 따르면, 당근의 푸드 마일리지는 평균 3천 킬로미터나 된다. 푸드 마일리지가 높을수록 어마어마한 양의 화석연료와 포장 재료가 소모된다는 것을 의미한다. 푸드 마일리지의 계산은 이동거리(㎞)에 식품수송량(t)을 곱해 계산한다. 예를 들어 2t의 식품을 50㎞ 떨어진 위치로 수송했을 경우 푸드 마일리지는 2t×50㎞, 따라서 100t · ㎞다.

환경부의 2012년 보도 자료에 의하면 2010년 우리나라 1인당 푸드 마일리지는 7,085 t · km/인으로 4개국(한국, 일본, 영국, 프랑스) 중 1위로 나타났으며, 프랑스의 약 10배 수준으로 나타났다.

4) 로컬푸드

로컬푸드Local Food란 가까운 지역에서 나는 농산물을 의미하며 최근에는 로컬푸드를 소비하자는 운동을 의미하기도 한다.

수입이 자유화되고 나라간의 무역이 활발해 지면서 수입식품, 얼굴 없는 푸드, 원거리 푸드의 문제점이 많이 발생되고 있어 신선도가 높은 식품을 섭취하여 건강을 챙길 필요가 생겼다. 또한 푸드 마일리지를 줄일 수 있어 이산화탄소 등 온실가스 문제를 경감시킬 수 있고 지역 경제 등을 살리는 의미로 로컬푸드의 필요성이 제기되었다. 최근에는 학교급식에 이용되어 학생들의 건강을 챙기고 학교의 현장 교육에 활용되는 등 로컬푸드의 긍정적이 측면이 부각되고 있다.

시티파머City Farmer는 도시에서 농사를 짓는 사람들을 말한다. 도시에서의 농사를 일컬어 시티팜City Farm 또는 어번팜Urban Farm이라고 한다. 우리가 먹는 채소를 직접 키우는 것 자체가 건강한 식탁 마련이며 탄소를 줄이는 친환경적 실천이기에 동참하는 사람들이 증가하고 있다. 자신을 위한 웰빙이자 슬로푸드, 지구를 위한 친환경, 그리고 식량 위기를 준비하는 자체적 대응책이라는 측면에서 더욱더 확산될 트렌드이다.

시티파머 트렌드는 안전한 먹을거리 운동으로 시작해 환경운동으로 이어졌고, 이젠 하나의 도시 문화이자 또 하나의 트렌드로 자리잡고 있다. 이탈리아의 슬로푸드Slow Food 운동에 영향을 받아 1980년대 미국과 유럽을 중심으로 등장한 시티파머는 21세기 들어 환경문제가 화두로 떠오르면서 급속도로 증가하고 있다. 시티파머 트렌드가 좀 더 확산된 곳을 농업국이 아니라 선진국들이다.

대표적인 나라가 캐나다, 미국, 영국, 일본 등이다. 뉴욕에는 옥상에 텃밭을 둔 빌딩만 600여 개가 넘는다. 런던 사람의 약 14%가 자기 집 마당에 농작물을 심는가 하면, 공공 기관이 운영하는 임대 텃밭은 10년 이상 기다려야 차례가 돌아올 정도로 인기가 높다. 런던의 도시 농업을 이끄는 캐피털 그로스에서는 2012년까지 2012개 텃밭을 새로 조성한다는 계획을 추진하였다. 영국 성공회는 교회 소유의 광대한 토지를 임대 텃밭 용도로 기부할 계획이다(김용섭, 2010).

로하스Lifestyles Of Health And Sustainability

건강과 지속적인 성장을 추구하는 생활방식이나 이를 실천하려는 사람을 말하다. 로하스는 개인의 정신적, 육체적 건강뿐 아니라 환경까지 생각하는 친환경적인 소비형태를 보인다. 또 자신의 건강 외에도 후대에게 물려줄 미래의 소비 기반의 지속가능성까지 고려하는 사람들을 말한다.

로하스의 개념은 환경과 미래에도 지속이 가능한 발전을 고려하는 '사회적 웰빙'이라는 점에서 개인을 중심으로 잘 먹고 잘살기를 추구하는 웰빙과 차이가 있다. 예를 들면 웰빙족은 자신의 건강만을 위하여 유기농 식품을 먹지만 로하스족은 농약과 화학비료에 의한 환경(토양)오염까지를 걱정하여 유기농 식품을 먹는다. 또 웰빙족은 자신의 모발건강을 위하여 유기농 샴푸를 사용하지만 로하스족은 토양과 수질오염까지 걱정하여 유기농 샴푸를 사용한다. 이처럼 수단은 같지만 목적이 다른 것이다.

4. 외모지상주의

남들과 달라 보이고 자신만의 매력을 중요시하는 경향이 강한 요즘을 개성시대라 부른다. 하지만, 실제적으로 많은 사람들은 자신 스스로 만족하는 모습을 보여주기보다는 다른 사람들의 시선을 의식하며, 그들의 시선에서 멋있어 보이기를 원한다. 특히, '신드롬' 적 열풍을 일으켰던, '얼짱', '몸짱' 문화와 더불어, 매일 같이 각종 매체를 통해 보여지는 예쁘고 늘씬한 연예인들의 모습은 우리도 그들과 같은 멋진 모습으로 닮아가도록 한다. 이는 점점 도를 지나, 많은 영양분을 섭취해야하는 청소년들이 극심한 다이어트를 감행하며, 연예인처럼 예쁘게 보이기 위한 성형을 감행하고 심할 경우, 자신의 외모를 비관하여 자살하는 일까지 벌어지고 있다.

1) 외모지상주의의 등장배경

외모지상주의란 외모(용모)가 개인간의 우열뿐 아니라 인생의 성패까지 좌우한다고 믿어 외모에 지나치게 집착하는 경향 또는 그러한 사회풍조를 말하는 것으로, 루키즘lookism이라는 용어로 표현되고 있다.

루키즘은 미국 《뉴욕 타임스》의 칼럼니스트인 새파이어William Safire가 2000년 8월 인종 ·

성별 · 종교 · 이념 등에 이어 새롭게 등장한 차별요소로 지목하면서 부각되기 시작하였다. 외모(용모)가 개인간의 우열뿐 아니라 인생의 성패까지 좌우한다고 믿어 외모에 지나치게 집착하는 경향 또는 그러한 사회풍조를 말한다.

외모에 대한 차별은 미국 뿐만이 아니라 영국도 마찬가지여서 런던 데일리그래프지는 1991년 외모에 의한 차별이 인종차별, 성차별, 연령차별, 계급차별의 정도와 똑같이 심하다고 보고 "현대인들에게 가장 큰 압력으로 작용하는 것은 마약과 술, 섹스, 그리고 외모"라고 보도했다.

우리나라에서도 2000년 이후 '루키즘' 이 사회문제로 등장하였는데 대표적인 예로 '얼짱' 문화를 들 수 있다. 이 같은 경향은 잘난 외모를 선호하는 사회풍조에서 비 롯된 것으로 보고 있다. 아무리 좋은 학교를 나왔다고 하더라도 외모가 따르지 않으면 결혼을 할 수 없고, 학창 시절에 아무리 학점이 좋았더라도 역시 외모 때문에 번번이 면접에서 탈락하다 보니 자연 외모에 신경을 쓸 수밖에 없다는 것이다.

그러나 외모에 너무 집착하다 보면 병증으로 발전할 수도 있다는 것이 가장 큰 문제점으로 지적되고 있다. 처음에는 운동이나 가벼운 다이어트 요법 등을 통해 몸매를 가꾸다가, 그래도 안 되면 막대한 시간과 돈을 들여 성형수술을 하고, 그것도 모자라 몇 번씩이나 되풀이하여 성형수술을 하면서 외모를 가꾸는 데 열과 성을 다한다. 이 과정에서 강박증이 생기기도 하고, 심하면 신체장애까지 일어나게 된다.

루키즘의 하나로 '얼짱' 문화가 있다. '얼짱' 은 '얼굴 짱' 의 줄임말로 신조어이다. 얼짱은 사진을 인터넷 사이트에 올려 주로 10대 네티즌들의 투표에 의해 만들어지는 것으로 네티즌의 지지로 탄생된 것이다.

얼짱이 탄생하게 된 배경에는 카메라 문화와 인터넷 문화가 있다. 채팅이 일반화되고, 뒤이어 얼굴을 보면서 하는 화상채팅이 유행하게 되면서 얼굴에 대한 중요성이 더욱 부각되기 시작했다. 화상채팅에 사용되는 카메라를 캠이라고 하는데, 소위 말하는 캠발을 잘

받게 하기 위한 표정이나 화장법, 각도 등이 인터넷 상에서 유행하기도 하였다. 캠 뿐만 아니라, 디지털 카메라(디카)나 휴대폰 카메라(폰카)가 붐을 이루어 이를 통해 찍은 사진을 인터넷에 올리는 것이 유행하게 되었다. 이 중 뛰어나게 예쁘거나 잘생긴 사람들의 사진들은 사이트 여기저기에 뜨게 되고 추천과 리플, 콘테스트나 투표의 과정을 거쳐 만들어지는 것이 얼짱이다.

얼짱문화는 얼짱카페, 얼짱 쇼핑몰 등도 나타나고 있다.

• 얼짱카페 : 얼짱문화가 생기고 확산된 계기가 된 것으로, 얼굴이 이쁜 사람을 온라인상에서 많은 네티즌을 통해 알려지고, 사람들의 입소문에 의해서 퍼져서 연예인과는 또 다른 온라인계의 유명인사가 되었다. 이 얼짱들이 나중에는 실제로 연예인(구혜선, 박한별)이 되는 경우도 많다. 한마디로 얼짱카페는 얼짱문화가 탄생된 배경이라고 할 수 있다.
• 얼짱 쇼핑몰 : 인터넷의 확산으로 인하여 온라인 쇼핑몰의 시장이 커지면서, 피팅모델들을 얼짱으로 하는 경향이 많다. 그 이유는 온라인상에서는 실제 연예인 못지않게 많은 인기를 누리고 있으며, 연예인보다는 가격도 싸고, 사람들에게 오히려 더 친숙하게 다가설 수 있기 때문이다.

2) 외모지상주의의 문제점

외모지상주의는 외모로 인해 개인간의 우열뿐 아니라 인생에 있어서의 성공과 실패에까지 결정할 수 있다고 생각해서 외모에 지나치게 집착하게 하게 한다는 문제점이 있다. 외모가 연애나 결혼 같은 개인적인 사생활과의 관련만이 아니라 취직, 승진 등과 같은 사회생활 전반에까지 영향을 준다고 생각하고 강하게 믿고있기 때문에 외모를 가꾸고 관리하는데 많은 시간과 돈을 투자하게 하는 문제점도 있다.

먼저 성형수술이 성행함에 따라 성형외과등 의학의 기형화를 초래하였고, 날씬함에 대한 강박관념은 다이어트 열풍을 일으키면서 건강을 해치게 되었다. 실제로 한국여성단체협의회가 10대와 미혼여성 500명을 대상으로 실시한 '여성의 다이어트에 대한 실태조사'

에 따르면 81.8%가 자신의 체중에 불만을 나타냈고, 특히 비만도 조사에서 저체중을 나타난 여성의 55.5%, 정상체중 응답자의 77.8%가 체중감량을 시도했다고 밝혀 비만도와는 관계없는 다이어트 강박현상을 드러냈다(2006).

소비자트렌드 읽기 10-6

96살 할머니모델…모든 여성은 아름다운가?

우리나라만 외모지상주의에 젖어있지 않다. 영국 여성들은 20%만이 자신들이 매력적이라고 여기고 있다. 8~13살까지의 영국 소녀들중 75%는 자신의 외모를 바꾸고 싶어한다.

세계적인 생활용품 회사인 도브 비누가 96살의 주름 가득한 할머니를 모델로 광고를 하였다. '예쁘고, 날씬하고, 세련되어야만' 화장품 모델이 될 수 있다는 선입견을 깬 것이다.

주인공은 런던 북부 한 양로원에 살고 있는 올해 96살의 아이린 싱클레어 할머니.
그는 뉴욕 타임스퀘어의 21m짜리 옥외광고물에 어깨를 훤히 드러낸 채 스카프를 쓰고 미소를 지으며, "나이든 것이 아름다움일 수도 있다는 사실을 사회가 받아들일까요?"라고 도발적 질문을 던진다.

소비자는 '진짜 미인을 위한 캠페인 사이트' campaignforrealbeauty.com에서 싱클레어의 광고를 보고 "쭈글쭈글하다wrinkles" 또는 "멋지다gorgeous" 가운데 선택을 하도록 요구받는다. 하지만 거부감은 없다. '자신과 같은 평범한 진짜(?) 여성'이라는 점 때문에 오히려 여성들은 '환호'한다. 이 조사에서 8~13세 소녀들 가운데 97%가 '늙은 여자는 아름다울 수 없다'고 답했고, 73%는 '미인은 날씬해야 한다'는 견해를 보였다.

도브가 진짜 여성을 소재로 광고 캠페인을 벌이기로 한 것은 모회사인 유니레버가 최근 10개국 소비자 3000여명을 대상으로 실시한 설문조사 결과가 기폭제가 됐다.
여성 10명 중 1명꼴로 기존광고에서 제시하는 미의 기준이 비현실적이라고 답한 것이 계기였다. 또 56%의 여성들이 화장품 광고를 하는 모델들이 그들 자신과 몸매가 비슷한 여성이 등장하는 경우 기분이 좋아진다고 말한 것에 착안했다.

출처 : 한겨레신문, 2006.11.21

소비자트렌드 읽기 10-7

여성들의 찬사를 받은 77사이즈 마네킹

▲ 현실감 있는 체형으로 입소문이 난 한 란제리 매장의 마네킹(출처: Women's Rights News 페이스북)

스웨덴의 한 란제리 매장에 전시된 마네킹이 세계 여성 네티즌들의 찬사를 받고 있다.
"새로운 속옷 마케팅 전략"이라는 긍정적인 평가와 함께 "더 이상 여성에게 날씬함을 강요하지 말라"는 목소리가 이어졌다. 란제리 매장에 세워진 것으로 보이는 이 마네킹들은 상 · 하의 속옷만을 입고 있다. 그런데 패션 모델처럼 마르고 가녀린 몸매가 아닌 적당히 볼륨감 있고 군살도 붙은 체형이다. 팔과 어깨는 물론 허벅지까지 통통한 것이 한국식 치수로는 66~77 사이즈는 돼 보인다.
사진을 본 네티즌들은 현실적인 몸매를 가진 이 마네킹과 이런 마네킹을 세운 상점 측의 결정에 박수를 보냈다. "아이고, 맨 앞에 마네킹 내 몸매랑 똑 같네", "저 마네킹이 입은 속옷은 나에게도 잘 맞겠다", "나도 스웨덴 가서 살고 싶다" 등 공감하는 반응에서부터 "패션업체들은 저런 마네킹을 더 많이 진열해야 한다", "여성에게 마른 몸매를 강요하지 말라" 등의 격한 목소리도 이어졌다.
이 사진은 페이스북에 올라온지 이틀만에 댓글이 3000개가 넘고 5만 6,200명이 '좋아요'를 누를 정도로 큰 반향을 일으켰고, 트위터 등 다른 소셜네트워크서비스[SNS]를 통해서도 확산됐다.

미국 허핑턴포스트와 폭스뉴스 등 매체들도 "스웨덴의 풍만한 마네킹이 입소문을 탔다"는 제목으로 이 같은 내용을 보도했다. 허핑턴포스트에 따르면 미국의 백화점이나 의류 매장의 여성 마네킹은 평균 4~6 사이즈인 반면 실제 미국 여성의 평균 체형은 14로 큰 차이를 보이고 있다. 패션업체들이 여성 쇼핑객보다 훨씬 날씬하고 비정상적으로 마른 모델만 보여주면서 눈길을 끌고 구매욕을 자극한다는 비난을 받는 이유다.여러 여성단체들 역시 오래 전부터 "의류 매장의 마네킹이 실제 여성의 신체 사이즈를 반영하지 못할 뿐더러 날씬하지 못한 것을 열등한 것으로 몰아간다"고 지적해 왔다.

세계적으로 인기 있는 브랜드 갭[Gap]이 수년 전 '항상 날씬하게[always skinny]' 라는 프로모션 캠페인을 진행하면서 매장에 막대기처럼 가느다란 다리를 가진 마네킹을 진열하자 네티즌들은 "소비자에게 거식증을 유발한다"며 이를 '수용소 스타일[Death Camp Chic]' 이라고 부르기도 했다.

출처: 아시아경제 2013.03.16.

5. 신조어

신조어란 새롭게 만들어지거나 혹은 기존의 단어들이 결합하여 만들어진 단어나 구를 말한다. 나아가 어떤 단어나 구가 기존의 의미와는 다른 새로운 의미로 사용되는 것도 포함한다.

신조어들은 주로 기존 단어들을 결합하거나 특정 접두어나 접미사를 붙여 만드는 형태가 대부분인데, 이러한 신조어는 우리사회의 모습을 반영하고 있으므로 소비자트렌드를 읽을 수 있는 하나의 방법이 되고 있다.

여기서는 대표적인 몇 개의 신조어만 설명하고자 한다.

① 매트로섹슈얼리즘metrosexualism

여성적 라이프스타일에 적극적으로 관심을 기울이는 남성, 남성과 여성의 역할 경계가 모호해지고 가치관이 변화하면서 나타난 사회현상으로, 최근 우리나라에서 부각되고 있는 외모지상주의 문화와 연관되어 광범위하게 확산되고 있다.

유럽 광고대행사 유로 RSCG는 75개국 마케터와 공동으로 선정한 최근 소비자트렌드로서 메트로섹슈얼 시장이 부상할 것으로 전망하였다. 패션, 화장품, 패션잡지 등과 같은 여성 위주의 시장은 포화상태에 도달했지만 남성시장은 성장 가능성이 크다는 것이다.

일본 경제신문에 의하면 화장품 업체인 시세이도가 2002년의 적자에서 벗어나 2003년에 흑자를 달성한 이유 중 큰 요인이 외모에 관심이 커진 남성을 대상으로 한 신제품 출시에 있다고 한다. 유니레버는 젊은 남성과의 래더링Laddering 테스트 통해 여성 전용이었던 바디용 향수인 '엑스Axe' 를 출시하여 성공을 거두었다.

② 머츄리얼리즘maturialism

젊은 세대가 주도하는 기존의 소비시장에 만족하지 않은 중년층이 자신의 삶을 적극적으로 가꾸기 위해 새로운 제품이나 서비스를 찾는 소비패턴으로, 이는 소외되었던 중년시장을 저력 있는 소비계층으로 재인식하게 해주는 계기가 되었다.

광고대행사인 제일기획이 4564세대를 대상으로 한 조사에 의하면, 중년층의 가치관이 과거에 비해 많이 변한 것으로 나타났다. 자신의 삶에 대한 관심이 커지고 있고, 도전을 통해 제2의 인생을 준비하고 있다고 응답한 비율이 40~50%로 나타나고 있다.

기업은 적극적인 소비자로 변하는 있는 중년의 니즈를 반영한 제품 개발 및 광고, 판촉 등으로 그들의 소비에 활력을 불어 넣어주고 있다. 예컨대, 미국의 대형 위스키 제조사인 버본Bourbon은 'The older, the better' 라는 광고 슬로건으로 역동적으로 생활하는 50대의 이미지를 부각시키고, 시음대회를 개최하는 등 중년층을 겨냥한 적극적인 마케팅으로 성공을 거두었다.

③ 개스트로섹슈얼

요리 잘하는 남성이 여성들에게 인기를 얻고 있다. 우리나라 가수 알렉스, 영국의 TV 요리쇼 진행자 제이미 올리버와 고든 램지가 대표적인 예다. 영국 소비자 조사단체 퓨처 파운데이션은 주변 사람에게 요리를 해주면서 즐거움을 느끼는 25~44세 남성을 '개스트로섹슈얼gastrosexual' 이라고 정의했다. 미식가를 의미하는 개스트로놈gastronome과 성적 매력을 의미하는 섹슈얼sexual의 합성어인 것. 여성의 사회 진출이 활발해지면서 맞벌이 부부가 늘고 만혼이 일반화됨에 따라 요리를 하는 남성에 대한 여성의 선호도도 높아지고 있다. 남성 자신도 요리를 노동이 아닌, 취미나 창작 행위로 보고 있으며 여성을 유혹하는 행위로도 활용하고 있다.

④ 매스클루시버티massclusivity

소수만을 대상으로 맞춤 생산 방식에 의해 제공되는 고급품 및 고급 서비스를 의미, 명품이 대중화됨에 따라 나만의 명품을 소유하고자 하는 욕구가 증가하고 있음을 보여준다.

기업들은 단순한 고급화를 넘어 소비자들이 가진 자기표현 욕구에 주목할 필요가 있다. 소비자의 고급화 욕구는 단순히 남들과 비슷해지기 위한 동조소비에서 시작하여 더욱 차별화 된 고급 브랜드에 대한 욕구로 발전하고 있기 때문이다. 따라서 특정 제품군 내에서도 고급 시장은 더욱 세분화될 수 있다.

⑤ 걸리시 소비자girlish consumer

성년이 된 후에도 10대 소녀처럼 어려보이고 싶은 욕구가 증가함에 따라 보다 더 여성스러움을 추구하는 여성소비자 계층을 말한다.

한 예로 매니아를 중심으로 확산되기 시작한 코스프레(Costume Play ; 만화, 게임 등의 주인공 의상을 입고 모방하는 것) 중에서도 인기를 얻고 있는 천사소녀 네티, 세일러문 동호회 등은 걸리시 소비자의 놀이문화의 일환이라고 할 수 있다.

걸리시 트렌드는 여성들이 기본적으로 가지고 있는 걸리시 성향을 적극 활용하고자 하는 산업으로 확장되고 있다. 최근 디지털 기기 시장은 과거 검정과 회색 일색이던 제품에서 벗어나, 핑크, 오렌지색 등과 같은 화려한 칼라와 앙증맞은 디자인의 칼라 휴대폰, 디지털 카메라, MP3플레이어 등을 선보임으로써 여성 고객의 마음을 사로잡고 있다.

⑥ 콘트라 섹슈얼contra-sexual

사회에서 성공하고 많은 돈을 벌기를 바라며 적어도 30대 중반까지는 결혼이나 아이에 대해 관심을 갖지 않는다. 소위 말하는 전통적인 여성상인 현모양처의 반대적인 성향을 가지고 있으며 사회적 성공과 고소득에 관심이 많은 20~30대의 젊은여성을 일컫는다.

⑦ 노블레스 노마드Noblesse Nomad

노블레스 노마드는 귀족적 유목민으로, 명품, 골동품 등 물건을 소유하는 대신 여행, 레저, 공연 관람 등 무형의 경험을 수집하는 새로운 소비자층. 풍부한 경험으로 삶을 풍족하게 만들려는 '노블레스 노마드', 이들은 비싼 물건으로 신분을 과시하는 겉치레 문화를 거부하고, 대신 자신이 하고 싶고 누리고 싶은 경험적인 일에 아낌없이 투자한다

독일의 미래학자 군둘라 엥리슈는 저서 '잡 노마드 사회' Job Nomaden에서 현대인을 '유목민' Nomad으로 표현하고 있다. 유목민은 언제라도 떠날 준비를 하며 짐이 되는 것은 기꺼이 버린다. 노블레스 노마드들은 물건 수집에 돈을 소비하느니 해외여행이나 레저, 외식, 영화, 공연 관람 등 자신의 경험을 풍족하게 해주는 활동에 지출을 늘린다. 자신이 버는 수입에서 하고 싶은 일에 아낌없이 투자하며, 또한 이들은 인터넷이나 잡지 등을 통해 정보

를 얻고 계획을 세우면서 차근차근 실천한다

⑧ 트라이슈머Trysumer

트라이슈머는 관습이나 광고에 얽매이지 않고 항상 새로운 무언가를 시도하는 '체험적 소비자' 집단을 의미한다. 사전에 정보와 리뷰 등을 확인한 후 새로운 서비스, 맛, 제품, 장소 등의 경험을 즐기는 소비자들.

트라이슈머는 직접 제품을 구매한 사람들의 상품평을 토대로 구매하는 소비자 집단인 '트윈슈머Twinsumer'와 '얼리어답터earlyadopter' 계층과도 긴밀한 연관을 가지고 있다.

⑨ 몰링 라이프malling life

대형 몰에서 쇼핑은 물론 문화, 엔터테인먼트, 외식, 교육 등 다양한 여가활동을 즐기는 새로운 라이프스타일을 뜻한다. 주말 데이트의 대부분을 복합쇼핑몰에서 소화하는 몰고어족, 몰을 돌아다니는 것으로 걷기 운동을 즐기는 몰킹족, 몰에서 바캉스를 보내는 몰캉족, 몰에서 휴식을 즐기는 몰 힐링까지 몰링 라이프와 관련된 다양한 신조어가 등장했다. 날씨에 제약을 받지 않고 원스톱 여가활동이 가능해 최근에는 유모차를 끌고 몰에 모여 시간을 보내는 몰링맘도 늘어나는 추세다.

⑩ 서브스크립션 커머스subscription commerce

소비자가 일정한 금액을 미리 내면 보통 한 달에 한 번씩 판매자가 특정 상품들을 선별해 한 상자에 담아 배달해 주는 유통 방식이다. 소비자는 바쁜 시간을 쪼개 매장에 직접 나가지 않고도 최신 트렌드에 맞는 다양한 물건과 최신 정보를 꽤 저렴한 가격에 접해볼 수 있다. 판매자 입장에서도 정기고객을 확보해 장기적이고 안정적인 수익을 확보할 수 있는 게 장점이다. 화장품을 중심으로 한 뷰티제품에서 출발했지만 최근엔 식품, 남성 속옷, 공연 티켓까지 서비스하는 업체가 속속 등장하고 있으며, 배송 방식도 다양해지는 추세다.

Part 3

소비자트렌드의 실제

Chapter 11
소비자트렌드와 마케팅

Chapter 11

소비자트렌드와 마케팅

소비사회가 고도화되어 갈수록 마케팅 기법은 다양화, 복잡화되어 가고 있다. 그러나 분명한 것은 현대의 마케팅은 상품을 시장으로 밀어내는 전략push strategy 대신에 소비자가 상품이 필요해서 구입해 가도록 하는 전략pull strategy을 활용한다는 것이다.

이 장에서는 최근 기업에서 많이 이용하고 있는 다양한 마케팅 기법들과 그것의 실제 사례에 대해서 알아보도록 하자.

1. 오감마케팅

최근 기업의 마케팅은 제품의 성능이나 품질 혁신을 넘어서 소비자의 감정과 마음을 이해하고 소비자의 정신적 욕구를 충족시키고자 노력하고 있다.

오감마케팅은 눈에 보이지 않는 소비자의 감성이나 취향을 눈에 보이는 색채나 형태, 소재로 형상화하거나 인간의 감각이나 감성에 호소하는 마케팅이다. 다시 말해 소비자의 기분과 감정에 영향을 미치는 감성적인 자극을 통해 브랜드와 유대관계를 강화하는 마케팅으로, 실용성과 제품의 감성적 측면까지 고려하는 소비자의 구매양식 변화에 부응하기 위한 마케팅 전략이다.

최근 들어 오감마케팅이 중요해지고 있는 것은
첫째, 제품 생산기술의 보편화와 서비스의 쉬운 모방으로 지속적인 차별화가 어렵고
둘째, 경제적 가치가 생필품Commodities, 공산품Goods, 서비스Services, 소자의 체험

Experience 순으로 그 중요도가 커지고 있으며, 셋째, 기업의 마케팅이 제품 위주에서 고객 지향적 마케팅, 그리고 소비자의 체험(감각, 감성 인지, 행동, 관계)을 중시하는 것으로 변모되고 있기 때문이다.

1) 시각마케팅

인간의 오감 중 정보 인지력이 가장 우수한 것은 시각이다. 고객은 상품이나 서비스의 품질, 가격, 기능 못지않게 디자인, 컬러, 디스프레이 등 시각적 요소를 중시한다. 기업이 참신한 스타일과 감각적 디자인 또는 고객이 좋아하는 컬러의 제품으로 고객의 구매 욕구를 자극하는 것이 시각을 활용한 감성마케팅이다.

색채가 인간의 마음을 감동시키고 어떤 분위기를 유발한다는 것은 널리 알려진 사실이다. 이에 근거하여 소비자에게 상품을 보다 쉽게 인식시키기 위해 색상을 전략적으로 활용하는 것을 컬러마케팅Color Marketing이라 한다. 색은 소비자의 감각기관에 상당한 영향을 미치며 이에 따라 품질, 맛 등이 평가에 영향을 미친다. 실제로 소비자는 같은 제품이라도 색상에 따라 품질이나 맛을 다르게 평가한다.

예를 들면 백화점이나 대형마트의 청과매장에서는 식욕을 자극하고 기분을 밝게 하도록 귤, 오렌지 등 주황색 계열의 과일을 전면에 배치하는 경우가 많다. 이때 사이사이에는 포도나 사과처럼 다른 색상의 과일을 진열한다. 비슷한 색상의 과일을 나란히 놓아두면 소비자들이 같은 과일로 인식하고 지나치기 쉽기 때문이다.

또한 매장의 인테리어도 어린이용품을 주로 취급하는 매장은 파스텔 톤이나 원색을 많이 사용하며, 보석 및 귀금속을 취급하는 곳은 보석의 형태와 빛 반사를 돋보이게 하는 짙은 자주색이나 검은색에 가까운 파랑 등을 사용하여 깊어 보이면서 신비감을 주어 시선을 상품으로 유도하는 효과를 준다.

유럽에서 행한 실험결과에 따르면 와인이나 패션잡화는 어두운 계열보다 밝은 계열의 조명에서 판매가 더 늘었다. 쇠고기나 돼지고기요리는 붉은색 계열의 조명아래, 생선요리는 푸른색계열의 조명아래 판매가 늘었다. 시각자극과 관련한 색상만 바꾸어도 매출을 올릴 수 있음을 보여주는 결과다(동아 비즈니스리뷰, 2008, 16권).

그리고 오렌지색은 식욕을 돋구는 색으로 흔히 식품포장에 사용되는 농심라면이나 삼양라면 등은 오렌지색 포장지를 사용하는 대표적인 사례다.

또한 색상을 브랜드 이미지와 연결하여 색상만으로도 제품을 연상할 수 있도록 특정색상을 사용하는 방법이 사용되기도 한다. 노란색의 포장을 사용하는 코닥필름, 녹색을 사용하는 후지필름, SK주유소의 빨간색 등은 컬러마케팅이 사용된 예이다.

관대함을 상징하는 색을 무엇일까? 사람들에게 마을의 박물관에 얼마를 기부해 달라고 요청하는 편지를 보내는 실험을 하였는데 편지지는 분홍색, 노란색, 금색, 파란색, 초록색, 아이보리색으로 하였다. 파란색과 아이보리색 편지지가 통계학적으로 같은 비율로 사람들을 가장 많이 움직이게 한 반면 다른 색들의 편지지는 서로 비슷한 수준에 머무르는 것으로 나타났다(니콜라 게겐, 2006).

빛은 고객들의 행동에 영향을 미친다. 흐릿한 조명은 포도주 병의 판매는 감소시키지만 사람들로 하여금 더 비싼 포도주를 구입하도록 부추겼다. 즉 사람들은 적게 사지만 더 비싸게 지불한 것이다. 포도주 저장고와 같이 어두운 배경 조명은 매우 품격 있는 포도주 구매를 촉진하는 것으로 보인다.

질레트는 남성용 화장품 분야에서 경쟁사에 뒤지고 있었다. 데그립 고베와 질레드의 디자인 팀이 합동으로 개발한 은색과 검정색 컬러를 손잡이 부분에 접목하면서 센서면도기는 큰 성공을 거두었다. 즉 청색은 면도의 청결함을 전달한다. 검정색은 보편성과 기운차고 남성적인 라이프스타일을 전달한다. 은색은 금속성의 빛과 산업적인 느낌으로 면도기 날과 센서 제품의 성능 측면을 반영하였다. 질레트의 대담한 로고 서체는 이 회사가 지닌 남성적 유산과 리더로서의 위치를 한층 강화시킨다(번 슈미트 · 알렉스 시몬슨, 2007).

2) 청각마케팅

청각마케팅는 소비자의 청각에 호소하는 것으로 대표적인 예로 CM song, 징글jingle, 비즈링bizring 등이 있다.

징글은 기업이나 상품의 이름을 인상적으로 전하기 위해 특별히 제작한 소리나 음악을 말한다. 넓은 의미로는 단순한 음향효과부터 브랜드 로고에 간단한 음이 붙는 로고 사운드, 가사가 붙는 CM송까지 확장해 볼 수 있다. 징글을 효과적으로 적용한 대표적인 사례가 에쓰오일S-Oil이다.

에쓰오일은 광고모델인 배우 김태희, 차승원, 영화감독 박찬욱 등이 '오늘은 왜 이리 잘 나가는 걸까… 나는 에쓰오일, 에쓰오일이니까' 라는 노래를 흥얼거리는 CM송 광고를 내보내 소비자들의 머릿속에 브랜드명을 확실히 각인시켰다.

오케이캐쉬백 광고 역시 징글을 재치 있게 활용한 예다. 이 광고는 트로트 멜로디에 '열 번 찍어 안 넘어간 그 아가씨, 넘어 갔네 넘어 갔어~ 행복해 죽겠나봐' 라는 코믹한 가사를 넣어 묘한 중독성을 지닌 것으로 평가받고 있다.

음악의 효과를 이용하여 매출액을 증가를 유도하는 음악마케팅이 있다.

레스토랑이나 백화점 이용자들이 경우 매장 내의 배경음악과 음악의 템포 및 크기에 따라 체류시간이 달라지므로 적절한 음악의 사용으로 고객들의 체류시간을 길게 또는 짧게 조절하려는 것이 음악마케팅이다.

백화점의 경우 일반적으로 오전에는 차분한 클래식과 경음악을, 오후에는 발랄하고 경쾌한 팝송을 주로 사용하고 세일기간 중에는 매장 회전율을 높이기 위해 빠른 템포의 댄스 음악을 사용한다.

음악마케팅의 기법은 계절, 요일, 날씨 시간에 따라 다양하게 개발되어 있다. 봄에는 화사하고 경쾌한 느낌의 왈츠, 여름에는 레게 등 시원한 느낌의 장르. 가을에는 고독한 무드에 빠져들게 하는 샹송 칸초네, 겨울에는 따뜻한 분위기를 연출하는 발라드가 주로 선곡된다.

소비자트렌드 읽기 11-1

톡톡 튀는 컬러로 고객들 지갑 연다

사람의 첫인상이 그 사람에 대한 느낌을 결정하는 중요한 잣대가 되듯, 소비자의 구매결정은 오감중 시각에 의존하고 칼러(Color · 색)에 큰 비중을 두는 것으로 알려졌다.

◇올해의 색상은 '오렌지'= 전 세계적으로 색상 시스템을 제공하는 연구소 팬톤Pantone컬러연구소는 올해 컬러로 '치유'와 '부활'을 상징하는 '에메랄드 그린'을 선정했다. 이 색상은 최근 트렌드이기도 한 '힐링'과 조화를 이룬다. 이 외에도 레드, 옐로우, 핫핑크 등 보는 것만으로도 상큼함이 느껴지는 컬러 아이템이 쏟아져 나오고 있기 때문이다.

◇컬러 마케팅 매출 '쑥쑥'= 여성의 치마길이가 짧아질수록 경기가 좋아진다는 연구결과 처럼 남성의 컬러 팬티 선호현상도 경기와 밀접한 관계가 있다는 보도도 있다. 컬러가 기업, 제품 이미지 강화 뿐만 아니라 소비심리를 자극, 경기회복으로 이어질 수 있다는 전망에 따라 백화점 등 유통업계는 다양한 색깔 카드를 꺼내들며 소비심리를 자극하고 있다.

◇기존의 색은 가라, 톡톡튀는 컬러 물결 = 꽁꽁 얼어붙은 소비심리를 살리기 위한 백화점 등의 컬러마케팅은 치열하다. '백색가전'이라고 불릴 정도로 흰색 일변도였던 가전제품이 칼라가전으로 바뀌고 노란 수박, 검은 토마토, 붉은 바나나 등 기존 상식을 뛰어넘는 다양한 색깔의 품목들이 속속 나오고 있다.

웰빙 열풍에 따라 컬러 과일도 소비자들에게 어필하고 있다. 대구백화점은 오는 4월과 5월 노란색 토마토, 붉은 바나나, 노란 수박 등 이색 색깔의 과일을 선보일 예정이다.

흰색이 기본색으로 강세를 보였던 냉장고, 에어컨 등 가전제품도 은색, 빨강, 파랑 등 색상이 들어간 제품이 전체시장의 80%이상을 차지할 정도로 칼러가전 시대를 맞고 있다. 이외 친환경소재로 만든 컬러휴지, 컬러노트북, 컬러맥주 등이 소비자의 눈길을 끌고 있다.

특히 패션과 화장품 등에서도 다양한 컬러 스타일이 대세를 이루고 있다. 미국과 유럽에서 이미 유행하고 있는 컬러진이 최근 국내에서도 다양한 디자인으로 출시되고 있다. 올 봄 청바지는 빨강, 노랑, 초록 등 과감한 색상이 고객의 시선을 잡을 것으로 보인다. 화장품도 아이보리, 블랙, 파랑 등의 색상의 내용물과 용기를 활용해 컬러마케팅을 펼치고 있다.

출처: 대구신문, 2013.03.21

감성마케팅 성공의 대표 주자인 스타벅스 역시 음악을 활용하는데 있어서는 예외가 아니다. 일반적으로 스타벅스 신규매장이 문을 열 때 한 장에 약 100곡의 노래가 담기는 CD 4장이 공급된다고 한다. CD는 3개월 기준으로 3~4개가 공급되는데 케이스에 사용 가능한 기간까지 표시되어 있으며 CD 플레이어에 자동으로 곡명과 가수 이름이 표기되어 고객이 물으면 곧바로 음악에 대한 정보를 줄 수 있도록 되어 있다.

영국의 한 대한 카페테리아 고객들을 대상으로 3가지 유형의 음악을 틀어주고 그 영향을 분석하였다. 이 3가지 음악은 90분 동안 흘러나왔다. 팝 음악과 클래식 음악 그리고 쉽게 익힐 수 있는 음악으로 나누었고 음악이 전혀 흘러나오지 않는 조건 또한 실험에 포함했다. 실험 당시의 판매와 평소에 나타나는 판매량의 차이를 통해 음악 스타일이 판매에 미치는 영향을 살펴보았다.

결과는 몇 가지 흥미로운 점을 보여주었다. 클래식 음악과 팝 음악은 판매에 긍정적인 영향을 주었다. 반면, 쉽게 익힐 수 있다고 판단한 음악은 그렇지 못한 것으로 나타났다. 게다가 판매에 긍정적인 영향을 준 음악들이 나올 때 통계적으로 사람들은 가격을 더 높게 받아들였다. 이때도 쉬운 음악은 음악이 아예 나오지 않을 때와 큰 차이를 보이지 않았다(니콜라 게겐, 2006. 소비자는 무엇으로 사는가?).

와인을 판매하는 매장의 경우 클래식 음악을 사용하였을 때와 팝 음악을 사용하였을 때와 팔린 와인의 병 수 에는 별 차이가 없었으나, 클래식 음악을 틀어주었을 때 가격이 비싼 와인이 더 많이 팔린다고 한다.

식당에서는 느린 템포의 음악을 배경으로 사용할 때 식사시간이 길어지고 음료수의 주문이 늘어난다. 반면에 빠른 템포의 음악은 음식을 빨리 씹게 만들어 짧은 시간 내에 식사를 마칠 수 있게 한다. 식사속도가 빨라지면 좌석의 회전율이 높아지는 대신 1명당 매상은 줄어든다. 따라서 패스트푸드점에서는 빠른 템포의 음악을, 풀 코스의 정식을 갖추고 느긋하게 먹을 수 있는 고급 레스토랑에서는 느린 템포의 음악이 매출을 올릴 수 있다.

이외에도 기업들이 튀는 제품명을 사용하여 소비자에게 강한 인상을 남기려는 네이밍 naming 마케팅전략이 있다. '참나무통 맑은 소주', '햇살 담은 조리간장', '갈아 만든 배', '간편하게 만들어 맛있게 먹는 새콤달콤 초밥용 유부', '딸기가 입술을 만날 때', '벼락 맞은 꿈틀이' 등은 소비자의 주의를 끌기 위해 일부러 긴 이름을 사용한 예이다.

소비자트렌드 읽기 11-2

식음료업계, 오감마케팅으로 불황 '정면승부'

지속되는 불황 속에 식음료 업계에서 소비자들의 오감을 자극하는 제품을 잇따라 내놓고 있다. 음료나 식품이 갖고 있는 본질적인 측면 외에 청각과 시각, 후각적인 요소를 가미해 소비자들이 재미를 느끼고 감성적으로 접근할 수 있는 제품들이 속속 등장하고 있다.

단일 감각을 이용한 자극보다 복합적인 자극이 보다 쉽게 제품과 브랜드를 인지하는데 도움을 주고 흥미, 기대감 유발에 효과가 있어 식음료 업계에서도 오감마케팅을 적극 활용하고 있다.
최근 기능성 차 전문업체 티젠은 청각적인 요소를 활용해 분말을 물에 탈 때 타닥타닥 하는 소리가 나는 '홍차라떼'와 '말차라떼'를 출시했다. 전문점에서나 맛볼 수 있는 라떼의 우유 거품을 재현하기 위해 '리얼 포밍 기술'을 적용한 결과로 독특한 소리와 함께 거품이 풍성하게 생겨 맛 이외에 또 다른 재미를 제공한다.
지난 달 티젠이 서브스크립션 브랜드 '스마트체험박스'를 통해 실시한 소비자 정성조사 결과, 제품 시음 과정에서 나는 소리에 대해 재미와 기대감, 즐거움 등 긍정적 이미지를 연상하는 반응이 압도적으로 많았다는 것이 업체 측의 설명이다.
고려은단은 패키지에 국내 신인 예술가들의 작품을 입혀 눈으로 보는 재미가 있는 '후레시오 더 민트'를 내놨다. 시각적인 이미지를 중시하는 젊은 층의 선호를 고려해 예술 작품을 패키지에 접목시켜 소장하거나 수집하고 싶은 욕구를 자극하는 것이 특징이다.
'후레시오 더 민트'는 맵고 알싸한 맛이 강했던 기존 민트 캔디와 달리 가루 녹차 성분을 첨가해 깔끔한 맛을 살렸다.

다양한 음악 콘텐츠로 청각을 활용한 마케팅을 펼치고 있는 커피전문점 달콤커피는 독특한 향을 첨가해 후각을 자극하는 라떼 메뉴를 선보였다. 부드럽고 은은한 향이 나는 일반적인 밀크티라떼와 달리 '머스캣 밀크티라떼'는 상큼한 청포도 향이 가미돼 있어 기존 밀크티와는 색다른 풍미를 느낄 수 있다.

출처 : 한국경제TV 2013.01.14

소비트렌드 읽기 11-3

네이밍, 요즘 대세는? 쉬운 놈, 친절한 놈, 재밌는 놈

몇 년 전까지만 해도 제품 이름을 영어로 짓는 것은 너무나 당연해보였다. 하지만 이제는 바뀌고 있다.

세계적인 브랜드전문가 데이비드 아커 버클리대 교수는 "이름을 창조하는 일은 몇몇 내부 직원들이 부엌 식탁이나 회사 식당에 앉아 브레인스토밍으로 처리하기에는 너무나 중요한 일이다"면서 "이름은 마케팅 프로그램의 다른 요소들보다 훨씬 더 효과가 오래간다"고 말했다. 과거와 달리 이름짓기, 즉 네이밍이 얼마나 전략적인 과정을 거쳐야 하는지를 대변해주는 말이다.

브랜드의 실제 모습이 이름과 일치해야 한다는 적합성과 소비자의 니즈를 반영할 수 있는지를 나타내주는 관련성, 경쟁 브랜드 사이에서 이목을 집중시킬 수 있는 차별성이 없는 네이밍은 이제 시장에서 외면받는다.

최근 트렌드를 반영하면서도 감성적인 터치로 소비자들에게 접근하는 네이밍의 대표주자는 뚜레주르의 빵을 읽다 캠페인이다. 후발주자로서의 한계를 극복하기 위해 새롭게 론칭한 캠페인인데, 최근의 힐링 웰빙 트렌드를 적극 반영했다. 빵을 사기 전에 재료를 먼저 읽어보자는 의미로 제품명에도 건강한 원재료 이름을 그대로 노출시켰다. 진한두유검은콩 식빵이나 빵속에 순우유 부드러운 예산사과 통밀브레드 우리땅 미숫가루 크림빵 등의 찰진 이름들이 탄생하게 된 배경이다.

화장품 브랜드 베네피트는 20~30대 여성을 타깃으로 하는 만큼 이들의 특성을 네이밍에 반영했다. 친구들과 수다를 떨며 화장품이나 각종 취미에 대해 공유하는 타깃 고객의 특성을 제품 이름에 그대로 반영했다. 사진을 찍어두세요, 지금이 가장 아름다운 때에요Take a picture, it lasts longer 라든지 날 만져봐, 그리고 떠날 수 있다면 떠나봐Touch me then try to leave 등의 이름이 대표적이다.

이 같은 타깃 소구형 네이밍의 다른 사례로는 최근 제일모직이 론칭한 바이크리페어샵이 있다. 10대와 20대를 주로 타깃으로 하는 만큼 이들이 자주 쓰는 인터넷용어를 바지 라인에 적용했다. 특별한 물건에 자신들만의 애칭을 붙이고, 일시적 재미요소에 깔깔대며 웃고 반응하는 이들의 성향을 존중한 네이밍 방식이다. '불금(불타는 금요일)와인', '멘붕(멘탈 붕괴)옐로', '미존(미친 존재감)레드', '네이비행쇼(행복하쇼)', '블루스압(스크롤압박)' 등의 바지 이름에 대한 타깃소비자들의 반응은 상당히 폭발적이었다.

출처 :매일경제, 2013. 3. 8

3) 후각마케팅

일반적으로 제품을 고를 때 제품의 모양, 색깔, 소리, 가격 등에서 제품에서 나는 향기가 가장 먼저 인식되고 소리, 모양, 색깔, 가격의 순으로 나타난다고 한다.

후각마케팅으로 최근 인기가 높아지고 있는 향기aroma마케팅이 있다.

최근 향기가 나는 상품에 이어 판매하는 상품과 잘 어울리는 향기를 매장의 곳곳에 뿌려 소비자의 후각을 자극하여 구매욕구를 유발하는 상품판매 촉진전략이 바로 향기마케팅이다.

예를 들어 제과점의 경우 빵을 사고 싶은 충동이 생기도록 빵과 가장 잘 어울리는 커피 향이나 갓 구운 빵 냄새를, 원목가구점의 경우 천연 원목냄새가 나는 소나무 향을, 그리고 구두를 취급하는 제화점에는 가죽냄새를 사용하여 매상을 올리려는 마케팅 전략이다.

의류매장에서는 향수를 통해 고급스러운 느낌으로 고객을 유혹한다. 또 여행사에서는 사무실에 코코넛 향을 풍겨 여행욕구를 자극하고 있다. 창업시장도 예외는 아니다.

동일한 품질의 테니스화(미국산 나이키)를 꽃향기가 은은하게 나는 매장과 아무 향을 사용하지 않는 방에 각각 진열해 놓고 반응을 조사한 결과 향이 나는 방에 갔던 사람들의 84%가 향기나는 방의 테니스화가 아무런 향이 없는 테니스화보다 더 좋은 제품으로 여기는 것으로 나타났다.

유명 여성 속옷 브랜드인 '빅토리아 시크릿' 은 독특한 꽃향을 실내에 배치하여 소비자들로 하여금 어딘지 더 독특하고 좋을 것이라는 느낌을 유도하는데 성공하였다(문재학, http://cafe.naver.com/moonjaehak).

향기마케팅은 외식업계에서 가장 활발하다. 후각은 미각과 뗄레 야 뗄 수 없는 관계이기 때문이다. 레몬향을 식당에 뿌리면 고객이 더 오랫동안 머물고 더 많은 돈을 쓴다는 연구결과도 있다.

멀티플렉스 영화관 CGV는 전국 13개 상영관에서 편백나무 향을 이용한 삼림욕 공조시스템을 운영하였다. 밀폐된 공간이라는 제한된 조건을 극복하기 위해 심신에 좋은 향기를 뿌려주는 것이다. 영화관의 경우 이 외에도 표를 파는 곳이나 로비에 팝콘 향을 뿌리면 팝콘 판매량이 증가한다.

미국의 한 수퍼마켓은 구운 빵 냄새를 풍겼더니 슈퍼마켓 내 빵 가게의 매출이 3배나 증가했다. 우리나라에서도 백화점 지하 식품매장의 빵 코너는 갓 구워낸 빵 냄새가 매장 전체에 퍼지도록 하기 위해 오븐이나 진열대를 출입문이나 에스컬레이터 주변에 일자형으로 배치한다.

요리하는 냄새는 식욕을 돋게 한다. 길거리의 제과점에서 풍기는 냄새는 크루아상 빵 하나를 선택하도록 유혹한다. 한 실험에서 식당에 향이 없는 경우, 라벤더 향, 레몬향을 뿌려 놓고 계산서의 평균 액수를 측정하였다. 레몬 향을 식당에 뿌려 놓은 경우 사람들은 더 오랜 시간 식당에 머물렀고 더 많은 돈을 쓰는 것으로 나타났다. 레스토랑과 같이 그 자체로 후각적인 면에서 충분히 자극이 되는 장소라도 거기서 풍겨 나오는 특정한 냄새는 소비자의 행동에 영향을 미친다.

싱가포르 항공사는 스테판 플로리디안 워터스Stefan Floridian Waters를 통해 향기마케팅을 성공시켰다. 싱가포르 항공은 승무원들이 사용하는 향수의 향을 풍기는 스테판 플로리디안 워터스를 기내의 더운 수건은 물론이고 싱가포르 항공기의 기내 전체에 퍼져나가게 했다. 스테판 플로리디안 워터스는 하나의 향수 이름이 아니라 분명히 싱가포르 항공이 특별히 기획한 향이었다. 특허를 받은 이 향은 싱가포르 항공의 독특한 트레이드 마크가 되었다.

향기마케팅의 중요성이 커지면서 특급호텔들도 호텔 로비에서 객실 바디용품에 이르기까지 호텔의 개성을 상징하는 독특한 향을 내는 데 주력하고 있다. 후각을 자극해 고객이 오래 머무르도록 할 수 있을 뿐 아니라 고유의 향기로 제품 브랜드를 오래 기억하게 하는 효과도 낼 수 있기 때문이다(동아일보, 2013.02.14.).

웨스틴 체인호텔에는 향기를 뿜는 기계가 설치돼 있어 동일한 화이트 티 향이 잔잔하게 느껴진다. 섬세한 우아함과 고급스러운 은은함을 한층 강조해 주는 향이라고 호텔 측은 설명했다. 인터코티넨탈호텔 측은 여러 가지 향 중에 한국인의 취향을 반영한 레몬 버베나 향기를 사용하고 있다. JW 메리어트호텔은 아예 전용 시그니처 향인 '미묘한 세련미' 라는 향기를 자체적으로 개발했다. 다양한 허브향에 감귤향을 더한 향기가 매장 곳곳에서 은은하게 풍기도록 했다.

보석에 과일/꽃의 향이나 스파이스 향이 나게 하는 경우와 아무런 향을 가미하지 않은 경우를 비교한 실험결과에 의하면 향은 구매행동에는 어떤 효과도 보이지 않았지만 향이 없는 경우에 비해 향이 나는 경우 고객들의 가게에 머무는 시간은 늘어났다. 고객들은 남녀 모두 보석이 과일/꽃의 향기가 날 때 더 오래 머무른 반면 스파이스 향이 날 때는 남자들만 더 오래 머물렀다.

소비자트렌드 읽기 11-4

향기마케팅

인간의 오감 중 가장 예민한 감각은 후각이라고 한다. 그래서인지 사람이 맡을 수 있는 냄새의 종류는 무려 2,000~4,000가지에 달한다고 알려져 있다.
후각의 또 다른 특징은 청각과 함께 소위 상태 의존적 기억state dependent memory과 연관이 크다는 점이다. 어떤 냄새나 음악을 맡거나 들으면 자신도 모르게 전에 그것을 경험했던 상황이 연상되는 게 바로 상태 의존적 기억이다. 맛있는 음식 냄새만 맡아도 기분이 좋아진다거나 감동 깊게 본 영화의 OST를 자꾸 듣고 싶어지는 것도 모두 같은 맥락이라고 한다.

이런 후각의 특징을 가장 잘 활용한 분야는 향기 마케팅이다. 향기 마케팅의 요체는 매장이나 제품에서 고객들의 좋은 기억과 연관돼 있을 가능성이 높은 냄새가 나도록 해 구매 욕구를 자극하는 것이다. 백화점 문을 열고 들어가면 나는 향긋한 냄새가 대표적이다. 주로 1층에 화장품과 향수 매장이 몰려 있어 자연스럽게 나는 냄새라는데 백화점 특유의 고급스럽고 깔끔한 분위기, 즐거웠던 쇼핑의 기억 등 긍정적 생각과 기분을 떠올리게 만든다. 고객들이 오랜 시간 매장 내 머물도록 하는 중요한 요소임에 틀림 없다.

향기마케팅 적용 분야는 무궁무진하다. 배스킨라빈스의 경우 초콜릿향과 페퍼민트 향을 매장에 뿌렸더니 매출이 40%가량 늘었다고 한다.

향기마케팅 대상은 매장 중심에서 최근엔 개별 제품으로 확산되는 추세다. 심지어 IT 제품에까지 그 영역이 넓어졌다. 삼성전자가 향기나는 스마트폰을 개발, 미국에 특허를 출원했다고 밝혔다. 스마트폰 본체에 향수를 저장, 공급하는 장치를 넣고 단말기 충전을 시작하면 향수가 흡수물질로 전달되는 원리다. 사용자 목소리의 높낮이나 연인의 이름 등 특정 소리에 따라 향이 분사된다.

과거 향기나는 컴퓨터가 반짝 등장한 적은 있지만 스마트폰은 처음이다. 삼성은 향기나는 TV도 개발 중이라는데 수영 경기가 방영되면 소독약 냄새를, 골프 경기가 중계되면 잔디냄새를 맡을 수 있다고 한다. 이런 추세라면 향기나는 옷이나 액세서리는 물론 사람 몸에 이식하는 향수 전자칩이 등장하지 말란 법도 없다. 어쩌면 향수가 사라질 날도 그리 머지 않은 것 같다.

출처: 한국경제, 2012.08.19.

4) 미각마케팅

미각은 미뢰라는 특별한 구조에 의해 감지된다. 미뢰는 4가지 부분으로 되어 있는데 단맛, 짠맛, 신맛, 쓴맛에 민감하다. 혀의 맛을 느끼는 감각은 맛을 감지하는 다른 어떤 부분들보다 더 우수하다. 아이들이 사탕을 씹어 먹는 것보다 빨아먹는 것을 좋아하는 점에서도 볼 수 있듯이 혀의 가장 끝 부분은 단 것을 가장 잘 느낀다. 혀의 옆쪽은 신막, 뒤쪽은 쓴맛, 짠맛은 나머지 부분에서 감지한다. 맛은 이런 기본적인 요소들이 합성되어 만들어진다.

다양한 연구 결과들은 미각은 엄마의 배속에서부터 발달된다는 사실을 보여주고 있다. 마늘 같은 음식의 강력한 맛과 향은 양수를 통해 전달되며 태아는 실질적으로 이를 맛볼 수 있다는 사실이 밝혀졌다. 또 다른 연구는 임신 중에 당근 주스를 다량 섭취했을 때 그 아기들은 당근 향이 나는 시리얼을 더 선호하는 현상을 보여주었다.

맛과 냄새는 서로 밀접하게 연결되어 있어서 음식이 후각 테스트를 통과하면 대개 맛도 통과한다. 브랜드 센스 리서치 팀이 맥도날드 음식의 맛과 냄새에 관해 질문했을 때 소비자들은 냄새가 싫지 않으며 음식을 좋아하고, 반대로 냄새가 싫으면 맛도 싫어하는 것으로 나타났다.

맛은 색깔과 모양과도 밀접하게 관련된다. 소비자들은 컬러를 통해 맛을 연상한다. 빨간색과 오렌지 색은 달콤한 맛, 녹색과 노란색은 신 맛, 흰색은 짠 맛이다.

필리핀 사탕 브랜드인 코피코Kopiko는 태아의 미각을 자극하는 시도를 했다. 코피코 유통업체들이 소아과 및 일반 의사들을 통해 분만실에 있는 임산부들에게 무료로 사탕을 나누어주었다. 당시 코피코는 캔디 맛 커피를 신제품으로 출시했다.

이 제품은 출시하자마자 큰 성공을 거두었는데 놀랍게도 아이들 사이에서 반응이 뜨거웠다. 커피에는 관심이 없는 아이들이 코피코 커피를 좋아했던 것이다. 이와 관련하여 포커스 그룹에 참여한 부모와 아이들은 코피코 커피가 부드럽고 균형 잡힌 맛이 난다는 말보다는 그리움을 일으키고 가족적인 느낌이 든다는 이야기를 더 많이 했다. 코피코 커피는 출시된 지 4년 만에 필리핀 커피 시장에서 세 번째로 유명한 브랜드로 자리잡았다(마틴 린드스트롬, 2012).

5) 촉감마케팅

촉감마케팅은 제품을 만졌을 때의 느낌, 착용감 뿐만 아니라 실제로 작동해보는 것까지를 모두 포함한 개념이다. 제품을 시각적으로 차별화하는 일이 점점 어려워지면서, 촉감을 통해 제품의 가치를 높이고 소비자에게 어필하는 마케팅전략이다.

마케팅 측면에서 촉감은 헤도닉(Hedonic, 쾌락)이란 측면을 다루는 것이다. 촉감이라는 것은 인간의 오감 중에서 가장 쾌락과 밀접한 연관성이 있기 때문에 촉감 마케팅 구사는 매우 효율적인 마케팅 툴로 사용될 수 있다.

촉감이 구매에 미치는 영향은 상당하다. 한 조사에서 소비자들 중에서 49%가 자동차에 앉아서 손으로 핸들을 조정하면서 느끼는 촉감이 구매를 결정할 때 중요한 역할을 한다고 말했다. 조사에 응한 사람들 가운데 4% 이하만이 자동차의 촉감이 구매에 영향을 미치지 않는다고 말했다.

- 뱅앤올룹슨Bang & Olufsen의 리모콘

촉감을 잘 활용하고 있는 브랜드 가운데 하나는 유럽 최고의 가전회사인 뱅앤올룹슨이다. 1943년에 처음 상품을 출시한 이후 뱅앤올룹슨은 품질뿐만 아니라 디자인에도 심혈을 기울였다. 그들이 이룩한 많은 혁신들 가운데 하나는 TV, CD, 라디오, 테이프 레코드를 비롯해 각 방의 전등까지 조절할 수 있는 올인원All-in-One 리모컨이다.

이 리모컨은 1985년에 발명되었는데 품질이 우수하면서도 감각적으로 단순화된 기구로 발전되었다. 다른 회사들도 비슷한 리모컨을 출시했지만 뱅앤올룹슨의 리모컨은 묵직하고 튼튼하며 매우 독특했다. 이런 감각에 대한 진지함이 이어폰과 모든 액세서리, 전화, 스피커에 이르는 뱅앤올룹슨의 모든 제품에 반영되었다.

- 쥐는 맛 좋은 게이밍 마우스 팬팀 V2

팬텀-V2의 가장 큰 장점은 손으로 쥐었을 때 촉감이다.

겉면 전체에 고무를 덧씌워 땀으로 인한 미끄러짐을 막았으며, 손가락 닿는 부분을 깊게 만들어 쥐는 맛을 살렸다.

- MOGU 쿠션의 촉감마케팅 사례

지난 2002년 일본 오사카의 중소업체 에피스화성이 개발한 기분 좋은 촉감의 인테리어용 쿠션은 발매 2년 만에 700만개가 판매되는 이례적인 히트를 기록해 관련업계의 관심을 집중시키고 있다.

MOGU 쿠션은 촉감을 제외하고는 기존 제품에 비해 색상 · 디자인 면에서 특별한 차별화를 보여주지 못했음에도 불구하고 판매가격은 기존 제품에 비해 2배 이상의 고가로 판매되고 있다. 마음을 사로잡을 수 있는 촉감의 위력이 여실히 드러나는 대목이다(넥스트 이코노미, 07. 3. 27).

2. 동선(動線)마케팅

5감마케팅의 이외에도 소비자의 동선을 고려한 동선(動線)마케팅이 있다.

백화점, 슈퍼 등 유통업체는 매장에 입장한 고객을 최대한 오래 돌아다니도록 동선을 설계하여 소비자의 충동구매를 유도하거나, 경우에 따라서는 소비자의 동선이 짧아지도록 관련제품을 같이 배치하므로 매출을 증가시키려는 노력을 기울인다(파코 언더힐, 2011).

1) 매장 내 동선의 비밀

(1) 이동 지대 Decompression Zone

최근 많은 소매점에서는 매장의 맨 앞이 가장 기피해야 하는 장소가 되고 있다. 모든 사람들이 입구를 바라보기 때문에 입구와 가장 가까운 곳이 고객들의 시선이 가장 잘 머문다고 생각하겠지만 아니다. 정작 입구로 접근하는 고객들의 시선이 머무는 곳은 문손잡이와 일고 당김을 알려주는 안내 표지이기 때문이다.

현관문의 바로 안쪽에 위치가 코너가 가장 이상적인 것처럼 여겨질 수 있다. 그러나 그곳은 아주 안 좋은 장소이다. 흔히 방문객들은 통로를 따라 그곳을 휑하니 지나친다. 혹은 현관 옆을 친구들과 만남의 장소로 이용한다. 그 결과 현관 앞은 번잡하다는 선입견이 만들어지면서 진짜 고객들이 기피하는 불상사가 생길 수 있다.

매장의 맨 앞부분은 쇼핑을 위한 최적의 장소가 아니다. 매장의 모든 코너에서 고객들에게 제일 먼저 눈에 띄는 제품이 항상 이점을 갖는 것은 아니다. 실제로 매장 입구와 제품 사이에 얼마간 공간을 두면 고객들이 접근하면서 그 물건을 둘러볼 시간적 여유를 가질 수 있다. 그리고 어느 정도 시각적 기대감도 생긴다.

화장품과 미용용품 회사들은 백화점 코터의 메이크업 특매장 입구 바로 안쪽에 첫 번째 카운터를 설치하려 하지 않는다. 여자들이 거울 앞에서 화장을 고칠 때 타인의 시선을 피하려 하는 심리를 알기 때문이다.

컴퓨터 프린터 매장을 관찰한 한 조사원은 고객들이 나중에 다른 모델들과 비교하지 않고 맨 처음 눈에 들어오는 모델을 보고 걸음을 멈추는 경우는 희박하다고 보고했다. 하지만 프린터 매장의 중간쯤에 이르자 고객들은 제품 구입을 결정할 만한 충분한 정보와 자신감을 얻었다.

이동 지대를 잘못 활용한 예를 들어 보자. 그 곳의 경영 방침은 고객이 매장 안에 들어올 때마다 판매 사원에게 5초 안에 인사하도록 하는 것이었다. 따라서 고객이 매장 안에 들어서자마자 직원들이 마치 독수리 떼처럼 줄지어 튀어나와 인사를 하기 시작했다. 고객들은 너무 일찍 인사하면 위협감을 느끼고 너무 늦게 말을 걸면 고객들은 실망감을 느꼈다. 따라서 최소한 1분 동안 고객들이 혼자 움직이도록 내버려두는 방식이 성공적이다는 결론에 이른다.

이동 지대를 잘못 활용한 다른 사례가 있다. IBM 계열사가 K마트를 위해 설계한 대화형 컴퓨터 정보 장치를 시험하기 위해 현관문 가까이에 장치를 설치하였다. 고객에게 알맞은 정보를 알려주고 매장 위치를 알려주기 위해 고안된 이 장치는 얼마 되지 않아 없어졌다. 그 장치를 사용하는 고객이 거의 없었던 것이다. 이 컴퓨터를 너무 현관문 가까이에 설치하는 바람에 고가의 전자 조각품 신세로 전락하게 되었다. 고객은 매장 안으로 여섯 걸음을 내딛기 전까지 자신이 어디로 향하는지 모른다. 만약 매장 안 3분의 1지점에 그 컴퓨터를 설치했다면 틀림없이 제대로 효과를 발휘했을 것이다.

(2) 인터셉션 비율Interception Rate

직원들과 접촉하는 고객의 비율을 말한다. 이 비율은 최근 주목받고 있는데 고객과 직원 간에 접촉이 많이 발생할수록 매장의 평균 매출은 증가한다. 직원과의 대화가 고객을 더 가까이 끌어들이는 방식으로 작용한 것이다.

인터셉션 비율이 25%인 대형 의류 체인점의 경우, 이 비율은 모든 고객의 4분의 3이 판매 사원과 단 한마디로 주고받지 않았다는 것을 의미하고 아주 낮은 비율이라고 할 수 있다. 그만큼 고객들이 필요한 정보를 알려줄 직원을 찾아 매장을 헤매다가 실망감을 느낄 확률이 크다는 것을 말한다.

이것은 직원들이 적극적으로 판매 활동에 나설 수 있는 시간이 충분하지 않음을 의미하는 것이기도 하다. 또한 직원들은 진열대에 물건을 올려놓고 금전 등록기를 사용하는 것만으로도 눈코 뜰 새 없이 바쁘다는 것을 말해주며 매장이 효율적으로 운영되지 않음을 단적으로 보여주는 수치이다.

(3) 부딪침 효과Butt-brush Effect

어느 백화점의 1층의 주출입구에 카메라를 설치하고 가까운 복도의 넥타이 코너에 렌즈를 고정시켜 실시한 조사를 실시했다. 바쁜 시간대에 고객들이 어떻게 출입구를 빠져나가는지 살피기 위해 테이프를 검토한 결과 이상한 점을 발견했다. 출입구에서 넥타이 코너로 향하던 고객들이 백화점 안으로 들어가는 사람들과 한 두 차례 부딪치면서 멈칫거리는 것이었다. 이렇게 한두 차례 부딪친 고객들은 대부분 넥타이 쇼핑을 포기하고 출구로 빠져나갔다.

이 현상은 한 가지 사실을 말해주는 것이었다. 그것은 고객들이 뒤쪽에서 누군가와 부딪치거나 접촉하는 것을 몹시 꺼린다는 것이었다. 꺼려하는 정도는 여성들이 더 심했지만 남성들도 꺼려하긴 마찬가지였다. 그런 부딪침을 피하는 과정에서 고객들은 관심을 가졌던 물건에서 멀어져갔다. 이 넥타이 코너는 메인 통로에 위치해 있음에도 불구하고 매출은 부딪침 요소 때문에 기대치를 밑돌았던 것이다.

2) 동선의 법칙

(1) 사람들은 오른쪽으로 움직인다

사람들은 주로 오른쪽으로 걸어 다닌다. 실제로 대부분의 사람들은 매장 안으로 들어서면서 고개를 오른쪽으로 향한다. 그런데 급히 방향을 선회하지 않고 표류하듯 움직인다는 것이다. 따라서 모든 매장 입구의 오른쪽은 황금 지대이다. 가장 중요한 제품들, 즉 모든 고객들에게 보여야 할 매장의 대표 상품이 그곳에 위치해야하는 것도 그 때문이다.

고객들은 오른쪽으로 걸을 뿐만 아니라 주로 오른쪽으로 손을 뻗는다. 진열대 앞에 있다고 가정할 경우 오른손으로 오른쪽 물건을 잡는 것이 훨씬 편하기 때문이다. 따라서 고객들의 손에 물건이 닿게 하고 싶다면 고객이 서 있는 곳의 오른쪽에서 약간 비켜서 진열해 놓아야 한다. 플라노그램(Planogram: 고객이 구매하기 편리한 제품 진열을 위한 효율적인 선반 배치 계획) 역시 같은 방식으로 결정된다. 가장 유명한 브랜드는 한가운데에 놓아야 하고 한창 성장에 주력하는 브랜드는 약간 오른쪽으로 치우친 곳에 놓아야 한다.

(2) 포착률Capture Rate

전체 고객의 5분의 1이 진열대에 있는 제품을 바라본다. 이때 고객들이 제품을 바라보는 구간은 거의 일정했다. 눈높이보다 조금 위에서 무릎 높이까지가 그 구간이다. 그보다 더 높거나 낮은 위치에 있는 제품들의 경우 특별히 관심을 보이는 고객들을 제외한 다른 이들은 거의 눈길을 주지 않았다.

그 구간을 벗어나 진열해야 하는 매장이라면 대형 제품들을 진열하는 대안이 있다. 무릎 아래 높이라면 작은 타이레놀 상자보다 실속형 팸퍼스 기저귀 세트가 더 쉽게 눈에 띌 것이다. 바닥 진열대를 약간 경사지게 하는 것도 가시성을 높일 수 있는 방법이다. 포장 디자인 역시 이 문제를 효과적으로 해결할 수 있다. 모든 라벨과 박스, 용기가 고객의 머리 위나 무릎 아래 같은 불리한 시각적 조건 아래에서도 보이게 디자인하거나 혹은 포장이 비스듬한 각도에서도 보이도록 제작할 수 있다. 색상 대조가 선명한 커다란 글씨체도 쉽게 눈에 띄는 효과를 얻을 수 있다.

(3) 부메랑 비율Boomerang Rate

통로의 한쪽 끝에서 다른 쪽 끝까지 완전히 통과한 고객의 비율을 말한다. 통로의 입구에서 출발한 고객이 무언가를 선택한 다음에 앞으로 나아가는 대신, 중도에 걸음을 돌리는 비율을 의미한다. 고객이 통로의 중간쯤에서 발길을 돌릴 경우 이를 하프 부메랑Half Boomerang 이라 부른다. 일반적으로 한두 가지 제품을 찾아 통로를 따라가는 고객은 찾는 물건이 보이면 더 이상 주위를 둘러보지 않고 고개를 뒤로 돌린다.

고객의 관심을 붙잡아둘 효과적인 방안 중 하나는 아이들이다. 예를 들어, 시리얼 코너에서 큰 효과를 발휘한다. 매장 바닥 그래픽을 뜀뛰기 놀이 모양으로 만드는 것이다. 조사에 따르면 아이들은 그 통로에서 평균 14초 동안 놀이를 즐겼다. 무언가를 구매하지 않은 채 시리얼 코너 앞에 서 있기에는 꽤 긴 시간이 될 수 있다.

(4) 얕은 고리Shallow Loop

대형 체인 잡화점의 경우 약국이 주로 뒤쪽에 위치해 있다. 고객들이 약국을 찾아가려면 어쩔 수 없이 매장의 나머지 코너들을 모두 통과해야 한다. 그러나 이것은 고객의 편의를 배려한 구조가 아니다. 고객이 약국을 향할 때면 대체로 급한 용무가 있기 마련이다. 그들에겐 매장 진열대를 구경할 여유가 없다.

얕은 고리Shallow Loop형식이란 입구 근처에 제품을 배치하여 고객들이 바로 구입할 수 있도록 하는 구조를 말한다. 많은 매장에서 수익성을 위해 매장의 뒤쪽에 냉장고를 설치하지만 이는 고객을 배려한 방법이 아니다. 짧은 휴식 시간을 이용해 직원들이나 젊은이들은 매장 안으로 달려 들어와 서둘러 음료수를 구입한 후 허겁지겁 회사나 왔던 곳으로 되돌아가야 한다. 따라서 휴식시간에 청량음료를 찾는 고객들에게 편의를 제공하기 위해서는 냉장고를 매장 앞쪽으로 옮길 필요가 있다.

(5) 연관진열

매장 내의 효율적인 동선 활용 전략 중 하나는 연관진열이다. 연관진열은 특정 품목과 관련 있는 품목들을 가까운 위치에 배치하여 추가 구매를 유도하는 방식을 말한다. 이는 하나의 품목을 다른 품목과 연결할 때 발생하는 상승효과를 노리는 것으로써 매상을 증가시킨다. 계산대 앞에 진열해 놓은 과일 향 사탕이나 건전지처럼 마지막 순간에 쇼핑 카트에 던져 넣을 수 있는 충동구매 물품에 여기에 해당한다.

추가 구매 제품들은 고수익을 보장하기 때문에 평범한 매장과 번창하는 매장의 차이를 결정짓는 중요한 역할을 할 수 있다. 새로운 고객을 유치하는 데는 기존 고객의 관리에 비해 훨씬 더 많은 비용이 들어간다. 20%의 단골 고객들은 매장 매출의 80%를 차지한다. 따라서 매장의 성공을 위해서는 새로운 고객 유치보다는 기존 고객들의 소비를 더 증가시키는 방법이 더 효과적이다.

일반적으로 사람들은 회전을 할 때 왼쪽으로 도는 경향이 강하기 때문에 에스컬레이터에서 내린 손님들이 왼쪽으로 치우치는 경향이 있다. 이러한 소비자의 성향을 이용하여 슈퍼마켓, 백화점 등에서는 고객들이 시계반대 방향 쪽으로 돌도록 동선을 배치한다. 항상 출구는 오른쪽에 있고 계산대는 왼쪽에 있는 이유는 소비자들이 일반적인 벌걸음에 맞추어 매장을 배치하여 소비자가 편안하게 쇼핑을 할 수 있도록 하기 위한 것이다.

백화점에서 에스컬레이터를 타고 내려오면 오른쪽에 고객이 쉴 수 있는 소파가 놓여 있다. 왼편에는 할인행사 진열대가 있다. 여기에는 오른손잡이가 에스컬레이터를 타고 내려와서 왼쪽으로 이동한다는 계산이 담겨 있다. 오랜 동안 인간 행동, 특히 소비자의 동선에 대한 연구 결과다.

또한 커피 옆에 설탕을 배치하고, 세제 옆의 고무장갑, 단무지 옆의 소시지 배치는 품목이 다르지만 상품들을 따로 놓지 않고 연관성 있게 함께 묶어 진열하므로 소비자들이 깜박 잊거나 찾아다니기 귀찮아 그냥 나가는 것을 방지하기 위한 것이다.

매장의 우유 코너 한가운데 시리얼 코너를 만들고, 라면 코너에 양은냄비를 함께 진열하거나 생선 코너에 화이트와인을 놔두는 식이다. 카테고리는 달라도 주로 함께 쓰이는 제품들을 나란히 진열함으로써 소비자들의 구매 욕구를 자극하는 것이다. 이마트에서는 샐러드 옆에 드레싱을 놓자 매출이 평소보다 30% 늘었고, 정육코너 옆에 진열한 쌈장의 매출은 3배나 증가했다.

식품매장의 경우 아이스크림이나 냉동식품은 마지막에 배치한다. 이는 차가운 제 먼저 사면 소비자들이 매장에 머무는 시간이 그만큼 짧아지므로 소비자가 매장에 머무는 시간을 늘이기 위한 전략이다. 이러한 전략은 편의점에서도 활용되고 있다. 편의점에서 가장 많이 팔리는 음료수의 판매대를 구석에 놓으니 고객들이 오가면서 다른 상품을 자연스럽게 접하게 되어 상품전체의 구매 빈도가 높아지는 것이다.

또 소비자의 동선이 시작되는 곳에는 비싼 고급과일이 진열되어 있는 경우가 많다. 처음에 비싼 과일을 접하면 그 뒤의 과일이 상대적으로 저렴하게 느껴지기 때문에 소비자들의 가격저항심을 낮추는 효과가 생긴다.

이러한 예는 소비자들의 임, 즉 동선을 분석하므로 전체 매장의 매출 증대와 함께 소비자에게도 보다 쾌적한 쇼핑공간을 마련할 수 있다는 것을 시사하는 것이다.

남성 정장 매장은 대부분 매장 깊이가 다른 곳에 비해 2~3m 더 깊다. 남성 정장은 충동구매 없이 계획적으로 사는 상품이다. 고객이 한 매장에서 곰곰이 고민하며 선택할 수 있도록 일부러 동선을 길게 만들었다.

롯데백화점 에비뉴엘, 신세계백화점 본점 등의 의류 매장도 S자로 동선을 만들었다. "마치 오솔길을 걷듯 산책하는 기분으로 매장을 둘러보고, 지루하지 않게 매장에 오래 머물 수 있도록 동선에 재미와 감성을 부여한 것" 이다.

고객이 매장에 오래 머물면서 편안한 기분으로 쇼핑하고 지갑을 열라는 것으로, 이전까지는 많은 고객이 빠르고 편하게 이동할 수 있도록 네모나게 매장을 배치한 바둑판형 동선이 대부분 이었던과 차이가 있다.

소비자트렌드 읽기 11-5

인 스토어 머천다이징In-Store Merchandising

인 스토어 머천다이징은 소비자들의 심리와 동작에 대한 실험과 분석을 바탕으로 판매장의 배치나 상품의 진열 등을 조절하여 매출액의 증가를 꾀하는 방법이다.

매장통로를 지나는 소비자는 왼쪽보다 오른쪽을 더 보게 되며, 판매대 앞에서 소비자의 시선은 가운데 부분을 먼저 본다. 이러한 사실에 근거하여 판매대의 중간에는 신상품이나 전략상품을 배치하고, 아래쪽엔 항상 잘 나가는 고정상품, 위쪽에는 잘 안 팔리는 구색상품을 배치하는 것이 일반적이다.

그리고 가격표를 작성할 때 인쇄체는 제조업체가 정한 정가라는 느낌을 주고 필기체는 판매업체가 정한 싼 가격이라는 인상을 주므로 필기체로 작성한 가격표를 사용하는 것이 인쇄체를 사용하는 것보다 매출액을 30%정도 증가시킨다고 한다.

싸고 부담감이 없게 보이도록 하여 판매량을 증가시키기 위해 참치캔이나 라면, 또는 스낵 등의 과자는 차곡차곡 쌓지 않고 큰 상자에 아무렇게 담아놓는 이른바 점블jumble기법을 사용하기도 한다. 정규 판매대에 제품을 차곡차곡 정리하는 대신 별도 판매대를 마련해 아무렇게나 쌓아놓은 것으로 고객들이 '제품이 더 싸다' 고 느끼는 효과가 있다.

계산대 옆에 깜빡하기 쉬우면서도 부피가 크지 않은 필름, 건전지, 껌과 사탕을 진열하는 것은 쇼핑을 끝내고 계산대에서 계산을 기다리는 소비자의 관심을 다시 한번 사로잡아 다시 한번 빠뜨리기 쉬운 이러한 제품의 판매를 촉진하기 위한 것이다.

소비자트렌드 읽기 11-6

야채코너 옆에 미니요리책… 매장 진열 바꿨더니 매출 '쑥'

소비침체로 매출감소 우려가 커지면서 백화점과 마트, 편의점들이 상품 진열에서까지 판매의 묘수를 찾고 있다. 같은 제품이라도 어디에 어떻게 진열하느냐에 따라 판매가 달라진다는 '진열의 과학'을 찾기 시작한 것. 소비자들의 세심한 심리를 읽는 기법이다.

화이트 와인을 생선코너에 갖다 놓는 건 '연관 진열'로 불리는, 널리 알려진 기법. 바늘에 실이 필요하듯 서로 관련된 상품을 함께 진열해 동시 구매를 노리는 것이다.

요즘 매장에 가면 라면코너에 양은냄비를 진열하고, 자동차 용품매장에 졸음방지 껌이 놓인 경우를 어렵지 않게 볼 수 있는데 이 역시 연관진열 효과를 노린 것. 한 마트 관계자는 "젊은 주부들이 요리에 익숙하지 않아 야채나 축 · 수산물 코너 옆에 미니 요리책을 갖다 놓았더니 판매량이 기존 책 코너에 있을 때보다 15배나 늘었다"고 전했다.

심지어 소비자들의 시선도 고려사항이다. 보통 사람들은 눈앞의 물체를 볼 때, 자신의 눈높이인 120~180㎝에 고정한 채 왼쪽에서 오른쪽으로 시선을 움직인다. 이때 한 눈에 인식하는 범위는 좌우 최대 120㎝. 따라서 해당 판매대에서 가장 인기 있거나 새로 나온 상품은 '골든존'이라 부르는 가로 120㎝, 높이 120~180㎝인 2, 3단에 진열된다.

이 중에서도 시선이 가장 오래 머무르는 맨 오른쪽이 핵심 위치로 분류된다. 최근 카제인 나트륨 논쟁을 벌일 만큼 경쟁이 치열한 맥심 화이트 골드와 프렌치카페 커피는 요즘 매장마다 주로 '골든존' golden zone 에 놓여 있다.

아예 인기제품은 일반적 진열을 거부하기도 한다. 매대 맨 끝 모서리에 상품박스를 쌓아 돌출 진열을 하는 '앤드캡' 방식이다. 이마트 청계천점에선 최근 앤드캡으로 만든 간이 판매대에 직원들이 신제품 커피를 한잔씩 따라주는 시음행사를 벌이고 있는데, 다른 매대 보다 한 블록 튀어나와 고객의 동선을 막으면서도 발길을 멈추게 하는 효과를 보고 있다. 업체 관계자는 "앤드캡에는 최대 2가지 상품만 진열하기 때문에 노출효과가 커 일반 코너에 비해 매출이 3~4배 높다"고 말했다.

이처럼 진열 방식을 고안하기 위해서는 꾸준한 소비자 분석 및 데이터 축적이 필수. 때문에 각 마트에서는 전담 연구 인력까지 두고 있다. 이마트의 경우 실무에서 10년 이상 근무한 현업 전문가 40명으로 구성된 'MSV Merchandising Superviser' 팀을 14년째 운영하고 있다.

출처: 한국일보, 2012.04.03.

3. 문화마케팅

기업은 문화를 매개로 하여 다양한 활동을 하며 이를 기업의 마케팅 활동과 연관시키고 있다. 기업의 문화마케팅의 형태는 매우 다양하게 나타난다. 박물관, 미술관, 도서관 문화관련 단체 등의 문화활동을 직접 후원해 주는 것도 하나의 문화마케팅이다.

예를 들어 하나은행은 "고품격 은행, 고품격 고객"을 지향하며 각종 문화행사를 지원하고, 다양한 미술품을 구입하는 등 적극적으로 문화마케팅 활동을 하고 있다. 은행의 이러한 문화활동의 지원이 VIP고객 확보 등 영업에 실제적으로 도움을 주는 것으로 나타나고 있다.

또한 내수시장을 놓고 치열한 경쟁을 벌이고 있는 자동차 업체들이 최근 오페라나 연극 등 문화행사 후원을 통한 고객의 감성잡기에 나서고 있다. 무엇보다 수준 높은 문화행사를 후원하면 기업의 브랜드 이미지도 높아지고, 이 같은 브랜드 이미지 상승은 기업이 생산하고 있는 제품에 대한 고객의 호감도를 높여 장기적으로는 매출증대로 이어질 것으로 예상되기 때문이다. 즉 문화행사 후원의 목적은 일차적으로는 고객들의 문화욕구를 충족시키는데 있으며, 기업 측에서는 고객들 사이에 '문화기업'의 이미지가 자리 잡는다는 효과를 노리고 있는 것이다.

– 건설업계의 문화마케팅 사례

건설업계는 문화서비스를 통해 입주자들의 만족도를 높이고 향후 갈아타기 시장에서 선점효과를 노리기 위해 아파트분양시장에서 경쟁이 치열해지고 있다. 특히 문화나눔사업의 일환으로 '1기업 1문화 운동'의 불을 지핀 메세나Mecenat활동이 보편화되면서 건설사들은 보다 앞선 마케팅을 통해 분양시장의 고객잡기에 나서고 있는 실정이다.

'튼튼한 아파트'만을 내세우던 1990년대에서 2000년대로 넘어오면서 브랜드의 유명세에 따른 선호도가 아파트 선택의 주요변수로 작용하기 시작했다. 2005년 전후로는 웰빙 바람이 불면서 단지 내 시설이 강화되고 온라인 서비스가 제공되면서 일대 변화를 가져왔다.

이제는 여기서 한발 더 나아가 아파트 마케팅 4기 시대가 도래했다는 말이 나오고 있다. 입주 전부터 커뮤니티를 형성하고 문화 페스티벌을 여는 등 입주자들의 문화활동까지 적극적으로 지원하고 있다. 준공 이전부터 고객을 관리하는 것은 물론 입주 후에도 지속적인 서비스를 통해 잠재적 수요자들에게도 브랜드 이미지를 강화해 나가고 있다(머니투데이, 2008.1.14).

1) Art Markeing

아트 즉 문화예술을 통한 마케팅이다. 기업의 문화예술 활동 지원이라는 메세나의 개념에서 좀 더 나아가 기업의 마케팅 수단으로서 문화예술을 접목시키는 일종의 경영전략이다. 기업은 아트마케팅을 통해 이미지를 전략적으로 관리할 수 있고, 기업과 문화예술계가 서로 상생win-win할 수 있는 파트너쉽 관계를 형성할 수도 있다.

아트마케팅은 BMW, 루이비통, 스와치 등 세계적인 명품 브랜드의 전유물처럼 인식됐으나, 최근 맥주나 과자, 생활용품 등 대중적 소비제품까지 확대되고 있다. 또 그 대상도 제품뿐 아니라 매장 인테리어나 광고, 이벤트 등으로 확대되고 있다.

– '루이비통의 아트마케팅'

루이비통은 판매 공간과 갤러리가 결합된 매장을 통해 토털 아트마케팅을 선보이고 있다. 루이비통은 유명 아티스트에게 거리의 갤러리라 불리는 쇼윈도 디자인을 의뢰하는 것으로 유명하다(http://blog.naver.com/xiahn).

– '코카콜라' 의 아트마케팅

코카콜라 벨기에는 2002년부터 코카콜라 캔이나 병에 아티스트, 사진작가, 디자이너들의 작품을 덧입혀 왔다. 지난해에는 '아트 오브 다이닝the art of dining' 이라는 주제로, 서양 미술의 가장 유명한 식사 장면인 에두아르 마네의 '풀밭 위의 점심' 과 피터 브뤼겔의 '농부의 결혼식' 을 패러디한 작품을 콜라병에 재현했다(http://blog.naver.com/xiahn).

- 손목에 차고 다니는 예술품 스와치

스와치는 세상에서 가장 작은 캔버스라는 광고 카피처럼 다양한 컬러와 파격적인 디자인을 선보여 왔다. 무엇보다 새로운 기능과 디자인의 신제품을 매년 1백여 개씩 출시해 아무리 길어도 1년 이상을 넘겨 판매하지 않는 높은 희소성으로 해마다 수집가들의 수집대상으로 불티나게 팔리고 있다. 예술가들의 아름다운 그래픽을 담아낸 '아티스트 스페셜' 은 손목에 차고 다니는 예술품으로 인정받고 있으며 퐁피두 센터에 상설 전시되고 있다.

2) 데카르트마케팅

최근에는 데카르트마케팅이라고 하여 기술Tech과 예술Art을 합친 신조어로 소비자의 감성을 만족시킬 수 있는 디자인과 기능성을 구현한 새로운 마케팅기법이 나타나고 있다.

가전업계의 경우 2000년대 들어서 디지털 기술과 결합한 '최첨단 기능' 을 경쟁력으로 내세웠지만 시간이 지남에 따라 최첨단 기능만으로는 더 이상 프리미엄을 소비자에게 줄 수 없게 되었다. 결국 기능을 넘어 제품에 '예술적 가치' 를 부여하면서 단순한 가전제품이 아니라 '예술품' 이라는 마케팅으로 승부를 걸고 있다.

데카르트마케팅의 예로는 LG전자의 꽃의 화가 하상림 씨의 작품을 입힌 '아트 디오스'

냉장고, '샤인폰' 에 패션디자이너 이상봉씨가 디자인한 한글문양을 입힌 '샤인 디자이너 스에디션Shine Designer's Edition이 있다.

삼성전자는 디자이너 앙드레 김의 디자인을 적용한 지펠 냉장고, 하우젠 김치냉장고, 하우젠 에어컨 등이 있다.

이 외에도 KB카드는 앙드레김 디자인을 접목시키고 있으며, 퓨마 운동화는 독일 패션디자이너인 질샌더 디자인을 사용하고 있다.

(삼성전자 - 하우젠에어컨)

(LG전자- 샤인폰)

3) 드림마케팅

드림마케팅은 "꿈Dream + 마케팅Marketing" 의 합성어로, 즉 꿈을 판다는 것은 기업이 제품을 파는 것이 아니라 꿈과 즐거움을 팔고 있다는 시대적 발상을 보여준다.

기업은 꿈과 이야기를 파는 드림 마케팅을 통해 경쟁 브랜드의 차별화에 매우 유용하며, 불황기 소비심리를 깨울 수 있는 효과적인 마케팅 수단이 되고 있다.

소비자트렌드 읽기 11-7

"페라리는 자동차를 팔지 않습니다. 꿈을 파는 것이죠."

페라리 599 GTB 피오라노.

페라리 북미지사 최고경영자CEO를 지낸 지안 루이지 롱지노티 뷔토니는 페라리가 마음껏 스피드를 내고자 하는 사람들의 꿈을 판다고 말한다. 그는 이렇듯 '꿈을 판다'는 개념을 8년 전 '드림케팅dreamketing' 이라는 책에 소개하기도 했다.

스피드의 대명사로 각인된 페라리는 여러 영화에 소품으로 등장해 유감없는 스피드를 과시했다. 영화 '미녀삼총사' 1편에서는 세 명의 미녀가 '페라리 360 모데나'를 타고 신나게 가속페달을 밟았다. 영화 '나쁜 녀석들 2'에서도 주인공 윌 스미스가 '페라리 575M 마라넬로'를 타고 자동차 추격전을 벌여 스피드의 진면목을 보였다.
스피드는 페라리의 창업자 엔초 페라리의 꿈이기도 했다. 나만이 가졌다는 특별함 때문일까, 399대가 한정 생산된 '엔초 페라리'는 현재 해외에서 공신판매가격 65만 달러보다 훨씬 높은 가격대에 거래가 되고 있지만 매물을 구하기 쉽지 않다.

국내에서는 올 11월부터 페라리와 마세라티의 공식 판매회사 'FMK'가 페라리를 들여온다. 국내에서 본격화될 페라리의 질주에 가슴 설렐 마니아가 많을 듯하다.

출처 : 동아경제, 2007. 9. 18

4) 스토리텔링마케팅

스토리텔링마케팅이란 '스토리story+텔링telling'의 합성어로서 상대방에게 알리고자 하는 바를 재미있고 생생한 이야기로 설득력 있게 전달하는 마케팅 기법이다. 스토리텔링은 어떤 사건에 대한 진실이나 사실성을 객관적으로 보도 또는 전달하고자 하는 것이 목적이 아니기 때문에 개인적이고 주관적인 이야기로 이어지는 것이 보통이다. 대중이 잘 모르는 상품의 숨은 이야기를 통해 해당 브랜드에 대한 기억을 더 명확하게 하는 것으로 입소문 마케팅과도 연결이 된다.

– '말보로' 담배의 스토리텔링

Man Always Remember Love Because Of the Romance Over

'남자는 흘러간 로맨스 때문에 항상 사랑을 기억한다.' 라는 의미로 많이 알려져 있다.

1800년대 말, 미국에서 있었던 일이다. 지금의 MIT 공대의 전신인 학교를 다니는 가난한 학생이 있었는데 지방유지의 딸과 사랑에 빠졌다. 하지만 여자 집안에서 둘 사이를 무척 반대했다. 그래서 둘을 갈라놓기 위해 여자를 멀리 친척집으로 보내버렸다.

남자는 여자를 찾기 위해 몇날 며칠을 돌아다니다가 결국 그녀를 찾지 못하고 그녀 집 앞으로 갔다.

마침 그날 그녀가 집에 돌아오는 길이어서 둘은 집 앞에서 반갑게 만났다.

"나 내일 결혼해…" 그녀가 말했다.

그러자 남자가 "내가 담배 한 대 피우는 동안만 내 곁에 있어줘…"라고 말했고, 그 당시의 담배는 지금처럼 필터가 있는 담배가 아니었다.

짧은 시간이 흐르고 여자는 집으로 들어갔다. 둘은 그것으로 끝났다.

그 남자가 거기서 아이디어를 얻어서 세계최초의 필터가 있는 담배를 만들기 시작했다. 세월이 흐르고 남자는 그 여자 소식을 들었는데, 남편도 죽고 혼자 병든 몸으로 빈민가에서 외로이 살고 있다는 거였다. 남자는 그녀를 찾아가서 자신이 아직 그녀를 사랑하니까 결혼하자고 했다. 여자는 망설이다 생각할 시간이 필요하다고 했다. 그 다음날, 남자가 다시 찾아갔더니 그녀의 시신이 발견되었다.

그 다음에 그 남자가 만든 담배의 이름이 Marlboro - Man Always Remember Love

Because Of the Romance Over의 약자라고 한다.

- 생수 '에비앙'의 스토리텔링

1789년 알프스의 작은 마을 도시에 한 할아버지가 요양을 오게 되었다. 시골의 학생들은 그를 신기하게 보기 시작했다.

그는 자신의 생을 마감할 수도 있을 거라는 생각으로 알프스를 오게 되었고, 그는 집밖으로 나가지 않았다. 자신이 동네에서 구경거리가 되어가는 모습이 생각도 하기 싫었기 때문이다. 그리고 자신은 돈 많은 도시사람이라는 자만심에 빠져 요양 온 알프스의 작은 마을을 도시보다 못한 마을로 규정해 버리고 있었다.

그렇게 지내오던 그는 점점 외로워졌다.

그러던 어느 날 자신의 집 앞에서 노는 꼬마아이와 이야기가 하고 싶어 집밖으로 나가게 되었다. 그렇게 자신의 집밖으로 나가게 된 그는 자신의 집을 둘러싸고 있는 멋진 광경에 입을 다물 수 없었다. 지금까지 내가 아파서 화났던 마음들이 모두 가라앉는 듯한 느낌이었다.

그제서야 그는 알프스의 작은 마을을 둘러보기 시작하였고, 산으로 올라가 계곡의 물을 보았다. 도시에서는 보지 못했던 정말 깔끔한 계곡의 물이었다. 그는 그 계곡의 물을 주저하지 않고 마셨고, 도시의 물과는 차원이 다른 물맛에 그는 요양 내내 그 물만을 마시게 되었다. 그렇게 아팠던 그가 병이 호전되어졌고, 그는 자신이 마신 물이 궁금해서 도시로 가져가 물의 성분을 분석해 보게 되었다. 물에는 미네랄이라는 성분이 함유되어 있었고, 그 성분에 의해서 자신의 병이 호전되어진 것이라는 사실을 알게 되었다.

그는 도시에서 그 물을 팔기 시작하였다. 자신이 요양한 알프스의 작은 마을 "에비앙"의 이름을 지어서 만든 물이다. 이것이 세계 최초의 물을 판매한 "에비앙"의 스토리텔링이다.

– 스티브 잡스의 스토리텔링 기술

〈스티브 잡스 프레젠테이션의 비밀〉을 출간해 세계적인 베스트셀러를 기록한 카민 갤로는 10년 가까이 스티브 잡스를 연구했다. 그가 2010년 11월에 내놓은 〈스티브 잡스 무한 혁신의 비밀(원제; The Innovation Secrets of Steve Jobs)〉은 스티브 잡스를 혁신의 대가로 만들어준 원칙을 모두 일곱 가지로 나누어 분석한 책이다

스티브 잡스는 프레젠테이션의 대가로도 손꼽힌다. '누구나 세계 최고의 아이디어를 낼 수 있지만 다른 사람을 설득할 수 없다면 그 아이디어는 아무런 쓸모가 없다' 는 말이 있듯이 스티브 잡스가 설명하는 애플 신제품 설명회는 항상 화제를 모은다. 또한 저자는 '스토리텔링의 중요성을 알고 있는, 메시지 전달의 대가로 불리는 잡스는 스토리텔링을 애플 혁신의 가장 중요한 원칙으로 삼고 있다' 고 분석한다.

스티브 잡스의 스토리텔링 포인트는
첫째, 트위터 친화적인 짧지만 모든 것을 보여주는 한 마디
둘째, 영웅과 악당의 비유
셋째, 3의 법칙
넷째, 시각적 단순함
다섯째, 살아있는 표현들이다.

스토리텔링의 대가인 로버트 맥기 美서던캘리포니아대USC 교수는 애플의 스티브 잡스를 스토리텔링의 천재로 꼽는다. 맥기 교수에 의하면 애플의 스토리는 '언더독(싸움에서 진 개)' 이라는 것이다. 즉, 애플은 스스로가 약자라는 스토리를 통해 비록 규모는 작지만 사람들이 진정 원하는 것을 아는 영리한 회사라는 점을 부각시켰다. 이와 함께 경쟁자인 마이크로소프트사는 막강한 골리앗이지만 사용자들의 니즈needs를 신경 쓰지 않는다는 점을 강조했다(대전일보, 2012.12.27.).

스티브 잡스는 애플의 신제품을 발표할 때마다 제품과 연관된 스토리를 전달함으로써 전

세계 고객들과 소통했다. 스티브 잡스만의 '스토리텔링'은 다른 기업들과 많은 마케터들의 연구 대상으로 떠올랐다.

'Awesome', 'Insanely great', 'One more thing' 은 스티브 잡스가 프리젠테이션에서 자주 사용하는 단어들이다. 잡스는 이러한 단어의 사용을 적재적소에, 시각적인 자료를 효과적으로 사용하면서 청중과 전 세계 소비자들을 성공적으로 설득하였다.

4. 슬림마케팅

소비자는 이미 홍수처럼 쏟아지는 광고 메시지를 회피하는데 '달인' 이 돼 가고 있고 또 기업에서 '푸시push' 하는 일방적인 메시지에 대해서도 신뢰하지 않고 있다.

이러한 상황에서 기업들은 미디어에 대한 고정관념을 깨고 메시지 전달방식에 대한 통념을 바꾼 슬림slim마케팅 기법을 활용하고 있다.

슬림마케팅이란 TV · 라디오 · 신문 · 잡지와 같은 전통적인 매체를 통해 소비자를 만나는 것이 아니라 아웃도어, 즉 집을 벗어난 생활 현장에서 신기한 이벤트나 퍼포먼스 등 재미난 자극으로 소비자를 직접 만나는 방식이다.

막대한 비용이 드는 기존 매체광고가 아니라 상대적으로 비용이 적게 드는 현장 이벤트 또는 퍼포먼스로 소비자의 주목을 끌기 때문에 비용 측면에서 상당한 매력이 있다. 한마디로 '저비용-고효율 지향 마케팅' 인 셈이다.

슬림마케팅의 예를 살펴보자.

1) 앰비언트마케팅

주변에서 흔히 볼 수 있는 사물이나 자연 등을 매체로 사용하는 앰비언트ambient마케팅이 있다. 앰비언트는 '주위를 둘러싼' 이라는 뜻으로, 일상에서 소비자가 접하는 모든 것이 광고매체가 될 수 있다는 발상이다. 실제 혁신적인 기업들은 놀랄만한 새로운 미디어를 개발하고 있다.

앰비언트 광고는 일상생활에서 쉽게 접하는 것을 낯설게 보이게 함으로써 소비자에게 즐거움과 놀라움을 주기 때문에 다른 매체에 비해 비용은 적게 들면서 주목도는 훨씬 높일 수 있다. 따라서 해당 브랜드에 대한 인지도나 호감도도 쉽게 높일 수 있다는 특징을 가지고 있다(동아 비즈니스리뷰, 2008, 16권, p.28-36).

대표적인 것이 계란이다. 일본 닛신식품(日清食品)은 새로 시장에 내놓은 치킨 라면을 알리는 데 계란을 매체로 활용했다. 300만 개의 달걀 껍데기에 라면 홍보 스티커를 붙인 것(그림1).

미국 CBS도 달걀 껍데기에 'CSI 과학수사대' 등 자사의 새로운 TV 프로그램을 새겨 넣어 홍보하고 있다(그림2). 지난해 가을에는 새로운 프로그램을 알리기 위해 3,500만 개의 계란에 광고를 했다. 계란 광고는 요리를 하는 주부층을 정확히 공략하면서도 싼 값에 광고할 수 있다는 장점이 있다.

빨대가 광고 미디어로 변신한 사례도 있다. 중국 상하이의 와이플러스 요가센터는 빨대를 광고매체로 개발해 식당 · 커피숍 · 바에 제공했다. 빨대의 구부러지는 부분에 요가를 하는 사람의 사진을 실은 것(그림3). 요가를 통해 유연성을 기를 수 있다는 메시지를 이보다 더 기발하면서도 저렴하게 전달할 수 있는 다른 방법이 있을까?

심지어 길거리의 전봇대나 전선도 미디어 대열에 합류했다. P&G는 신제품 '리조이스 린스'를 홍보하면서 놀랍게도 전봇대와 전선을 활용했다. 대형 초록색 빗을 엉킨 전선 위에 설치하고 '엉키세요? 그러면 리조이스 린스로 바꾸세요' 라는 메시지를 써놓았다(그림4). 뒤엉킨 머릿결을 부드럽게 해준다는 메시지를 길거리에 흔하게 널려 있는 전선을 이용해 인상적으로 전달한 것이다.

폭스바겐은 일식집의 초밥 레일 위에 프로모션을 알리는 문구를 단 폭스바겐 미니카를 전시하기도 했다.

기업들의 미디어 개발은 여기서 그치지 않는다. 유니레버는 리조트의 정원수를 찻잔 모양으로 만든 뒤 그 안에 립톤 그린티 티백이 들어가 있는 것처럼 만들었다.

〈그림 1〉

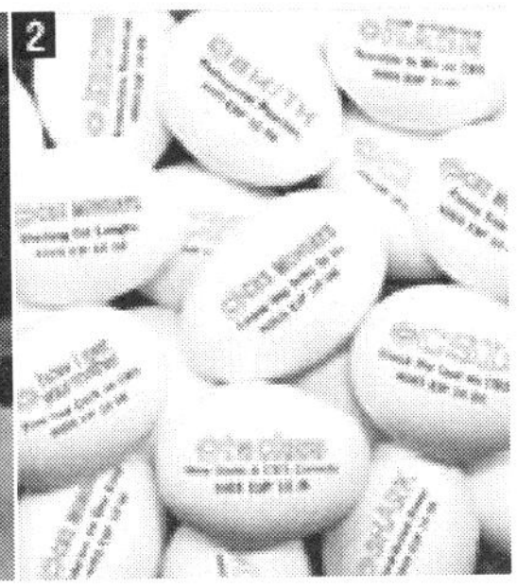

〈그림 2〉

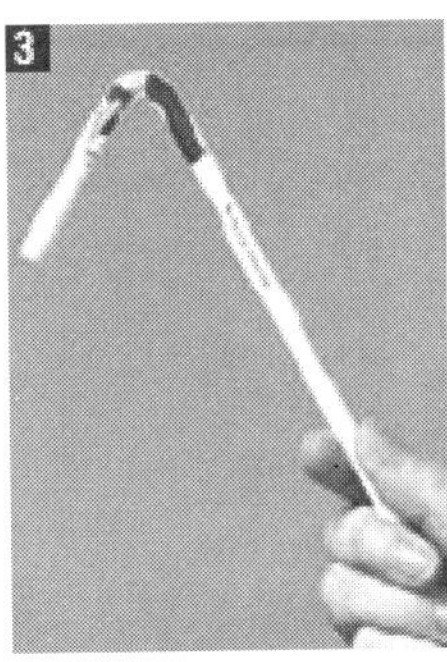

〈그림 3〉

〈그림 4〉

소비자트렌드 읽기 11-8

옥외광고에 기발한 아이디어를 접목한 광고

맥도날드 회사는 아침메뉴를 알리기 위해 미국 시카고에 해시계로 활용할 수 있는 대형 광고판을 세웠다. 아침메뉴의 그림이 숫자가 되고, 맥도날드의 상징인 M자 모양의 막대가 시계침이 돼 시간을 알려준다. 이 광고판을 본 수많은 사람들은 시계를 쳐다보며 광고판의 해시계가 얼마나 정확한지 확인해 봤다. 소비자 뇌리에 제품 이미지가 깊게 각인됐음은 물론이다.

맥도날드가 시애틀에 설치한 '뉴스파이시 치킨 햄버거' 광고판은 제품사진과 제품명만 인쇄한 그저 그런 홍보물에 불과했다. 그러나 맥도날드는 이 광고판을 설치한 뒤 소방관들이 여기에 물을 뿜는 퍼포먼스를 여러 차례 진행했다. 매워 보이는 햄버거에 소방 호스로 물을 뿌리는 장면이 연출되자 인근 매장에서는 이 제품의 판매량이 69%나 늘었다.
최근에는 샐러드 홍보를 위해 양상추 등 16종의 채소를 직접 광고판에 심어 'FRESH SALADS(신선한 샐러드)'라는 글자를 만들었다.

뉴질랜드항공은 자연 체험을 즐길 수 있는 뉴질랜드 여행의 매력을 알리기 위해 건물 외벽에 폭포와 산 이미지를 담은 광고판을 게시했다. 그리고 그 위에 카약을 탄 인형, 자일을 매단 인형을 각각 걸었다. 이 광고판은 지나가는 행인의 발걸음을 멈추게 했다.

6

7

출처 : 동아 비즈니스리뷰(2008), 16권, p. 26

2) 래핑마케팅

래핑wrapping마케팅이란 건물이나 차량 등 외부표면에 전부 포장하듯이wrap 광고물을 부착하여 홍보효과를 나타내는 마케팅 전략이다. 과거에는 공간 일부만 래핑하거나 자사 브랜드나 제품을 전시하는 방식으로 공간 마케팅을 했다면, 최근에는 공간 전체를 통째로 빌려 전방위적으로 활용하거나 초대형 설비를 이용하는 방식이 대세를 이루고 있다.

두산 주류BG는 최근 하루 유동인구가 75만 명인 서울 동대문 두타빌딩 지하 1층과 지상 1층, 3층 화장실 전체를 자사 소주 '처음처럼' 이미지로 꾸몄다. 1층 화장실은 마치 냉장고 안에서 '일'을 보는 것처럼 칸마다 소주, 과일 등이 가득 들어찬 냉장고 이미지로 도배했으며(그림 5), 나머지 화장실은 실물 크기의 사람들이 즐겁게 술을 마시는 사진들로 벽면 전체를 꾸몄다.

지하철이나 버스, 택시 등 교통수단도 광고 효과가 높은 새로운 미디어로 각광받고 있다. 전통 매체에 비해 비용이 적게 드는 데다 실내보다 실외에서 시간을 많이 보내는 '이동족(族) 소비자mobile audience'가 점점 늘고 있기 때문이다.

한국P&G가 지난해 선보인 '듀라셀 건전지' 시내버스 광고는 교통수단이라는 매체의 특성을 살린 독창성이 돋보인다. 건전지의 힘으로 버스가 달리는 것처럼 시각적인 연출을 한 것(그림 6). 이는 어떤 카피나 설명보다도 소비자에게 강한 임팩트를 줬다.

〈그림 5〉

〈그림 6〉

유니레버는 미국에서 새로운 세탁세제 '올 스몰 앤 마이티all small&mighty laundry detergent'를 출시하면서 '올 스몰 앤 마이티 클로즈 버스all small & mighty clothes bus'를 제작했다. 기존 세제보다 아주 적은 양을 사용하면서 모든 종류의 옷을 세탁할 수 있다는 제품의 특성을 알리기 위해 실제 옷으로 뒤덮인 버스를 만든 것(그림 7). 이 버스는 12일간 매일 8시간씩 뉴욕의 번화가를 돌아다니며 제품을 홍보했으며, 인터넷 카페와 블로그는 물론 각종 언론 보도를 통해 순식간에 확산됐다.

스포츠캐주얼화 브랜드 컨버스는 국내에서 '자이언트 컨버스카'를 만들어 마케팅에 적극 활용하고 있다. 자사 신발을 4,000배 규모로 확대해 대형 조형물을 만든 뒤 5톤 트럭에 싣고 전국 곳곳을 누비고 있는 것(그림 8) 특히 봄에는 알록달록한 사탕, 여름에는 선글라스, 겨울에는 털 귀마개로 컨버스카를 장식하는 등 계절에 맞춰 조형물에 변화를 주는 한편 각종 이벤트도 병행했다.

펩시는 새롭게 디자인한 펩시콜라 캔을 서울지하철 2호선 손잡이에 매단 것(그림9) 소비자와 직접적인 스킨십을 시도한 광고 형태다. 소비자가 사진을 찍어 인터넷을 통해 퍼뜨리고(입소문 효과), 언론 보도를 통해 대중에게 알려지는(퍼블리시티 효과) 등 2차 확산효과가 컸다.

〈그림 7〉

〈그림 8〉

〈그림 9〉

3) 이벤트와 퍼포먼스를 통한 마케팅

잠재고객이 많은 장소에서 재미있고 독특한 이벤트나 퍼포먼스를 펼치는 것도 슬림마케팅의 대안 중 하나다. 매스미디어 광고에 비해 노출되는 범위는 작지만 아이디어와 기획력이 탁월할 경우 적은 비용으로도 입소문을 유도해 큰 홍보 효과를 낼 수 있다. 물론 독특한 퍼포먼스는 언론 보도를 유발하기도 한다.

몇 년 전 5월 서울 도심에서 여대생 100명이 분홍색 스쿠터를 타고 단체로 도로를 달리는 이색적인 광경이 펼쳐졌다(그림 10). 프리챌이 온라인 게임 투워2WAR를 알리기 위해 여대생 홍보대사 '투워 라이더'를 모집한 것. 이들은 투워 로고가 새겨진 스쿠터를 타고 2개월 동안 서울 도심을 누비며 홍보를 펼쳤다. 프리챌 유영진 홍보팀장은 "남자를 대상으로 한 게임이지만 역발상으로 여대생을 참여시켜 큰 주목을 받았다"며 "이들이 무리 지어 스쿠터를 타고 달리는 자체가 큰 뉴스가 됐다"고 말했다.

팬택 계열의 스카이도 지난해 8월 우주선 모양의 휴대전화 '슈팅스타폰'를 알리기 위해 우주인 복장을 한 젊은이들이 반짝이는 스쿠터를 타고 신촌 · 대학로 · 강남역 등 서울 번화가를 질주하는 마케팅을 펼쳤다. 또 대형 쇼핑몰에 'UFO 애드벌룬'을 띄우고 우주복 차림의 모델들이 우주전쟁을 연상케 하는 퍼포먼스를 선보이기도 했다.

삼성전자는 몇 년 전 4월 서울 멀티플렉스 극장 2곳에서 하우젠 드럼세탁기의 새로운 CF 내용을 재현하는 퍼포먼스를 진행했다. 이 CF는 모델 한가인이 사랑하는 연인 대신 다이아몬드에 넘어가 다른 남자와 결혼식을 올린다는 내용. 영화 시작 직전에 스크린 앞에 갑자기 웨딩드레스와 턱시도를 차려 입은 연인이 나타나 이 CF를 패러디해 다이아몬드 반지로 프러포즈하는 상황극을 연출했다. 관객들은 실제 연인의 프러포즈로 착각해 박수를 치며 축하를 보냈으며, 이후 이벤트라는 사실을 알고 흥미롭다는 반응을 보였다.

〈그림 10〉

〈그림 11〉

1987년 오스트리아에서 선보인 기능성 각성음료 레드불Red Bull은 빠른 속도로 세계적인 유명한 브랜드가 됐다. 이 과정에서 슬림마케팅이 큰 몫을 했다. 레드불은 일반 대중을 대상으로 대량의 무료 샘플을 나눠주는 것이나 전통 매체를 통한 광고를 극도로 자제했다. 대신 자기 브랜드와의 적합성이 높은 잠재고객들이 모여 있는 필드field, 즉 현장을 누비면서 레드불에 대한 재미있는 경험들을 제공했다.

클럽이나 바에 레드불 빈 캔을 진열해 호기심을 불러일으켰고, 자연스럽게 새로운 음료 브랜드를 알렸다. 이 과정에서 운동선수와 연예인 등 오피니언 리더들에게 자연스레 노출되면서 강력한 입소문 효과를 낳았으며, 급기야 언론이 보도하면서 유럽, 미주 지역의 인기 브랜드로 자리매김했다.

레드불은 익스트림 스포츠를 후원하고 개최함으로써 목표 시장에 브랜드를 노출하는 브랜드로 손꼽힌다. 레드불 레이싱의 본사가 위치한 영국 밀턴케인스에 약 6만명의 관중이 모인 가운데 F1 챔피언인 세바스찬 베텔과 일곱 번 우승을 차지한 마크웨버를 만나기 위해 군중들이 모였다. 군중들 앞에서 챔피언들은 멋진 턴과 짧은 드라이빙을 선보였고 군중들은 이 모습에 환호와 감탄을 보냈다.

케이블TV드라마 채널로 유명한 HBO도 미니시리즈 '소프라노'를 홍보하면서 퍼포먼스를 이용한 마케팅을 통해 조기에 드라마 인지도를 높였다. 어느 날 아침 뉴욕 시내에 트렁크 속에 한쪽 팔을 내민 시체를 실은 택시가 여기저기 나타났다. 이를 본 사람들은 경악했고 이 사실을 주변 사람들에게 알렸다. 소문은 인터넷, 이메일, MSN을 통해 빠른 속도로 번져나갔다. 이는 HBO가 마네킹을 이용해 퍼포먼스를 한 것이었다. 언론 보도로 결국 소프라노의 존재는 삽시간에 대중에게 인식됐다.

4) 인터랙티브마케팅

기업의 일방적인 메시지에 더 이상 소비자들이 신뢰를 보이지 않으면서 소비자와 쌍방향으로 커뮤니케이션하는 '인터랙티브interactive 마케팅' 이 각광받고 있다.

지난해 서울 시내 주요 버스 정류장에는 코카콜라 자판기 모형이 설치됐다. 코카콜라가 새롭게 선보인 패키지 '어고 그립Ergo Grip' 을 알리기 위해 설치한 조형물이었다(그림11). 코카콜라는 단순히 새 패키지를 노출하는 데 그치지 않고 소비자가 세 가지 제품(코카콜라, 코카콜라 제로, 코카콜라 라이트) 가운데 선호하는 제품의 자판기 버튼을 눌러 '코크플레이 포인트' 를 받아가도록 했다. 소비자는 이 포인트로 코카콜라가 운영하는 온라인 사이트에서 온라인게임 · 음악 등 다양한 디지털 콘텐츠를 즐기는 것은 물론 휴대전화 요금까지 결제할 수 있었고, 코카콜라는 소비자들의 선호도를 파악할 수 있었다.

펩시는 최근 캐나다에서 주 타깃인 10대와 20대가 항상 MP3플레이어를 가지고 다닌다는 점에 착안해 소비자가 자신의 이어폰을 꽂으면 펩시만이 제공하는 노래를 들을 수 있는 이색 광고판을 지하철에 설치했다. 국내에서도 SK텔레콤의 음악포털 '멜론' 이 버스정류장에 직접 이어폰을 꽂아 음악을 들을 수 있는 광고를 실시한 적이 있다.

한국쓰리엠은 기존 제품보다 접착력이 강해진 '포스트잇 슈퍼스티키노트' 를 알리기 위해 한 달간 지하철 이벤트를 실시한 적이 있다. 지하철 3호선의 전동차 내부 벽면과 천장을 온통 포스트잇으로 장식했고, 승객들은 이 포스트잇에 가족이나 친구, 연인에게 보내는 메시지를 남겼다. 한국쓰리엠은 우수 메시지를 뽑아 선물을 제공했다.
이에 앞서 몇 년 전에도 한국쓰리엠은 신제품의 강력한 접착력을 알리기 위해 정동진으로 떠나는 기차 외부 벽면에 슈퍼스티키노트를 붙였다(그림 12). 정동진 소망여행에 참가한 승객들이 여기에 새해 소망을 써넣었다.

대상 청정원도 포스트잇을 이용한 광고판으로 인터랙티브 마케팅을 진행했다. 자사 모델인 배우 장동건의 모습을 담은 서울지하철 2 · 4호선의 인쇄 광고판을 포스트잇으로 만들어 시민들이 떼어갈 수 있도록 한 것(그림 13). 포스트잇 뒷면에는 쉽게 응용할 수 있는 각종 요리법을 적어 놔 소비자에게 큰 반응을 얻었다.

〈그림 12〉

〈그림 13〉

동화약품은 활명수의 새로운 인터렉티브 광고를 하였다. 활명수의 인터렉티브 광고는 CGV 영화관 주요 지점, 서울 시내 주요 버스정류장에서 만날 수 있었다. 광고는 기존의 단순한 인쇄 광고와 TV-CF 등의 이차원적인 광고를 벗어나 소비자가 직접 만지면 반응하는 쌍방향 커뮤니케이션 방식으로 설계됐다. 특히 현재 방영되고 있는 활명수 TV-CF의 연장선에서 광고를 제작한 것으로 모델 사진의 등 부분을 손바닥으로 두드리면 시원한 트림소리와 함께 '아, 살겠다' 라는 음성이 나온다. TV-CF는 남자 편, 여자 편 각각 2편으로 제작됐으며 과식을 해 '배불러 죽겠다' 고 말하는 남녀가 활명수를 마신 다음에는 '살겠다' 라는 밝은 표정을 짓는 내용이다. 소비자가 직접 터치하면서 참여를 할 수 있고 활명수가 소화에 도움이 된다는 것을 느낄 수 있도록 하는데 중점을 두어 생명을 살리는 물이라는 뜻의 활명수의 본원적 특성을 보여주기 위해 기획하였다(약업신문, 2011.12.13.).

5) 어필리에이션마케팅

어필리에이션마케팅affiliation marketing은 affiliation이 '관계를 맺다'의 의미를 가지고 있는 것처럼, 많은 돈을 들여 혼자의 힘으로 인지도를 확보하는 것이 아니라 남의 힘을 빌려 적은 비용으로 인지도를 높이는 전략이다.

스타벅스는 별도의 광고비를 투입하지 않고 파트너와의 협력을 통해 브랜드 인지도를 높였다. 메리어트 호텔과의 제휴로 메리어트 호텔 모든 체인에 입점해 호텔 고객들에게 자연스럽게 브랜드를 노출했다. 유나이티드항공과 제휴해 항공기 내에 스타벅스 커피를 제공함으로써 항공기 이용객들에게도 브랜드를 알렸다. 대형 서점인 반스앤드노블 매장에 입점해 책을 보러 왔다가 커피 한잔의 여유를 즐기고자 하는 고객에게 자연스럽게 다가갔다. 파트너 기업은 스타벅스가 입점함으로써 자사 고객에게 더 나은 서비스를 제공할 수 있다는 측면에서 마다할 이유가 없었다.

LG텔레콤은 은행 점포를 이용한 홍보 · 판매 전략으로 성공한 사례다. LG텔레콤은 SK텔레콤과 KTF처럼 지배적 브랜드 파워를 갖고 있지 않았기 때문에 대리점을 통해 자기 브랜드를 알리거나 막대한 자금력이 필요한 전통적 매체로 광고하는 것이 쉽지 않았다. 이런 상황에서 다른 기업의 매장을 홍보 및 판매장소로 활용한 것이다.

LG텔레콤은 은행이라는 공간을 통해 신용도가 높은 양질의 잠재고객에게 자사 브랜드와 제품을 알릴 수 있었다. 은행 입장에서도 무료하게 기다리는 방문고객에게 심심찮은 경험과 다양한 혜택을 준다는 측면에서 매력적인 방법이었다.

소비자트렌드 읽기 11-9

움직이고 소리나는 옥외광고 - 디지털 사이니지

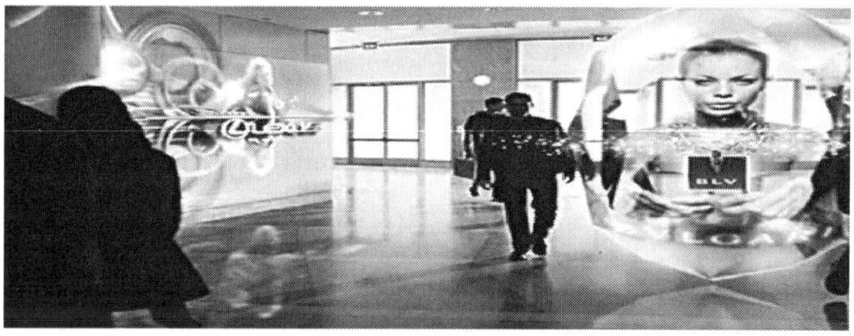

디지털 사이니지Digital Signage란 디지털 정보 디스플레이digital information display, DID를 이용한 옥외광고로, 관제센터에서 통신망을 통해 광고 내용을 제어할 수 있는 광고판을 말한다. 지하철 역사, 버스정류장, 아파트 엘리베이터, 은행 등 유동인구가 많은 곳에서 흔히 볼 수 있다.

현재는 단순히 동영상 형태에 소리를 곁들인 광고를 시간대별로 번갈아 노출하는 형식이 대부분이지만, 향후에는 모션인식이나 NFC(근거리무선통신) 등을 이용해 사용자와 쌍방향으로 통신하는 형식으로 점차 옮겨갈 전망이다. TV, 인터넷, 모바일에 이어 제4의 미디어로 주목받고 있다.

디지털 사이니지를 이야기할 때 흔히 드는 예가 영화 '마이너리티 리포트'다. 2054년을 배경으로 한 이 영화에는 홍채 인식으로 행인의 신원을 파악한 후 그에 맞는 개별 맞춤형 광고를 제공하는 옥외광고판이 등장한다. 예를 들어 30대 남성이 지나갈 때 광고판은 그가 좋아하는 맥주 광고나 관심을 보였던 자동차 광고를 내보낸다. 이러한 맞춤 광고를 통해 기업은 광고효과를 극대화할 수 있으며, 소비자는 무분별한 광고 공해에서 벗어나 필요한 정보만 얻을 수 있다. 그야말로 '누이 좋고 매부 좋은' 똑똑한 옥외광고다.

◇ 아웃도어 디지털 사이니지

현재 가장 흔한 디지털 사이니지의 유형 중 하나는 건물 외벽이나 전광판에 설치된 아웃도어 디지털 사이니지다. 방수 처리된 대형 LCD TV에서 TV CF와 비슷한 동영상 광고나 실시간 뉴스를 다룬다. 보통 중앙관제센터의 PC와 인터넷으로 연결되어 있으며, 이 PC에서 광고 교체 명령을 내리게 된다. 쌍방향 소통과는 거리가 먼 원시적인 형태지만, 일반 옥외광고처럼 사람이 광고를 일일이 교체할 필요가 없고 보는 재미가 있다는 점에서 의의가 있다.

건물 전체를 하나의 대형 디스플레이로 활용하는 미디어 파사드media Facade도 이 중 하나다. 미디어 파사드는 건물 외벽에 수천 개에서 수만 개의 LED 조명을 부착해 하나의 대형 전광판을 만들거나, 벽면에 빔 프로젝터로 영상을 투사해 만든다. 압구정 갤러리아 백화점, 시청역 삼성화재빌딩, 서울역 서울스퀘어 등이 대표적이다.

◇ 인도어 디지털 사이니지

대형 쇼핑몰 내벽에 설치하거나 입간판 형태로 만든 작은 디지털 사이니지도 있다. 단순히 아웃도어 디지털 사이니지의 크기만 줄인 미니 버전인 경우가 많지만, 터치스크린 방식의 키오스크kiosk를 채용해 사용자와의 적극적인 의사소통을 노리는 경우도 있다. 예를 들어 레스토랑 앞에 설치된 제휴카드 할인쿠폰 발급기나, 지하철 관련정보는 물론이고 인터넷전화까지 쓸 수 있는 지하철 '디지털뷰'가 여기에 해당한다. 최근에는 디지털 사이니지를 적용한 버스정류장도 늘어나는 추세다.

마이너리티 리포트의 광고판처럼 얼굴을 인식하는 디지털 사이니지도 등장했다. 일본에서는 행인의 얼굴을 카메라로 인식해 성별 및 나이대에 맞는 광고를 보여주는 디지털 사이니지가 상용화 단계에 놓여 있다. 글로벌 IT업체 인텔도 행인의 나이, 성별, 광고 주시 시간을 측정하는 디지털 사이니지 기술을 개발 중이다.

출처: IT 동아, 2012.04.03.

5. 마이크로마케팅

소비자들의 제품선호도는 인구통계적 특성뿐만 아니라 셀 수 없이 많은 영역들에 의해 결정될 수 있다. 마이크로마케팅micro-marketing은 소비자의 인구통계적 특성과 라이프스타일에 관한 정보를 활용해 시장을 나눌 수 있는 한 가장 작은 단위로 나누어 소비자의 욕구를 최대한 충족시키는 마케팅 전략이다.

이에 대해 인터브랜드의 대표인 데이브드 마틴은 이렇게 말하고 있다.

"우리가 실시한 조사결과 소비자 수요를 이끄는 것은 모두 '나에게 꼭 맞는' 제품에 관한 것이다. 이는 궁극적으로 모두에게 맞춤형 제품을 제공해야 한다는 것을 의미한다"

매스 마케팅의 대명사인 맥도날드가 왜 TV 광고 예산을 절반으로 줄였을까. 갈수록 세분화fragmented되고 있는 커뮤니케이션 경로에 효율적으로 대응하기 위해서다. 흑인들이 가는 이발소에 포스터도 붙여야 하고, 히스패닉이 좋아하는 음악채널에 히스패닉 출신 가수를 모델로 한 광고도 내보내야 하며, 주부들이 즐겨 찾는 인터넷 사이트에 배너도 띄우고 게임도 올려야 하기 때문이다.

바야흐로 마케팅은 '매스마케팅' 시대를 접고 '마이크로마케팅micro-marketing' 시대로 옮겨가고 있다.

1) 바이럴마케팅

마이크로마케팅의 대표적인 현상이 바이럴마케팅viral marketing이다. 인터넷의 커뮤니티와 블로그, 메신저와 미니홈피를 넘나드는 '코멘트' 들이 언론사나 방송사가 쥐고 있던 커뮤니케이션 파워를 빼앗아 가고 있으며, 메시지의 '통제' 가 아니라 바이러스처럼 퍼져가는 온라인 입소문 메시지를 누가 먼저 포착하고 '대응' 할 수 있느냐가 커뮤니케이션 역량의 지표가 됐다.

바이럴마케팅Viral Markting은 네티즌들이 이메일이나 다른 전파 가능한 매체를 통해 자발적으로 어떤 기업이나 기업의 제품을 홍보할 수 있도록 제작한 마케팅 기법을 말한다.

컴퓨터바이러스처럼 확산된다고 해서 이런 이름이 붙었다. 2000년 말부터 확산되면서 새로운 인터넷 광고 기법으로 주목받기 시작했는데, 소비자의 이메일을 통해 입에서 입으로 전해지는 광고라는 점에서 기본의 광고와 다르다.

– '리바이스' 청바지 바이럴마케팅의 사례

* 청바지를 입고 하늘을 난다? 믿겨지십니까? 청바지에 헬륨 가스를 집어넣고 하늘을 나는 기발한 모습을 연출한 리바이스광고이다. 이 동영상이 아무런 조작이 없이 모두 실제인지, 그렇지 않은지는 알 수 없다.

리바이스는 최근에 청바지를 독특하게 입는 법(점프를 해서 청바지 입기 등)을 담은 동영상 광고를 통해 많은 입소문을 유발하고 있다. 이번 광고 역시 색다르게 청바지를 입어 보는 법을 알려주는 UCC 기법의 동영상 광고를 통해 관심을 유도하고 있다. 이 광고는 유투브 youtube에 올려져 있는데 조회수가 현재 18만건이 넘고 있다(http://blog.naver.com/stussy9505).

– 기아 쏘울 '락'

최근 기아차가 쏘울의 노출을 극대화 시킬 목적으로 제작한 '기아 쏘울 락Kia Soul Rock' 바이럴 동영상이 인터넷에 공개되자마자 전 세계 네티즌들의 뜨거운 관심을 끌었다. '기아 쏘울 락Kia Soul Rock' 바이럴 동영상은 인터넷에 공개된 3주만에 45만 5천 건의 조회수를 기록하고 있고, 미국 및 유럽 등 주요 국가의 2만 7천 여개 이상의 블로그와 웹사이트들에 의해 '퍼담기' 되는 등 전세계 네티즌과 블로거들의 폭발적인 관심을 끌어 내는 결과를 낳았다.

동영상의 주제는 '기아 쏘울 락' 으로 자동차 쏘울을 이용해 춤추는 거인, 달리는 소울을 만들었다. 거대한 수출용 화물선에서 쏘울이 나오는 모습을 시작, 1,000여대의 쏘울로 만든 이 동영상은 미국과 유럽쪽에서 블로그에서 블로그로 퍼져 유튜브에 공개한지 2주만에 40만 건이 넘는 조회수를 기록했다. 전세계 소비자의 관심을 모으는데 성공한 바이럴마케팅 성공사례로 꼽힌다(http://blog.fbmkt.kr/19?top3).

2) 컬트마케팅

컬트Cult란 어떤 인물, 이념, 사물에 귀의하고, 헌신을 바치는 집단 또는 운동이다.

컬트 브랜드란 대중적으로 큰 성공을 거둔 대형 브랜드는 아니지만 다수의 열광하는 팬을 거느린 브랜드이다.

– 애플사 '아이팟' 의 컬트 마케팅 사례

요즘 전 세계적으로 가장 인기 있는 디지털 기기를 들라면 단연 '아이팟iPod' 일 것이다. 미국 '애플컴퓨터' 가 만든 MP3플레이어인데, 2001년 출시 이후 1억 개 이상이 팔렸다.

청소년들이 거의 광적으로 아이팟을 좋아하는 현상을 빗대 '컬트 브랜드(cult brand · 특정 브랜드를 신앙적으로 숭배한다는 뜻)' 라는 용어도 생겼다. 그러다 보니 아이팟이 갖는 첨단, 젊음, 혁신 등의 이미지를 차용하려는 시도들이 기업들 사이에서 활발해지고 있다.

패션업계에서 아이팟을 손쉽게 넣고 사용할 수 있는 옷들이 유행이다. 남성복 전문 브랜드 에르메네질도 제냐는 아이팟 전용 주머니가 달려 있고, 소매에 조작 버튼을 부착한 '아이재킷' 을 내놓았다. 리바이스는 지난해 가을 일명 '아이팟 청바지' 라 불리는 '레드와이어 라인' 을 출시했다.

BMW와 폴크스바겐, 포드 등도 젊은층을 겨냥한 모델에 아이팟을 사용할 수 있는 시스템을 채택했다. 특정 제품이 전혀 무관할 것 같은 다른 제품의 디자인과 기능까지 바꾸어 놓고 있다(조선일보, 2007, 07. 13).

6. 콜라보레이션마케팅

콜라보레이션의 Collaboration의 사전적 의미는 공동연구 또는 공동작업이다. 마케팅에서는 '합작' 이라는 의미를 가진 콜라보레이션은 의미 있는 융합을 통해 시너지를 창출하는 마케팅활동으로 활발히 추진되고 있다.

콜라보레이션의 효과를 제대로 보기 위해서는 양자의 합이 단순히 '1+1=2' 가 되어서는 안된다. 콜라보레이션의 핵심은 협업 당사자의 강점이 최대한 발휘되고 그 강점들이 서로를 잘 부각시켜줄 수 있어야 한다는 것이다. 협업은 궁극적으로 소비자들이 서로 호기심을 가질 만한 무언가를 만들어내야 한다. 또한 콜라보레이션은 기존에 갖고 있지 않았던 새로운 이미지를 흡수하여 목표하는 이미지를 만들어 내는데 있다.

- 패션계의 콜라보레이션

(출처: 한경닷컴 bnt뉴스)

미쏘니가 2013 S/S시즌 컨버스와의 콜라보레이션 제품을 선보였다. 특히 이 제품은 1970년대 제작되었던 컨버스 제품 조거의 실루엣을 그대로 살린 디자인에 명품브랜드 미쏘니의 감각이 더해졌다. 특히 이 슈즈는 울 패브릭 비스코스 소재의 섬세한 니트 짜임이 돋보인다. 에스닉한 미쏘니 특유의 감성에 명품 브랜드의 기술력이 돋보여 고급스럽다. 멀티컬러, 그레이 스케일 두 가지 버전으로 출시돼 이번 시즌 콜라보레이션을 기다린 마니아들을 설레게 하고 있다.

영국 런던의 대표 백화점 리버티와 프랑스 대표 러버 부츠 브랜드 에이글의 만남이 화제가 되고 있다. 리버티는 화사하면서 빈티지한 꽃 문양으로 영국을 대표하는 패브릭 브랜드로서 마니아들의 사랑을 한 몸에 받으며 마니아층을 형성 하고 있다. 특히 리버티는 프레드페리, 닥터마틴, 나이키, 벤시몽 등 다양한 글로벌 브랜드와 콜라보레이션을 진행해 왔다. 이번 에이글과의 콜라보레이션으로 기존 식상한 러버부츠에서 벗어나 플라워 패턴을 페이즐리 패턴으로 재탄생해 패피들의 관심을 한 몸에 받고 있다.

전 세계인이 사랑하는 시계 브랜드 시티즌에서 도요타 자동차와 콜라보레이션을 진행해 토요타 86 시리즈를 출시했다. 특히 두 브랜드는 높은 퀄리티와 친환경이면서 혁신적 기능으로 많은 사랑을 받고 있어 이번 콜라보레이션 결과에 많은 이목이 집중됐다. 도요타 86 시리즈는 도요타 자동차 컬러와 같은 레드, 블루, 블랙 포인트 컬러를 사용해 감각적이면서 세련된 감성을 반영했다. 특히 자동차 계기판을 닮은 독특한 스타일로 기존 도요타 자동차의 마니아들을 흥분시키기 충분했다(사진제공: 미쏘니, 에이글, 시티즌 by 갤러리어클락).

– 식품 분야의 콜라보레이션

롯데칠성음료가 '핫식스' 와 그래피티 아티스트 '산타Santa' 의 콜라보레이션을 적용한 '핫식스 라이트' 와 신제품 '후르츠에너지' 를 선보였다. 이번 콜라보레이션은 핫식스의 주요 고객인 청춘, 열정, 사랑의 젊은 세대를 위해 기획된 프로젝트로, 신선하고 위트있는 감각을 살린 그래피티 아트를 제품에 접목시켜 20~30대의 자유롭고 개성 넘치는 모습을 표현하고자 했다.

'핫식스 라이트' 에는 스카이블루 배경을 적용해 적은 카페인과 부드러운 맛을 연상할 수 있도록 했으며, 신제품인 '후르츠에너지' 는 핫핑크를 적용해 신선한 과일의 상큼함을 떠올릴 수 있도록 했다.

코카콜라사는 세계적인 디자이너 '장 폴 고티에' 와 콜레보레이션(협업)을 통해 코카콜라 라이트 리미티드 에디션(한정판)인 '데이Day', '타투Tattoo', '나이트Night' 3종 보틀bottle 제품과 '데이Day', '나이트Night' 2종 캔can 제품을 국내시장에 선보였다. '코카콜라 라이트' 는 2003년부터 세계적인 디자이너들과 콜라보레이션을 진행해왔다.

– 게임 시장의 콜라보레이션

게임업계가 게임 이용자들의 감성을 자극해 게임 몰입도를 높이는 것은 물론, 유명 뮤지션이 참여할 경우 화제가 되기도 하는 등 일거양득 효과를 거둘 수 있는 OST(오리지널 사운드 트랙)에 관심을 보이고 있다.

'엔트리브소프트' 는 실사형 온라인 야구게임 'MVP 베이스볼 온라인' 에서 홍보대사 윤하의 자작곡인 MVP(2013 프로야구 응원가)를 발표한다. 윤하의 신곡 'MVP' 는 대한민국 프로야구를 응원하는 내용을 담고 있으며, 유저들의 참여로 제작되는 뮤직 비디오도 함께 공개된다. 'MVP' 는 2013 value-up 업데이트를 통해 게임에 먼저 삽입돼 좋은 반응을 얻고 있다.

'빅스푼코퍼레이션' 의 3D 멀티타겟팅 MMORPG (다중접속역할수행게임) '레드블러드-용병의 시대(이하 레드블러드)' 는 홍보대사로 인기 가수 더원을 영입하고, OST 제작 등 다양한 활동을 펼칠 예정이다. 빅스푼코퍼레이션은 공개서비스 전까지 더원의 사진 촬영 이미지, 메인 테마곡 등을 모든 유저들이 감상할 수 있도록 '레드블러드' 공식 홈페이지를 통해 순차적으로 공개할 계획이다.

한국의 정상급 뮤지션들과 함께 OST를 제작하고 있는 ‘간드로메다’ 의 ‘웹삼국지2’ 도 있다. ‘웹삼국지2’ OST는 가수 배다해와 K2 김성면이 가창을 맡았으며, 이 밖에도 부활의 베이시스트 서재혁, 음악감독 이민규 등 초호화 뮤지션들이 OST 제작에 참여한다. 스마트폰 게임도 OST 제작 붐에 합류했다. 게임빌의 ‘이사만루2013 KBO(이하 이사만루)’ 도 출시를 앞두고 가수 정동하가 부른 OST를 공개했다. 주제곡 ‘Full Swing’ 은 정동하 특유의 락 가창력이 살아 있으면서도 ‘이사만루’ 의 긴장감 넘치는 상황을 강렬하게 표현한 곡으로 앞으로 게임 ‘이사만루’ 의 메인 곡으로 사용될 예정이다.

Part 4

소비자트렌드의 분석

Chapter 12 관찰법

Chapter 12

관찰법

소비자를 조사하는 방법은 매우 다양하나 크게 정성조사와 정량조사로 나눌 수 있다. 정성분석은 질적Qualitative, 정량조사는 양적Quantitative연구방법이다. 소비자트렌드에 대한 조사방법은 질적 조사방법이 많이 활용되는 경향이다.

본 장에서는 질적 조사방법 중 어떤 현상이 아직 완전히 정의되지 않은 문제에 대한 통찰을 제공하는 탐색조사에 초점을 두고 자세히 살펴보자.

최근 우리사회가 급속히 변화하고 또한 매우 다양해지고 있다. 이러한 상황에서 소비자의 생각, 행동, 관심을 알아내어 트렌드를 예측하기 위하여 많이 사용되는 방법의 하나가 소비자의 생활을 관찰하는 것이다.

관찰법을 이용하여 트렌드를 분석하는 방법은 크게 일반관찰, 참여관찰, 전문가를 통한 관찰, 타운워칭 등으로 나눌 수 있다.

이 장에서는 관찰법에 대해 자세히 살펴보자.

1. 소비자 조사방법

1) 정량조사

정량조사는 대체로 구조화된 질문지 또는 비구조화된 질문지나 서베이survey를 사용하여 조사한다. 조사목적에 부합되는 질문지나 조사표를 사전에 작성한 후 다양한 방법으로 조사를 하게 된다. 정량조사는 양적 조사를 하는 것이므로 질문지의 응답을 최종적으로 수량화하게 된다.

정량조사는 상대적으로 비용이 저렴하고, 조사기간이 짧으면서 통계적 검증이 가능해 조사결과를 일반화시킬 수 있는 장점이 있다. 때때로 시장규모나 지불가능가격, 구매빈도, 매장 선호도, 시장점유율 등 수치화된 결과를 원할 때 널리 활용된다.

그러나 응답자의 기억과 말에 의존하기 때문에 잠재수요 발굴에는 한계가 있다. 특히 소비자들이 특정 제품군이나 브랜드를 선호하는 이유, 해당 제품이 소비자 생활에서 담당하는 역할, 제품에 대한 총체적 경험 등에 대해서는 답을 찾기가 매우 어렵다. 즉 소비자의 심층적 사고와 감정을 파악하는 데는 한계가 있다.

조사방법에 따라서는 직접조사, 전화조사, 우편조사, 온라인조사 등이 있다.

2) 정성조사

일정한 틀을 사용한 질문이 아닌 개방형 질문open이나 다른 방법을 통해 응답자의 태도, 감성, 제안 등을 찾아내는 조사를 말한다.

정성조사 결과는 통찰력과 단서를 제공해 주는데 유용하다. 직접적인 질문으로는 쉽게 응답하기 어려운 소비자행동의 밑바닥에 깔려있는 원인과 이유를 알고자 할 때 적합하다. 즉 소비자들이 잘 모르거나, 명확하게 표현해내지 못하거나, 쉽사리 인정하기를 꺼려하는 동기들을 찾아내고자 할 때 주로 사용한다.

그러나 정성조사는 적은 수의 사람들을 대상으로 하기 때문에 시장전체를 대표할 수 없다는 한계점을 가지고 있다. 따라서 조사 설계에서부터 결과 분석에 이르기까지 신중을 기해야 한다.

먼저 정량조사와 정성조사의 각 특징을 비교해 보면 〈표 12-1〉과 같다.

표 12-1 | 정성조사와 정량조사의 비교

구 분	정성조사(Qualitative)	정량조사(Quantitative)
목적	잠재적인 이유와 동기를 밝혀내기 위한 정성적인 이해의 모색	(전체)타겟에서 추출한 조사대상자의 응답(결과)을 수량화 및 일반화
샘플	(전체 타겟 중)대표성 확보되지 않은 소수	(전체 타겟 중)대표성 확보된 다수의 응답자 추출
데이터 수집	비체계적(Unstructured)	체계적(Structured)
데이터 분석	통계기법 비사용	통계기법 사용
결 과	초기 단계의 이해	최종 단계의 이해

3) 정성 · 정량조사와 소비자트렌드 분석

트렌드는 대부분의 사람에게 있어 동질적인 욕구나 심리적 이유 등이 내재하면서 오랫동안 지속되는 것을 말한다. 이 같은 특성을 가진 트렌드를 정량조사를 통해 분석하기란 쉽지 않다. 트렌드 자체가 질적인 개념이므로 트렌드 조사는 주로 정성조사, 즉 질적 조사방법을 사용하는 것이 보통이다.

그렇다고 양적 조사방법으로 소비자트렌드를 분석하지 못한다는 의미는 아니다. 정량조사를 통해 소비자트렌드를 분석하고자 할 경우 정성조사 방법을 적절히 병행함으로써 종합적인 결과를 얻는 것이 바람직하다고 할 수 있다.

최근의 경향이 트렌드의 질적 속성, 특정 계층이나 집단의 분석에 치중하고 있고, 특히 소비자 감성과 체험이 중시되면서 정성조사의 중요성이 더욱 커지고 있다.

그림 12-1 | 소비자조사방법의 분류

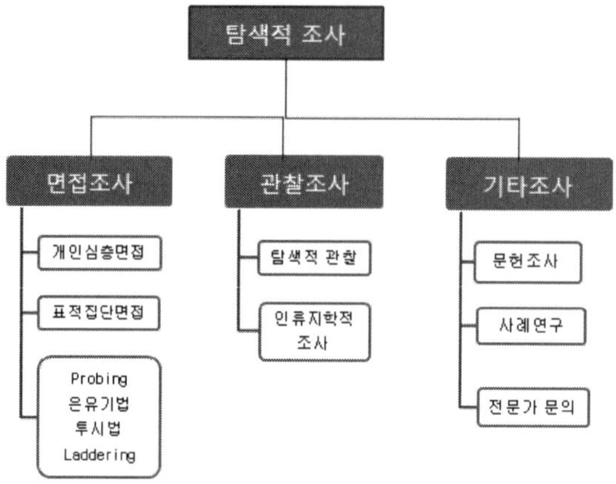

소비자트렌드 읽기 12-1

느낌의 무게를 잰다…감성의 과학화

아날로그 감성이 제품의 차별화 요소로 떠올랐다. 글로벌 기업들은 감성을 제품의 품질을 결정하는 한 요소로 인식하고 소비자의 감성을 만족하는 제품을 개발하기 위해 노력하고 있다. 이런 노력은 감성을 측정하는 '감성의 과학화' 단계로 나아가고 있다.

'감성의 과학화'는 식품산업에서 시작됐다. 2차 세계대전 이후 식품산업의 관심이 영양가에서 맛으로 바뀌면서 기업들은 인간의 감각을 깊이있게 연구해 제품 개발에 적용했다. 최근에는 센서 기술과 데이터 분석기술이 발달해 인간의 감성을 더욱 체계적으로 측정하고 해석할 수 있게 됐다.

식품 기업은 맛을 수치화하고 표준화해 식품 품질을 체계적으로 관리한다. 맥도날드는 식자재를 외관, 질감, 냄새 등의 항목으로 나눠 9점 척도로 패널 평가를 하고 기준에 미달하는 것은 공급받지 않는다.

화장품 기업은 피부가 느끼는 촉감을 분석해 제품 개발과 마케팅에 활용한다. '촉촉하다', '끈적하다' 등의 표현을 광고에 적용하기도 한다. 화장품 원료를 생산하는 기업은 원료가 피부에 닿는 느낌을 수치화해 화장품 기업을 상대로 한 영업에 활용한다.

제너럴모터스GM는 실내 디자인을 할 때 3차원 인체 모형 실험을 한다. 이 실험을 통해 운전대와 페달 등을 어떤 위치에 놓았을 때 운전자가 가장 편안한 자세를 취할 수 있는지를 알아낸다. 전자식 브레이크를 밟을 때도 기계식 브레이크와 비슷한 느낌을 받을 수 있도록 설계한 자동차도 있다.

스마트폰 등 모바일기기에 적용된 터치스크린과 필기인식 기술도 사람의 손동작을 분석해 만들어낸 것이다.

감성의 과학화 시대를 앞서가기 위해서는 우선 데이터를 꾸준히 축적하고 분석하는 작업이 필요하다. 또한 제품의 성능과 감성적 요소를 결합할 수 있는 관리 체계를 구축해야 한다. 감성의 과학화는 기본적으로 인간을 이해해야 가능한 일이다.

출처: 한국경제, 2012, 10. 25

2. 일반관찰

일반관찰은 어떤 사건이나 유기체의 행동을 있는 그대로의 자연스러운 상황에서 관찰자의 통제, 개입, 방해 없이 관찰되기 때문에 비참여관찰이라고도 한다. 일반관찰을 적용범위는 한 개인의 행동에 국한되는 것이 아니라 하나의 사회나 문화권 전체의 현상으로까지 확대될 수 있다.

일반관찰은 다음과 같은 특성을 가지고 있다.

① 관찰은 관찰대상이 되는 행동 범위가 제한이 없는 자유로운 환경에서, 있는 그대로를 볼 수 있는 환경에서 이루어져야 한다.

② 관찰은 자연스럽게 일어나는 사건이나 행동이 관찰자에 의해서 방해를 받거나 직접 조작되어서는 안 된다. 관찰대상이 자신이 관찰당하고 있다는 것을 알면 행동이 평상시와는 달라질 수 있기 때문이다.

1) 일반관찰의 주요 기법

널리 쓰이는 주요 관찰법은 다음과 같다(동아비지니스리뷰, 2010. 4)

표 12-2 | 주요 관찰 기법

명칭	구체적방법	조사목적
Town Watching	거리관찰 및 행인 인터뷰	특정집단의 트렌드, 동선, 방문지점 이해
Video Ethnography	고정비디오카메라촬영	제품 활용행태나 구매행태의 관찰로 요구 발견
POP	관찰 및 판매원 인터뷰	매장환경 및 고객구매행태 관찰을 통한 요구 발견
Shadow Tracking	이동상황의 소비자관찰 및 인터뷰	이동상황과 관련 제품 활용행태 이해 및 요구 발견
Home Visiting	가정 내에서 소비자 관찰 및 인터뷰	가정 내 상황과 관련 제품 활용 행태 이해 및 요구 발견
Photo Diary	응답자가 일상의 장면을 직접 촬영 및 기록	사용자의 라이프스타일 및 심리적 태도 이해
Peer Shadowing	소비자, 지인 등이 관찰 기록	조사자가 따라다닐 수 없는 부분 가능

(1) 섀도 트래킹

섀도 트레킹Shadow Tracking은 소비자의 생활상, 제품 사용 패턴, 응답자의 이동 경로에 따른 행동 특성을 파악하기 위해 소비자의 일상생활을 동영상 촬영을 통해 관찰하는 방식이다. 새로운 제품이나 서비스 기회를 파악하기 위해, 혹은 실제 사용자의 요구를 깊이 있게 파악하고자 할 때 주로 사용한다. 실험 참가자가 퇴근하는 순간부터 지하철에서 휴대폰으로 게임을 하고, 서점에서 책을 고르고, 잡화점에서 생활용품을 사고, 백화점에서 옷을 고르고, 카페에서 기간을 보내고, 레스토랑에서 친구를 만나는 모습 등을 촬영하는 식이다.

(2) 피어 섀도잉

피어 섀도잉Peer Shadowing은 조사자가 기록하는 일반 섀도 트래킹 기법과 달리 소비자 본인이나 그 친구, 가족 등 지인들이 특정 소비자의 행동을 관찰, 기록하는 방법이다, 조사자가 따라다닐 수 없는 부분까지 촬영할 수 있고, 소비자가 심리적으로 편안함을 느끼기 때문에 신뢰성이 높은 자료를 수집할 수 있다. 다만 조사 주체가 비전문가여서 이들은 체계적으로 훈련시키는 일이 중요하다. 때문에 사후 인터뷰나 FGIfocus group interview를 병행해야 행동에 대한 이유 및 동기를 더욱 잘 파악할 수 있다.

(3) 타운 워칭

타운 워칭Town Watching은 소비자 집단의 라이프스타일 및 트렌드를 파악하기 위해 그들을 만날 수 있는 장소에서 관찰과 인터뷰를 진행하는 방식이다. 거리의 행인이나 매장을 주로 관찰하는 식이다. 상품 기획 단계에서 활용되는 조사로 소비자들의 특성 및 성향을 이해하고 제품 포지셔닝이 적절한지 정확하게 파악하고자 할 때 사용한다.

(4) 비디오 에스노그래피

비디오 에스노그래피Video Ethno-Graphy는 특정 제품이나 환경에 대한 소비자의 사용 행태를 한 지점에 카메라를 고정하여 기록하고 관찰하는 방식이다. 가전제품 등 기존 제품 사용상의 문제점을 파악하거나 식품매장 등 특정 환경에서 소비자가 느끼는 문제점을 파악하여 이를 개선하거나 새로운 아이디어를 도출할 때 활용한다.

가정에서 냉장고를 사용하는 방식을 관찰하기 위해 식탁, 냉장고, 조리대 등이 보이는 지점에 카메라를 설치하여 시간대별로 소비자들이 생활 속에서 냉장고를 어떤 식으로 사용하는지를 관찰하는 식이다. 대형 할인 매장의 주요 지점에 몇 대의 카메라를 설치하고 다수의 사람들이 매장을 어떻게 이용하는지를 관찰한 후 제품 디스플레이나 판매대의 위치 등을 개선하는 데 활용할 수도 있다.

(5) 가정 방문

가정 방문Home Visiting은 조사 대상 가구를 방문하여 집안 환경을 관찰하고 가족 구성원과의 인터뷰를 통해 가족 구성원들의 라이프스타일 및 제품 사용 행태를 파악하는 방식이다.

세탁기 사용과 관련해 세탁실은 주로 어디에 있는지, 세탁기 주변에 어떤 물건들이 놓이는지, 세탁물은 얼마인지를 관찰하고, 사용상의 불편한 점, 개선요구 사항 등을 인터뷰할 수 있다. 면담실에서 진행하는 심층면접과 달리 사용상황을 직접 관찰할 수 있고, 소비자가 좀 더 편안하게 제품을 직접 사용하는 순간에 떠오르는 생각들을 포착할 수 있다는 장점이 있다.

(6) POP

POPPoint Of Purchase는 매장 관찰 및 판매원 인터뷰를 통해 매장환경을 분석하고 고객의 구매행태를 관찰함으로써 문제점을 발견하는 방식이다. 매장환경 개선 및 소비자 구매행태를 통한 상품판매 전략수립에 사용된다.

(7) 온라인 일기

온라인 일기는 개인의 중요한 생활 이야기를 개인적 관점에서 기록하는 방식이다. 일상생활에서 제품 및 서비스 이용경험에 대해 소비자가 스스로 내용을 작성하고 이미지를 기록한다. 소비자의 일상적인 라이프스타일 전반에 대한 구체적인 제품 사용 및 서비스 이용에 대한 경험정보를 얻을 수 있다. 생활전반에 걸친 특성을 이해하고 요구를 파악하고자 할 때 사용한다.

2) 일반관찰의 기록

일반관찰법은 가장 역사가 오래된 연구방법임에도 불구하고 관찰을 할 때 관찰자가 현장에 있음으로 인해 생기는 인위성과 기록한 결과의 신뢰성 및 객관성 등이 관찰연구 결과의 신뢰성과 타당성을 보장하지 못한다는 비판을 받아왔다.

그러나 녹음기의 개발로 관찰자가 관찰현장에 있음으로 해서 관찰대상자들의 행동이 부자연스럽거나 의도적으로 변화하는 문제를 해결할 수 있게 되었다. 또한 비디오 카메라의 개발로 관찰자가 관찰현장에 있어서 발생한 문제와 짧은 순간에 일어나는 현상들을 놓치지 않고 정확하게 기록하는 문제들이 해결 되었고, 개인관찰 뿐 아니라 대규모 집단까지 확장되었다.

관찰에서 중요한 것은 최초로 관찰장면을 보았을 때 받을 수 있는 선명한 첫인상이나 느낌을 기록해야 한다. 반복적인 관찰장면을 보게 되면 무감각해지거나 적응되어 무심코 흘려버릴 경우가 많기 때문이다. 첫 번째 관찰에서 얻은 기록은 전체를 파악하는데 매우 중요한 자료가 된다.

3) 일반관찰을 할 때의 유의점

관찰을 할 때는 다음과 같은 점을 유의해야 한다.

① 방해없는 관찰

인간행동의 연구에서 특정 관찰대상을 계속적으로 추적해야 하므로 관찰대상의 행동에 영향을 미친다. 이런 경우 관찰대상자가 관찰자를 생활환경의 일부로 신경 쓰지 않고 자연스럽게 행동할 수 있을 정도로 적응하는 것이 필요하다.

② 집단 관찰

관찰대상이 집단인 경우 집단에 속한 모든 관찰대상의 모든 행동을 추적하여 기록하는 것이 어려울 수 있다. 이 경우 비디오카메라로 녹화한 테잎을 반복적으로 분석하는 방법이 효율적이다. 그러나 비디오카메라로도 관찰되지 않는 부분이 있을 수 있고 관찰대상에 가려져 카메라에 잡히지 않는 경우도 있을 수 있다.

③ 관찰대상 행동의 명세화

관찰에 앞서 목적을 명확히 하고 무엇을 관찰할 것인지 신중하게 고려해야 한다. 관련문헌을 세밀히 고찰한 후, 관찰할 대상행동을 분명하고도 자세하게 세분화하는 명세화 작업을 한 후에 관찰을 시작하는 것이 효율적이다.

④ 오류 줄이기

일반관찰에서 나타날 수 있는 오류는 기술적 오류, 해석적 오류이다.

- 기술적 오류 :

  하나의 행동유형을 다른 유형으로 분류하거나 특정 행동의 출현을 보고하지 않는 것으로 충분한 훈련과 경험이 쌓이면 충분히 배제할 수 있는 오류이다.

- 해석적 오류 :

  초보자뿐만 아니라 노련한 관찰자도 범할 수 있는 오류로, 관찰행동에 대한 해석을 하는데 있어 나타나는 오류이다. 이는 하나하나의 행동을 낱개로 보고하고 왜 그런 행동이 있었는지 설명하려 하지 말아야 한다. 즉 대상행동들을 분류하여 나름대로의 행동집합을 만들지 않으려고 노력함으로써 줄일 수 있다. 모든 해석이나 원인에 대한 분석은 관찰이 끝난 후에 객관적으로 진행되어야 한다.

소비자를 관찰함에 있어 전문가를 통한 관찰이 있다. 이 방법은 트렌드 리더trend leader, 또는 전문지식이 있는 소비자가 관찰을 하도록 하는 기법이다. 전문가 수준의 지식을 보유하고 있거나 트렌드 리더의 역할을 하는 특정 소비자를 모니터로 선정한다. 모니터들은 자신의 일상적인 생활 속에서 주변인들의 행동을 관찰하거나 의견을 수집하여 보고한다. 이들은 소비자와 관찰자의 역할을 동시에 수행하므로 시장조사자가 일방적으로 관찰하는 것보다 더욱 현실적인 결과를 도출할 수 있다.

4) 일반관찰의 예

- 사례 1 : 뱅크 오브 아메리카

2005년 뱅크 오브 아메리카Bank of America는 '잔돈을 저축하세요' 라는 이름의 새로운 저축계좌 서비스를 출시했다.

이는 고객을 관찰한 결과 사람들이 현금으로 물건 값을 치룬 후에 남은 거스름돈을 집에 있는 저금통에 넣는다는 사실을 발견했다. 사람들은 보통, 저금통이 가득 차면 동전을 은행에 갖고 와서 저축한다. 많은 사람이 동전을 모으는 것이 아주 간편한 저축방법이라고 생각하는 것이다.

뱅크 오브 아메리카는 소비자의 이런 습관을 이용한 현금카드 계좌를 출시했다. 현금카드로 물건을 구매하는 고객들이 물건 값을 계산할 때 전체 금액 중 달러 이하의 단위를 반올림해서 결제하고 나머지 잔액은 계좌에 저축할 수 있는 상품을 개발한 것이다.

별 어려움 없이 조금씩 저축하려는 본능적인 욕망을 정확하게 겨냥한 덕에 이 서비스는 성공을 거둘 수 있었다. 이 계좌는 수많은 사람들이 이미 갖고 있는 행동패턴을 관찰하여 만들어진 만큼 이 계좌를 이용하는 고객들은 편안한 기분을 느낀다. 뱅크 오브 아메리카는 고객이 첫 3개월 동안 적립한 거스름돈의 액수가 연간 적립금액의 5%가 되도록 한도를 정했다(연간 최대저축금액은 250달러). 이 상품에 흥미를 느낀 고객들은 계좌를 개설했다. 하지만 진짜 중요한 것은 감정적인 요인이었다. 매달 특별한 노력도 없이 돈이 모이는 것을 지켜보는 고객들이 만족을 느낀 것이다.

이 상품은 출시한 지 1년도 채 되지 않아 가입고객이 250만 명으로 늘어나고 70만 개의 당좌예금 계좌와 100만 개의 저축계좌가 새로 생겼다. 현재 이 상품의 가입자 수는 500만 명에 달하며 총 예치금액은 5억 달러를 넘어섰다. 이 사례는 소비자실제 생활의 관찰을 통한 새로운 사고가 고객에게는 혜택을 주고 기업에게는 사업상의 가치를 창출할 수 있다는 것을 보여준다(동아 비즈니스 리뷰, 2008, 11권, P. 39).

- 사례 2 : 현대카드

현대카드의 의뢰를 받은 아이디오(IDEO : 세계적인 디자인 컨설팅회사임)는 먼저 한국 소비자에 대한 관찰조사를 실시했다. 조사결과에 따라 '일과 놀이', '휴식time-out필요' 등 한국문화의 7가지 키워드가 도출됐다. 이 키워드를 기반으로 다시 카드이용자의 구체적인 사용행태를 관찰하였다.

그 결과 최종적으로 20가지의 디자인 및 전략 가이드를 뽑아냈다. 현대카드 관계자는 "흔히 현대카드의 성공원인을 '예쁜 디자인'으로 돌리는데. 그보다는 철저한 과학적 조사의 실시를 바탕으로 했기 때문에 '티파니 박스 속의 과학' 이라고 표현하는 것이 맞다" 고 말했다.

티파니 박스 속의 과학science in a tiffany box : 카드 소비자의 시선을 끄는 것은 겉으로 보이는 화려한 디자인의 '마케팅' 이지만 진짜 가치를 창조하는 것은 그 안에 든 '금융의 과학' 즉 data의 승리라는 뜻임.

현대카드가 1차적으로 실행한 전략 중 가장 대표적인 것은 신용카드를 지갑에 꽂았을 때 회사 이름이 포켓 위로 올라와 보이게끔 한 디자인이다. 이것은 여러 종류의 신용카드를 지갑에 넣고 다니지만, 습관적으로 한 가지 카드만 쓰는 한국인의 사용행태를 바꾸기 위한 것이다. 다시 말해 지갑 안에 다른 카드들을 제치고 눈에 띄어야만 주인의 선택을 받을 가능성이 높아지기 때문이다. 카드 모양이 눈에 띄게 예뻐야 습관적 사용의 '벽' 을 넘을 수 있다. 이후 경쟁사들은 서둘러 현대카드의 디자인을 모방했다. 현대카드는 최근 두께가 1mm도 안 되는 신용카드 테두리를 오렌지색으로 칠해 더욱 눈에 띄는 디자인을 만들어 냈다.

디자인을 획기적으로 바꾼 요금청구서도 고객의 니즈를 디자인에 적극 반영한 사례다. 현대카드가 소비자 이용행태를 관찰한 결과 "카드 청구서에서 가장 먼저 알고 싶은 것은 총 사용금액이 얼마인가다. 그런데 보통 총액은 세부내역 아래에 작은 글씨로 나와 찾기가 불편하다" 는 반응이 많았다. 회사는 즉시 총 사용금액을 큰 글씨로 표시하고 세부내역은 뒷면에 정리한 새로운 청구서가 개발되었다.

그림 12-2 | 현대카드의 디자인과 고객 수 변화

소비자트렌드 읽기 12-2

미래생활 사전

이 책은 '미래에는 과연 우리들이 어떤 용어들을 사용하고 있을까?' 라는 의문에서 출발하고 있다. 저자는 애덤 한프트와 페이스 팝콘으로, 단순 나열식 가나다순 용어 해설에 그치는 기존 사전의 통념을 깨고 급속하게 발전하는 21세기 사회현상에 대한 새로운 미래 예측서다.

애덤 한프트Adam Hnaft는 마케팅 및 광고 분야의 전문가로서 "일회용 라이터 빅을 켜라!Flick Your Bic!" 라는 유명한 광고 카피를 만든 장본인이자 'Harnft Byrne Raboy & Partners' 창립자이자 'Worth' 의 자유기고가 이며 'Civilization' 의 편집 고문으로 활동한 바 있다. 현재 뉴욕 주 샌즈 포인트에 거주하고 있다.

페이스 팝콘Faith Popcorn은 고급 세단이 주류를 이루던 시절, 레저여행용 '4륜구동 자동차' 와 '가정배달업' 의 유행을 예견한 것으로 유명한 페이스 팝콘은 일시적인 '유행' 과는 다른 '트렌드' 에 주목했다.

트렌드란 사람의 마음을 움직이는 방향이며 적어도 10년 간 유지되는 것이라는 명확한 인식을 바탕으로 비즈니스의 지표를 삼아야 한다고 주장해 왔다. 1974년 설립한 컨설팅회사 '브레인 리저브' 는 10대 소녀부터 대기업 총수까지 5,000여 명의 튀는 사람들의 라이프 스타일을 확보한 '탤런트 뱅크Talent Bank' 를 바탕으로 운영하고 있다.
마케팅 자문회사인 '브레인리저브' 의 대표이고, 지은 책으로 〈팝콘 리포트〉, 〈클릭! 미래 속으로〉 등이 있다.

저자들은 문화, 예술, 비즈니스, 정치, 과학 등 21세기에도 여전히 유효한 인간의 테마를 35개로 나누고 분야별 총 1,200개의 미래생활 키워드를 제시하고 있다.

1. 노화
2. 건축, 예술, 디자인
3. 생물학과 생명공학
4. 어린이와 가족
5. 대도시와 소도시
6. 컴퓨터
7. 기업
8. 범죄와 테러리즘
9. 인구통계학
10. 경제 변화
11. 교육
12. 환경
13. 패션과 스타일
14. 공포, 좌절, 욕망
15. 수사적 표현
16. 음식과 식도락
17. 정부, 정치, 국제 관계
18. 건강과 의학
19. 가정과 정원
20. 인터넷
21. 마케팅과 소비자 경제
22. 미디어와 오락
23. 수식어, 접두사, 접미사
24. 새로운 행동양식
25. 신종 직업
26. 새로운 구조와 연구
27. 사금융
28. 자선사업과 비영리단체
29. 프라이버시
30. 종교와 영성
31. 우주
32. 스포츠, 레저, 레크리에이션
33. 과학 기술
34. 텔레커뮤니케이션
35. 교통 수단

5) 소비자의 신체적 반응 관찰법

의료 장비의 발달로 마케팅 조사 부문에서도 마케팅 자극에 대한 소비자들의 신체적인 반응을 직접 포착하여 측정하는 일이 가능하다. 눈은 마음의 창이다. 소비자의 시선이 어디로 향하는지를 관찰함으로써 그 사람이 관심을 갖고 있는 사안이 무엇인지 알 수 있다. 첨단 의료 장비를 이용하여 뇌의 활성화 정도를 파악하여 광고나 브랜드 등 마케팅 자극에 대한 미묘한 심리적 반응을 포착할 수도 있다.

주요 신체 반응 관찰법의 예는 다음과 같다.

(1) 뇌 영상 촬영 기법

뇌 영상 촬영 기법은 뇌 영상 장치를 이용해 소비자의 뇌세포 활성 정도를 측정하여 소비자 심리 및 행동을 이해하고자 하는 조사 방법이다.

기능적 자기공명영상fMRI는 뇌가 활동할 때 혈류의 산소 수준 신호를 반복 측정하여 뇌가 기능적으로 활성화된 정도를 파악하게 해준다. 먼저, 참여자의 관심이 있는 뇌 영역에 대해 초기 촬영을 한다. 두 번째로 광고 영상을 보거나, 브랜드를 떠올리게 하는 등 마케팅 자극과 관련한 인지 과정을 참여자가 수행하는 동안 동일한 부분의 뇌 영상을 촬영한다. 두 번째 영상에서 첫 번째 영상을 제외하면, 자극을 통해 활성화된 뇌 영역을 보여준다. 다만 이때 피험자가 시끄럽고 갑갑한 장치 안에 누워 있어야만 하고, 비용도 많이 드는 단점이 있다.

(2) 시선 추적 조사

시선 추적 조사Eye Tracking는 동공의 움직임과 동선을 추적하여 고객 탐색 반응을 계량적으로 수치화하는 방법이다. 시선의 움직임을 분석하여 구매 및 서비스 이용 시 매장 동선을 최적화하고, 효과적인 디스플레이 방안을 도출하고, 판촉물 제작 시 콘텐츠의 효과적 배치와 가독성 증대 등을 위해 사용한다. 마트나 편의점의 물품 배치와 디스플레이, 자동차나 비행기의 내부 설계, 가전제품 디자인 등에 주로 쓰인다.

한 소매업체에서는 제품 매장의 동선 및 디스플레이를 개선하기 위해 카메라와 동공 추적장치가 내장된 휴대형 무선 헤드셋을 통해 고객 시선과 동선을 파악했다. 이 회사는 참석자들에게 매장 사용 임무를 준 후 참석자들의 동공 움직임, 동선, 대화 등을 기록했다. 실험 후에는 심층면접을 실시했다. 그 결과를 매장 리모델링 및 신규 매장설계에 활용해 큰 성과를 냈다. 소비자가 매장을 출입할 때 가장 먼저 눈이 가는 부분을 파악하고, 이에 집중적으로 신경을 쓴 결과이다.

소비자트렌드 읽기 12-3

"소비자 뇌를 읽어라" 감성본능 자극하는 '뉴로마케팅'

코카콜라와 펩시콜라를 눈을 가리고 마시게 하면 소비자의 기호는 거의 반반이다. 그러나 상표를 보여주고 뇌를 촬영하면 정서나 기억, 학습을 담당하는 부위가 불이 켜지듯 반짝하며 반응한다. 결국 소비자들은 맛보다는 브랜드 이미지를 보고 무의식적으로 콜라를 선택한다.

2005년 미국의 포천지(誌)는 뉴로Neuro마케팅을 10대 기술 트렌드로 선정한 바 있다. 뉴로마케팅이 부상한 것은 기능성자기공명영상fMRI이란 뇌(腦) 영상장치 덕분이다. fMRI 영상은 뇌의 특정부위가 활동하면서 혈액이 모이는 현상을 마치 불이 켜지는 것처럼 보여준다. 때문에 제품이나 광고 사진을 모니터로 보여주면서 동시에 fMRI로 뇌를 촬영하면 소비자의 무의식적 반응을 금방 파악할 수 있다.

이 덕분에 다임러크라이슬러는 소비자들이 스포츠카를 볼 때 사회적 지위와 보상을 연상한다는 사실을 알아냈다.

켈로그는 여성들이 식품광고를 보면서 배고픔을 해소하면서도 날씬해지고 싶어 하는 상반된 감정을 파악했다.

스포츠카 광고가 힘 · 섹스 · 생존과 같은 원초적 욕망을 자극하는 것도, 켈로그의 도넛 광고가 저(低)지방을 직설적으로 강조하지 않고 날씬한 다리를 보여주는 것도 바로 소비자의 뇌를 읽었기 때문이다.

현재 포드, GM, P&G 같은 제조업체부터 영국의 복권운영기관인 카멜롯까지 다양한 기업들이 fMRI를 이용한 뉴로마케팅을 제품 디자인과 광고에 적용하고 있다.

출처 : 조선일보, 2006. 9. 21.

3. 참여관찰

질적 연구의 핵심이 되는 방법으로 관찰자가 소비자들의 일상생활 속에 함께 들어가서 행동과 그 배경을 체계적으로 관찰하는 기법이다. 소비자는 조사자가 관심이 없을 것이라고 판단하고 이야기하지 않거나 자신이 원하는 바를 분명히 표현하지 못하는 경향이 있는데 참여관찰법은 이러한 한계를 극복 할 수 있다. 참여관찰은 민속학적ethnography 연구에서 출발하였다.

1) 참여관찰의 구성

① 관찰자

- 참여관찰자는 관찰하기 원하는 문화권의 언어, 습관, 분위기 등을 익혀야 한다.
- 관찰결과의 신뢰도를 증가시키기 위해서는 몇 사람의 관찰자가 동시에 하나의 상황을 관찰하고 기록한 후 이 기록을 비교분석해 보고 추론한 결과에서 관찰자간의 일치정도를 살펴본다. 서로간의 불일치는 반복적인 훈련에 의해서 해결할 수 있다.

② 관찰기간

짧게는 한 번의 제한된 관찰로 끝날 수 있고 수년간에 걸친 관찰이 진행될 수도 있다.

③ 관찰현장의 선정

관찰현장에 대한 표집방법은 무선random표집이나 체계적structural표집을 하지 않고 조사의 고유성이나 특수성을 고려해서 의도적purposive표집법 혹은 편의적convenient표집법을 적용한다. 이러한 표집방법은 대표성이 부족할 수 있기 때문에 결과를 해석하는데 주의가 필요하다.

* 의도적 표집 : 모집단에 대한 연구자의 사전지식을 바탕으로 표집하는 것으로 판단표집이라고도 한다.
* 편의적 표집 : 손쉽게 이용가능한 대상만을 선택하는 방법으로 우연표집이라고도 한다.

④ 자료의 기록

참여관찰에서 얻을 수 있는 자료도 관찰기록을 아무 때나 할 수 없기 때문에 기억에 의존해야 하는 점이 문제이다. 따라서 다양한 기록방법을 개발하고 짧은 시간에 속기해 두는 것도 필요하다.

- 현장메모: 하루 혹은 일정기간동안 수집한 현장자료의 요약으로 나중에 최종적으로 보고서를 작성하는 기본이 된다. 기억이 생생하고 다른 활동과 혼동이 되지 않을 때 그때그때 잘 정리하는 것이 중요하다.
- 현장일기: 참여관찰자의 느낌을 기록해 놓은 개인적 연대기로 나중에 현장노트를 보다 충분히 해석하는데 도움을 준다.
- 현장일지: 항해일지와 같은 것으로 매일 일어나는 사건들의 연대기와 연결시켜 준다. 하루의 계획과 실제로 일어나는 일은 전혀 다를 수 있는데 현장일지는 자료수집이 조직적으로 이루어 질수 있도록 도와준다.

2) 참여관찰의 지침

참여관찰의 지침은 다음과 같다.

① 현장노트를 작성할 때는 있는 그대로를 기술해야 한다.

② 다양한 관점에서 다양한 정보를 수집한다.

③ 관찰, 면접, 관련 문서, 녹음, 사진 등의 다양한 종류의 자료를 수집함으로써 타당도(validity; 연구자가 관찰하려고 하는 것을 어느 정도 제대로 관찰하였는가를 나타내는 것)를 강화한다.

④ 참여자가 자신들의 경험을 자신의 말로 표현하게 하여 인용한다.

⑤ 핵심 정보자들을 현명하게 선정해서 그들이 제공하는 관점으로부터 추론한다. 그러나 그들의 관점들도 제한적이라는 것을 명심한다.

⑥ 현장노트를 기록할 때는 현장작업의 모든 단계에서 의식적으로 엄격하게 한다.
특히 도입단계에서는 관찰자와 피관찰자 간에 신뢰, 즉 라포rapport가 형성되어야 한다.

⑦ 자료에 대한 해석과 판단은 분명히 구분한다.

⑧ 현장노트에 자신의 경험, 생각, 감정 등도 기록한다. 이것들도 현장자료가 된다.

3) 참여관찰법의 사례

- 사례 1 : 할리데이비슨(삼성경제연구소, 2003)

할리데이비슨은 1990년대 초 매니아 집단 'Biker'의 독특한 문화를 관찰함으로써 소비트렌드를 예측하고자 하였다. 즉 매니아 고객들의 라이프스타일과 가치관 등을 파악하여 고객 및 브랜드 전략에 활용하려고 했다.

1) 민속학자와 인류학자들이 팀을 이루어 1990년부터 1993년까지 3년간 연구를 진행하였다. 관찰, 인터뷰, 촬영 등 다양한 방법을 사용하여 집단의 구조, 사상, 'new biker'로의 자기변신 등을 집중적으로 탐색하였다. 그 결과 할리데이비슨을 구입하는 소비자는 특별한 집단문화에 동조되려고 하는 강한 욕구를 가지고 있다는 사실을 발견하였다.

2) 할리데이비슨은 매니아 집단의 생각, 행동과 문화에 관한 조사 결과를 마케팅 전략 개발에 활용하였다. 새로운 고객에게 의류, 악세서리, 관련 정보 등을 제공하기 시작했고, 매니아 그룹에 자연스럽게 동화되도록 하여 그룹 소속감을 높이는 동시에 브랜드 로열티를 강화하였다.

〈그림〉 할리데이비슨 오토바이

소비자트렌드 읽기 12-4

민속기술지에 의한 관찰

민속기술지Ethnography는 민속, 민족ethno과 기록, 기술을 나타내는graphy가 합쳐진 것이다. 민속기술지는 문화인류학에 그 어원을 두고 있으며 인류학자들이 생소한 문화를 연구하기 위해서 실제 그 민족이 살고 있는 곳에 가서 그들의 사회적 관습과 행동양식에 대한 자료를 수집하는 조사방법이다.

이는 연구자가 스스로 집단의 일원이 되어 소비 등 일상생활을 경험하면서 참여자 관찰을 실천함으로써 이믹Emic, insider관점을 지닌다. 외부관찰자로서 에틱Etic, outsider관점을 바탕으로 하는 일반적인 관찰기법과는 차이가 있다.

인류학자인 마가렛 미드가 사모아인을 연구할 때 이 방법을 사용하였다. 이후 민속기술지는 사회학에서 소규모 그룹의 일상적인 생활이 어떠하며, 또한 그러한 현상이 왜 나타나는지를 이해하려는 목적으로 활용되었다.

이러한 민속기술지에 의한 참여관찰은 인간행동 혹은 트렌드를 연구함으로써 문화를 읽어내려는 시도는 종래의 방법을 보강하는 유효한 방법이 되고 있다.

표 12-3 | 할리데이비슨 매니아 문화의 관찰연구 결과

집단 구조(structure)	집단 사상(ethos)	자기 변신(self- transformation)
-복잡하고 위계적인 사회 구조적 성격 -위계는 활동 몰입도, 커뮤니티로 결정 -상위그룹은 하위그룹의 동경 대상	-그룹문화가 종교적 성격을 지님 -자유주의 -애국심, 미국적 유산 -남성우위, 지배의식	-지위계층의 최하위멤버로 시작 -집단가치와 형식을 내면화하여 하드코어 멤버로 승인 및 수용

- 사례 2 : 시마노 자전거

2004년 미국의 고가 자전거 시장을 공략해 많은 수익을 올린 일본 자전거 부품업체 시마노Shimano는 미국 내 일반 도로용 자전거 및 산악자전거 시장에서 매출이 둔화되고 있다는 사실을 깨달았다.

시마노는 항상 기술혁신을 바탕으로 성장을 추구했고 이번에는 또 어떤 기술을 만들어야 난관을 타개할 수 있을지를 고민하기 시작했다. 시마노는 결국 베이비붐 세대가 선호하는 고급 자전거가 괜찮을 것이라고 생각했다. 이번에도 세계적 디자인 컨설팅 회사인 아이디오IDEO가 프로젝트에 동참했다.

이 프로젝트를 위해 시작단계에서 디자이너, 행동 과학자, 마케팅 전문가, 엔지니어 등 아이디오IDEO와 시마노의 여러 부서에서 일하는 사람들이 모여 어떤 문제가 있는지를 살펴봤다. 이 팀은 우선 고가 시장이 유일한 시장이 아닐뿐더러 새로운 성장 동력이 될 것이라고 기대하기가 어렵다고 판단했다. 프로젝트는 고가 시장에만 관심을 두기보다 좀 더 다양한 시장에 관심을 가져야 한다는 사실에서 출발했다.

그런 다음, 미국 성인 중 90%가 자전거를 타지 않는 이유를 분석하기 시작했다. 문제에 대한 새로운 방법을 모색하기 위해 팀 구성원들은 다양한 종류의 고객들과 함께 시간을 보냈다. 이를 통해 거의 모든 미국인이 어린 시절에는 자전거를 탔고 자전거에 대한 행복한 기억을 갖고 있다는 사실을 알아냈다.

뿐만 아니라 어른이 되고 나서는 자전거를 타는 것 자체에 두려움을 느끼는 요인으로는 매장에서의 경험(대부분의 전문 자전거 매장을 방문하면서 사이클 복장을 한 젊은 직원들이 응대하는데 성인고객들은 이런 직원의 응대를 불편하게 여겼다), 지나치게 복잡한 구조, 가격의 압박, 추가로 구매해야 하는 액세서리, 사이클용 의류, 자전거 전용 도로가 아닌 곳에서 자전거를 탈 때 부딪힐 수 있는 위험, 자주 타지도 않는 자전거를 유지하는 비용 등이 있었다.

시마노는 핵심 고객층이 아닌 사람들의 의견을 수렴하는 등 사람 중심의 접근방식을 도입한 결과, 새로운 종류의 자전거를 생산하면 미국 성인들에게 어린 시절의 즐거운 경험을 떠올리게 할 수 있으며, 미국 소비자들이 두려움을 느끼는 근본원인을 해결하고, 거대한 시장을 새로이 발견할 수도 있다는 것을 깨달았다.

디자인팀은 '코스팅Coasting' 이란 브랜드의 자전거 컨셉트를 개발했다. 코스팅은 움직이는 걸 좋아하지 않는 사람들이 단순하고, 간편하고, 재미도 있는 활동에 빠져들게 할 목적으로 만들어졌다. 운동보다는 취미활동에 적합하게 제작된 코스팅 자전거의 핸들에는 어떤 장치도 달려 있지 않았고, 자전거 몸체에는 케이블도 설치돼 있지 않았다. 디자인 팀은 어린이용 자전거처럼 바퀴를 거꾸로 돌리면 자전거가 멈추게끔 설계했다. 또 자전거에 컴퓨터를 장착해 속도가 빨라지거나 느려지면 삼단 기어가 자동으로 작동하게끔 만들었다. 이 자전거는 편안한 좌석, 간편한 조작, 상대적으로 간편한 유지보수라는 장점을 갖고 있어 소비자에게 어필하고 있다(동아 비즈니스 리뷰, 2008, 11권, P.37-38).

〈그림〉 시마노 자전거

- 사례 3 : P&G의 다우니 싱글 린스

P&G는 2000년 대 초 멕시코 섬유유연제 시장에서 고전하고 있었다. 그 원인 분석을 직원이 멕시코에 상주하면서 멕시코인의 세탁과정을 관찰하였다.

그 결과 고객 대부분이 수도공급이 일정하지 않은 지역에 거주한다는 데 원인이 있었다.

해결방법은 물을 많이 사용하지 않고도 손쉽게 세탁이 가능한 신상품을 개발하여야 했다. 이를 바탕으로 P&G가 출시한 '다우니 싱글 린스' Downy Single Rinse라는 헹굼을 많이 하지 않아도 되는 세제를 개발하여 멕시코 시장에서 대성공을 거두게 되었다(동아 비즈니스 리뷰, 15권, P, 126).

- 사례 4 : 노키아

노키아도 신흥시장 공략을 위해 2007년에 올웨이즈온Always on이라는 참여 관찰 프로젝트를 진행했다. 이를 통해 우간다 등 아프리카 지역에서는 마을별로 전화를 공유한다는 사실을 파악하고 이를 바탕으로 내구성이 좋고, 개인별 메뉴 저장이 가능한 휴대전화 단말기를 개발, 시장 공략에 성공한 바 있다.

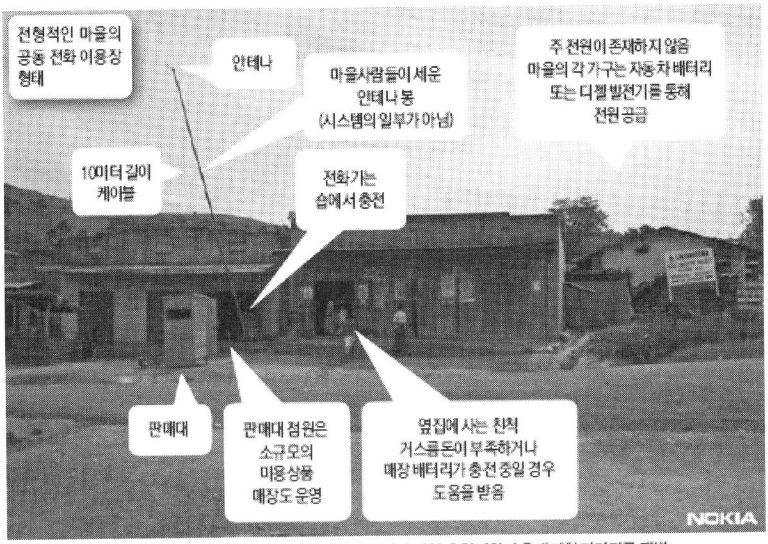

노키아는 올웨이즈온이라는 참여관찰 프로젝트를 통해 아프리카 지역에 최적화된 휴대전화단말기를 개발, 시장공략에 성공했다.

4. 타운 워칭

타운 워칭town watching은 어느 특정 도심에서 거리를 오가는 통행인들이나 어느 일정장소에 모여 있는 일반 대중들의 사실적인 행동을 자세히 살펴보거나 또는 각종 점포라든지 외식업소 및 위락시설 등을 상세하게 관찰하는 행위를 의미한다.

타운 워칭은 단순히 거리의 외관만을 보는 수동적 보기seeing가 아니라 거리를 구성하고 있는 여러 요소들이 창조하는 이미지와 상징을 관찰하여 시대의 분위기와 트렌드를 읽어내는 방법이다. 현대 소비사회에서 소비패턴이 다양해지고 빠르게 움직이고 변화하는 상점, 상품, 거리가 모두 관찰대상이 될 수 있다.

1) 타운 워칭의 진행과정

타운 워칭의 진행과정은 다음 5단계로 나눌 수 있다(신한은행, 2003).

1 단계 : 트렌드를 읽기에 적합한 환경 선정

트렌드 주제에 맞는 사람들이 모이는 장소와 시간을 설정한다.

2 단계 : 관찰기간 선정

트렌드를 읽기 위해서는 보통 4주 이상의 기간을 관측한다.

3 단계 : 필드 관찰

사람, 거리, 상점 간의 상호작용을 중심으로 타운의 정체성을 추출한다.

4 단계 : 자료수집과 분석

관찰을 통하여 수집된 자료를 분석하여 표, 그림 등으로 설명한다.

5 단계 : 키워드 찾기

분석한 자료의 내용을 기본으로 특성의 흐름을 가장 잘 나타낼 수 있는 키워드를 찾아서 트렌드를 읽고 예측한다.

2) 타운 워칭의 관찰대상

타운 워칭의 대상을 효과적으로 관찰하기 위해서 다음과 같은 내용이 고려되어야 한다.

① 사람 관찰

: 관찰하고자 하는 타겟을 명확하게 정하고, 이들의 움직임을 주시한다.

: 소수의 '트렌드 크리에이터trend creator'와 초기 수용자early adopter 유형인 '오픈 킬러'를 주목한다.

: 표현력이 풍부한 젊은 층에 항상 주의를 기울인다.

: 프로페셔널 소비자를 주목한다.

: 관찰에 앞서 사회환경의 변화에 관심을 가져라.

② 상품 관찰

: 소비자를 사로잡고 있는 상품에 주목한다.

: 반대의 속성에 관심을 갖는다(실패한 상품을 통해서도 많은 시사점을 얻을 수 있다).

: 일시적인 유행과 장기적인 트렌드를 구분해야 한다.

: 상품 이미지에도 관심을 두자.

③ 매장 관찰

: 유명하고 성공한 상점의 비밀을 탐색한다.

: 신설 매장은 항상 관심을 가지고 살핀다.

: 이색 매장에도 관심을 기울인다.

: 필요하다면 이슈가 될 만한 상점을 찾아 국내외를 망라하고 돌아다닌다.

3) 타운 워칭의 예

- 휴대전화 베가 LTE

최근 소비자 이목을 끌고 있는 동작인식 휴대전화인 '베가 LTE'를 개발한 양혜진 국내 상품기획팀 과장(36)은 "정기적으로 팀원들과 미술 전시회를 둘러보거나 타운워칭Town-Watching 행사를 한다"며 제품에 감성을 불어넣는 아이디어는 소비자와의 호흡을 통해 나온다고 강조했다. 양 과장은 "골방에 앉아 스마트폰만 들여다본다면 절대 좋은 아이디어가 나오지 않는다"며 "음악 · 미술 작품을 감상하고 사무실 밖으로 나가 사람들이 데이트하거나 물건을 파는 모습 등을 보면서 사람들의 감성을 느끼려 노력한다"고 말했다(매일경제, 2011. 10. 24).

Part 4

소비자트렌드의 분석

Chapter 13

면접법과 잘트만 은유유도기법

1. 표적집단 면접법

1) 표적집단 면접법의 특성

2) 표적집단 면접법의 실행

3) 표적집단 면접법의 예

2. 일대일 심층면접

1) 일대일 심층면접법의 특징

2) 일대일 심층면접의 과정

3) 감독자의 역할

3. 잘트만 은유유도기법

1) ZMET의 진행과정

2) 심층은유 추출하기

3) 무의식 코드조사법

4. 사다리기법

1) 사다리기법의 실행과정

2) 사다리기법의 예

Chapter 13

면접법과 잘트만 은유유도기법

소비자트렌드를 예측하는데 있어 가장 중요한 점은 소비자가 겉으로 들어나지는 않지만 발현될 가능성이 높은 잠재되어 있는 니즈를 알아내는 것이다.

앞 장에서는 소비자트렌드 분석기법 중 탐색조사에 대해 살펴보았다. 본 장에서는 본 장에서는 탐색기법 중 특정 가설을 검증하거나 정해진 주제를 해결하기 위한 기법에 대해 살펴보고자 한다.

구체적으로 면접법, 질트만 은유기법ZMET, 사다리기법에 대해 살펴보자.

1. 표적집단 면접법

면접법은 조사대상자가 1명인가 아니면 정해진 특정 집단인가에 따라 일대일 면접 심층면접과 표적집단 면접법으로 나뉜다.

표적집단 면접법focus group interview은 면접 진행자가 면접대상자들을 한 장소에 모이게 한 후, 자연스러운 분위기 속에서 조사목적과 관련된 토론을 함으로써 자료를 수집하는 것이다.

표적집단 면접법은 특정 이슈에 대한 구체적인 응답을 얻을 수 있어 그 심층적인 해석이 가능하다는 장점을 가지고 있으나, 반면에 소수의 응답자를 대상으로 하기 때문에 대량 응답자를 대상으로 한 정량조사(전화, 직접 면접조사 등)와 달리 일반화와 통계적 결과를 제시할 수 없다는 한계점을 가지고 있다.

이 방법은 조사의 목적을 달성하기 위하여 독립적으로 사용되는 조사방법이라기 보다는 본격적인 소비자조사 또는 마케팅조사를 위한 사전, 사후검증을 목적으로 활용되는 경향이 있다.

1) 표적집단 면접법의 특성

표적집단 면접법은 다음과 같은 특성을 가지고 있다.

① 참석자의 공통된 경험에 집중한다.
② 체계적인 토론방법을 통해 정보검색 과정에서 경험하는 여러 문제, 의견, 대안 등에 관한 정보를 교환한다.
③ 각 피험자들이 잘 의식하지 못했던 문제점들과 창의적인 대안을 발견하고 제시할 수 있도록 유도하는 기법이다.
④ 소수의 응답자와 집중적인 대화를 통하여 정보를 찾아내는 소비자 면접조사이다.

2) 표적집단 면접법의 실행

표적집단 면접법을 실행하기 위해서는 먼저 참여자가 선정되어야 한다. 참여자는 명확하게 명확한 선정기준과 절차에 의해 선정되어야 한다. 또한 주제에 대해 서로 편안하게 이야기 할 수 있고, 조사주제에 대하여 생산적인 토론이 이루어질 수 있도록 참여자가 구성되어야 한다.

표적집단 면접법의 실행을 위한 구성을 정리해 보면 〈표 13-1〉과 같다.

표 13- 1 | 표적집단 면접법의 실행

목 적	조사목적과 관련된 유용한 정보수집, 기대하지 않은 결과 발견
집단의 크기	6~12명
집단 구성	동질적
면접 환경	편안하고 비공식적인 분위기(회의실, 일반 가정집)
소 요 시 간	1~3시간
기 록 수 단	녹음기와 비디오 카메라 사용
관 찰 방 법	면접 진행자에 의한 관찰 및 상호대화의 유도

표적집단 면접법에서 질문은 크게 5단계로 나뉘어진다.

시작질문 : 토론해야 할 질문이 아니며 참여자들이 편안한 느낌을 가지고 말을 하도록 하는 질문이다, 10-20초 내에 단순하게 대답할 수 있는 것으로 개인의 태도나 견해에 대한 질문은 피하도록 한다.

도입질문 : 토론해야 하는 주제를 소개하는 질문으로 참여자들이 그 주제에 대한 경험 등을 이야기하게 하여 자신들이 그 주제와 동떨어져 있지 않다는 느낌을 갖게 하는 질문이다.

전환질문 : 광범위한 문제에 대해 좀 더 구체적인 과제로 들어가는 것을 참여자들이 알 수 있도록 해주며 다른 참석자들이 어떻게 생각하고 있는가를 아는 기회가 된다.

주요질문 : 조사의 핵심을 추구하는 질문으로 2개 이상이 포함되어야 한다.
분석을 할 때 중점적으로 다루어지기 때문에 토론을 위한 충분한 시간을 갖는다.

마무리질문 : 참여자들이 토론 중에 하였던 대답, 제언들에 대하여 확인을 하는 것으로 분석을 할 때 중요하다. 마지막에 진행자가 조사의 목적을 간단하게 말한 다음 참여자들에게 더 할 이야기가 있는가를 묻는다. 이를 위해 정해진 시

간에서 10분 정도를 남겨두어야 한다.

3) 표적집단 면접법의 예

- 사례 1 : 큐원 '홈메이드 믹스'

주된 소비자층인 미혼 직장 여성과 자녀를 둔 3040주부들을 대상으로 FGI를 실시하였다. 그 결과 누구나 손쉽게 만들어 먹을 수 있다는 점과 아이들과 함께 만들어 볼 수 있어서 좋다고 응답해 주었다.

이러한 홈메이드 믹스가 만들어지게 된 이유는 크고 작은 먹거리 사고로 식품안전에 대한 관심이 늘어나면서 가정에서 가족들과 직접 손쉽게 만들어 먹을 수 있는 간식에 대한 수요가 급증하며 홈메이드 프리믹스 제품의 판매율이 급성장하고 있다.

2. 일대일 심층면접

일대일 심층면접One-to-One Depth Interview은 심층인터뷰, 상세인터뷰라 하며 사람들이 무엇에 집중하는가에 대해서 좀 더 통제를 할 필요성을 느낄 때 활용하는 면접법이다. 예를 들어 제품의 종류가 민감(여자 속옷, 사적인 토의)한 것이나, 소극적인 사람들, 10대의 의견을 얻을 때 활용 가능성이 높다.

다른 정성조사방법과 마찬가지로 비체계적인 조사방법이다. 응답자의 잠재된 동기, 신념, 태도 등을 도출해 내거나 특정 분야에 대한 내용을 파악할 때 주로 사용한다.

1) 일대일 심층면접법의 특징

일대일 심층면접은 다른 사람들의 영향을 배제할 수 있고 개별 응답자의 내면의 생각을 파악할 수 있다는 장점이 있다. 반면에 1회에 30-60분이 소요되어 시간과 비용이 많이 들며, 숙련된 면접원을 확보하기가 어려우며, 확보가 되었더라도 면접과정에서 면접자의 영향이 결과의 신뢰성을 저하시킬 수 있다는 단점이 있다.

표 13- 2 | 일대일 심층면접의 특징

목 적	조사 주제에 관한 응답자의 잠재된 동기, 태도, 신념 등을 발견함
면 접 자	고도의 숙련된 면접자
면접의 방향	응답자의 답변에 따라 유동적으로 진행
소 요 시 간	30분에서 1시간 이상

2) 일대일 심층면접의 과정

일대일 심층면접의 과정은 다음과 같다(허경옥 외, 2006)

그림 13-1 | 심층면접의 과정

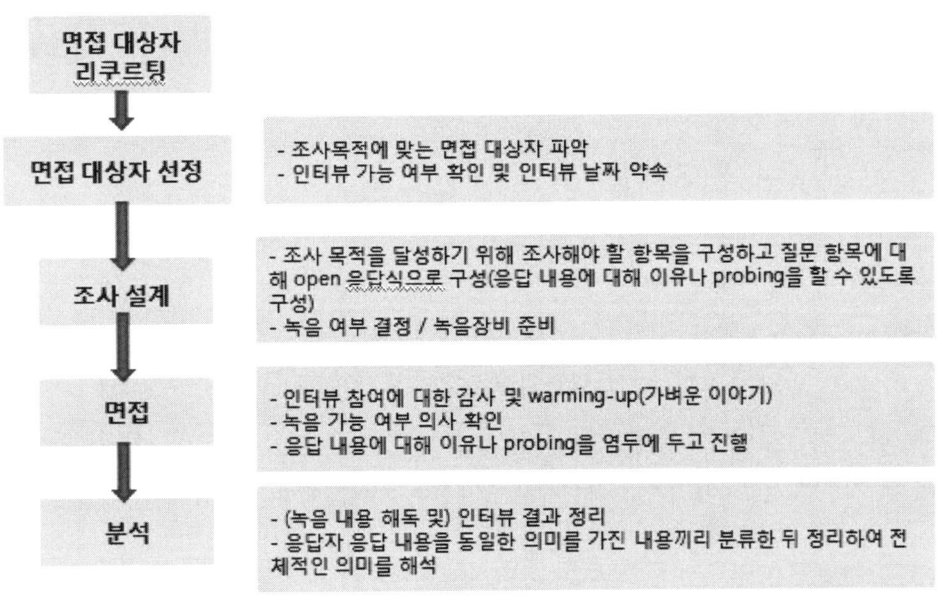

3) 감독자의 역할

일대일 심층면접을 실시할 때 감독자의 역할은 다음과 같다.

- 면접원 모집
  ① 심층면접법이므로 숙련된 면접원 선발
  ② 용모 단정 및 외모가 거부감이 없어야 함
- 면접 대상자 리크루딩 :
  면접 적격 대상자를 사전에 접촉하여 조사에 협조를 확인 받는다.
- 실사에 필요한 준비사항 체크
  ① 질문지 보기카드
  ② 조사 답례품
  ③ 녹음기, 녹음테이프. 마이크, 건전지,
  ④ 면접대상 contact 일지
  ⑤ 기타 보조물

3. 잘트만 은유유도기법

잘트만 은유유도기법Zaltmen metaphor elicitation technique : ZMET은 1995년 하버드 경영대의 잘트만Zaltmen교수가 개발한 기법으로, 소비자가 무의식 속에 갖고 있는 니즈를 비언어적, 시각적 이미지를 통해 은유적으로 유도해서 파악하는 분석방법이다.

잘트만은 인간의 인지과정 중 95%가 스스로도 지각할 수 없는 심층 의식 차원에서 이뤄지며 5% 정도만이 고차원적 인식차원에서 발생한다는 원리에 의거 이 기법을 개발하였다.

1) ZMET의 진행과정

ZMET의 진행과정은 다음과 같다.

① 일대일 면담으로 진행된다.

② 참여자에게 특정 상품 또는 상표에 대해 2주정도 신중하게 생각하게 한 다음 자신의 느낌이나 생각을 표현해 주는 사진, 그림 등 이미지를 수집해 오도록 한다.

③ 연구자는 심층면담을 통해 수집된 이미지를 해석하고 소비자의 생각틀을 분석한다.

④ 12-20명의 소비자에게 실시하여 유사성, 특성 등을 찾아 공동테마를 파악하고 이를 다시 꼴라쥬college나 모자이크로 재창조하여 소비자의 정신세계를 설명한다.

ZMET 진행단계는 〈표 13-3〉과 같다.

표 13-3 | ZMET 진행 단계

사전준비	2주 전에 참가 안내문을 발송하고, 6~8장의 그림을 준비해오게 한다
스토리텔링 단계	참여자가 가져온 그림에 대해 이야기한다. 면담자는 참가자에게 그림의 의미를 묻거나 예를 들어보라고 하며 결과에 대해 이야기하도록 한다. 각 그림에 대해 10~30분정도 인터뷰를 진행한다.
그림틀 확장 단계	가져온 그림의 틀을 확장했다면 어떤 인물이나 상황이 포함될지를 묻는다. 틀을 깨고 더 많은 사고와 감정을 이야기하고 상상력을 발휘할 수 있다.
3각 비교법 단계	임의의 그림 3개를 두고 유사한 2개와 다른 1개를 고르게 한다. 그 후 유사점과 차이점을 비교하게 한다.
감각 이미지 단계	주제에 대한 생각과 감정을 촉각, 후각, 미각, 청각, 색깔로 표현하도록 한다. 체화된 은유를 더욱 잘 나타내게 한다.
작품 만들기 단계	주제를 중심으로 영화나 연극을 만들어 이야기하게 한다. 특정 배경에서 살아 움직이는 인물을 사건을 통해 표현하게 한다. 새로운 사고를 자극하여 추출한다.
디지털 이미지 단계	참여자가 가져온 그림들을 스캔해서 참여자가 원하는 대로 조합하여 하나의 이미지를 만들어낸다. 주제를 한 장의 그림으로 압축하여 표현하게 함으로써 참여자가 가져온 그림 간 관계를 시각적으로 이해할 수 있다.

2) 심층은유 추출하기

소비자 은유를 적절하게 끌어내고 해석할 수만 있다면 이를 통하여 소비자의 심층적인 사고도 알아낼 수 있을 것이다. 특히 심층은유를 찾아내어 해석한다는 것은 쉬운 일이 아니다.

다음의 예는 소비자의 심층은유를 찾아내기 위한 사례이다.

- 사례 1 : 네슬레 크런치 바

네슬레는 크런치 바가 소비자에게 제공하는 혜택이 무엇인지 알아보기 위해서 ZMET기법을 사용하였다. 네슬레는 조사 대상 소비자들에게 인터뷰가 시작되기 2주전 크런치 바에 관한 그림들을 6-8장 찾아오도록 했다.

참석자들은 픽업트럭, 나무울타리, 눈사람, 할아버지의 시계 등의 그림을 가지고 왔다.

2시간 일대일 인터뷰를 통해 네슬레는 참석자가 스스로 준비해 가져온 그림 속에서 감춰진 참석자의 사고를 추출하는데 집중했다. 조사원들은 픽업트럭, 나무울타리, 할아버지의 시계 등의 그림을 통해 '시간' 이라는 심층 은유를 추출해냈다.

맛, 질감, 소리와 같은 크런치 바의 감각적 혜택이 어린 시절의 추억이나 안도감과 같은 감정적 혜택을 환기시킨다는 것을 파악한 셈이다.

- 사례 2 : 팬티스타킹

팬티스타킹을 위한 섬유를 생산하는 듀퐁은 전통적 방식의 리서치를 실시한 결과 여성들 대부분이 팬티스타킹 착용을 싫어한다는 결과를 얻었다. 그러나 이 회사의 시장전략 담당자들은 여성의 마음 속 깊은 곳에 있는 것에 대하여 리서치가 빠트리고 있는 어떤 차원이 분명히 있다고 생각했다.

듀퐁은 의문을 테스트하기 위해 팬티스타킹을 착용한 여성 20명을 선발하여 ZMET을 실시했다. 그 작업과정은 "당신은 팬티스타킹을 구매하여 착용하는 것에 대해 어떤 생각을 하며, 또 어떤 느낌을 가지는가?" 하는 질문으로 시작됐다.

여성들은 잡지, 카탈로그, 가족사진 앨범에서 그 제품에 대한 자신들의 생각과 느낌을 담고 있는 10장의 사진을 각자 수집했다. 이 여성들은 나무에 매달린 스틸밴드, 배배꼬인 전화기 코드, 단단한 플라스틱 포장에 들어있는 울타리 말뚝 등 상상하기 그리 어렵지 않은 이미지들을 선택했다. 그들은 또한 빈 벽에 걸린 두 개의 아프리카 마스크, 땅에 쏟아진 아이스크림, 고급 승용차, 꽃이 화병에 평화스럽게 꽂혀있는 장면의 사진들도 선택했다.

1주일 뒤 이들 이미지가 여성들 각자의 의식 안에서 숙성된 뒤 특별히 훈련된 심리치료 전문가가 두 시간에 걸친 집중적인 토의를 거치면서 각 사진에 대한 주제를 심도있게 분석했다.

그런 후에 합성사진 전문가들의 도움을 얻어 여성들이 팬티스타킹에 대해 가지는 생각과 느낌을 추상적인 콜라주로 구성하도록 했다. 마음으로 연결되는 창을 통하여 심리상태를 투영하는 기술적 작업이었다.

이 때 발견된 것은 여성들이 역시 팬티스타킹 착용을 싫어한다는 것이었다. 하지만 단순히 그렇게만 볼 수 없는 복잡한 심리상태가 있었다. 여성들이 나일론에 대하여 좋아함과 싫어함의 관계를 동시에 가지고 있다는 것이었다. 듀퐁의 담당자들은 다른 연구들에서는 결코 얻을 수 없었던 집약되고 깊이 있는 결과를 얻을 수 있었다.

예를 들면, 플라스틱 포장에 들어있는 울타리 말뚝 이미지를 선택한 여성은 꽃병 사진을 선택했다. 이 제품을 착용하는 것이 그녀가 날씬하고 키가 큰 느낌을 들도록 한다고 해석되었다. 아이스크림은 스타킹이 나가는 것 때문에 발생되는 난처함을, 비싼 자동차는 사치스러운 느낌을 나타냈다.

한 여성의 콜라주는 정원용 호스에 둘러싸인 케익 자르는 칼이 실크 드레스를 배경으로 놓여있는 장면이었는데 우아함에 대하여 동경과 불편함을 동시에 보여주는 것이었다.

듀퐁의 담당자들은 이 이미지들이 성적 이슈들에 관련된 미묘한 것들을 제시하는 것으로 '여성들은 이렇게 생각할 것이다' . 라는 의견을 제시하였다.

"이 제품들이 내 다리를 길게 보이게 한다."
긴 다리가 왜 중요한가?
"남자들이 긴 다리를 좋아하기 때문에."
왜 남자들은 긴 다리를 좋아하나?
"그런 다리가 섹시하기 때문에."
결과적으로 여성들은 남성들에게 섹시하게 보이고 싶어한다고 유추해 볼 수 있다.
직선적으로 묻는 인터뷰에서는 도저히 이런 결과를 얻지 못 할 것이다.

이런 발견으로 해서 팬티스타킹 메이커들과 소매업자들이 직장여성의 이미지를 한결같이 수퍼우먼으로 표현하던 당시의 광고패턴에 변화를 주어 섹시함과 유혹적인 이미지도 포함시키기 시작했다. 이 변화를 통해 듀퐁은 상당한 성과를 거둘 수 있었다.

- 사례 3 : 코카콜라

코카콜라는 2001년 소비자들이 자사 브랜드에 대해 가지고 있는 숨겨진 느낌과 생각을 알아내기 위해 ZMET 기법을 사용하였다.

과거 포커스 그룹 인터뷰와 설문조사에서는 코크의 이미지가 "에너지 충전, 갈증해소, 해변의 즐거움" 등으로 나타났었다. 그러나 ZMET 조사는 코크가 활기차고 사교적인 느낌 뿐 아니라 "고요함, 쓸쓸함, 정신이완"의 느낌도 함께 전달한다는 사실을 발견하였다. 즉 '많은 사람으로 붐비는 축구 경기장에서 명상하고 있는 불교 수도자' 의 이미지를 새롭게 발견하였다.

ZMET 실험 후 코카콜라 경영진들은 결과를 보고 받는 자리에서 연구자들이 제시한 'Two drink in one(하나의 음료에 상반된 두 가지 이미지가 들어있다.)' 의 이미지를 받아들이고, "이제까지 코카콜라의 절반만을 마케팅하고 있었다" 고 표현하였다(삼성경제연구원, 2003, 불황 때는 팔릴 물건을 만들어라).

- 사례 4 : 소화제

한 제약회사는 소화제에 대한 ZMET조사에서 거의 모든 사람들이 '균형balance' 이라는 심층 은유를 표현한 사실에 주목하고 이에 맞춰 소화제 광고전략을 수립했다. 소비자들은 균형을 경험하기 위해 고통완화를 가져오고 유지해 주는 소화제를 찾는다는 사실을 알았기 때문이다. 이에 따라 이 제약회사는 기존 광고의 핵심 콘셉트였던 통증완화를 육체적, 정신적 균형으로 대체하였고 광고 후 매출이 크게 증가하였다. 이러한 예는 진통제 광고에서도 찾아볼 수 있다.

- 사례 5 : 모토로라사의 보안장치

모토로라사도 보안장비 개발과정에서 참여자들이 개의 이미지를 선호한다는 점을 발견했다. 개가 충성스러움, 안전, 안락함을 의미한다는 이유에서였다.

이에 모토로라는 브랜드명을 토커트론에서 워치독watch- dog으로 변경하였다.

3) 무의식 코드조사법

이 방법은 잘트만 은유추출기법을 한국 실정에 맞게 변형한 것으로 LG경제연구원의 김옥남 책임연구원이 만들었다.

은유에는 표층은유Surface metaphor와 심층은유Deep metaphor가 있다. 표층 은유는 우리가 통상적으로 사용하는 표현 속에 묻어 있는 것으로, 예를 들면 ‘돈을 물 쓰듯이 쓴다’, ‘자금 시장이 얼어 붙었다’ 등과 같다. 돈을 모두 물과 같은 액체로 비유하고 있다. 이는 물이 우리의 귀중한 자원이듯이 돈도 귀중한 자원이란 의미를 내포한다. 여기서 돈의 심층은유는 ‘자원Resource’ 이다

인간의 무의식 코드를 압축시킨 게 심층은유인데 대표적인 7가지가 전체 무의식 코드의 70% 정도를 차지한다고 한다. 즉 균형balance, 전환transformation, 여행journey, 상자container, 연결connection, 자원resource, 통제control 이다.

심층은유를 파악하기 위해 11단계의 접근법을 사용하고 있다.

1단계 사전 준비

2단계 워밍업

3단계 그림 단서 찾기 및 선택

4단계 스토리텔링

5단계 기존 그림 보완

6단계 그림 분류

7단계 주요 개념construct 유도

8단계 은유의 정교화 및 반대 이미지

9단계 감각 이미지

10단계 요약 이미지

11단계 사후 접촉

이 방법의 핵심 프로세스는 응답자에게 특정 질문에 어울리는 그림을 찾게 한 뒤 그 그림의 의미, 그림과 질문 주제의 연관성에 대한 응답자가 대답을 듣고 거기에 다시 추가 질문을 하는 등의 방법을 통해 무의식적 동기들을 끄집어내는 것이다.

〈그림13-2〉의 햄버거에 대한 공유 개념도를 보면 크게 2가지 심층은유가 발견된다. 첫

째는 자원resource, 둘째는 상자container이다.

공유 개념도에서 보듯 가장 눈에 띄는 결과는 햄버거는 '바쁜 현대인들에게 매우 유용한 에너지원' 이라는 것이다. 조리가 간편하고, 먹기 간단하고, 뒤처리마저 쉬워 시간을 절약해준다. 즉, 바쁜 현대인들에게 금상첨화이다. 현대인들이 바쁜 이유는 열심히 일하고, 취미 생활을 하고, 공부하기 때문이다. 햄버거는 무언가 자기 목표를 위해 열심히 사는 사람들의 성공을 도와주는 유용한 라이프스타일 푸드다. 또 햄버거를 떠올리면 언제 어디서나 먹을 수 있고, 자유스러운 매장 분위기가 떠오른다. 따라서 햄버거는 라이프스타일 에너지이자 '자원' 이라는 게 첫 번째 무의식 심층 은유다.

두 번째 무의식 심층 은유는 햄버거가 정크 푸드, 인스턴트 식품의 대명사라는 인식이다. 기름기가 많고, 재료도 불투명하고, 영양소도 편중되어 있는 비만 식품으로 한마디로 성인병의 인자를 담고 있는 매우 부정적 이미지의 '상자' 이자 음식이다.

그러나 햄버거는 한편으로 빵과 고기, 야채를 한 번에 먹을 수 있는 균형식이기도 하다. 많은 사람들의 무의식 속에는 균형보다는 안티 웰빙이라는 부정적 이미지의 '상자' 가 지배적으로 자리 잡고 있지만 영양학적으로 균형식이면서 바쁜 사람에게 좋은 에너지원이라는 인식을 강화하면 부정적인 무의식을 희석시킬 수 있다. 즉, 햄버거는 바쁜 사람들에게는 매우 유용한 일종의 기능성 식품이다. 그러나 웰빙 바람이 불면서 햄버거의 선은 무시되고 악만 부각되어왔던 셈이다.

새롭게 의미를 찾은 선을 잘 활용하면 햄버거는 열심히 사는 사람들의 정열적인 에너지로써 핫 에너지Hot Energy, 또는 멋있는 삶을 추구하는 사람들의 쿨 에너지Cool Energy라는 주제로 포지셔닝할 수도 있다. 이를 테마로 삼아 스토리 마케팅을 펼친다면 햄버거에 대한 인식을 대폭 개선시킬 수 있을 수 있다. 이는 인간의 무의식 코드를 압축시킨 심층은유를 통해 끄집어 낼 수 있다.

그림 13-2 | 햄버거에 대한 공유 개념도

4. 사다리기법

정성적 조사기법의 하나인 사다리기법laddering은 Gutman(1982)에 의해 개념화되어진 방법이다. Gutman은 "Means and Chain Theory"를 발표했는데, 이것은 사람이 세상을 이해하는 방법은 구체적인 속성으로부터 출발하여, 그 혜택을 생각하게 되고, 마지막에는 가치를 생각하게 된다는 이론이다. 즉, 수단과 가치가 사슬처럼 연결되어 있어 더 바람직한 관계의 통로를 알아낼 수 있다고 본다.

이 이론은 크게 3단계 속성, 혜택, 가치의 관계로 이루어져 있어서 속성과 혜택과 가치의 관계를 수직적 관계로 표현하면, 하나의 사다리 모양이 나오게 되는데, 이것을 일컬어 사다리기법, 즉 래더링Laddering기법이라고도 한다.

사다리 기법은 소비자들이 어떻게 제품 속성을 자아 가치와 관련된 의미 있는 해석하는지를 규명하는 개방형 일대일 심층 면접기법이다. 보통 사다리 기법은 질문과 답변 형식으로 진행된다.

예를 들어 "메이블린 화장품을 왜 사는가? 합리적인 가격 때문? 합리적인 가격이 왜 중요한가? 현명한 돈의 사용은 나를 기분 좋게 하기 때문"과 같이 질문과 응답이 꼬리에 꼬리를 물고 이어지는데 이런 과정을 거치다 보면 제품 구매에 영향을 미치는 제품 속성, 추상적이며 감성적인 편익, 나아가 개인의 가치를 파악할 수 있게 된다.

다시 말해 사다리기법은 소비행태를 유발하는 근본 이유를 파악하기 위해 사다리를 오르듯 지각과정을 거슬러 가면 개인의 내면가치에 접근한다고 전제한다. 동시에 사다리기법은 상품의 구매와 사용을 유도하는 구체적, 현실적 핵심 요소와 추상적, 존재적 가치를 연결한다. 다시 말해 사다리기법은 연상 네트워크를 이용한 질문 시리즈로 소비자의 잠재의식에 접근하는 기법이라고 할 수 있다.

1) 사다리기법의 실행과정

사다리기법의 실행과정은 다음과 같다.

- 색상, 맛, 가격 등 제품의 구체적인 속성으로부터 시작하여 "그것이 왜 중요한가?"라는 질문을 연속적으로 하면서 추상적, 상징적 개념으로 접근한다.
- 1:1심층면담으로 이루어진다.
- 짧고 적은 수의 질문으로 소비자의 내면 가치를 알아내기 어려우므로 질문 시리즈는 최대 20여 단계까지 연장된다.

2) 사다리기법의 예

- 사례 : 하겐다즈

하겐다즈는 2000년 자사 브랜드에 대한 소비자들의 정서적 가치를 심층으로 탐구하였다. 자사 제품을 선택하게 하는 소비가치를 심층적으로 이해함으로써 고객층을 새롭게 분류하고 브랜드 이미지를 강화하려고 했다.

연구결과 향, 맛, 가격, 저지방 등 구체적인 상품 속성으로부터 성취감, 자부심, 가족중심 등의 추상적인 개인 가치에 도달하였다는 사실을 발견하였다.

그림 13-3 | 하겐다즈의 사다리 연결

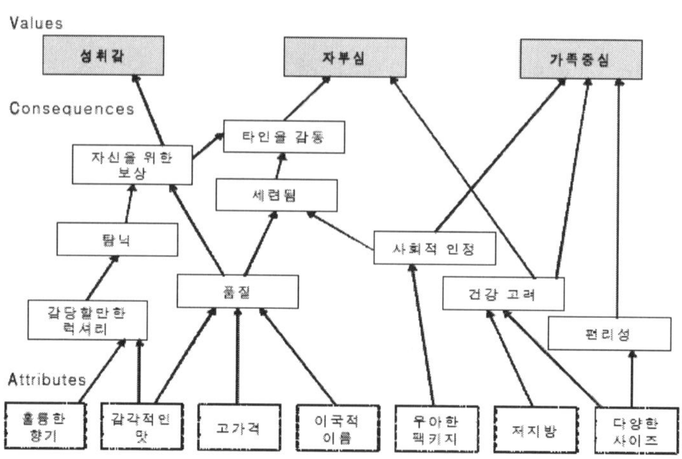

Part 4

소비자트렌드의 분석

Chapter 12 관찰법

Chapter 13 면접법 및 잘트만 은유유도기법

Chapter 14 문헌과 전문가 의견 조사법

Chapter 15 새로운 직업 : 소비자트렌드 분석가

Chapter 14

문헌과 전문가 의견 조사법

Chapter 14

문헌과 전문가 의견 조사법

소비자를 조사하는 데는 책, 신문기사, 연속극, 잡지, 인터넷 게시판등과 같이 현재 이미 존재하고 있는 자료의 내용을 분석함으로써 과거를 이해하고 미래를 예측할 수 있다.

또한 관련 문제에 대해 여러 전문가들의 독립적인 의견을 수집하여 요약 · 정리하여 경과를 도출할 수도 있다.

소비자는 종합적으로 생활을 하는 사람이기 때문에 소비자트렌드를 분석하기 위해서는 소비자를 면담하는 것 뿐 아니라 수많은 출판물을 읽고, 영화 연극 음악회 등에도 참석하고 베스트셀러를 분석하고 가족, 친구, 친척, 거리를 다니는 사람들, TV나 영화 속의 사람들을 세심하게 관찰하는 등 생활 속에서 분석이 이루어져야 할 필요가 있다.

이 장에서는 소비자트렌드 분석을 위해 내용분석법, 브레인스토밍, 델파이법, 그리고 생활교차분석법에 대해 알아보자.

1. 내용분석법

내용분석법content analysis은 책, 담화문, 신문기사, 연속극, 잡지, 인터넷 게시판등과 같이 현재 이미 존재하고 있는 자료의 내용을 분석함으로써 과거를 이해하고 미래를 예측하기 위하여 사용되는 기법이다.

내용분석이 조사연구의 다른 방법들과 구분되는 것은 자료수집을 위해 대상에게 어떤 응답을 요구하지 않으며 또한 자료수집 시 대상에게 영향을 끼치지 않는다는 점이다.

내용분석에는 질적 분석도 포함되나 대부분의 경우 그 결과를 수량화하는 양적 분석이 이루어지고 있다. 즉 분석대상에 해당되는 내용이 몇 번이나 나왔는가, 어느 정도 크게 지면이나 시간을 가졌는가를 가지고 그 중요도를 이해하려고 한다.

그러나 이러한 방법은 트렌드의 기초가 되는 사회, 경제, 정치적 의미가 크게 반영되지 못하기 때문에 소비자트렌드를 예측하기 위해서는 단순히 출현빈도가 아닌 소비문화의 전반적인 흐름과 미래를 전망하는데 필요한 분석단위를 찾아내는 것이 중요하다(http://blog.naver.com/eduteacher74).

최근에는 질적 분석도 활용되고 있는데, 예를 들면 특정 용어가 등장하는 빈도를 양적으로 분석하는 동시에 그 용어가 사용되는 맥락과 전체적 구조에서 그 용어의 의미를 질적으로 분석하고 있다.

소비자트렌드 분석을 위해 내용분석법을 사용할 때는 양적 분석과 함께 질적 분석도 함께 이루어져야 할 것이다. 또한 사회적 행위를 구성하고 매개하며, 사람들의 생각 · 의미 · 관심이 담겨있는 텍스트를 분석할 수 있어야 한다.

내용분석을 이용하여 트렌드를 분석하는 방법은 크게 내용분석, 통계자료 분석, 역사적 비교분석 등 세 유형으로 나눌 수 있으나, 실제로 트렌드를 분석할 때는 세 유형을 종합적으로 사용하기도 한다(서정희, 2005).

1) 내용분석법의 단계

소설, 신문기사, 집지, TV 프로그램, 저서 등 소비생활에 관하여 훌륭한 정보를 많이 제공해주는 문서화된 자료를 이용하여 트렌드를 추적하는 것이다. 이 때 각각의 기사들 속에서 공통된 어떤 메시지를 찾아서 소비트렌드를 읽을 수 있다.

내용분석은 크게 3단계로 나뉘어진다.

첫째, 분석하려는 내용을 정의하고 유목화를 한다.

예를 들어 교과서의 내용이 아동의 소비행동에 영향을 미칠 것 이라는 가설을 조사하는 경우 소비행동이 종속변수이면서 내용이 된다. 이 같은 가설을 검증하기 위해서는 소비행동을 유의미한 방법으로 유목화시켜야 한다.

둘째, 분석의 단위를 결정한다.

분석의 단위로는 단어words, 주제themes, 문항items, 성격characters, 시간-공간 측정space-time measure 등이 있다.

단어는 가장 최소의 단위이며 분석하기 쉽다.

주제는 대개 한 문장이거나 여러 개의 문자의 집합인 경우가 많아 주제가 복잡하면 내용분석이 신뢰도가 낮을 가능성이 있다.

성격은 분석의 단위를 인물로 잡는 것으로 교과서에 어떤 인물이 등장하는가, 그 성격은 어떤가를 개념화시켜 분류하는 것이다.

문항은 문장 또는 문단으로 문단은 하나 이상의 주제가 포함될 수도 있으며 문장은 문체적 특성을 파악하고자 할 때 적절한 분석단위가 된다.

시간-공간측정은 분석단위를 시간으로 자르거나 공간(페이지 수 등)으로 잘라서 분석하는 것이다.

셋째, 양화하는 과정이다.

내용분석의 목적은 질적 분석을 통해 정량화하려는데 목적이 있으므로 정량화 방법은 유목화categorization, 서열화ranking, 평정rating의 세 가지 방법이 사용된다. 예를 들어 존재유무, 빈도, 그리고 내용의 강도 등으로 나타낼 수 있다. 경우에 따라서는 이론적 뒷받침과 측정적 뒷받침을 받아 분석단위의 결과에 대해 가중치weight를 주는 방법을 이용할 수도 있다.

내용분석은 시간, 비용면에서 경제적이라는 장점을 가지고 있으나, 반면에 신뢰도와 타당도가 낮을 수 있다는 점, 말이나 글로 된 자료에 의해서만 조사가 가능하다는 한계점을 가지고 있다.

2) 통계자료 분석

정부, 지방자치단체, 기업, 연구소 등에서 정기적 또는 비정기적으로 발표하는 통계자료를 분석해보면 어떤 흐름을 찾아낼 수 있다.

예를 들어 저축률, 소득 대 지출의 비율 추이를 살펴봄으로써 소비자들의 생활방식, 가치관 등을 예측할 수 있다. 만약 저축률이 감소하고, 소득 대 지출의 비율이 지속적으로 증가하고 있다는 것은 우리나라 소비자들은 이제 더 이상 자신의 욕구를 억제하며 근검절약하지 않고, 소비를 통하여 자신의 생활을 즐기고 욕구를 표현하려는 추세를 접어들었다고 볼 수 있다. 다시 말하면 감성을 억누르지 않고 원하는 것을 하려는 표현의 시대가 소비분야에서도 나타난 것으로 이해할 수 있다.

그림 14-1 | 계속 늘어나는 1인 가구

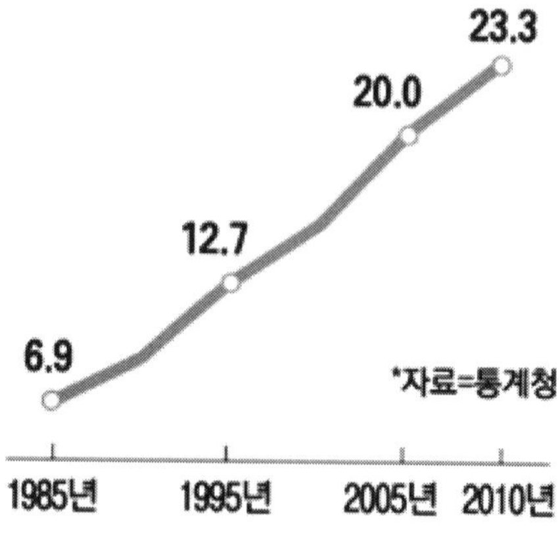

혼인율 감소, 이혼율 증가, 출산율 감소, 그리고 고령 독신인구 증가로 1인 가구가 늘고 있다.

이에 따라 새로운 소비 주체인 1인 가구를 위한 새로운 시장, 소형주택, 소형주방용품, 소형가전 등이 커지고 있다.

3) 역사적 비교분석

역사적 비교분석은 호기심을 가지고 있는 주제를 비교하면서 이해하고 역사적 고찰과 함께 트렌드를 예측하는 것이다. 예를 들어 우리는 10년 전의 소비트렌드와 현재의 트렌드를 비교해 볼 수 있다.

소비자트렌드 읽기 14-1

지식시대의 트렌드

누구나 아이디어를 가질 수 있고 그 아이디어가 효과를 발휘하는데 필요한 대부분의 정보를 가질 수 있는 지시사회에는 사람들에게 평등한 조건을 만들어 주어 힘과 권위는 급격하게 분산된다.

지식사회로 변해도 인구, 환경, 천연자원, 문화의 주제는 커다란 변화가 없을 것이다.

지식사회를 이끌 주요 트렌드를 살펴보면 다음과 같다.

1. 사람이 경제력의 원천이 된다.
인적 자원경제는 큰 잠재력과 심각한 위험을 동시에 제공하게 된다. 또한 인간관계가 중요하게 되어 인간관계를 다스리는 신뢰, 가치관, 타인에 대한 연민 등이 미래에 다가올 트렌드의 중요한 부분을 차지하게 된다.

2. 세계화와 지역주의의 갈등
지식시대는 세계화와 다원주의가 동시에 가속화되는 현상이 나타난다. 세계무역, 사람들의 의식, 여행 등이 증가하는 트렌드와 지역적 경제, 국가적 정체성, 종교적 정체성이 강화되는 트렌드가 동시에 진행된다.

3. 전통적인 권위가 도전을 받는다.
전통적인 권위가 단순히 몰락하는 것이 아니라 지식시대의 기관과 제도로 대체되고 있다. 따라서 사람들은 자신을 이끌어 줄 분명하고 믿을 만한 외적 권위가 없는 상태에서 스스로를 이끄는 법, 자기통제, 자기유도, 자율항해 등이 새로운 중요성을 띠고 부각되고 있다.

4. 변화로 인한 심리적 압박감
변화는 기회를 제공할 뿐 아니라 미래에 대한 책임도 부여할 것이다. 이 책임감 때문에 불안과 소외가 발생할 것이므로, 심리적 압박감을 진단하고 이용할 수 있는 치료법이 무엇인지를 알아보는 것이 중요해지게 될 것이다.

출처 : 마자르 저 김승욱 역, 트렌드 2005, 경영정신

2. 브레인스토밍 기법

브레인스토밍기법은 brain(두뇌)과 storm(폭풍 또는 돌격, 습격)의 합성어로로서, 원래는 정신병자의 돌연 발작을 가리키는 용어이다.

이 브레인스토밍은 미국의 광고회사(BBDO)의 부사장이었던 Alex F. Osborn이 1941년에 광고관계의 훌륭한 아이디어를 생각해 내는 기법에서 창안된 방법이다. 브레인스토밍은 여러 사람이 모여서 어느 한 주제에 대해 다양한 아이디어를 공동으로 내놓는 방법으로 집단사고를 통해 사고의 확산을 추구하는 회의 방식이다. 즉, 폭풍이 몰아치듯 두뇌를 자극하여 집단의 효과를 살리고 아이디어의 연쇄반응을 얻고자 하는 것이다. 따라서 이 방법의 중점은 아이디어의 질보다는 많은 아이디어의 생산에 있다. "백지장도 맞들면 낫다"라는 속담이 있듯이 어떤 문제가 생겼을 때 여러 사람이 함께 풀면 그 문제의 해결이 쉬워진다는 것이다.

좀 더 구체적으로 브레인스토밍은 어떤 구체적인 문제를 해결함에 있어서 그 해결 방안을 생각할 때 판단이나 비판을 일단 중단하고 질을 고려함이 없이 머리 속에서 떠오른 창의적인 아이디어를 얻는 방법으로써 후에 이 아이디어들을 결합시키거나 개선하도록 하며 자유연상을 통해 더 좋은 아이디어를 산출할 수 있다는 것이다.

브레인스토밍은 일종의 아이디어 생산의 법칙으로 '발상의 연금술' 이라 불리 운다.

1) 브레인스토밍의 기본 규칙

다음은 브레인스토밍기법을 사용할 때 지켜야 할 기본규칙으로 오스본Osborn의 4원칙이라고도 한다.

① 창출된 어떤 아이디어도 비판하거나 평가해서는 안 된다.
아이디어들은 자유롭게 발표되어야 하며 방해받지 않아야 한다. 즉 비평이 배제되어야 한다.

② 자유분방한 분위기를 조성한다.

엉뚱하고 기발한 아이디어의 상상을 허용하고, 이러한 아이디어라도 다른 관점의 문제 상황에 짜 맞추어진다면 현실적으로 타당할 수도 있다.

③ 아이디어는 질보다 양을 추구한다.

산출되는 아이디어가 많으면 많을수록 유용한 아이디어가 많을 가능성이 있다.

④ 아이디어의 결합과 개선에 의한 발전을 원한다.

이미 제안된 아이디어를 결합해 보고 개선해서 더 좋은 아이디어를 발전시켜 얼마든지 다른 아이디어를 이끌어 낼 수 있다.

2) 브레인스토밍의 진행절차

브레인스토밍의 진행시간은 제한이 없으나 보통 30분 정도 진행되나 브레인스토밍에 대한 경험 유무, 주제 등에 따라 융통성 있게 조정할 수 있다.

- 6~12명의 구성원으로 이루어지는 그룹을 선발한다.
  구성원의 수가 너무 많으면 많은 아이디어를 모두 수용하기 어렵기 때문이다.
- 리더와 기록원을 선발한다.
- 브레인스토밍 회의를 시작하기 전에 리더가 문제를 정의하고 기본 규칙을 주지시킨다.
- 그룹의 구성원들은 문제에 대한 해결안을 제시한다.
- 기록원은 아이디어가 나오는 즉시 기록한다.
- 아이디어가 충분히 나왔으면 그에 대한 평가를 하고 해결방안을 선정한다.

3) 브레인스토밍 리더의 역할

브레인스토밍에 있어 리더는 매우 중요한데 좋은 아이디어가 나올 수 있도록 다음과 같은 역할을 수행해야 한다(허경옥 외, 2006).

① 장소 및 필요한 도구 준비 등 더 나은 브레인스토밍 환경을 조성한다.

② 브레인스토밍의 목적이나 목표를 구성원에게 교육하고 해결하고자 하는 문제의 배경 정보를 알려준다. 구성원 모두가 확실하게 이해해야 한다.
③ 구성원 모두가 맡은 임무에 집중하도록 한다.
④ 산출되는 아이디어를 모두 기록한다.
⑤ 구성원들이 개선점을 찾을 수 있도록 산출된 모든 아이디어를 게시한다.
⑥ 아이디어를 빨리 없애거나, 거부 또는 분석하는 사람이 없도록 한다.
⑦ 구성원에게 계속적으로 동기부여를 한다.
⑧ 진지하게 들어주고 우습게 여기지 않는다는 느낌이 들게 해 준다.
- 개인적 판단을 피하는 분위기 속에서 모든 구성원에게 참여할 기회를 제공
⑨ 브레인스토밍 활동의 최종시한이나 목표를 정한다.
- 구성원들에게 최종시한과 목표를 미리 설명
⑩ 가장 좋은 아이디어를 내거나 창의력을 발휘한 사람 또는 가장 모범적인 사람에게는 칭찬이나 인센티브 형태의 포상을 내린다.
⑪ 엉뚱하거나 이상한 아이디어라도 일단 아이디어를 내는 일이 중요하다는 사실을 인식시킨다.
⑫ 모든 구성원이 한꺼번에 말할 수는 없으므로 순서를 정해서 지킨다.

4) 브레인스토밍 기법의 이용 사례

- 사례 : Maine 도시의 눈치우기

Maine이라는 작은 도시에 관한 이야기 중에 눈과 얼음에 대한 골치 아픈 문제를해결할 수 있었다는 이야기가 있다. 눈보라가 치는 동안에 송전선에 눈이 쌓여서 얼음이 되면 그 무게를 견디지 못해 송전선이 끊어지곤 하는 일이 종종 있다.

도시 지도자는 "브레인스토밍" 으로 해법을 찾기로 결심했다.

"전선을 흔들어서 눈을 제거합시다. 하지만 어떻게 그것을 할까요?"
"전봇대를 흔듭시다. 이게 그 방법이오..."
"전봇대가 땅에 얼어붙어 있습니다. 하지만 우리는 곰이 전봇대를 기어올라가도록 할 수

있습니다."

"어떻게 그것을 하죠?"

"모든 전봇대의 꼭대기에 꿀단지를 놓는 겁니다. 그리고 곰들이 꿀단지에 있는 달콤한 꿀을 가지러 전봇대의 꼭대기에 올라가도록 하는 거죠."

"하지만 어떻게 전봇대 꼭대기에 단지를 놓을 수 있죠?"

"헬리콥터를 갖고 있다면 전봇대의 꼭대기에 꿀단지를 쉽게 내려놓을 수 있습니다."

"하지만 어떻게 헬리콥터를 구하죠?"

"국가방위군National Guard이 한 대를 갖고 있어요! 그들은 꿀단지를 쉽게 전봇대 꼭대기에 내려놓을 수 있어요."

문제는 해결되었다. 도시지도자는 동면하는 곰을 깨울 필요도 없이 방위군의 헬리콥터가 전봇대로 날아오도록 했다. 헬리콥터의 날개에서 불어 내리는 바람은 송전선의 눈을 날려버렸다.

소비자트렌드 읽기 14-2

문제해결의 매직 : TRIZ와 ASIT

TRIZ는 러시아어 'Teoriya Resheniya Izobretatelskikh Zadath'의 약자로, 영어로는 'Thery of Inventive Problem Solving'(창의적인 문제해결 이론)을 뜻한다. 옛 소련의 과학자 겐드리 알트슐러Genrich Altshuller가 전 세계 특허 200만 건 중 창의적인 특허 4만 건을 분석한 결과 서로 다른 문제에도 적용되는 상호 공통법칙을 찾아내고 이를 'TRIZ'로 정리했다. 즉 최소의 자원을 투입해 문제를 해결하기 위해 이상적인 해결책을 찾아내는 방법이다.

트리즈는 당초 '신비한 비법'정도로 여겨졌으나 1990년대 초 소련 붕괴 후 서구기업들이 트리즈 전문가를 영입하며서 기업경영 뿐 아니라 문화예술 등 모순이 있는 곳이면 어디에서나 적용이 가능하다.

트리즈 프로세스는 다음과 같다.
과제Target Subject –〉 문제 본질Real Problem –〉 창의Imagination –〉 실행Zap

한편 ASITAdvanced Systematic Invention Thinking라 불리는 '창의적 사고기법'은 아래 그림에 나타난 것처럼 트리즈에서 출발한 사고기법이다.
아시트는 복잡한 트리즈 원리를 현장에서 쉽게 활용할 수 있도록 개발한 도구이다. 트리즈의 40개의 원리 중 가장 많이 활용하는 것을 5가지로 정리하여 쉽게 사용할 수 있도록 만들었다.

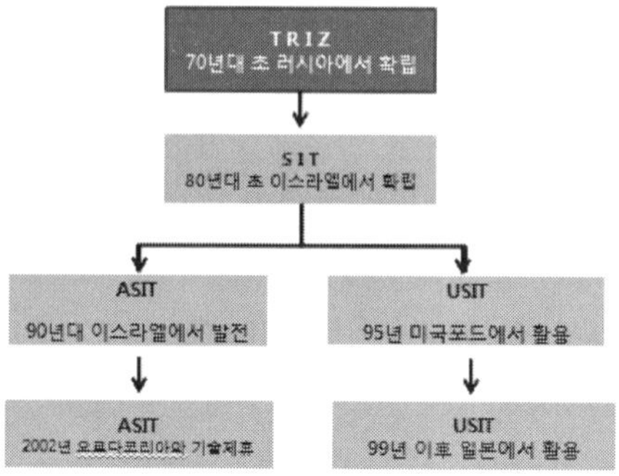

출처 : 동아 비즈니스리뷰, 2008, 12권, 18-27 : 14권, p.74-77

▶ 트리즈를 적용한 사례를 살펴보자.

- 사례 1 : 에버랜드

2006년에 삼성 에버랜드는 여름철의 영업방법에 대해 고민하고 있었다. 여름이면 입장객이 절반 이하로 줄고, 특히 한낮에는 찌는 듯한 더위 때문에 사람들이 에버랜드를 찾지 않는다는 게 문제였다. 어떤 특별한 행사를 기획하는 데에는 기본적으로 많은 비용과 기획이 뒤따라야 한다.

당시 에버랜드는 고객들에게 물을 뿌린다는 역발상을 통해 이상적인 해결책을 찾았다. 에버랜드는 더운 여름에 고객들에게 우산과 우의를 나눠주고 시원한 물줄기를 충분히 뿌려줌으로써 한여름에 가장 유명한 퍼레이드쇼를 만들었다.

가장 적은 비용으로 가장 적절한 시간에 가장 큰 효과를 본 것이다.

- 사례 2 : 민들레 영토

젊은이들의 문화카페, 민들레 영토를 만든 지승룡 대표는 교회목회자 출신이다. 그는 어렵게 종자돈 2,000만 원을 모았다. 하지만 멋진 카페를 만들기에는 부족한 액수였다. 게다가 고생 끝에 간신히 찾은 카페 터는 무허가 건물에 위치해 있어 영업허가가 나지 않았다. 10평 남짓한 무허가 건물에서 젊은이들이 좋아하는 커뮤니티 공간을 만들어야 하는데 상식적 사고로는 문제해결이 불가능했다.

지 대표는 커피 값 대신 '문화비' 명목의 입장료를 받는 방식을 생각해냈다. 커피 값은 받지 않는 대신 대화나 독서를 할 수 있는 공간을 제공하고 커피와 음료수까지 공짜로 제공한 것이다. 공간 이용비를 '문화비' 라는 명목으로 돌파해 영업허가를 받지 않고서도 커뮤니티 공간을 성공적으로 창출했다. 트리즈의 해결원리를 도입하면 13번 역발상(커피를 파는 것이 아니라 공간을 판다), 17번 차원 변화(입장료만 내면 여러 서비스 제공) 등이 담겨있는 셈이다.

그림 14-2 | 민들레영토 신촌점

그림 14-3 | 에버랜드의 퍼레이드쇼

- 사례 3 : 소매업체의 보너스 카드 발급

과거 소매업체들은 매장에 온 회원이 개인정보를 주면 이를 받아 본사의 데이터베이스DB에 등록한 뒤 고객에게 카드를 발급했다. 이 과정은 상당한 시간을 요했고, 개인정보를 일일이 기입해야 하는 고객들의 거부감도 상당했다. 이 시간을 참지 못한 고객들이 매장을 떠나는 일도 비일비재했다.

하지만 이제 소매업체들은 일련번호를 미리 등록해 놓은 카드를 고객에게 주고 그 자리에서 바로 보너스 카드를 이용할 수 있게 한다. 이후 고객으로부터 정보를 받아 본사 DB에 등록시킨다. 먼저 주면 보너스카드를 사용하지만 기다리게 만들면 이를 참지 못하는 고객의 특성을 잘 이용한 사례다.

- 사례 4 : 포털사이트

포털 사이트들이 돈을 벌기 위해서는 광고를 최대한 많이 해야 한다. 광고를 많이 하면 매출은 올라가지만 고객만족도는 떨어진다. 반대로 광고를 적게 하면 고객 만족도는 올라가겠지만 매출은 떨어진다.

이 모순 상황에서는 '시간에 의한 분리' 를 적용시켜 포털 사이트의 메인 페이지에는 광고를 넣지 않고, 고객이 검색어를 넣어 검색 결과창이 뜨면 해당 검색어에 맞는 광고가 나오도록 하면 된다. '시간에 의한 분리' 를 활용하면 고객만족도도 높이고 수익도 올리는 최상의 해결책을 찾을 수 있다.

실제 구글 등 많은 포털 사이트가 이 방법을 채용해 상당한 재미를 봤다.

▶ 아시트ASIT를 구체적인 사례를 통해 살펴보자.

- 사례 1 : 소변기에 그려 넣은 파리의 그림

네델란드 수도 암스테르담에 있는 스히폴 국제공항의 남자 화장실은 소변기가 자주 더러워져 청소하기가 무척 힘들었다. 어떻게 하면 최소의 비용으로 화장실 청결을 유지할 수 있을까?

해결책은 간단했다. 소변기의 가운데에 조그맣게 파리 한 마리를 그려 넣었다(그림 14-4 참조). 소변을 보는 사람들에게 '일을 볼 때' 일종의 목표를 준 것이다. 결과는 대만족이었다. 청소비용을 줄이면서 화장실 청결도를 유지할 수 있었다.

파리를 그려 넣은 과정을 살펴보자. 화장실 안에 존재하는 요소 중 벽에 걸려 있던 그림을 선택해 문장을 작성하면 해결책을 찾을 수 있다. 예를 들어 '그림을 활용해 소변기 바깥으로 소변을 보지 않게 한다' 는 문장을 만들 수 있고, 이를 기초로 해서 상상력을 자극해 해결책을 찾을 수 있다. 이 과정에서 '어떻게 그림이 이런 역할을 할 수 있을까?', '그림을 변기에 그려 넣는다면?', '이왕이면 사람들이 싫어하는 그림이면 더 좋지 않을까', '파리를 그려 넣으면 효과가 있지 않을까' 등의 생각을 통해 창의적인 해결책을 찾을 수 있다.

이런 과정을 거쳐 문제를 해결하면 다른 창의적인 아이디어도 샘솟게 된다. 실제로 네덜란드와 다른 국가의 축구게임이 열렸을 때 공항 측은 소변기에 '파리' 대신 상대팀의 '심벌 마크' 와 '축구 골대' 를 그려 넣기도 했다.

그림 14-4 | 소변기에 그려진 파리 그림

- 사례 2 : 화장실 거울에 찍힌 립스틱

설정: 화장실에서 호기심 많은 여고생 중 한명이 립스틱을 바른 뒤 거울에 입술을 댄 자국을 남겼다. 그런 뒤 거울에 찍힌 자신의 입술모양을 구경했다. 이것을 본 친구들이 너도 나도 립스틱을 바르고 거울에 입술자국을 남겼다.

문제점: 립스틱 자국이 잘 지워지지 않아 화장실을 청소하는 아주머니가 화가 났다. 아주머니는 선생님께 이를 알렸다. 선생님은 조회시간에 화장실 거울에 립스틱을 찍지 말라고 주의를 줬다. 하지만 학생들은 말을 듣지 않는다.

이런 상황에서 브레인스토밍을 해 보면 다음과 같은 해결책이 나온다.

- 립스틱용 거울을 별도로 화장실에 설치해준다.
- 거울 옆에 수건을 마련해 학생 스스로 자국을 지우도록 한다.
- 자동차 위도 브러시 같은 세척 장치를 마련한다.
- CCTV를 설치한다.

하지만 아시트적 해결책은 전혀 다르다. 의도적으로 사고를 제한해 현장에서 활용가능한 재료만으로 문제를 해결하려고 하면 다음과 같은 손쉬운 해결책이 나온다.

아시트적 해결책 : 선생님이 학생들을 데리고 화장실로 간다. 학생들이 몰려오면 아주머니가 화장실 바닥을 닦고 있던 대걸레를 들어 거울을 북북 닦는다. 이를 목격한 학생들은 더 이상 립스틱 바른 입술을 거울에 대지 않을 것이다.

브레인스토밍이 사고를 제한하지 않는 반면에, 아시트는 의도적으로 사고를 제한해 현장에서 활용가능한 재료만으로 문제를 해결하려는 방법이라 할 수 있다.

3. 델파이기법

델파이기법은 미국의 랜드사Rand Corporation가 개발한 예측기법의 하나로 '앙케이트 수

렴법' 이라고도 한다. 이 방법은 한 문제에 대해 여러 전문가들의 독립적인 의견을 우편으로 수집한 다음, 이 의견들을 요약 · 정리하여 다시 전문가들에게 배부하여 일반적인 합의가 이루어질 때까지 서로의 아이디어에 대해 논평하게 하는 방법이다.

여러 전문가들을 대면화합을 위해 한 장소에 모이게 할 필요 없이 그들의 평가를 이끌어 낼 수 있고, 의사결정과정에서 타인의 영향력을 배제할 수 있다는 장점이 있다. 그러나 모든 사람들이 응답을 한 것을 요약 · 정리하여 다시 우송하는 과정이 합의에 도달하게 될 때까지 계속되므로 소요되는 시간이 길고 응답자에 대한 통제가 힘들다는 단점이 있다.

많은 시간을 요하므로 신속한 의사결정을 필요로 하는 경우에는 사용할 수 없으나 의사결정의 범위가 넓거나 장기적인 문제를 해결하는데 유용한 기법이다.

델파이라는 용어는 희랍신화에 의하면 자신의 미래의 운명을 알기 원하는 사람은 델파이지성소Delphic Oracle의 도움을 얻어 미래를 통찰할 수 있었다는 것에서 유래한다.

1) 델파이기법의 기본가정

델파이기법의 기본가정은 "두 사람의 판단이 한 사람의 판단보다는 정확하다."라는 것이다. 이러한 가정에서 델파이기법은 한 사람의 전문가보다는 전문가 집단을 이용한다. "다수의 의견이 소수의 의견보다 정확하다"는 민주적 의사결정의 원리는 집단 추정치의 범위는 정답을 포함할 가능성이 높다는 가정에 기초한다.

소비자트렌드 읽기 14-3

델파이 조사법Delphi Technique

1948년 최초로 미국의 랜드 연구소Rand Corporation에서 헬머O. Helmer가 국가방위 기술수요예측과 사회기술 발전추세예측 등 긴급한 국방 및 사회문제에 관한 집단의견 수집방법으로 연구개발한 데서 비롯되었다.

초기에 델파이기법이 개발되게 된 동기는 위원회, 전문가 토론, 집단절차의 비효율성을 극복하기 위해서였다. 델파이기법은 또한 집단 내의 왜곡된 정보를 피하고, 한 사람이나 소수에 의하여 집단 의사결정이 이루어지는 것을 방지하며, 동료집단의 의견에 반대하지 못하는 폐단을 없애기 위해 개발되었다.

이와 같은 문제점을 극복하기 위해서 초기의 델파이기법은

① 무기명anonymity으로 전문가의 의견을 청취하였다.
② 개인의 의견을 취합하여 두 세 차례 그 결과를 참여자 모두에게 전파하여 처음에 제시한 자신의 판단과 비교할 수 있는 기회를 제공하여 자신의 견해를 수정하거나 사회적 교육의 목적으로 반복iteration 한다.
③ 취합된 결과의 요약을 질문지에 담아서 응답자들에게 배부하는 통제된 환류의 방법을 활용하였다.
④ 응답자의 견해를 취합하여 전체적인 경향을 중위수*, 분포도*, 빈도수 등의 통계적 집단 반응 방법을 활용하였다.
⑤ 대부분의 경우 델파이기법의 목적은 전문가들 간에 의견의 일치를 도출하는 것을 최종적으로 지향하였다.

* 중위수 : 변수값들을 크기순으로 배열하였을 때 중앙의 위치에 놓이게 되는 값.
* 분포도(분산도) : 도수 분포의 모양을 조사할 때에, 변량의 흩어져 있는 정도를 가리키는 값.

2) 델파이기법의 부수적 효과

델파이기법은 미래를 예측하고 정책대안을 찾기 위하여 주로 사용되는 방법이다. 또한 델파이기법을 사용함으로써 소비트렌드를 추적하는데 중요한 다음과 같은 부가적 정보를 얻을 수 있다.

특정 사안이나 주제에 관하여 :

① 전문가들의 의견을 일치하게 하는 주요 정보나 판단근거가 무엇인지를 알 수 있게 해준다.
② 전문가들이 서로 다른 판단을 하게 하는 주요한 정보나 가정의 차이가 무엇인지를 구체적으로 확인할 수 있다.
③ 광범위한 분야에 걸쳐서 분산되어 있는 기존에 알려진 여러 정보들을 서로 관련시킬

수 있게 해준다.

④ 전문가들에게 조사할 사안 또는 주제의 복잡하고 다양한 특성을 알려줄 수 있다.

3) 델파이기법의 진행절차

델파이 조사법은 다음과 같은 단계를 거쳐 실시된다.

① 설문지 문항내용 결정 :
연구자는 미래의 연구문제나 쟁점사항들을 결정하고 미래의 시간범주를 결정한 후, 제1차 설문지 문항내용을 결정한다.

② 전문가집단 선정 :
연구주제에 관련된 전문가들을 조사참가자로 구성하는데, 참가자의 대표성, 적절성, 전문성과 참가자 수를 신중히 고려한다.

③ 제1차 설문지조사 실시 :
제1차 설문지 조사에서는 설문지 문항내용, 즉 미래의 사건이나 현상이 언제 일어날 것이며, 또 어느 정도 희망하는가에 대한 질문이 던져진다.

④ 제2차 설문지조사 실시 :
제1차 설문지 조사가 완료되면 각 문항에 대한 평균값을 구한다. 제2차 설문지 조사에서는 제1차 설문지 외에 제1차 설문지조사의 통계처리 결과와 정당화 진술문을 함께 송부한다.
참가자는 송부된 자료를 참조하여 제2차 설문지를 작성하며, 자기 의견이 평균값과 다르다면 자기 의견을 정당화하는 내용을 간략하게 작성한다.

⑤ 제3차 설문지조사 실시 :
제2차 설문지조사의 경우와 동일하다.

⑥ 제4차 이후의 설문지조사 실시 :

필요하다면 계속 설문지조사를 실시하여 최종 수정 기회를 준 다음 의견을 종합해야 하겠지만, 제3차 설문지조사로 끝내는 것이 보통이다.

한편 델파이기법은 여러 가지 형태로 변형되어 이용되고 있는데 그 특징과 방법을 살펴보면 다음과 같다.

① 예측대상 주제의 사전 결정

브레인스토밍 성격의 1라운드 대신 별도의 과정을 통하여 예측 대신 주제를 확정해서 전문가에게 제시한다. 그러므로 1라운드는 생략하고 2라운드부터 실시한다.

② 전문가에게 사전 정보 제공

예측을 할 때 외부요인 등이 중요한 변수가 될 경우 미리 정보를 제공해 준다.

③ 라운드 횟수

4라운드에서 반대 의견을 제시하는 것을 원하지 않을 경우 생략할 수 있다.

앞에서 설명한 것처럼 예측해야 할 주제를 미리 결정한 경우 1라운드도 생략할 수 있다.

④ 복수 시점 예측

정책 델파이의 경우 실현시기를 복수로 예측할 수 있다.

정책 델파이는 전문가들의 구술 자료에 근거하여 어떤 문제에 대한 목표설정, 설정된 목표를 달성하기 위한 정책의 내용과 전략, 우선순위의 결정, 또는 쟁점이 되는 현안에 대한 의견수렴이나 찬반 논의의 설정 등을 추구하는 기법이다.

⑤ 실시간 델파이

짧은 시간에 의견을 제시할 수 있고 수시로 델파이에 참여할 수 있게 됨으로써 짧은 시간에 안정적인 결과에 도달할 수 있다.

⑥ 부분적 익명성

전문가들이 대면하는 상황에서 델파이를 실시함으로써 의견은 실명으로 제시하고 예측은 익명이 보장되도록 할 수 있다.

4) 델파이기법을 수행할 때의 유의점

델파이기법을 사용할 때는 다음 사항을 유의해야 한다.

(1) 전문가 패널의 선정

델파이기법은 전문가의 집단적 판단에 의하여 예측을 하기 때문에 전문가 패널을 선정하는 일은 델파이를 시행하는 과정에서 가장 중요하다. 패널의 대표성, 자질과 적절성, 책임 있는 관여, 독립적인 반응, 개인차, 무반응자의 특성과 같은 패널 변수가 예측결과의 신뢰성과 타당성에 영향을 미친다.

- 전문가 패널의 인원 :

질문지의 회수율을 감안하여 인원을 결정해야 한다. 또한 중도 탈락자가 있을 경우도 감안해야 한다.

- 전문가 선정 기준 :

전문성의 범주 안에서 최고의 전문가를 선택하기 위해서는 전문가의 과거 예측업적에 대한 사후평가와 경력, 연구업적, 동료 집단의 위치, 판단 등을 이용한다.

전문가가 소속된 동료집단의 판단을 이용하여 전문가를 확인한다.

- 구성원의 다양성 :

구성원이 지나치게 동질적인 경우에는 집단 자체가 편견을 가질 수 있으므로, 가능한 다양한 전문가로 구성된 패널을 운영해야 한다.

(2) 예측 과제의 구성과 표현

- 예측대상 과제 수 :

전문가 한 사람이 예측할 수 있는 과제 수를 지나치게 많지 않도록 한다.

정책 델파이의 경우에는 25개 정도의 과제가 적당하다.

- 주제의 단일화 :

복합적인 주제는 2-3개의 단순 주제로 나누는 것이 좋다.

- 주제 내용의 명확성 :

주제의 내용이 불명확해지면 전문가의 해석에 따라 예측결과가 달라지기 때문에 명확해야한다. 하나의 주제에 내용이 너무 많거나 적은 것은 바람직하지 않다.

(3) 질문지 작성

소비자트렌드를 예측하기 위한 델파이 질문지에 포함되어야 할 내용은 다음과 같다.

- 어떤 변화가 일어날 것인가?
- 그러한 변화가 일어난다면 변화에 따른 충격의 정도는?
- 그러한 변화가 일어날 가능성은 어느 정도인가?
- 그러한 변화가 일어날 시기는?
- 그러한 변화는 바람직한가?
- 여러 가지 변화가 일어난다면 각 변화 간의 관계는?
- 그러한 변화를 촉진할 집단은?
- 그러한 변화를 방해할 집단은?

문항에 대한 응답은 단순한 순위와 적극 반대부터 적극 찬성까지 범위를 갖는 형식인 리커트Likert형 평정척도이다.

소비자트렌드 읽기 14-4

시나리오 플래닝Scenario Planning

불확실성으로 가득한 생존의 문제 앞에서, 우리는 과거에 존재했던 데이터를 가지고 끊임없이 미래를 예측한다. 그러나 과거를 근거로 한 예측은 미래의 불확실성을 결코 깨뜨리지 못할뿐더러 언제나 실패한다. 미래의 환경구조와 과거의 환경구조는 전혀 다를 수밖에 없기 때문이다. 이제 더 이상 과거의 예측 법으로는 불확실한 미래에 대응할 수 없다. 불확실한 미래 앞에서 우리가 할 수 있는 가장 최선의 대비책은 바로 시나리오 플래닝이다.

시나리오 플래닝이란 논리적이고 전략적인 사고를 통해 미래에 일어날 법한 상황들을 여러 가지 이야기 형식으로 풀어놓고(시나리오), 특정한 시나리오 속 상황이 현실화되었을 때 이에 걸맞은 대응책을 즉각 실행하는 획기적인 전략기법이다.

시나리오 플래닝을 실행하기 전에 가져야 할 마인드 세트mind sets이 있다.
예측이 아니라 시나리오로 미래를 관측하라.
숫자가 아니라 미래의 모습으로 탐색하라.
그리고 이를 시나리오화하여 변화를 발화시켜라.

시나리오 플래닝을 수행하는 데 비싼 정보시스템은 필요 없다. 종이와 펜, 상상력과 전략적 사고력, 그리고 미래를 탐구하려는 욕망만 있으면 충분하다.

시나리오 플래닝은 8단계로 나뉘어진다.

PHASE 0 : 프로젝트 계획 수립
시나리오 플래닝을 실행하기에 앞서 프로젝트를 올바른 실행에 옮길 적임자를 선정하고, 방법론에서 제시한 여러 절차들을 정해진 기한 내에 완료할 구성원을 선발하는 단계이다.

PHASE 1 : 핵심이슈 선정
핵심이슈Core Issue란 제기되는 걱정거리 중에서 전략적으로 가장 중요하고 시급한 이슈이고, 시나리오 플래닝을 통해 달성하고자 하는 과제를 말한다.

PHASE 2 : 의사결정요소 도출
의사결정요소Decision Factor란 핵심이슈에 대한 의사결정에 1차적으로 영향을 미치는 외부환경요소들을 말하며, 5-8개로 제한한다.

PHASE 3 : 변화동인 규명
미래가 어떤 동력에 의해 변화되어 가고 그 속에 어떤 불확실성이 내재되어 있는지 파악하는 것으로, 그 개수는 의도적으로 150개가 될 때 까지 한한다.

PHASE 4 : 시나리오 도출
핵심이슈, 의사결정요소, 변화동인을 올바르게 규명해냈다면, 이것들을 가지고 시나리오를 도출해야 한다. 시나리오는 4개 정도가 적당하다.

PHASE 5 : 시나리오 라이팅
Phase 4까지의 작업은 시나리오를 쓰기 위한 기본 재료를 수집하고 뼈대가 될 요소를 결정하는 과정이었다면, 이 단계는 상상력과 창조력을 총동원하여 그 모든 것을 시나리오라는 작품으로 만들어야 한다.

PHASE 6 : 대응전략 수집
각 시나리오가 현실화됐다고 가정하고 미래가 우리에게 어떤 기회를 부여하고 또 어떤 위협을 가해 올 것인지 논리적인 사고를 통해 고찰한다.

PHASE 7 : 모니터링
모니터링은 환경의 변화를 지속적으로 주시하면서 현실화될 미래에 관한 실마리를 미리 간파하여 미리 수립된 전략대안에 따라 행동하도록 유도하는 과정이다.

출처 : 유정식 (2009), 시나리오 플래닝 , 도서출판사 지형

4. 생활교차분석

생활교차분석은 소비자면담을 실시하고 수많은 출판물을 읽고, 영화 연극 음악회 등에도 참석하고 베스트셀러를 분석하고 자체 직원 또는 유명인사들로부터 아이디어를 광범위하게 그리고 지속적으로 수집해 가면서 트렌드를 분석하는 방법이다.

생활교차분석은 인간은 모두 소비자이며 소비자는 종합적으로 생활을 하는 사람이라는 기본 전제에서 출발한다. 따라서 소비자트렌드를 분석하기 위해서는 무엇보다도 자신의 생활과 가족, 친구, 친척, 거리를 다니는 사람들, TV나 영화속의 사람들을 세심하게 관찰하면서 다음과 같은 문제를 고민해야 할 것이다.

- 왜 저런 말을 할까?
- 왜 저런 음식을 먹을까?
- 왜 저런 옷차림을 할까?
- 왜 저런 모험을 즐길까?
- 왜 저런 행동을 할까?
- 왜 저런 제품을 사용할까?
- 그런 부류의 사람들은 얼마나 될까?

- 사례 : LG애드의 2033 트렌드

LG애드는 현재 20~33세로 구성된 세대의 트렌드 파악을 위해 4명의 연구자가 4개월 동안 트렌드리더 심층 인터뷰, 타운 워칭Town Watching, 텍스트 분석, 트렌드 수색대 같은 방법을 사용하여 9개의 키워드를 추출하였다.

1. 트렌드 리더Trend Leader 심층 인터뷰

- 7명의 트렌드 관련 전문가 사전 인터뷰 및 12명의 트렌드 리더 심층인터뷰 진행(음반사 대표, CF프로듀서, 케이블TV 채널 On Style 팀장 등 7명 사전 인터뷰 / 서울시 무용단 무용수, 환타지 소설가, 연극영화과 대학생, On Style 마케팅팀 차장, 패션모델, 패션스쿨 유학

생, 광고회사 AE 등 12명의 트렌드 리더 심층 인터뷰)

2. 타운 워칭Town Watching
- 11개 지역 현장 관찰(헤이리 예술인 마을, 홍대 앞, 인사동 골목 및 쌈지길, 이태원, 압구정동 및 신사동, 삼청동 및 스카이웨이, 대학로, 청담동, 강남역, 삼성동 코엑스몰, 예술의 전당)

3. 텍스트 분석
- 3명의 대중문화 관련 전문가 사전 인터뷰 및 2005년 상반기 한국영화 흥행작 10편 중 8편, 국내외 방송드라마 4편 내용분석

4. 트렌드 수색대
- 서울소재 남녀 대학생 6명으로 매주 1회 2개월간 예비 키워드 추출 진행

여기서 찾은 9개 키워드는 다음과 같다.

1. 행복한 싱글
2. 데이트 친구
3. 반(反) 트렌드 라이프스타일
4. 적극적인 자기개발
5. 전략적인 인간관리
6. 창조적 소비자(프로슈머)
7. 나도 연예인
8. 아날로그에 대한 향수
9. 제 3의 취향(남미, 인도, 아프리카 등)

소비자트렌드 읽기 14-5

미래주의 마케팅회사 : 브레인 리저브

브레인 리저브Brain Reserve는 유태계 미국인 여자인 페이스 팝콘이 친구인 스튜어트에 의하여 1974년에 설립되었다.

브레인 리저브는 1980년에 캠벨Campbell's의 신상품 개발을 통하여 도약을 하였다. 그들은 소비자들이 향후 3년에서 5년 이내에 무엇을 구매하고 무엇을 먹을 것인지에 대한 예상에서 시작하여 생각을 발전시켜 나갔다. 그리고 100가지 놀라운 신제품 컨셉을 얻었다. 그러나 캠벨의 경영진에게 알파벳 순서로 정리된 리스트만을 달랑 넘겨주지 않고, 각각의 신제품을 앞으로 10년 이상 계속해서 확산되어 나갈 것으로 보이는 사회적 트렌드와 일일이 연결시켜 주었다. 캠벨사는 미래의 소비자라는 관점에서 신제품을 제안했다는 점에서 높은 점수를 주었다.

브레인 리저브는 대략 300여 종의 신문과 잡지를 추적한다. 거기에 덧붙여 최고의 20개 TV쇼, 흥행에 성공하는 영화, 베스트셀러가 된 책, 유행하는 음악, 제품이 진열되는 미국과 국외 모든 상점 등을 통해 트렌드를 모니터한다.
브레인 리저브는 고객들을 위해서 다양한 아이디어와 사회적 트렌드, 미래에 대한 비전을 복합적으로 적용하는 여러 가지 프로젝트를 수행한다. 전 세계의 수많은 사람들에게 텔레비전이나 언론을 통하여 그리고 트렌드뷰Trend View라는 세미나를 통하여 예측 내용을 발표한다.

브레인 리저브는 수많은 고객들에게 변화의 징후에 관한 정보를 정기적으로 제공하고 있다. 코닥, IBM, 아메리칸 익스프레스, 리복, BMW 같은 회사들이 대표적이다. 팝콘은 자기 역할만 바꾸지 않는다. 자기 회사의 이름도 자주 바꾸어 가면서 부른다. '미래에 대해 생각하는 작고 사랑스런 병원'이라고 부르기도 하고 마녀의 주방에서 만들어 낸 '서늘하고, 뜨거우며, 환상적이고, 대담한' 혼합물이라고 부르기도 한다.

그녀는 일상에서 발견하는 진부한 물건에 의미를 충전한 다음 이를 고객에게 넘겨준다. 한 예로 그녀의 직원들이 슈퍼마켓에서 찾아내 가져온 꾸러미에 그녀가 어떻게 의미를 채워 넣는지 지켜보았다. 이런 일이 벌어지는 회의는 물론 그냥 회의가 아니라 '브레인잼Brainjam'이라고 불렀는데, 낡은 고층빌딩 꼭대기에서 열렸다. 큰 시계가 걸려 마치 카톨릭 성당의 탑처럼 보이는 브로드웨이와 5번가의 교차지점 건물에서 건강식 식품에 대한 토의는 시작되었다.

출처 : 서정희(2005), 소비트렌드 예측의 이론과 방법, 내하출판사, p84~86

Part 4

소비자트렌드의 분석

Chapter 12 관찰법

Chapter 13 면접법 및 잘트만 은유유도기법

Chapter 14 문헌과 전문가 의견 조사법

Chapter 15 새로운 직업 : 소비자트렌드 분석가

Chapter 15

새로운 직업 : 소비자트렌드 분석가

1. 트렌드 분석가의 자세

2. 소비자트렌드 분석을 위한 기본 지식

Chapter 15

새로운 직업 : 소비자트렌드 분석가

오랫동안 사람들은 트렌드가 어느 누구도 정확하게 이해할 수 없는 현상이라고 믿어 왔으며, 트렌드의 탄생, 확산, 변화, 소멸 등 트렌드의 전 과정은 현대사회의 가장 풀기 어려운 문제 가운데 하나로 알려져 왔다. 그러나 실제로 트렌드는 대부분의 사람들이 생각하는 것보다 훨씬 더 쉽게 예측할 수 있다. 이러한 트렌드의 예측 가능성은 트렌드가 인간의 행동을 수반하는 사회 문화적인 과정이라는 사실에서 비롯된다.

인터넷의 등장과 급속한 팽창으로 미래 트렌드의 원천은 무궁무진하게 되었다. 사회교류 네트워크 사이트와 블로그는 수없이 많으며, 거기에는 언제 어디서든 접근할 수 있는 최고의 정보, 최신의 정보로 가득하다. 정보가 부족한 세상은 지나 갔고, 원한다면 필요한 정보는 어디서든 구할 수 있다. 이제 문제는 그런 정보들에서 어떻게 트렌드를 읽어 내고 미래를 읽어 내는가 하는 것이다.

이 장에서는 소비자 분석가로서 가져야 할 기본자세에 관하여 설명하고자 한다.

1. 트렌드 분석가의 자세

트렌드는 전체적이고 총체적이기 때문에 여러 분야로부터 얻은 자료를 하나로 묶어서 분석해야 한다. 다시 말하면 다차원적으로 트렌드를 분석하고 예측하며 전향적으로 대응할 수 있는 시스템을 만들어야 한다.

미국의 한 연구소에서는 종합적이고 총체적으로 트렌드를 추적하기 위하여 Globalnomic System을 만들었다. 이 시스템은 수동적이지 않고, 또 발생한 것만을 보지 않는다. 이 시스템의 가장 중요한 관점은 언뜻 보기에 관련이 없어 보이는 분야들을 서로 결부시켜서 관계가 있는 것으로 만드는 것이다. 총체적으로 생각한다는 의미는 바로 관계성을 결합하는 것이다.

그러므로 트렌드분석가는 어떤 범주들이 아무런 영향을 주지 않을 것처럼 보인다고 해서 이들 범주들이 예시하는 트렌드들을 무시해서는 안 된다. 처음에는 아무런 영향을 주지 않을 것처럼 보이는 현상 중에서 하나의 트렌드가 시작되는 경우가 많이 있기 때문이다. 예를 들어 광고, 농업, 에이즈를 살펴보자. 이들은 처음 보면 관련이 없어 보인다. 그러나 에이즈 때문에 광고의 전략이 바뀌고, 연구자들은 면역체계에 미치는 점을 고려하여 농사에 사용하는 화학물질에 초점을 맞춘다.

다른 예로 항공회사나 자동차, 전화회사도 일과 여행패턴의 변화 때문에 서로 관계가 있다. 자동차와 비행기 여행은 육상과 항공 노선이 복잡해짐에 따라 더 어려워질 것이고, 환경에 대한 관심이 커지면서 고속도로와 비행장의 확대가 어려워지게 될 것이며, 안전에 대한 관심도 커지면서 새로운 교통수단이 등장할 것이다.

끊임없이 변화하고 있는 사회에서 생존하기 위해서는 트렌드를 추적해야 한다. 트렌드 분석 전문가가 되기 위해서는 일상생활에서 트렌드를 추적하고 분석하는 습관이 몸에 익숙하도록 해야 한다.

이를 위해서는

첫째, 열린 마음을 가짐으로써 자신이 이미 가지고 있는 신념들을 일시적으로 중지하려는 노력이 필요하다.

둘째, 변화를 기꺼이 수용하려는 자세가 필요하다.

셋째, 트렌드 분석을 자신의 삶속에서 계속 연습하려는 노력이 필요하다.

현재 우리가 살고 있는 시대의 가장 중요한 특징 중 하나는 경계선이 붕괴되었다는 점boundless이다. 즉 분야의 구분이 점점 없어지고 있다. 이렇게 분야의 구분이 없어진 시대에서 소비자트렌드를 정확하게 예측하기 위해서는 전통적인 경계선을 넘나들을 수 있어야 하고, 상호 협력적이며 통합적인 방법으로 분석할 줄 아는 능력이 매우 중요하다.

사회 · 정치 · 경제 그 밖의 모든 분야의 요소를 고려해서 다차원적으로 분석하는 자세가 필요하다. 이는 수동적이지 않고, 발생한 것만을 보지 않고, 상황을 수용하기도 하고 현상을 전환하려고도 한다. 트렌드는 반전 가능성이 있기 때문에 언뜻 보기에는 관련이 없어 보이는 분야들을 서로 결부시켜 관계가 있는 것으로 만들 수 있어야 한다. 즉 여러 분야의 트렌드를 보고, 상관관계를 확인하여 결과를 예측할 수 있어야 한다.

2. 소비자트렌드 분석을 위한 기본 지식

현대사회는 변화 속도가 매우 빠르고 모든 것이 불투명한 혼돈의 시대라고 할 수 있다. 이러한 상황에서 소비문화의 미래 동향을 미리 예측하는 트렌드 분석가가 '트렌드 워처trend watcher', '트렌드 세터trend setter', '트렌드 스포터trend spotter'로 불리면서 새로운 전문 직업으로 각광을 받고 있다.

우리나라에서도 기업들은 하루가 다르게 바뀌는 소비트렌드를 한발 앞서서 잡아내기 위하여 트렌드 헌터trend hunter제도를 이용하고 있다. 트렌드 헌터제도는 엄격하게 선발된 소비자들을 활용하여 소비트렌드를 한발 앞서서 파악하여 이를 제품과 서비스를 개발하는데 반영하는 쌍방향 마케팅전략이다.

소비자트렌드 15- 1

마인드세트MIND SET

시대 가장 영향력 있는 석학이자 세계적인 미래학의 권위자 존 나이스비트가 메가트렌드 시리즈 이후 10여 년 만에 새로운 미래사회를 예측한 저서이다. 저자는 1980년대 《메가트렌드》로 트렌드라는 개념을 정리하고 시대를 통합적으로 바라보는 날카로운 통찰력으로 세상을 놀라게 했고, 약 4반세기가 지난 지금 그의 예측이 거의 다 들어맞고 있다.

《마인드 세트》는 1968년 이후 꾸준히 미래학을 연구해 왔던 저자가 미래 예측을 갖추어야 할 태도와 사물을 바라보는 시각을 마인드 세트로 정의하고 있다. 마음은 눈을 지배한다. 우리의 눈은 우리의 마음이 어떻게 움직이느냐에 따라 다양한 방식으로 사물을 바라본다. 다시 말해 마인드 세트는 일종의 인식의 도구이다. 필요한 정보를 추려내고, 지금 현재 세상에서 어떤 일이 일어나고 있는지에 대해 명확한 그림을 제시하며, 우리 앞에 놓인 미래로 향한 문을 열어 주는 열쇠가 되어 준다.

미래 예측을 위해 갖추어야 할 마음의 눈이 되는 사고체계인 11개의 마인세트에 대해 알아보자.

마인드 세트 1. 아무리 많은 것들이 변한다 해도 대부분은 변하지 않는다.
농구에서 승리를 하려면 골을 많이 넣으면 된다. 이 원칙은 깨지지 않는다.
반칙만 하지 않는다면 골을 많이 넣으면 승리를 하는 것이다.

마인드 세트 2. 미래는 현재에 있다.
과거는 현실을 비추는 거울이라는 말도 있다. 그 만큼 과거와 현재는 미래와 밀접한 관련이 있다는 것이다. 왜냐하면 시간은 연속선상에 있으니까.

마인드 세트 3. 게임 스코어에 집중하라.
스포츠에서 게임에 끝난 후의 스코어는 바꿀 수가 없다.
이러한 스코어에 관심을 갖고 지켜보아야 흐름이 보인다.

마인드 세트 4. 언제나 옳을 필요는 없다.
옳아야만 한다는 강박관념은 마음의 족쇄라고 한다. 그러나 사람들은 항상 옳아야 한다는 강박 관념에 빠져 있다. 하지만 일단 '언제나 옳을 필요는 없다'는 것을 깨닫고 나면 어디든 둘러보고 어디든 갈 수 있는 기분을 느끼게 된다.

마인드 세트 5. 그림 퍼즐처럼 미래를 분석하라.
연속성은 연관성의 적이다.
이 책에 나온 사례를 보자. "1, 14, 23, 34, 42 다음에 나올 숫자는 무엇일까?" 정답은 50이다. 뉴욕시 8번가 지하철 라인에서 42번가 다음 정류장은 50번가 이기 때문이다. 연속성에 사로잡히면 연관성을 찾아내기 힘들다.

마인드 세트 6. 너무 앞서서 행진하지 말라.
진화론을 정립한 찰스 다윈과 지동설을 주장한 갈릴레이 갈릴레오.
그 둘의 차이는 무엇일까? 찰스 다윈은 자신의 이론에 대해 발표할 시기를 기다렸으나, 갈릴레오 자신이 발견한 진화론을 천동설이 강한 사회에 너무 일찍 발표하고 그 결과 목숨을 잃게 된다.

마인드 세트 7. 변화에 대한 저항은 현실의 이익 앞에 굴복한다.
사람들에게 변화를 받아들이라고 설득하기 전에, 먼저 그들이 얻을 수 있는 이익을 눈앞에 제시해 주어야한다.

마인드 세트 8. 기대했던 일은 언제나 더디게 일어난다.
사람이 날고 싶은 욕망이 실현되기까지 얼마나 많은 시간이 흘렀는가?
이것을 생각해 보면 기대했던 일은 항상 더디게 일어난다는 것을 알 수 있다.

마인드 세트 9. 성과를 얻으려면 기회를 활용하라.
'합리적인 사람은 세상에 자신을 적응시킨다. 반면에 비합리적인 사람은 세상을 자신에게 적응시킨다. 모든 진보는 이 비합리적인 사람에 의해 이루어진다George Bernard Shaw' 의 말처럼 기회도 항상 준비하는 자에게 돌아온다.

마인드 세트 10. 덜어낼 수 없다면 더하지 말라.
지식을 얻고 싶다면 날마다 무언가를 배워라.
지혜를 얻고 싶다면 날마다 무언가를 버려라.

마인드 세트 11. 기술의 생태학을 명심하라.
신기술이 보급될 때 다음과 같은 질문을 던지는 습관을 가져야 한다.
개선되는 것은 무엇인가? 사라지는 것은 무엇인가? 대체되는 것은 무엇인가?
어떤 새로운 기회를 자져다 주는가?

출처 : 존 나이스비트, 박슬라, 인진환 옮김(2006)

소비자트렌드 분석가는 마케팅 리서치와는 달리 소비자행동과 라이프스타일을 사후적으로 조사하고 분석하는 것이 아니라, 미래에 나타날 소비문화의 동향을 정확하게 예측하고, 미래의 향방을 미리 파악하여 이를 기획과 크리에이티브에 응용한다. 이들은 새로운 시장을 창조하고, 또한 사회에 새로운 소비문화의 흐름을 개발하고 정착시키는 역할을 담당한다(이상인, 1994).

소비자란 종합적인 생활을 영위한다. 영화도 보고 옷도 사 입고 맛있는 것도 즐기며 집도 구입한다. 따라서 소비트렌드 분석가는 먼저 소비자의 생활 전체를 이해해야 한다.

소비자트렌드 분석을 위해서는 어떠한 지식을 가져야 할 것인가?

특히 경제적 불황기에 있어서는 소비자트렌드를 이해하고 예측하는 것이 매우 중요한데

이를 정리해 보면 다음과 같다(김영신 외, 2007).

(1) 문화는 소비트렌드를 바꿀 만큼 힘이 있으므로 사회문화적 변화에 민감해라.

문화는 가치관, 관습, 종교, 언어 등 한 민족과 다른 민족을 구분하는 여러 가지 요인들이 합쳐서 이루어진 무형의 것이다. 문화는 모든 사람들의 일상적인 생각, 신념, 의지, 결정 등이 형성되는 데 중요한 역할을 한다. 그러므로 소비트렌드를 분석하기 위해서는 문화를 적용하고 검토할 줄 아는 능력이 필요하다(김승욱 역, 마이클 마자르 저, 2000).

사회문화적 변화에 민감해야 소비트렌드를 읽을 줄 아는 감각이 예민해진다. 다양한 사회문화적 현상이 소비자 욕구에 영향을 미치기 때문이다. 현재 뜨고 있는 문화현상이 무엇이며, 이러한 문화현상이 새로운 소비자니즈와 어떻게 연결되고 있는지를 분석할 수 있어야 한다. 예를 들면 농약이나 유전자조작 식품에 대한 우려가 높아지면 육체적 위해를 피하기 위한 욕구가 강해지며, 이에 따라 건강기능이 강화된 상품이 소비자들의 관심을 끌게 될 것이기 때문이다(김재문, 2004).

(2) 미래는 단순히 과거의 연장선에서 결정되는 것이 아니다.

유동성과 복잡성이 특성인 현대 디지털 사회에서 소비트렌드를 예측하기 위해서는 미래가 단순히 과거의 연장선에서 결정된다는 가정을 버려야 한다. 과거를 통하여 미래를 잘못 예측한 사례는 수없이 많다.

대표적인 예로는 IBM에서 가장 우수한 두뇌들이 플로리다 주의 보카랭턴에 모여서 PC 시장의 미래를 예측하기 위하여 브레인스토밍을 했던 것을 들 수 있다. IBM의 두뇌들은 심혈을 기울이고 머리를 모아서 1990년대에 세계 PC시장은 연간 26만 5000대 규모가 될 것이라고 예측하였다. 세계 최고의 기술력을 자랑하는 기업인 IBM의 전문가들은 모든 변화는 점진적으로 이루어진다고 생각하고 있었기 때문에 심각하게 받아들이지 않았다. 그 결과 그들은 PC보급이 혁명적으로 증가할 것이라는 것을 보지 못했을 뿐만 아니라, 그 혁명이 가져올 엄청난 영향력에 대해서도 크게 잘못 판단하였다(로버트 볼독, 저신근수 역, 2001, 예측의 기술).

(3) 미래의 징후는 현재에 있다.

변화는 어느 순간에 갑자기 닥치는 것이 아니라 계속해서 일어나고 있다. 트렌드 예측 전문가는 보통 사람은 쉽게 눈치 채지 못하는 변화의 징후를 발견하여 그것을 단서로 그 배후에 숨어 있는 부분과 보이지 않는 미래를 예견한다. 다시 말하면 현실에서 출발하여 과거와 현재, 미래를 이어보고 비교하는 변화의 방향성에 대한 감각이 뛰어나야 트렌드를 정확하게 빨리 읽을 수 있다.

중요한 것은 이런 트렌드가 미래가 아니라 우리들이 생활하고 있는 '현재' 의 소비문화 세계 안에서 처음에는 작은 점으로 나타난다는 사실이다. 따라서 점차 넓어지는 트렌드의 작은 징후를 포착하면 미래의 소비트렌드를 예측할 수 있다.

(4) 트렌드 징후인 의미가 있는 기호를 읽는다.

예측에서 가장 중요하고 기본적인 원리는 '징후' , 곧 '의미가 있는 기호marked sign' 를 발견하는 것이다. 이러한 의미가 있는 기호를 남보다 먼저 발견하기란 결코 쉬운 일이 아니다. 의미가 있는 기호를 발견하려면 전문가의 식견과 트렌드를 분석하는 경험을 통해 충분히 단련된 직관력이 필요하다.

그런데 또 하나의 중요한 것은 의미가 있는 기호로 나타나는 징후를 발견하여 그 징후가 보여주는 미래의 소비트렌드를 포착하는 것은 결코 예측도 예언도 아니라는 점이다. 예측은 현재 나타나고 있는 새로운 소비문화의 작은 사실, 곧 징후를 발견하여 그것이 뜻하는 바를 알아내는 것이기 때문이다.

트렌드 징후는 마치 '빙산의 일각' 과 같기 때문에 빙산의 일각을 통하여 수면 밑에 숨겨진 전체를 파악해야 한다. 다시 말해 부분을 통하여 수면 밑에 숨겨진 보다 중요한 전체를 인지하는 것이 필요하다.

소비자트렌드 읽기 15-2

일과 놀이의 경계를 허물어라

과거에는 일과 놀이의 경계가 분명했다.
그러나 일이 놀이가 되는 경우도 존재한다.

구글은 좀 더 정확한 '이미지 검색 서비스'를 제공하기 위해 이미지에 레이블을 붙이기로 했다. 설상가상인 것은 작업해야 할 사진의 개수가 수백 배로 많다는 점과 수량이 기하급수적으로 늘어가고 있다는 것이다.
도대체 몇 명의 직원을 투입해야 이 작업을 감당할 수 있을 것인가.

구글은 독창적이고 효과적인 방식을 도입해 이를 해결했다.

누구나 쉽게 참여할 수 있는 게임, 즉 '구글 이미지 레이블러(Google Image Labeler, www.image.google.com/imagelabeler)'가 그것이다. 이 컴퓨터 게임은 인터넷을 통해 두 명의 게임 플레이어를 임의로 매치하고 1분 30초 동안 제공된 사진의 설명을 입력하게 한다. 두 사람이 동일한 단어를 입력하면 점수를 따는 방식으로, 랭킹관리를 통해 고득점 플레이어의 리스트를 보여주기도 한다.

이런 단순한 룰의 게임이 무슨 재미가 있을까 싶지만 놀랍게도 이 게임을 통해 구글의 이미지 검색 서비스가 개선되었음은 말할 필요도 없다.

소위 웹2.0 시대에 등장한 새로운 비즈니스 모델은 소비자 및 사용자의 '참여'에 뿌리를 내리고 있다. 소비자 참여가 비즈니스의 성패를 가르는 시대에 잊지 말아야 할 중요한 한 가지 사실은 참여를 이끌어내는 가장 강력한 원동력이 '재미'라는 점이다.

이 순간에도 컴퓨터 앞에 앉아 신나게 놀고 있다고 생각하지만 사실은 '일'을 하고 있는 수많은 유저를 생각해 보라. 해외 콘텐츠를 번역하고, 자막을 달고, 지식을 추가하고, 평론을 하는 많은 사람이 그 끝도 없는 일을 맘껏 즐기고 있다. 세계인의 백과사전이 된 위키피디아도 그들이 없이는 성장할 수 없었다. 위키피디아의 열성 사용자의 참여 동기도 바로 "재미가 있어서"라고 한다.

출처 : 동아비즈니스리뷰, 2008, 19호, p.74-75

(5) 선도사용자를 조사해 본다.

소비트렌드를 파악하기 위해서는 소비트렌드의 진원지와 전파경로를 추적하는 것이 중요하다. 소비트렌드는 특정 지역이나 특정 계층에서 조금씩 발생하며 퍼져나간다. 그러므로 그 진원지에 주의를 기울이면 조기에 움직임을 파악할 수 있다.

소비자트렌드 읽기 15-3

얼리 어답터들의 '뻔뻔함'이 없었더라면 자전거는....

어디를 잡아야할지 몰라 남자의 애꿎은 옷만 잡아 늘어뜨렸던 여자, 그런 여자를 자신의 등에 밀착시키려 일부러 페달을 세게 밟았던 남자. 자전거는 예나 지금이나 설렘이자 낭만이다.

자전거라는 이름을 얻기 전 두 바퀴 탈것은 '벨로시페드'로 불렸다. '빠른 발'이라는 의미였는데 말의 힘을 빌리지 않고 속도를 즐기고자 했던 인간의 욕망이 실현된 도구였다. 하지만 최초의 이 '두 바퀴 탈것'은 엄청난 사회적 저항에 부딪혔다. 우아하지 못하다는 이유에서였다. 그 시대 얼리어답터들의 '뻔뻔함'이 없었더라면 자전거는 그렇게 소멸됐을지도 모른다.

자전거는 속도 혁명만 불러 온 것이 아니었다. 1860년대 서구 여성들은 꽉 끼는 코르셋, 긴 드레스 등에 몸을 억압당했는데 여기서 이들을 해방시킨 것도 자전거였다. 짧은 치마에 레깅스를 입은, 당시로는 파격적인 여성의 그림이 19세기 잡지에 등장하기도 했다.

자전거는 젊은이들에게는 속도를, 여성들에게는 자유를, 서민들에게는 즐거움과 실용을 선물했다. 그렇게 두 바퀴 탈것은 시대의 소비자욕구에 부합하며 진화해 왔다. 이제는 자전거가 우아한 두 바퀴 탈것이 되었다.

* 얼리어답터는 early와 adopter의 합성어로 미국의 사회학자 에버릿 로저스가 1957년 저서 '디퓨전 오브 이노베이션 Diffusion of Innovation'에서 이 용어를 처음 사용하였다. 원래는 남들보다 빨리 신제품을 사서 써 보아야만 직성이 풀리는 소비자군을 일컫는 말이었다. 그러다 이러한 소비자들이 늘어나면서 의미가 확대되어 제품이 출시될 때 남들보다 먼저 제품에 관한 정보를 접하고, 제품을 먼저 구입해 제품에 관한 평가를 내린 뒤 주변 사람들에게 제품의 특성을 알려주는 성향을 가진 일련의 소비자군을 일컫는다.

출처 : 경향신문, 2008. 11. 7

신제품 혁신으로 유명한 3M에서는 1998년부터 선도사용자early adopter에 대한 조사방법을 좀 더 체계적으로 도입하여 시장의 돌파구가 되는 제품을 찾는다. 그 당시 3M은 수술할 때 감염을 방지할 제품을 개발하고 있었는데, 후진국의 비위생적인 수술 환경에서도 효능을 발휘할 수 있는 제품이 필요하였다. 3M의 인력은 그러한 신제품을 이미 파악해서 사용하고 있을 사람이 누구인지 고민하다가 수의사, 분장사를 선도사용자로 선정하였다. 왜냐하면 3M이 개발하려는 신제품과 같이 비위생적 환경에서 수술을 하는 일을 수의사는 이미 해내고 있었기 때문이며, 수술 부위 감염의 통로가 되는 피부의 특성을 가장 잘 아는 사람이 바로 분장사였기 때문이다.

(6) 모니터 요원을 통해 지속적으로 인터뷰를 반복해 본다.

사람은 처음 만난 사람에게 자신의 속마음을 얘기하기가 어렵다. 또한 한 번 만났을 때 자기가 하고 싶은 얘기를 미리 준비해올 정도로 열정을 가진 사람도 없다. 따라서 고객 인터뷰도 1회성에 그치지 말고 고객과 친밀감을 높여가는 것도 방법이다. 계속 반복적으로 만나다 보면, 1회성 인터뷰에서는 미처 말하지 못했던 것이 생각나기도 하고, 인터뷰에 대한 책임감도 더 생기기 마련이다. 이러한 인터뷰는 5~7회 정도 하는 것이 일반적이다.

좀 더 적극적이라면 주변 사람들을 모니터 요원으로 활용하면 된다. 친구나 친지를 만날 때마다 그들의 삶의 관심사가 무엇인지, 요즘은 어떤 생활변화를 보이는지, 가치관의 변화는 어떤 방식으로 나타나는지 등을 물어보면 직접 체험하지 않아도 간단히 사람들이 요즘 어떤 트렌드를 보이는지 파악할 수 있다.

(7) 소비자들이 의견이 표현되는 인터넷 사이트를 분석해 본다.

소비자는 인터넷이 등장한 후, 사이버 공간상에서 서로 좋은 제품을 구입할 수 있도록 지원할 수 있게 되었으며 자신들이 구입해 사용한 제품에 대해 그 경험을 공유하기 시작하였다. 기업에서 하는 설문조사도 아니고 자신의 경험을 다른 소비자에게 제공하려는 마음에서 출발하기 때문에 아무런 제약 없이 중립적이고 솔직하게 이야기를 해 놓는다.

이런 사이트에 올라가 있는 소비자들의 의견을 모아보면 손쉽게 고객의 니즈가 무엇인지 파악할 수 있다. 개인의 행동과 기호의 역사적 흔적을 통해 그들의 미래행동을 추론해 볼 수 있기 때문이다.

(8) 고객과 생활에 관한 다양한 정보를 적극 활용한다.

소비트렌드를 추적할 때는 창의적인 발상이 무엇보다도 중요하다. 이를 위해서는 생활 속의 사소한 힌트도 다시 생각해보는 노력이 필요하다. 그러나 무엇보다 우리 주변에 널려 있는 많은 체계적인 정보를 곱씹어보는 노력이 필요하다. 직접 조사하지 않아도 유용한 정보들이 대단히 많다.

정보화 사회로 돌입하면서 다양한 설문조사나 지표조사도 많아졌고, 특이한 생활 문화를 소개하는 방송 프로그램이나 잡지, 신문도 많아졌다. 이들은 소비자의 트렌드를 엿볼 수 있는 유용한 정보를 제공해 준다.

또한 기업 내에서는 매장에서 고객에게 직접 물건을 판매하는 영업조직이나 고객 불만을 들어주고 해결해주는 서비스 조직을 통해서도 많은 정보를 얻을 수 있다.

소비자트렌드 읽기 15-4

잘 단 댓글, 광고 부럽지 않네

바야흐로 댓글 시대다. 게시판이나 뉴스, 포털 등 인터넷 세상에선 댓글이 없는 곳이 없다. 무분별한 감정의 배출구란 비판을 듣기도 하지만 댓글로 토론하고 비판하는 모습은 더 이상 낯설지 않다.

댓글 문화가 보편화되다 보니 기업들도 이를 활용해 댓글 마케팅을 펼친다. 댓글이 강력한 힘을 발휘하는 곳은 아무래도 소비재다. 특히 쇼핑몰과 오픈마켓에서 댓글은 상품구매에 없어선 안 될 구매요소가 됐다.

실제 온라인쇼핑몰 옥션이 조사한 결과에 따르면 댓글 등이 상품구매에 미치는 영향은 80%에 이르는 것으로 조사된다. 품목별로는 IT 제품이 댓글의 영향을 많이 받는 것으로 파악된다.

이런 소비문화가 확산됨에 따라 이미 트윈슈머Twinsumer란 전문용어도 등장했다. 트윈슈머는 다른 사람의 사용 후기를 참조해 상품을 구입하는 소비자로, 이들은 쌍둥이Twin처럼 동일한 기호와 성향 등을 가지며 전문가보다 주변 동료의 구매를 더욱 신뢰하는 특성을 갖는다.

따라서 제품 판매자나 홍보 담당자들에게 댓글은 구전(바이럴) 마케팅의 유용한 수단이 된다. 댓글 마케팅의 원조로는 출판계가 꼽힌다. 독서 후기나 댓글을 다는 회원에게 지속적으로 책을 보내주는 게 그 방법이다. 관객 입소문이 중요한 영화도 댓글 마케팅의 원조로 꼽힌다. 가끔은 신작 영화에 대한 과도한 홍보로 문제를 일으키곤 한다.

잘 쓰면 약이지만 못 쓰면 독이 되는 게 또 댓글이다. 지난해 한 외식업체는 소비자가 게시판 불만 사항에 대해 적절히 대처하지 못해 대표가 직접 공개적으로 사과하는 일을 겪었다.

반면에 해충방지업체 세스코는 소비자 Q&A 게시판을 운영하는 일명 '세스코맨'의 센스 있는 답변으로 지금도 네티즌들의 방문과 질문이 끊이질 않는다. 한 례로 한 네티즌이 "바퀴벌레를 먹는 것이 문제없나요"라고 물으면 세스코맨은 "고단백이지만 세균이 많아 사전처리를 잘하고 드셔야 합니다"라는 식이다. 인터넷 댓글 하나로 세스코는 팬클럽까지 생기고 동시에 기업 이미지도 올라갔다.

출처 : 매경이코노미, 제1463호(2008.07.09)

(9) 상호연관성을 분석한다.

우리사회에서 일어나는 모든 사회 현상은 하나하나가 서로 떨어져 고립적으로 존재하지 않는다. 어떤 현상은 다른 현상의 원인이자 또 다른 현상의 결과이다. 생활의 상호 연관성을 고려하면서 소비트렌드를 추적하려고 할 때 가장 손쉬운 것은, 매스컴의 동향을 살피는 것이다. 드라마나 방송 프로그램은 그 특성상 소비자의 변화를 가장 빠르게 수영하기 때문이다. 반면 오랜 개발 기간이 필요한 전자제품이나 자동차, 오랜 제조 기간이 필요한 주택 등은 이러한 소비트렌드 변화가 더디게 나타난다. 따라서 트렌드 반영 속도가 빠른 분야를 분석한 결과를 변화 속도가 느린 업종에 접목할 수 있다.

매스컴 외에 출판 업계나 영화, 식음료 업계도 비교적 트렌드 변화가 빠르다. 베스트셀러에 진입하는 책들의 주제가 무엇인지, 왜 사람들에게 인기를 얻는지 정리해 보거나, 젊은이들의 입맛과 스타일을 잘 유도하는 대학가의 식당가나 카페촌을 분석해 보면 의외로 좋은 정보를 얻을 수 있다(조은정, 2002).

(10) 정보의 확산을 주시한다.

네트워크 사회에서는 정보를 공유하는 벌떼와 마찬가지로 어떤 생각이나 메모들은 다른 유사한 생각이나 메모들을 밀어내면서 이 사람에게서 저 사람에게로 전염병처럼 번져 나간다. 이러한 움직임의 시작을 잘 포착하면 소비트렌드의 징후를 관찰하는데 큰 도움이 될 수 있다.

블로그와 미니홈피가 유행되면서 정보확산이 더욱 빠르고 쉽게 진행되고 있고, 모바일 인터넷의 등장은 전파자, 선도자, 추종자들이 실시간으로 특정 정보에 관하여 상호작용하는 것을 가능하게 하였으며, 확산속도가 매우 빨라지고 광범위하게 퍼지게 되었다.

(11) 신조어를 분석한다.

언어는 사회의 변화상을 직설적으로 반영한다. 변화가 빠를수록 언어의 변신도 눈부시다. 빠르게 변화하고 있는 디지털 시대에는 자고 나면 신조어가 생겨난다.

(이 부분에 대해서는 10장 소비자트렌드와 사회환경을 참조할 것)

(12) 미래정보가 아니라 미래지식을 추구하라.

미래에 관련된 정보만을 추구해서는 미래예측의 정확도를 높일 수 없다. 미래를 보다 정확하게 예측하기 위해서는 집중적으로 관찰을 하고 관찰한 것을 바탕으로 하여 나만의 눈으로 세상을 보는 방법을 익히고 나만의 방식으로 미래에 대한 지식을 쌓아가야 한다.

소비자트렌드 읽기 15-5

트렌드를 읽는 기술

2, 3년 전부터 쏟아져 나오기 시작한 트렌드 관련 서적들이 최근에는 조금씩 방향을 바꾸고 있는 것 같다. 미래에 대한 불안감이 증폭될수록 변화를 미리 읽으려는 수요가 늘어나고, 트렌드 관련서적이 인기를 끄는 것은 당연한 일일 것이다.
그런데 최근 출간되고 있는 트렌드 서적의 경향을 보면 단순히 '트렌드' 그 자체를 소개하는 책보다는 트렌드를 읽는 기술에 관한 책들이 늘고 있다.

《트렌드를 읽는 기술》은 어떻게 트렌드를 읽을 수 있는지, 트렌드가 전파되고 확산되는 메커니즘은 어떤 것인지를 밝혀 주는 책이다. 남이 읽어 주는 트렌드를 보는 것이 훨씬 쉬운 일일 수 있지만, 정작 자신의 관점에서 어떻게 적용하고 활용할 것인가라는 문제에 봉착하면 해법을 찾기가 쉽지 않다. 그런 점에서 우리는 트렌드 워처Trend watcher가 되어야 한다. 자기 눈으로 트렌드를 확인하고 왜, 그리고 어떻게 트렌드가 성장하는지를 관찰할 수 있어야 하는 것이다.

저자인 헨릭 베일가드는 대학에서 사회과학과 커뮤니케이션을 전공한 후 사회적 경험을 쌓으면서 '트렌드 사회학'이라는 분야를 개척해 왔다. 그래서인지 트렌드 탐구 방법론에 대한 학구적 접근과 현실적인 경험과 다양한 사례들을 녹여내며 트렌드 확산 과정을 흥미롭게 비춰 보인다.

맥주 소비에 관한 트렌드의 사례를 보자.
그는 1990년대 미국 대형 맥주회사들이 시장의 다양한 징후를 지속적으로 무시해 왔다고 지적한다. 이것은 트렌드 변화 과정에는 반드시 어떤 징후가 나타난다고 하는 트렌드 확산의 일반적 전개 과정을 잘 보여 준다.

우선 90년대 들어 미국인 사이에 건강과 다이어트에 대한 관심이 지속적으로 늘어났다. 이것은 미국인들이 고칼로리 주류인 맥주의 소비량을 줄일 수 있다는 신호이기도 했다. 또한 음주문화의 변화와 더불어 와인의 인기가 나날이 올라가고 있었다. 와인은 맥주를 대체할 수 있는 상품이기 때문에 이 역시 맥주 소비에 영향을 끼친다. 또 개성화 트렌드의 확산으로 대량소비 품목으로서의 대형 맥주회사 제품에 대한 선호도가 줄고 대신 독특한 하우스 맥주들이 등장하기 시작한 것도 빼놓을 수 없는 징후였다.

이처럼 트렌드 변화에 대한 이해를 제대로 하고 있다면 기업은 충분히 변화에 대처할 시간적 여유를 가질 수 있다. 하지만 그 신호를 무시하면 결국 변화에 적응하지 못하고 마는 것이다.

새로운 트렌드는 아무런 징후나 예고 없이 등장하는 것이 아니다. 따라서 트렌드의 탄생과 확산에 대한 이해를 갖고 시장이나 소비자가 보내는 신호를 꾸준히 관찰하다 보면 과거와 다른 태도와 취향으로 이행하고 있음을 깨달을 수 있다.

그런데 우리가 트렌드 관찰자가 된다면 어디서 누구를 봐야 하는 걸까? 저자는 트렌드의 탄생과 확산을 이끄는 트렌드 창조자Innovator와 트렌드 결정자Trendsetter에 주목하라고 한다.

트렌드 창조자는 끊임 없이 새로운 도전과 모험을 즐기는 사람들이다.
트렌드 결정자는 트렌드 창조자가 생산해 낸 새로운 것들을 제일 먼저 소비하고 세상 속에 트렌드로 소개하는 사람들이다.
그러므로 우리는 트렌드 창조자와 결정자에 주목함으로써 새로운 변화를 파악하고 예측할 단서를 얻을 수 있다.

앞으로 100년, 200년이 지나도 미래에 대한 완전한 예측방법이 등장할 수는 없을 것이다. 하지만 현재의 변화로부터 필연적으로 야기되는 미래의 줄기들은 분명히 존재한다. 그것이 바로 트렌드다. 그렇게 보면 트렌드 읽기는 가장 현실적인 미래 예측 방법론의 하나다.

출처 : 헨릭 베일가드, 이진원 역, 2008, 비즈니스 북스

참 고 문 헌

책

김경훈(2006) 대한민국 욕망의 지도, 위즈덤하우스
김경훈(2009), 트렌드 워칭, 리더스북
김난도(2007), 사치의 나라 럭셔리 코리아, 미래의 창
김난도 등(2011), 트렌드 코리아 2012, 미래의 창
김난도 등(2012), 트렌드코리아 2013, 미래의 창
김상훈, 비즈트렌드 연구회(2009), 앞으로 3년 세계 트렌드, 한스미디어
김상훈, 비즈트랜드연구원(2011),상식 파괴의 경영트렌드28, 윈앤윈 북스
김선주, 안현정(2009), 트렌드 코드에서 비지니스 기회찾기, 좋은책 만들기
김선주, 안현정(2013), 트렌드와칭, 21세기북스
김영욱 · 김광호(2010). 뉴스미디어의 미래 : 델파이 조사와 시나리오 기법을 통한 탐색, 한국언론진흥재단
김용섭(2010). 트렌드 히치하이킹, 김영사
김용섭 · 전은경(2008). 시장권력의 중심 소비자가 진화한다, 김영사.
김용준,유필화,한상만(2004), 현대 마케팅론, 박영사
김준호, 홍진환(2011), 코에볼루션, 한스컨텐츠
김재윤 (2011), 더 체인지 CHANGE, 삼성경제연구소
김훈철 · 장영렬 · 이상훈(2004). 브랜드스토리 마케팅, 멘토르
그랜드 매크래켄, 이상율 역(1996), 문화와 소비, 문예출판사
글로벌 아이디어스 뱅크, 고은옥 역(2008), 트렌드인 비지니스, 쌤앤 파커스
니콜라 게겐, 고경란 역(2006), 소비자는 무엇으로 사는가? 고객의 심리에 관한 100가지 실험, 지형
다니엘 엘트먼 저(2011), 고태영 역, 10년 후 미래, 창립출창
다비트 보스하르트, 박종대 역(2001), 소비의 미래, 생각의 나무
다카히라 아이, 박진배 역(2007), 여자를 알면 성공이 보인다, 경성라인
댄 S. 어거프, 로버트 H. 라이허, 장여경역(2004). 키즈마케팅 불변의 진리, 북 폴리오
리처드 왓슨, 김원호 역(2009), 퓨처 파일, 창림출판
로버트 B 세틀, 대흥기획마케팅 컨설팅 역(2003), Why They Buy?, 세종서적
로버트 볼독, 신근수 역(2001), 예측의 기술-기업환경 시뮬레이션, 시유시
마이크 버너스리(2011). 거의 모든 것의 탄소발자국, 환경재단 도요새.

마이클 J. 실버스타인 닐 피스크, 보스턴컨설팅 역(2005), 소비의 새물결, 트레이딩 업, 세종서적
마이클 J. 실버스타인, 보스턴컨설팅그룹(BCG) 역(2006), Treasure Hun(소비자의 반란), 세종서적
마이클 실버스타인, 케이트 세이어, 보스턴 컨설팅 서울사무소 역, (2010), 여자는 무엇을 더 원하는가, 비지니스 맵
마사 바레타, 정윤미 역(2008). 사모님 마케팅, 도서출판 부표
마크 펜 · 키니 잴리슨, 안진환 · 왕수민 역(2008), 마이크로 트랜드, 해냄
마크 턴 게이트, 최기철 역(2009). Marketing for Man(남자에게 팔아라), 미래의 창.
마틴 린드스트롬, 최원식 역(2006). 세계 최고 브랜드에게 배우는 오감 브랜딩, 랜덤하우스중앙.
마틴 린드스트롬, 백세연 옮김(2012). 누가 내 지갑을 조종하는가, 웅진지식하우스.
미국국가정보위원회(NIC),박동철 역(2013),글로벌트렌드 2013, 한울아카데미
미래전략포럼, 이각범 공편저(2008), 퓨처코드, 한국경제신문사
무코야마 마사코, 최성욱 역(206), 아시아의 라이프 스타일, 솔
문숙재 외(2005), 소비트렌드와 마케팅, 신정
메이저(2007), 히트 상품을 만드는 브랜딩 트렌드 30 (까다로운 소비자를 사로잡는 브랜드의 비밀), 김앤김북스
메타트렌드연구소(2011), 트렌드 싱킹, 한스미디어
메타트렌드 연구소(2012), 라이프 3.0, 한스미디어
박동배(2005), 소비시장의 2010 메가트렌드, 한국경제신문사
박문기 · 브랜드38연구소(2009). 명품 브랜드를 만드는 네이밍의 기술, 김앤김북스
브리짓 브레넌, 김정혜 역(2010). Why She Buys?(왜 그녀는 저런 물건을 돈 주고 살까?), 비즈니스북스
브랜드 메이저(2012). 히트상품을 만드는 브랜딩 트렌드 : 인브렌딩, 김앤김북스
번 슈미트 · 알렉스 시몬슨, 인피니트그룹 역(2007). 번 슈미트의 미학적 마케팅, 김앤김북스
브랜드메이져(2012), 히트상품을 만드는 브랜딩 트렌드 : 인브랜딩, 김앤김북스
서일윤(2009), 대한민국 마이크로 트렌드, 토네이도
신병철(2007), 마케팅 트렌드21, 살림비즈
아비바 위텐베르크-콕스, 앨리슨 메이트렌드, 전제아 역(2009), 넥스트 이코노믹 트렌드, 더난출판사
이기춘 외(2008), 열일곱 가지 소비자이슈, (주)교문사
이마스(2007), (대한민국 20대 소비 트렌드) 마케팅 익사이팅, 미래의창
이명천 · 김요한(2011). 광고학개론, 커뮤니케이션 북스
이정전(2002), 시장은 우리를 정말 행복하게 하는가?, 한길사
이재정,박은경(2006), 라이프스타일과 트렌드, 예경

이종성(2001). 델파이 방법, 교육과학사
이언 피어슨, 마이클 라이언스, 김유신 역(2007), 2010 비지니스 트렌드, 한국경제신문사
애덤 고든 저(2011), 안세민 역, 왜 트렌드의 절반은 빗 나가는가, 흐름출판사
앨린 패닝틴 저(2011), 김선아 역, 이기적 이타주의자, 사람의 무늬
에릭 갈랜드, 손민중 역(2008), 미래를 읽는 기술:당신도 미래를 경영할 수 있다, 한국경제신문사
에릭 플래스커, 주민아 역(2007), 100년 라이프스타일, 폴라북스
와타나베히로요시, 고윤희 역(2008), 파괴적 트렌드 :비즈니스의 미래를 바꾸는 10가지 통찰, 웅진지식하우스
서정희(2005), 소비트렌드 예측의 이론과 방법, 내하출판사
정진성 등(2009), 한국사회의 트렌드를 읽는다, 서울대학교 출판부
정재윤(2006), 나이키의 상대는 닌텐도다, 마젤란
존나이스비트 외, 김홍기 역(1997), 메가트렌드 2000, 한국경제신문사
존 나이스비트, 도리스 나이스 비트, 안기순 역(2010), 메가트렌드 차이나, 비지니스 북스
즐랑타바크, 김모세 역,(2008), 미래사회 코드, 디플비즈
제레미 구체, 정준희 역(2010), 트렌드 헌터, 리더스 북
윌리엄 하이엄(2012), 한수영 역, 트렌드 전쟁–뜨기 전에 잡아서 실전에 써먹는 히트상품 예측술, 북돋음
한국트렌드연구소, PFIN(2010), 핫트렌드 2010, 리더스북
한국트렌드연구소(2011), 2012 메가트렌드 인 코리아, 중요한 현재
한동만(2011), 한국의 10년 후를 말하다. 한스미디어
하이 마리암폴스키, 이용숙 · 한경구 외 역(2012). 마케터를 위한 에스노그라피, 일조각
허경옥 외 4인(2006), 소비자트렌드와 시장, 교문사
헨릭 베일가드, 이진원 역(2008), Anatomy of a trend(트렌드를 읽는 기술), 비즈니스북
황상민(2008), 디지털 괴짜가 미래 소비를 결정한다, 미래의 창
카미조 노리오, (주)애드리치 마케팅연구소 역(2011), 소셜 컨슈머의 등장, 커뮤니케이션 북
크리스토퍼 버넷, 손지형 역(2012), 미래가 보이는 25가지 트렌드, 더난출판사
캐치업(2013), 엠브레인 트렌드 모니터, 지식노마드
트렌즈지특별취재팀, 권춘오 역(2011), 지금부터 10년 글로벌 트렌드, 일상과 이상
파코 언더힐, 신현승 역김(2011). 고객을 사로잡는 쇼핑 매장에 대한 가장 은밀한 분석! 쇼핑의 과학, 세종서적
피터 A. 글루어, 스코트 M. 쿠퍼, 안진환 역(2008), Collhunting : Chasing down the next big thing (쿨 헌팅– 트렌드를 읽는 기술), 비지니스맵

페이스 팝콘 · 리스 마리골드, 김영신 역(2001), 클릭! 이브속으로, 21세기북스
패트리셔 애버딘, 윤여중 역(2006), 메가트렌드 2010, 청림출판
IT전략연구원, 미래전략포럼, 이각범(2008), 퓨처 코드:대한민국 미래 트렌드, 한국경제신문사
LG경제연구원(2005), 2010 대한민국 트렌드

저널

글로벌 스탠다드 리뷰(http://globalstandard.or.kr/index.php)
글로벌 스탠다드 리뷰(http://globalstandard.or.kr/index.php)
동아비지니스 리뷰(2008), 15권, P.123
동아 비즈니스 리뷰(2008), 16권, P. 71-72
동아 비즈니스 리뷰(2008), 20권, P. 30-31
매경이코노미(2010), 2011 대예측 경제편, 매일경제신문사
매경이코노미(2013), 2013년 히트상품 키워드는 '대가족'…불황에 가족 공동 소비가 대안, 제 1690호
삼성경제연구소, 제370호 〈소비시장의 양면성과 기업의 대응〉
삼성경제연구소(2003), CEO Information, ' 불황 때는 팔릴 물건을 만들어라' 고객 마음을 읽는 마케팅 조사기법, 제 405호
삼성경제연구소(2010), SERI 경영노트, 뇌 과학과 경영의 만남-뇌과학 활용마케팅, 제 39호
삼성경제연구소(2011.11.03), SERI경영노트, 여성의 마음을 얻는 비결, 126호,
삼성경제연구소(2013), CEO Information, 선진국 소비트렌드와 글로벌 기업의 대응, 제 888호
이코노믹 리뷰(2007, 2), (http://www.ermedia.net)
이코노미 플러스(2008, 12) (50호)
월간조선(2007), '미래사회의 10대 트렌드', 10월호
주간동아(2013),프리미엄 미니 소비族 아십니까, 878호(p.30-31)
한국경제매거진(2013,1), [비즈니스 포커스] 2013년 이끌 10가지 주요 소비자 트렌드, 크라우딩 펀딩 '대세'…신흥시장 더 커져, 제 895호
KIDP ㈜와이즈유엑스글로벌, Consumer Report (2012) 미국 사회.경제 트렌드
KOTRA(2008), 글로벌 파워마케팅
KOTRA(2008, 9), '신조어로 알아보는 중국 소비시장 트렌드 변화

KOTRA(2008, 2), '일본 소비패턴 동향 및 시사점', 제08-031호
KOTRA(2008, 7), '작은변화 큰시장-마이크로트렌드를 포착하라', 제08-031호,
KOTRA(2008), 신조어로 알아보는 중국 소비시장 트렌드 변화
KOTRA(2008, 2), '일본 소비패턴 동향 및 시사점', 제08-031호
KOTRA(2012), 한국을 뒤집을 14가지 트렌드, 알키펴냄
KOTRA(2013), 중국경제 관전 포인트
KOTRA(2011,5) Global Business Report, 키워드로 본 2011년 글로벌 소비트렌드, 11-019호
KOCCA(2012년), '일본콘텐츠산업동향', 제22호
LG경제연구원(2007, 9), CEO Report 〈아이콘 브랜드를 만들어라〉
LG경제연구원(2010.12), LG Business Insight, 한국소비자들의 관심사와 라이프 스타일
LG경제연구원(2011.6), LG Business Insight, 한국소비자들의 7가지 라이프스타일
LG경제연구소(2011.08.16), 2011년 대한민국 20대 가치관과 라이프스타일
LG경제연구소(2011.08.10), 2011년 소비자라이프스타일보고서
LG경제연구원(2012.7), Japan Insight, 제 54호
LG瞭望中國(2013), China Insight, 제44호

신문

경향신문(http://www.khan.co.kr)
고뉴스(http://gonews.freechal.com)
네이버 포털 (http://www.naver.com)
동아일보(http://www.donga.com)
동아경제(http://www.daenews.co.kr)
매일경제신문 (http://www.mk.co.kr)
머니투데이(http://www.moneytoday.co.kr)
문화일보(http://www.munhwa.com)
부산일보(http://www.pusanilbo.com)
서울경제(http://economy.hankooki.com)
세계일보(http://www.segye.com)

서울신문(http://www.seoul.co.kr)
연합뉴스(http://www.yonhapnews.co.kr)
아시아경제 경제(http://www.asiaeconomy.co.kr)
중앙일보 (http://www.joins.com
조선일보(http://www.chosun.com)
코리아애드타임(http://www.korea-adtimes.com)
파이낸셜뉴스 경제(http://www.fnnews.com)
프라임경제(http://www.newsprime.co.kr)
프랜차이즈 경제신문(http://www.fcnews.kr)
스포츠칸(http://sports.khan.co.kr)
한국재경신문(http://www.jknews.co.kr)
헤럴드 생생뉴스(http://www.koreaherald.co.kr)
한국일보(http://news.hankooki.com)
한겨레신문 (http://www.hani.co.kr)
한국경제신문(http://www.hankyung.com)
주간동아(http://www.donga.com/docs/magazine/weekly/contents)
CNBNEWS(http://news.cnbnews.com/index.html)
sports 칸 뉴스(http://sports.khan.co.kr)
The Science Times

Web site

김용태 마케팅연구소(http://www.mkyt.com)
경영지원 와우 프로젝트(http://www.cyworld.com/onproject)
대한상공회의소(http://www.korcham.net)
모닝글로리(http://www.morningglory.co.kr)
제일기획(http://www.cheil.com)
삼성 경제연구소 SERI 경영디렉토리 마케팅 (http://www.seri.org)
아카데미 핑거스(http://www.thefingers.co.kr)

제일기획 브랜드 마케팅 연구소 http://www.cheil.co.kr/index.jsp
텍스헤럴드(http://www.fashionn.com),
텐바이텐(http://www.10x10.co.kr)
패션저널(http://www.okfashion.co.kr)
ACROFAN(http://www.acrofan.com)
LG 경제연구원 경영정보 마케팅 (http://www.lgeri.com)
MBC애드컴(http://www.mbcad.com)
한컴 www.hancomm.co.kr
globalwindow http://www.globalwindow.org
http://blog.naver.com/mdproduction?Redirect=Log&logNo=80019123526
http://blog.naver.com/marutm4/130016098477
http://blog.naver.com/un_ha/50266656
http://blog.naver.com/whiteb76
http://blog.naver.com/coronamexico
http://blog.naver.com/3sang4
http://cafe.daum.net/Daniel08
http://cafe.daum.net/tlfwjsxnwkdusrnth
http://sens7.tistory.com
http://cafe.naver.com/marugum/911
http://blog.naver.com/beauth/50005030292
http://bizinjapan.tistory.com
http://bizinjapan.tistory.com
http://blog.naver.com/chlwldus0722?Redirect=Log&logNo=20184196399
http://blog.daum.net/polaris9999
http://blog.naver.com/vivianrara
http://ryanplee.blog.me/

찾아보기

김영신

서울대학교 생활과학대학 소비자학과 졸업
서울대학교 대학원 졸업(석사, 박사, 소비자학 전공)
캐나다 British Columbia, 미국 Ohio State 대학교 교환교수
한국소비자학회, 한국소비자문화학회 회장
전 한국소비자원 원장

주요 저서 『소비자와 시장환경』, 『소비자 의사결정』 등

현재 충남대학교 소비자생활정보학과 교수

소비자트렌드의 이해
김영신 지음

1판 1쇄 2009년 02월 25일
2판 1쇄 2013년 07월 15일
2판 2쇄 2015년 02월 23일

지은이 김영신
펴낸이 정상철
펴낸 곳 충남대학교출판문화원
주소 대전광역시 유성구 대학로 99
홈페이지 http://www.cnupress.co.kr
이메일 cnupress@cnu.ac.kr
전화 042-821-6045

ISBN 978-89-7599-481-4 03590
값 18,000원